本书受浙江传媒学院国际文化传播学院（国际教育学院）、浙江传媒学院教育部备案英国研究中心、浙江省社科规划"八八战略"实施20周年专项课题："八八战略"视域下党的创新理论国际传播的浙江实践研究（编号：23LLXC032YB）资助

Emerging Communication

新兴传播学

王友良 著

中国社会科学出版社

图书在版编目（CIP）数据

新兴传播学 / 王友良著. —北京：中国社会科学出版社，2023.10
ISBN 978-7-5227-2441-6

Ⅰ.①新… Ⅱ.①王… Ⅲ.①传播学—研究 Ⅳ.①G206

中国国家版本馆 CIP 数据核字（2023）第 154465 号

出 版 人	赵剑英
责任编辑	张　玥
责任校对	王　龙
责任印制	戴　宽

出　　版	中国社会科学出版社
社　　址	北京鼓楼西大街甲 158 号
邮　　编	100720
网　　址	http://www.csspw.cn
发 行 部	010-84083685
门 市 部	010-84029450
经　　销	新华书店及其他书店
印　　刷	北京明恒达印务有限公司
装　　订	廊坊市广阳区广增装订厂
版　　次	2023 年 10 月第 1 版
印　　次	2023 年 10 月第 1 次印刷
开　　本	710×1000　1/16
印　　张	28.25
插　　页	2
字　　数	423 千字
定　　价	159.00 元

凡购买中国社会科学出版社图书，如有质量问题请与本社营销中心联系调换
电话：010-84083683
版权所有　侵权必究

目 录

引论 …………………………………………………………（1）

第一章 概述 …………………………………………………（1）
第一节 新兴传播的演变历程 ………………………………（1）
第二节 新兴传播定义与价值 ………………………………（10）
第三节 新兴传播内容 ………………………………………（14）
第四节 新兴传播特征 ………………………………………（20）
第五节 新兴传播效果 ………………………………………（23）

上篇 网络传播学

第二章 网络社交层级传播 …………………………………（31）
第一节 网络社会要素层级关系 ……………………………（32）
第二节 网络社会空间层级关系 ……………………………（38）
第三节 网络社会交往过程层级关系 ………………………（44）

第三章 网络创意视频传播 …………………………………（50）
第一节 网络短视频传播 ……………………………………（50）
第二节 网络中长视频传播 …………………………………（68）
第三节 5G 网络创意场景传播 ………………………………（86）

第四章 网络存在文化传播 …………………………………（89）
第一节 网络存在文化的内涵与特征 ………………………（89）

第二节 存在文化的网络范式转型 …………………………… (95)
第三节 网络存在文化的时代价值 …………………………… (101)

中篇 智能传播学

第五章 智能技术传播 …………………………………………… (109)
第一节 智能全息技术传播 …………………………………… (110)
第二节 智能算法技术传播 …………………………………… (121)
第三节 智能5G技术传播 ……………………………………… (129)
第四节 智能元宇宙技术传播 ………………………………… (143)

第六章 智能创意传播 …………………………………………… (153)
第一节 智能创意环境 ………………………………………… (154)
第二节 智能创意思维 ………………………………………… (155)
第三节 智能创意场景 ………………………………………… (158)
第四节 智能创意模式 ………………………………………… (160)
第五节 智能创意制造 ………………………………………… (162)

第七章 智能文化艺术传播 ……………………………………… (171)
第一节 智能文化艺术传播的演变历程 ……………………… (171)
第二节 智能文化艺术传播内容 ……………………………… (181)
第三节 智能文化艺术传播形式 ……………………………… (188)
第四节 智能文化艺术传播特征 ……………………………… (222)
第五节 智能文化艺术传播使命 ……………………………… (226)
第六节 智能文化艺术传播影响 ……………………………… (235)

下篇 新兴传播余论

第八章 新兴传播伦理 …………………………………………… (251)
第一节 伦理缘起和伦理准则 ………………………………… (252)
第二节 智能写作伦理传播 …………………………………… (260)
第三节 智能算法场景伦理传播 ……………………………… (265)

第四节 新兴传播伦理失范反思 …………………………………… (267)

第九章 新兴传播治理 …………………………………………… (281)
第一节 战略布局与治理滞后 …………………………………… (283)
第二节 智能治理激励机制 ……………………………………… (294)
第三节 智能治理规制保障 ……………………………………… (300)
第四节 新兴传播内容治理 ……………………………………… (308)

第十章 新兴传播产业 …………………………………………… (317)
第一节 新兴传播产业类型 ……………………………………… (319)
第二节 新兴传播产业特征 ……………………………………… (331)
第三节 新兴传播产业的发展趋势 ……………………………… (332)

第十一章 新兴传播媒介素养 …………………………………… (337)
第一节 新兴传播技术素养 ……………………………………… (338)
第二节 新兴传播创意素养 ……………………………………… (345)
第三节 新兴传播文化素养 ……………………………………… (347)
第四节 新兴传播艺术素养 ……………………………………… (358)
第五节 新兴传播伦理素养 ……………………………………… (364)
第六节 新兴传播媒介素养培育 ………………………………… (368)

结语 ………………………………………………………………… (431)

参考文献 …………………………………………………………… (433)

引　　论

　　新兴传播是指在充分开启人智管理、人智创新的动能基础之上，以超级大数据、超能学习算法和超快5G网络为依托，以社交网络技术、智能场景技术为主轴，交叉融入数学、生理学、仿生学、哲学、心理学、社会学、生物学、语言学、逻辑学等多学科精髓，将文字、图片、音视频等介质应用于作品、产品或场景的组合、拼装、配送、反馈等生产传播环节、语音图像智能识别和产业智慧管理等方面的现代传播。随着5G智能时代的到来，在移动互联网、大数据、超级计算、云技术、传感网和类人脑科学等新技术、新系统、新学科协同驱动下，人工智能技术加持新兴传播在网络社会、智能空间和产业领域产生着跨界跨业跨域大融合的奇妙效应。社交网络技术和人工智能技术正在新兴传播领域大显身手，聊天智能机器人和智能机器人写作已在日常生活和经济、体育、时政、民生、娱乐等专业报道领域广泛应用。智能主持艺术机器人在广播电视节目和网络直播中担当"当家"主持人或"行家"评论员，无论是发型妆容、服饰着装，还是语词表述、神情表达，完全是为受众的差异化需求"量身订造"。这不得不使人深思：智能机器人的高效发稿速率、多元的表达风格会使专业记者或职业编辑焕发"第二春"，还是"逆袭篡位"？沿袭上百年的新闻采访记者是否将要下岗？写作新闻稿件的智能机器人是否属于一种新的岗位？知名主持人的舞台是否会被"智能主播人"抢走？除了上述问题，虚拟现实技术、拓展现实技术和智能全息技术的"智能场景"和"智能空间"再造功能，使得传统传播学"环境拟态功能"即时映

引　论

现、即景生情，信息智能分拣、信息智能输送、信息智能组合、信息智能拼装、信息智能"批发"、信息智能反馈等新兴生产传播环节，明显超过了统一资源配置和分发的"中央厨房"。新兴传播创造出一个又一个的鲜活案例和生动传奇，不断改变媒体管理者、传播者和受众的思维理念和态度行为，重塑媒体行业的竞争格局。

5G智能技术推动新兴传播的广泛应用与快速发展，在此背景下，我们需要建立一整套适合中国现代媒体国情、符合新兴传播发展要求的新兴传播理论学科，包括新兴传播概要、网络社交层级传播、网络创意视频传播、网络存在文化传播、智能技术传播、智能创意传播、智能文化艺术传播、新兴传播伦理、新兴传播治理、新兴传播产业和新兴传播素养等内容，结合传统经典传播学理论，分门别类地论证提炼新兴传播理论精髓、发展脉络、基本特质和未来走向。

一　新兴传播的发展现状

2015年，美联社在全球率先抢占了智能机器人撰写体育与财经新闻稿件的新兴传播技术高地，大大提高了新闻传播效率。我国的腾讯、新华社、今日头条和第一财经等媒体加快新兴传播技术革新，一些媒体甚至"弯道超车"，步入国际新兴传播的第一阵列。我国媒体传播领域的写稿机器人、智能编辑等数据员工不断涌现，在经济形势分析、股市行情预测和奥运会赛事报道等方面大显身手，其写作手法、报道风格与专业记者或职业编辑的写作编辑水平不相上下，发稿速度之快几乎与网络直播同步，令人惊叹。[①] 例如，今日头条通过智能算法推荐技术将报道对象的内容特征、环境特征与目标用户需求进行智能化匹配，一定程度上打破了预设和回避用户观点的"信息茧房"束缚，通过用户消费行为识别"标题党"，提出修改标题的意见和建议，使信息更加精准、更加平实和更具竞争力。再如，新华社发布上线的"媒体大脑"，可覆盖线索、策划、采访、生产、分发、反馈等全新闻

[①] 参见廖丰《腾讯开发新闻写作机器人 记者们是否将被抢饭碗？》，见http://wap.xinmin.cn/content/28559465.html，2015年9月11日。

链路，通过多维摄像头、智能传感器、智能无人机和行车记录仪等先进智能采集传载设备，结合新闻发生地附近的多维数据，智能生成数据新闻和富媒体资讯，抢先驶入新兴传播快车道。为遏制虚假信息传播，世界各国纷纷开发应用智能系统帮助人类做好传播内容质量的把关工作，如美国苹果公司为了保护用户隐私，在其Safari浏览器上推出智能防追踪功能，限制利用cookie来追踪用户的消费痕迹。杜克大学开发了Share the Fact智能软件，帮助搜索引擎核查新闻事实或文章内容的真伪。脸书也应用了一款事实核查类App，以遏制社交虚假新闻的蔓延势头。[1] 新华社的"媒体大脑"人脸核查功能，为新闻真实性传播保驾护航，在源头上防止虚假新闻出现。[2]

从新兴传播的特征来看，新兴传播技术迭代升级，产品不断分化，领域日益拓展，产业跨屏跨界融合，人才需求旺盛，管理更加扁平化。从新兴传播问题来看，新兴传播模式与传统传播模式如何有机衔接，智能人与新兴传播媒体人如何有效协调，技术伦理问题如何解决，创意与传统传播广告如何相映成趣、耦动生辉，如何根除新兴传播的算法偏见和算法歧视现象，如何减少智能摄录、智能舞台、智能场景、智能再造等作品影像对人审美的消极影响，等等。上述问题是新兴传播发展过程中的现实性问题，需要我们进行系统分析、理性反思，找寻到因应的有效策略。

二 新兴传播的学术地位与实践价值

随着5G技术和人工智能技术的勃兴，媒体网络化、智能化传播方兴未艾，网络媒体、智能媒体和智能网络媒体有望成为媒体产业转型升级的重要抓手和新的经济增长点。国际上的谷歌、微软、脸书和国内的阿里、百度、腾讯等IT巨头纷纷抢滩布局新兴传播产业链、供应链和价值链，力图掌握5G智能时代新兴传播的主动权与主导权。新兴传播技术将在国防、医疗、传播、工业、农业、金融、

---

[1] 参见史安斌等《2017年全球新闻传播新趋势》，《国际传播》2017年第3期。
[2] 参见吴晋娜《国内首个媒体人工智能平台上线，抄袭洗稿将无所遁形》，https://www.sohu.com/a/213225308_123753，2017年12月28日。

引 论

商业、教育、公共安全、社会交往、社会治理等领域取得广泛应用，催生新的传播业态和治理模式，引发社会结构和产业结构的深刻变革。

中国政府高度重视新兴传播技术的开发应用，教育部支持高校在计算机科学与技术层面设置人工智能学科，推动人工智能学科的高质量建设，全国共有71所高校围绕人工智能领域设置了86个二级学科或交叉学科，并成立一大批人工智能学院或研究院。目前，中国新兴传播主要以新华社、今日头条、腾讯、百度等媒体产业的新兴传播技术应用为代表，新兴传播业态初露锋芒。但是，我国没有一所专门围绕新兴传播技术而设立的人工智能学院或者研究院，也没有一所将大众传播、网络传播、智能传播与网络技术、人工智能技术进行跨学科设置的新闻传播学院或研究院。只有将现代科学技术创新与媒体传播产业发展结合起来，有效开展新兴传播的理论研究与实践探索，才能在全球风起云涌的新兴传播竞争浪潮中奋立潮头，创构中国特色的新兴传播理论体系。

新兴传播是人类智慧与科学技术在媒体传播领域的嵌入滋长，是技术进步与传播市场需求的碰撞火花，是传播内容生产技术、传播产品分拣分送技术、传播介质转换技术、传播素材甄辨技术和传播环节审核技术的革命性飞跃。随着网络技术和智能技术的深入发展，媒体传播的网络化、智能化应用会不断深化，应用手段也会更为多样，媒体传播数字化程度还将有一个新的飞跃。

新兴传播的学术地位主要体现在以下两个方面。一是新兴传播是传播学在新兴传播时代的"香农延续"。新兴传播是"智能+X""网络+X"和"智能网络+X"等技术创新的传播学实践应用，是经典传播学的现代版和发展版，是社会发展、时代召唤和技术突进的耦合产物，新兴传播的学术地位由此彰显。传播学家从来就是新兴技术的开拓者和奠基人，1956年"让机器像人那样的思考"观念导入的科学家聚会，就有信息论创始人香农的参与，就有了人工智能与媒体传播的不解渊源。当下，中国传播学者在全世界率先进行新兴传播的理论研究与实践探索，这是传播学在新兴传播时代的"香农延续"，是中国传播学者在新时代媒体传播重大转型期的使命担当。① 二是新兴传播踏上了传统传播理论的演进步阶,扩大了传统传播学的应用版图。新兴传播是世界传播理论宝库的拓荒性前沿成果,是"人工智能+现代传播"的有机组合,是传统传播观念的更新换代与深化升华,是中国传播学者丰富并创建新时代中国特色传播理论的使命担当。新兴传播在带给媒体传播产业爆发式增长的同时,也让多年传播人才培育体制彻底"洗心革面、推陈出新"。一则新闻事件或新闻人物,智能机器人能够创作出世界级的新闻通稿,可以撰写成不同国别的"硬新闻",可以变换成不同语词的网络版本或 App 版本,这是新时代媒体传播生产模式、产业模式和管理模式的彻底颠覆,新兴传播理论研究已成必然趋势。

新兴传播的实践价值主要体现在国家宏观层面和产业品牌微观层面。一方面,新兴传播学理论探究有助于推动国家适时出台相关的政策法规,规范引导新兴传播产业的健康发展,分析与解决新兴传播产业在网络技术和智能技术应用过程中可能出现的各种问题。新兴传播技术的社会影响和经济影响越来越广泛深入,新兴传播网络化、智能化社会矛盾与社会问题越来越普遍,网络传播学、智能传播学、新兴传播伦理学、新兴传播管理学、新兴传播产业学和新兴传播教育学的理论研究应该在国家职能部门的支持、指导和协调下提前科学规划,深入分析新兴传播对我国价值引导、社会结构、经济建设和文艺宣传的影响效果,建立健全相关政策、制度、法律和法规,规避不利风险,确保新兴传播发挥出更大的正面社会效应和经济效益。另一方面,新兴传播研究有利于新兴传播产业品牌建设,有助于提升用户市场细分的科学精准度。新兴传播集中了原始传播、口语传播、文字传播、印刷传播和大众传播等传统传播的全部精华,又是网络技术和智能技术在媒体传播领域的渗透延伸。新兴传播按照各种传播渠道的差异、传播受众的不同需求进行"智能化""差异化"和"组合化",将智能网

---

① 参见曾静平《智能传播的实践发展与理论体系初构》,《人民论坛·学术前沿》2018 年 12 月下。

络技术和现代传播载体的耦合效应和叠加效应发扬光大。

随着新兴传播学术地位的确立，新兴传播理论体系的创立变得益发重要。在信息技术高度发达、人工智能技术已经渗透到媒体平台各个角落的新兴时代，现代传播理论的研究方向和研究重点在哪里？主导新兴传播的核心要素有哪些？新兴传播的政府角色、技术角色、内容角色和产业角色是什么？新兴传播理论的主要构成部分是什么？新兴传播学研究，反映了媒体传播的现实需求，是对传统传播理论的升华重构，是对新兴传播实践经验的科学总结和实证论述，是中国媒体传播理论研究在新时代数字中国建设历史进程中的生动成果展示。

第一章 概述

人类社会面临媒介传播、产业生产和社会生活高度数字化、网络化、智能化的深刻变革。19世纪末到20世纪80年代，大众传播主导资讯信息的数字化生产传播，数字化社会呈现集中、支配、专业、精英等特征；20世纪90年代，传统网络平台崭露头角，网络社会呈现发展不均衡、信息不完整和关系不对称等特征；到了21世纪前十年，移动社交网络广泛应用，普通受众成为网络化关系建构者，形成分众化、去中心化、去政治化、微粒化的网络社会关系；近十年来，智能传播日益盛行，算法化视频、虚拟主播、智慧城市和智能家居等可视化场景备受青睐。数字化、网络化、智能化技术改变着人们赖以生存的社会环境和文化场域，带来了丰富多彩的生活方式、生产条件和学习手段。本书旨在探讨以网络传播和智能传播为代表的新兴传播的演变历程、概念内涵和类型样态，阐明新兴传播的具体属性和实际功能，分析新兴传播社会化和场景化发展趋势，探寻建构网络社会层级关系和智能社会和谐关系的数字中国生态路径。

第一节 新兴传播的演变历程

新兴传播的嬗变历程与网络社会化、技术智能化相伴随行，网络社会化以微信、微博、QQ、直播和短视频等新兴传播分众化为标志，技术智能化以算法可见性、用户画像精准性和内容去中心性为特征，新兴传播的便捷、即时和泛众化，助推新兴媒介经历起步期、反思期、应用期、低速期、稳步期和蓬勃期六个嬗变阶段。新兴传播的每一个发展阶段，都能够找到传播理论研究者和实践探索者活跃的身影，都能够找到传统媒介转型升级、社交媒介潜进变革和智能媒介进化创新与资讯、关系、场景信息生产传播的交互融合范例。探究新兴传播的演变历程，有助于洞悉新兴传播的源头理据，有助于把握新兴传播与传统传播的融合路径，加快新兴传播的理论创新与实践探索，推动新兴传播的技术创新与内容创新，有助于中国特色新兴传播体系的有序推进和有效建成。对新兴传播演变历程的深入探究，还有利于确立新兴传播与传统传播相辅相成、互补互渗的切入点和突破口，明确技术创新、内容创新与新兴传播理论创新、实践创新的耦合点和衔接点，回溯并复兴20世纪40年代"科学"与"传播"共生共荣的传播学原点精神，为当下和未来科学技术与新兴传播的再结合、科学技术与网络文化的共联袂、科学技术与智能场景的同发力提供清晰可鉴的历史素材与发展依据。

一 起步期：香农信息论

"机器定理证明智能跳棋程序"是人类对新兴技术的最早探索例证。在新兴传播的起步期，就有传播学者和传播实践者的活跃身影。例如，1956年8月，在美国汉诺斯小镇达特茅斯学院，召开了一个让世人永远铭记的"达特茅斯会议"（Dartmouth Conference），达特茅斯学院数学助理教授约翰·麦卡锡、麻省理工学院马文·闵斯基、贝尔电话实验室数学家暨信息论创始人克劳德·香农、卡内基雷蒙大学艾伦·纽厄尔、诺贝尔经济学奖得主赫伯特·西蒙和国际商业机器公司（IBM）罗切斯特等国际一流科学家聚集在一起，共同商讨一个在当时人们看来完全不合常理的奇怪议题：让机器像人一样进行思考和认知，让机器人来模仿人类学习、生产和生活活动。

众所周知，克劳德·香农是"信源—信道—信宿"理论创建人，在信息传播、电信传播和大众传播领域具有举足轻重的地位，被公认为与施拉姆、拉斯韦尔、霍夫兰等齐名的传播学理论创始人。作为传播学的发源地，美国率先就建立"传播科学"的可能性进行了专题讨论。第二次世界大战以后，全球信息论研究进入腾飞突进的活跃期。20世纪40年代末，信息论概念正式诞生。正是早期传播学研究者先从"中等职业学校的集散地"崛起，再竭力争取高等院校和专门研究机构学者对传播学概念进一步认同，信息论概念似乎成了学者们加强认同感的一个"推进器"，因为高等院校和专门研究机构的学者容易超越不同类型传播观念之间的差异，容易达成信息论的术语、概念和模式标准化和普适化的共识目的。这样，我们不难理解"大学中最早的传播研究机构和最早的授予博士学位的课程，都始于香农的信息理论发表不久"。美国传播学界对于信息论的诉求，迎合了战后公众关于"科学能够提供近乎任何问题的答案"的热望，并完成了特定"技术"与特定"学科"的对接与融合。与其他学科相比，信息论具有不可替代的唯一性和前瞻性，因而被称为"影响最为深远的科学突破"之一，信息论是我们今天对于传播学理解的基础和前提，特别是新兴传播技术的设计基础。信息概念、作为信息的普遍测度标准的比特以及从香农工作中衍生出来的传播模式，使得我们能够以一种在香农之前不可能存在的创新方式分析新兴传播机制。"在传播学中，信息是一个中心概念，而香农的信息论成为传播学的根本范式。"[1] 香农在战争时期所进行的密码分析以及建立其上的信息论研究，是当时美国联邦政府资助的各类传播研究中的主要内容，其他重要的传播学早期研究包括霍夫兰关于军事纪录片的控制研究和拉斯韦尔关于宣传信息的内容分析等，有的学者将信息论视作"开创了另一种内容分析的先河"。[2]

20世纪50年代，是传播模式研究的鼎盛时期，传播模式被学者视为传播研究寻求突破、发展和统一的一种突出表现。首先促使社会学家以模式形式来阐述传播思想的，是数学家克劳德·香农。"模式研究"促使科学与传播的关系紧密结合起来，科学与传播的契合使当时传播学界对于传播效果的研究兴趣居高不下，"刺激—反应"和行

---

[1] ［美］E. M. 罗杰斯：《传播学史——一种传记式的方法》，殷晓蓉译，上海译文出版社2005年版，第388页。

[2] 殷晓蓉：《传播学何去何从？——基于时代变革的追问与思考》，《新闻记者》2015年第2期。

为控制理论充当了行为主义传播学的心理学基础，此时大众传播研究成果得以整合，相关研究得以深化。1948年，香农在其传世之作《通信的数学理论》中，惊世骇俗地提出"应用比特（离散的0和1）对数据进行测量"论点，与约翰·图基在贝尔实验室创造的"二进制数缩小为比特"殊途同归。香农的应用比特观点，为下一阶段信息传播模型建立夯实了理论基础，是解码、译码向更高层传播潜进的理论火花。

简言之，香农的信息论为传播学提供的基本概念是信源、信宿、讯息、噪声、信道、编码、解码等，这些在当下耳熟能详的传播学术语，当时频繁出现在主流传播学关于"传播"的定义中。"从最普遍的意义上说，传播是一个系统（信源），通过操纵可选择的符号去影响另一系统（信宿），这些符号能够通过连接它们的信道得到传播。"①

二 反思期：符号渗透传播

20世纪六七十年代，新兴传播进入反思期的第二阶段。这一阶段，"达特茅斯会议"上的"让机器思考"方案的制定任务失败、目标落空，机器翻译成了当时人们的笑柄。1957年，对人工智能科学信心满满的西蒙预言10年内计算机可以与人对弈下棋并且击败人类棋手，这个预言也成了当时科学界的笑谈。1968年，对西蒙预言深信不疑的麦卡锡和国际象棋大师列维打赌，认为10年内象棋智能系统会战胜列维，最后麦卡锡赔了列维2000美元。正是这个乐观的预言和赌注，给那些对人工智能"袖手旁观"的人们留下把柄，如德雷弗斯常拿此事嘲讽人工智能的理论研究和实践探索，说计算机下下跳棋还行，下国际象棋连10岁的孩子都比不过。这种说法在1997年IBM智能棋手深蓝击败人类象棋大师卡斯波罗夫后不攻自破，西蒙、麦卡锡等人工智能创立者们才最终扬眉吐气。

同样，智能技术应用与媒体传播的"论战"从未停歇，其一是大

---

① ［英］丹尼斯·麦奎尔、［瑞典］斯文·温德尔：《大众传播模式论》，祝建华、武伟译，上海译文出版社1987年版，第5页。

牌传播学者对信息论创始人香农的"信源信宿"单一传播路径提出质疑，如"循环模式"和"螺旋模式"等新潮传播路径浮出水面。其二是"符号"在智能技术应用与媒体传播领域的应用。作为特殊的传播元素和传播介质，符号激发了技术类符号研究的逐渐勃兴，为后来的技术符号学学科奠定了发展基础。而编码、译码符号作为进入计算机学科研究的钥匙，是人工智能技术研究的重要内容，尤其为智能技术应用与媒体传播携手合作的符号传播研究提供了支撑，编码译码符号学自然是新兴传播理论研究和实践探索的原点和支点。

根据香农的信息传播模型，信息源发出之后，经过发射装置形成传播信号，再经过传播渠道降噪处理，转换成接收信号输送到信息接收装置，形成有效信息，传输给信息接收者（受众）（见图1.1）。其中的编码和译码（解码），只有数学家出身的香农才有可能"异想天开"地想象出晦涩难懂的"天书"符号。正是这种"天书"符号，为信息通信技术快速发展、为下一阶段网络技术、智能技术与媒体传播的慢慢融合打下了"符号"物质基础。

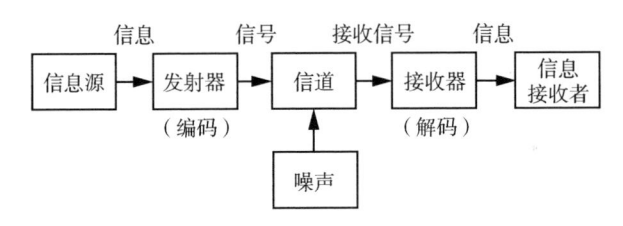

图1.1 香农单向信息传播模式

在新兴传播的反思期阶段，传播学者对信息论的思维模式进行了修正或补充，如针对香农重要的信源、信道、信宿传播路径的直线性、单一性，一些学者对这一模式缺乏反馈的传播机理展开了有益的批判，施拉姆提出了循环模式，丹斯提出了螺旋模式，福德勒尝试在大众传播范围内寻找"反馈"的双循环模式，弥补了香农阐述社会传播过程的明显缺陷。具体来说，1954年，美国传播学者施拉姆在《传播是怎样运行的》一文中提出了信息传播的"循环模式"，指明传受双方都作为传播行为主体，通过信息的授受处于你来我往的相互作用之中，参与传播过程的每一方在不同的阶段都依次扮演译码者（接收和符号解读)、解释者(解释意义)和编码者(符号转化和传达)的角色,并相互交替这些角色。[①] 1967年,美国传播学者丹斯在香农理论影响下,综合了施拉姆的"循环模式",描述了传播过程的各个不同侧面和整个传播过程如何随时间而变动的"螺旋模式"。"螺旋模式"是用上升的螺旋和一个表示方向的箭头构成,说明传播过程是一个循环往复、螺旋上升、不断发展的过程,亦称丹斯控制论模式(双向循环模式)。福德勒"大众传播双循环模式"强调了信息传播的双向性和信息干扰的多途径。福德勒模式除了强调信息传播的双向性和反馈性,更多被认为是香农学说的升级版和发展版。

三 发展期:新兴传播崭露头角

在网络技术、人工智能技术与传播媒介结合应用方面,"结构学派"试图通过构造大规模非线性人工神经元来模拟人类的大脑皮层,北京师范大学科研团队的研究硕果累累。吾守尔·斯拉木院士任首席专家的"新媒体传播实验室",从事多语种信息处理、计算机应用及网络技术研究与开发应用,其多语种信息技术的多媒体化和网络化成果使信息处理技术有了新突破和新进展,被认为是国内"认知神经传播学"理论研究和实践探索的创新基地。认知神经传播学在新兴传播的应用可反映在各种网络社交系统和智能专家系统的开发和应用中。例如,在1970年到2010年,网络社交系统和智能专家系统遍地开花,网络技术和人工智能技术转向关系化和场景化实用领域。比如,智能专家系统主要是由专家知识库、专业推论机构和专业知识库管理机构组成的智能优化系统,可以利用计算机存储的专家知识辅助专家或非专家开展工作,是一种具有推理能力和与某专门领域的专家协同解决问题能力的智能性计算机程序系统。其中,医疗专家系统 MYCYN、化学专家系统 DENDRAL 和地质专家系统 PROSPECTOR 相继推出,在各自领域大展身手。化学分析专家系统 DENDRAL,能对质谱仪的实验观测结果进行分析,医疗诊断专家系统 MYCIN,能对血液感染病进行诊断和开立处

[①] 参见郭庆光《传播学概论》,中国人民大学出版社2011年版。

方，地质勘探专家系统 PROSPECTOR 成功地应用于铜矿勘探工作。新兴传播也经历了阵痛的嬗变历程。在 1985 年到 1995 年，智能专家系统经历了"消沉"黑暗期，发展后劲乏力，多项研究进程缓慢。智能专家系统"停滞不前"的主要原因是：人工智能的"结构学派""功能学派"和"行为学派"三大流派相互排斥，"结构学派"试图通过构造大规模非线性人工神经元来模拟人类的大脑皮层，"功能学派"热衷利用先进的计算机技术模拟人脑思维的功能，"行为学派"喜欢"机器人"用"刺激—响应"的模式模拟人类的行为，这样，智能专家系统的研发应用宛如盲人摸象，无法形成统一理论开展统一行动。

20 世纪末期，随着互联网的泛众化应用，全球网络技术和智能技术进入稳步发展阶段，新兴技术不断创新、不断进步。1997 年，美国 IBM 公司研制的并行计算机"深蓝"击败了雄踞世界棋王宝座 12 年之久的卡斯帕罗夫，在前五局以 2.5 对 2.5 打平的情况下，卡斯帕罗夫在第六盘决胜局中仅走了 19 步就向"深蓝"拱手称臣，人工智能的标志产品"深蓝"赢得了这场特殊意义的人机象棋对决。作为人工智能研究的开拓者，麦卡锡在深蓝赢得比赛后感言，"电脑国际象棋得到很大程度的发展，遗传学也可能取得类似成就"。[1] 如果说世界棋王卡斯帕罗夫向智能机器人"深蓝"拱手称臣，是竞技新闻、科技新闻的重大喜讯，那么，信息论之父香农为智能机器人在实践应用领域的不懈探索更是值得称道，香农发明了自动下棋智能机器人，能够实时给出双方博弈时的棋语评论，并且设计了一个"终结机器人"的装置。毋庸置疑，世界棋王与智能机器人博弈成为智能技术与媒体传播"零距离接触"的重要节点，是下一阶段智能机器人写稿、智能机器人广告创作和智能机器人聊天的重要驱动力。[2]

四 勃发期：新兴传播盛行

2010 年以来，在移动互联网、大数据、超级计算、传感网、物联

---

[1] 《"弈"智游戏——从"深蓝"到AlphaGo》，http://k.sina.com.cn/article_1738690784_67a250e0019012eyc.html，2022 年 03 月 16 日。

[2] [美] 吉米·索尼、罗伯·古德曼：《香农传》，杨晔译，中信出版社 2019 年版，第 38 页。

网、脑科学和神经科学等新理论、新技术、新设备以及经济社会发展需求的共同驱动下，网络技术、人工智能技术加速发展，智能算法赋能赋权在政治、经济、文化、社会和生活等领域充分释放，呈现深度学习、跨界融合、人机协同、群智开放、自主操控、社交泛化和场景智化等新特征，新兴传播进入勃发、盛行新阶段。纵观网络技术和人工智能的发展历程，可以看到新兴传播技术的"无所不能"和"无处不在"，可以看到网络技术、智能技术与新兴媒体传播的广泛结合，从早期香农参与人工智能奠基的"达特茅斯会议"到当下风光无限的智能机器人写作、智能机器人新闻纠错、智能机器人音视频检索和智能机器人创意场景再造等新兴传播现象，都是人类智慧的集中表现，是人类想象力和创造力无限延展的大集荟，构筑成新兴传播"万花筒"和"聚宝盆"。比如，由机器人记者自动生成的新闻报道，已经成为路透社、美联社等全球主要通讯社的常态产品，也是我国中央媒体的优先发展战略。随着网络化、智能化程度的逐年提高，音视频文字转换智能技术开始应用到一些欧美国家媒体中。智能机器人成为遏制虚假新闻的重要武器。

2013年以来，美联社的体育与财经新闻部门为了消化更多数据、挖掘内幕、产生高附加值的内容，让智能机器人参与报道工作，获得更大成果。2015年，美联社与其投资方Automated Insights合作开发了一款名叫WordSmith的智能系统，专门负责撰写财经新闻，大大提高了美联社编辑部的工作效率。此前，美联社编辑每季度只能写出400篇财经新闻，有了智能机器人之后，每季度能生产近4000篇财经新闻。2017年，美联社每天有1500篇新闻稿出自智能机器人之手，大大提高了新闻写作效能。

国内也有不少媒体在探索和应用机器人写作，如腾讯、新华社、今日头条和第一财经等媒体抢先试水。2015年，腾讯推出了新闻写作机器人Dreamwriter，该款自动写作新闻软件，可以根据智能算法在第一时间自动生成稿件，瞬时输出分析和研判，一分钟内将重要资讯和解读送达用户。写作机器人Dreamwriter发出的第一篇"8月CPI涨2%创12个月新高"稿件后，在朋友圈广为流传，这篇稿子与媒体记者日常的新闻稿无异,质量不分伯仲。① 同年,新华社迎来了写稿机器人"快笔小新"。这一由新华社自主研发的"快笔小新"供职于新华社体育部、经济信息部和中国证券报,可以撰写体育赛事中英文稿件和财经新闻稿件。"快笔小新"在中国足球超级联赛报道中表现出色,自动生成的中英文新闻稿件速度快、效果好。"快笔小新"在财经新闻报道中同样表现出色,从一句话的报盘到一段话的公司财报,再到根据"行情触发"写出财经快讯,"快笔小新"变得越来越聪明,写市场行情的稿子越来越上手。②

2017年,新华社率先建立由人工智能技术驱动的新闻全链条生产系统"媒体大脑",在人机协作的研发和运用上走在了欧美同行的前面。"媒体大脑"是对记者感官的强化和延伸,摄像头和"采蜜"等智能采集设备将变成记者的"眼睛"和"耳朵"。"媒体大脑"提供8个模块的服务内容,覆盖从线索、策划、采访、生产、分发、反馈等全新闻链路。"媒体大脑"通过摄像头、传感器、无人机、行车记录仪等智能采集设备,结合新闻发生地附近的多维数据,实时检测新闻事件,智能生成数据新闻和富媒体资讯新闻线索、新闻素材。专业级录音应用实现了将录音内容自动转写为文字的功能,适用于采访、会议等多类场景,无缝衔接移动端和PC端,显著提高了记者的工作效率和内容生产力。基于新华智能云的大数据能力,用户画像功能可以为媒体提供读者阅读习惯、位置变化、行为偏好等精确化信息。智能分发系统则依托国内一流的新闻分发渠道,通过大数据分析,在智能设备上为读者精准推送新闻资讯,拉近了媒体与用户间的距离,从而达到媒体影响力扩大、用户体验提升的双赢效果。

近几年来,为遏制海量信息中虚假新闻的泛滥,中国、美国、英国等媒体机构都开发出了新的工具来帮助新闻事实的核查。基于精准的智能人脸识别系统,新华社"媒体大脑"可以在海量的图片、视频

---

① 参见廖丰《腾讯开发新闻写作机器人,记者们是否将被抢饭碗?》,《京华时报》2015年9月11日。
② 参见余晓洁、吴丹妮《"快笔小新"上岗了!84岁新华社启用"机器人记者"》,http://www.xinhuanet.com/politics/2015-11/06/c_128401124.htm,2015年11月6日。

素材中确认特定人物，大大减轻事实核查环节的工作量，在源头上防止虚假新闻出现。"媒体大脑"为原创者开辟了一道护城河，各类原创内容都将纳入"媒体大脑"保护之下。通过对全网近 300 万个站点的智能化监控，各类内容侵权行为将无所遁形，抄袭、洗稿等乱象将受到有效遏制。[①] 美国苹果公司为了保护用户隐私，在其 Safari 浏览器上推出了智能防追踪功能，该功能限制广告科技公司利用 cookie 来追踪用户的浏览历史。作为虚假新闻的重灾区，脸书也宣布将开发一款事实核查类 App 以遏制虚假新闻蔓延的势头。[②] 在英国，事实核查机构 Full Fact 开发追踪各类政治声明的智能识别工具，杜克大学开发了 Share the Fact 小部件，帮助搜索引擎查找事实、检查文章，同时还建立了一个 Chrome 浏览器扩展程序，在诸如总统辩论这样的新闻现场，提供即时的弹幕事实检查服务。

第二节　新兴传播定义与价值

自从 1956 年人工智能开天辟地的科学家聚会，就有了"信息论"创始人香农的参与，也有了人工智能与媒体传播的不解之缘。香农的"信息论"长期以来都是数学、信息通信、计算机、新闻传播和社会伦理学者精心研读的重要内容。单向传播行为模式尽管在理论推演和实践应用中存在一些瑕疵，但着实奠定了香农在传播学领域的开拓地位。

随着 5G 智能技术的商用推进，网络技术、智能技术与媒体传播技术的结合性应用得以系统探究与实践验证。当前，我国新兴传播研究方兴未艾，越来越多的学者开始从传统传播研究转向新兴传播研究，瞄准网络技术、智能技术在新兴传播领域的技术应用与产业发展，言必谈新兴技术创新，言必谈媒体网络化、智能化时尚命题。认知神经传播、超算传播、计算传播、算法传播、智能传媒、智能媒体、超智传播和 5G 传播等学术论文铺天盖地，从计算机学科、生理学学科、

[①] 参见吴晋娜《国内首个媒体人工智能平台上线，抄袭洗稿将无所遁形》，https：//www.sohu.com/a/213225308_ 123753，2017 年 12 月 28 日。

[②] 参见史安斌《2017 年全球新闻传播新趋势》，《国际传播》2017 年第 3 期。

心理学学科、传播学学科、管理学学科等不同学科角度各抒己见。所有这些学术成就，对繁荣我国新兴传播事业具有划时代意义，为创建中国特色新兴传播理论体系迈出了坚实的一步。具体来说，喻国明以数字化媒介支撑下信息生产方式的扩增为例，指出时代发展对于人工智能的必然呼唤。他指出，"有很多人一提到智能媒介，智媒介时代，常常第一印象就是所谓的技术植入，从云技术、人工智能、区块链等技术性导入，但它所带来的改变并不仅仅是跃度扩移，也不简单是结构性重组，更大程度上是一个传媒领域发展范式、运作范式的一场深刻的革命性改变。在数字媒体技术支撑下，信息的扩增带来了传播主题的多元化和海量信息产生。如果用传统的人工编辑把关，能处理的信息不足百万分之一"[①]。计算机专业出身的彭兰更喜欢"智慧媒体"的称谓，她认为，"智慧媒体不仅仅是人和机器的碰撞，更重要的是通过汇集人和人的智慧，分布式新闻就是这样的产物，过去我们从维基百科里面看到人类的知识汇聚以后获得的大的成果。移动化、社交化、智能化是传统媒体转型的三条主要路径，智能化驱动了内容生产的新革命，也带来了媒体生态的深层变化。对于媒体转型中出现的中央厨房、平台化媒体、内容付费等新实践，需要从障碍因素及实施效果等方面进行更深入的思考"。

本书认为，新兴传播指的是在5G网络技术和智能技术引领下，在充分开启人脑动能、人脑智慧的基础上，将超级计算机技术、大数据技术、物联网技术、区块链技术、云技术和虚拟现实技术等在网络传播和智能传播领域荟萃、运用与突破，实现资讯、关系、场景化信息的移动化、社会化和智能化呈现和再现。新兴传播以超级大数据、智能算法为依托，以计算机技术、网络技术为主轴，交叉融入数学、生理学、仿生学、哲学、心理学、社会学、生物学、语言学、逻辑学等多类学科精髓，应用于现代传播作品、服务和场景的组合拼装配送、内容智能识别和产业优化整合等方面，包括智能机器人写稿、人工智

---

① 喻国明：《智能互联时代，如何提升品牌传播效能？》，https：//www.baijiahao.baidu.com/s？id=17670986340445970618&wfr=spider&for=pc，2023年5月28日。

能"环境拟态"和"场景再造"、新闻图片智能识别、新闻素材智能转换（声音文字转换、视频文字转换）、新闻源头事实核查和新闻内容精准推送等，是中国特色"新大众传播"理论体系和实践求真的重要组成部分。新兴传播价值主要体现在以下四个方面。

第一，新兴传播是传统传播理论的完善者。新兴传播是现代传播理论谱系的新成员，具有经典传播理论的遗传基因，又同时携带着5G智能技术的时代烙印。新兴传播发轫于传统大众传播，遗传了大众传播的血脉精髓，携带有传媒贵族的天然优势，是经典传播理论和"新大众传播理论"的"混血儿"。人工智能与媒体行业的结合应用，不仅是媒体传播技术的革命性飞跃，更是媒体传播观念的更新换代，是媒体传播生产模式的彻底颠覆，是媒体传播产业的爆发式增长，是媒体传播人才素养的"洗心革面"，是新兴传播与传统传播叠合叠融的嬗变前行。当下，新兴传播发展势头火爆，多枝蔓、多触角发展、裂变、渗透、融入，越发显示出在媒体传播过程中独树一帜且无以取代的重要地位，成为与原始传播、口语传播、文字传播、印刷传播、大众传播同等重要的传播生态成员。新兴传播的产生、发展与盛行，进一步拓宽了传播领域，壮大了传播理论的势力范围，改变并完善了传统传播理论的演进步阶。随着新兴传播时代的到来，沿袭多年的传统传播格局转变成"原始传播—口语传播—文字传播—印刷传播—大众传播—新兴传播"新旧混合传播新格局。

第二，新兴传播是聚各种传播形式于一身的智慧化集成体。新兴传播以网络技术和智能技术为牵引，汇聚了原始传播、口语传播、文字传播、印刷传播和大众传播的全部精华，是集各种传播形式于一身的集智传播，是未来传播的标志性代表。人工智能技术视域下的原始传播，不仅没有因为大众传播的既有强势和各类新兴媒体的"兴风作浪"悄然隐退，反而依然在传播体系中扮演着不可或缺的重要角色，而且正在大众传播、新兴传播过程中完成"科技与艺术的复古回归"，发挥着语言文字、音视频等无以替代的作用，是"原生态传播＋礼仪传播＋创造性传播＋再造性传播"的立体展现。与此同时，新兴传播又是网络技术、智能技术在媒体传播领域的渗透延伸。新兴传播既是每一个传播进阶的传承阶梯，又是下一项传播进阶的起点与奠基，按照传播渠道的不同特征和传播受众的不同需求进行网络化、智能化优化组合，将网络、智能、媒体技术合三为一，产生耦合叠加效应，发挥独有的传播功能，使特有传播优势发扬光大，智慧化组构出集各种传播形式于一身的智慧化集成体。

第三，新兴传播是嵌入信息生产传播领域的人类智力与类人脑智力的完美结合体。新兴传播是人工智能技术在媒体传播领域全方位、全功能的普适应用，是"人脑智力＋类人脑智力＋新兴媒体"的智慧、技术糅合应用的杰出代表。人的智慧创新、智慧创意、智慧创造是信息传播的"正能量"和"软资源"，技术渗透、技术应用与技术创新是新兴传播的"主旋律"和"硬资源"。无论出自何种学科背景，新兴传播者都需要掌握人工智能技术的类人脑功能原理，充分发挥自身在促进新兴传播发展过程中的聪明才智，洞悉人脑智力与类人脑智力的耦合应用潜质，遵循人机协作、机脑协同的发展渊源、技术原理、现实应用和未来方向，从"技术＋人文"角度构想新兴传播生态系统。

新兴传播是技术进步与传播市场需求的碰撞火花，是媒体传播内容生产技术、产品分拣分送技术、音视频文字转换技术和信息素材甄辩把关技术的革命性飞跃。随着网络、智能技术进一步发展，媒体传播的"人机"智能应用会不断深化，应用手段也会更为多样，新兴传播理论研究与实践应用的智能化程度、智慧化程度、集智化程度还将有一个新的飞跃。

第四，新兴传播是重塑信息生产传播生态的推进器。新兴传播率先应用于智能机器人新闻写稿领域。智能机器人在经济新闻、体育新闻领域的快速写作能力，大大提高了媒体机构的新闻写作效率，使得新闻更新、更快且更贴近受众需求。智能机器人写作新闻，把传统新闻采访记者或职业编辑从繁杂繁重的重复性体力劳动中解放出来，使之有更多时间和精力投入新闻策划、新闻评论、深度报道、产业布局、营销与推广等人脑更擅长的领域，更大程度发挥新闻人的主观能动性。此外，智能机器人广告制作、智能新闻主播、智能场景创造、智能新闻纠错等更宽泛、更智慧化的新闻传播实践受到广泛好评。凡此种种，意味着新兴传播重塑了新闻生产传播生态，彻底颠覆了新闻传播的生产模式、传播模式、反馈模式、产业模式和管理模式，是重构传统媒体传播生态的推进器。

新兴传播汇聚了媒体传播理论最先进、最前沿的珍贵内涵，是5G网络技术、人工智能技术和现代传播技术的有机组合，是传统媒体传播嬗变前行中的"浴火重生"，是创建新时代中国特色传播理论体系的关键性载体。但必须引起高度关注的是，在新兴传播生态建构过程中，当下媒体传播理论研究方向在哪里？现在和未来新兴传播的主导性因素有哪些？是政府机构权力主导，还是新兴技术主导？是新兴传播内容主导，还是新兴传播产业主导？笔者认为新兴传播研究旨在发现促进新兴传播深入发展的理论概念、观念与要义，发掘新兴传播技术创新应用的关键性潜质，探求决定新兴传播发展方向的核心影响要素，综合考虑中国新兴传播相关的国家战略与民族特色，有效创构数字中国建设大格局下的新兴传播智慧化生态。

第三节　新兴传播内容

伴随着5G网络、人工智能与媒体传播全面渗透、全面融合的研究热潮，新兴传播门类越来越多、越来越细。从传播平台来考察，新兴传播主要可以分为网络传播、智能传播和融媒传播等类型。从传播内容来看，新兴传播可以划分成网络社交层级传播、网络创意视频传播和网络存在文化传播等。从传播要素来看，新兴传播可分为智能技术传播、智能创意传播和智能文化艺术传播等内容。从传播问题来看，新兴传播包括新兴传播伦理、新兴传播治理、新兴传播产业和新兴传播素养等方面。上述四种分类构成本著作的思维主轴和创作框架。

一　网络社交层级传播

以5G网络和人工智能为代表的新兴技术驱动网络社交层级关系不断分化、重组与整合，造就了网络社会要素、空间和交往过程的层级关系。要素层级关系呈现个体传播者分层化、个性化，群体传播者多样化、品牌化，智能人精准化、预驯化，受众阶层化、差异化、可塑化，媒介移动化、智能化、融合化和技术迭代化、集成化、交互化、即时化等表征。空间层级关系由个人、群体和智能人空间构成，个人空间推动隐秘、黏合的个体文化发展，群体空间提升分众舆论传播效率，智能人场景推动人联网与物联网有机融合。信息共享、关系创造和数字再造构成网络交往过程层级关系，信息共享过程强化网络社群文化认同感，关系创造过程有利于网络社会关系的全域拓展，数字再造过程推动网络社会关系聚合化发展。网络社交层级传播的研究成果是对拉扎斯菲尔德的两级传播理论和罗杰斯的多级传播理论有关"大众媒介—意见领袖—普通受众"关系论述中的意见领袖部分的深度阐发和创新发展。研究发现：意见领袖通过社群共享的规范、价值观以及个人私享的观点、信源等对成员施加物质文化、制度文化和心理文化影响，强化成员的身份归属感、内容获得感和观点趋同感；意见领袖具备引领成员产生社会心理安全感的"魄力"，促进稳定而有区别的社群心理结构和紧密自然的圈群文化；多层意见领袖通过核心要素配置、个体或群体空间交流和多重过程转换等多级接力角色实现网络社交层级关系建构。

二　网络创意视频传播

网络创意视频传播由网络短视频传播、网络中长视频传播、网络超长视频传播和5G网络创意场景传播构成，网络短视频传播和5G网络创意场景传播是当今网络创意视频传播的代表形式，网络超长视频传播属于传统媒体图像传播的网络延伸和拓展形式，网络中长视频传播是网络创意视频传播的明天产业，具有颠覆性和前瞻性发展前景。具体来说，网络短视频传播是指以智能手机为载体，以智能算法为手段，以创意构思和创意内容为特色的碎片化、生活化超短视频呈现和再现。网络短视频传播内容繁多，如美容护肤、旅游美食、生活窍门、幽默搞笑、百科知识和新闻资讯等方面。网络中长视频传播是指以智能手机或智能宽屏为载体，以专业团队制作和智能算法为手段，以精品内容或专题内容为特色的聚合化、专门化在线视频呈现和再现。当下，短视频传播盛行，满足了普通受众碎片化生活需求，以流量生产传播为特征，而中长视频以聚合性内容生产传播为特征，将满足精英受众的专业化或专门化需求。网络超长视频是大众传播的网络延伸升级版本，以新闻特写、事件记录、影视剧、重要赛事、重大活动和专项比赛的专题性生产传播为特征。5G网络创意场景传播是创意视频文化的线下宽屏和线上竖屏交织性传播新形态。5G网络创意场景传播主要由5G应用三大场景、5G电视宽屏直播和5G网络竖屏直播等构成。5G应用三大场景主要指5G智能技术场景、5G智能硬件场景和5G智能软件场景，5G网络创意场景传播提供了前所未有的革命性技术手段，引发媒体传播体制机制前所未有的巨大变革，为未来6G智能网络创意场景传播打下了牢固的技术基础，积累了丰富的创意场景传播经验。总的来说，网络中长视频传播是未来网络主流视频的发展方向，将发挥主流视频文化的压舱石稳定作用和定盘星引领作用。从虚拟现实技术、增强现实画面到高动态范围图像、杜比全景声等拟态场景传播，一个个与网络创意视频传播紧密关联的新人物、新事件、新景象、新现象、新技术和新设备"层出不穷"，网络创意视频传播使受众通过网络平台欣赏到各种精彩的人物、事件、事物和场景，从而获得全新、自主、即时、交互、多角度的观赏、体验和沉浸效果。

三 网络存在文化传播

存在文化[①]因主体、客体和介质的差异性而具有不同的表现形式。从主体角度看，存在文化可划分为行为文化、语言文化、性别文化、年龄文化、职业文化、个体文化和群体文化等类型；从客体角度看，存在文化既包含传统的物品、设备、钱财、建筑等价值客体，又包含现代的数字化货币、财富、身份和家居等形态；从介质角度看，存在

---

① 存在文化概念是笔者在《浙江社会科学》2021年第12期的《存在文化传播的范式转型与时代价值》一文中所提出的文化新类型。从文化哲学来看，存在与非存在是一对相对性概念，在将一定对象视作存在文化的个体或群体之外，必然存在其他的个体或群体，这部分个体或群体对于存在文化对象往往持有普通的情感偏向、认知印象和价值评判，这自然产生出使用价值与存在价值、显性价值与隐性价值、功能价值与象征价值相对立的个体或群体层级性存在文化。

文化包括物化、口语、文字、图片、图像和音视频等载体文化。存在文化是人类生存发展的印记与标志，是社会生成演进的源泉与推力，是传统与时尚、守正与创新、内在与外在关系转化的内在驱动力。通过网络存在文化与传统存在文化的内容、形式比较分析，旨在揭示网络存在文化更丰富、更生动的类型形态和呈现特色，据此进一步分析网络存在文化的深刻内涵与表达功能，阐明网络存在文化传播的范式转型，论证原始、大众存在文化向网络分众存在文化转型的时代价值，聚焦解决中华优秀文化在网络存在文化传播中的创新应用问题。

网络存在文化是网络社会生成演进的主要源泉与关键推力，是现实存在文化在虚拟世界的生动反映、即时延伸和创新发展。网络存在文化具有静态固化与动态可塑的双重属性，既是一定时期个体、家庭、社群、组织、企业、机构、民族和国家固有的网络标识性文化，又是个体文化或群体文化之间的主次交替或强弱转化的网络迭代发展文化。新旧存在文化之间的独立与统一、碰撞与整合的对话关系构成现代网络存在文化的传播机制。原始存在文化传播面临与算法化网络视频文化传播深度融合与广域转化的范式转型，大众存在文化传播面临与分布式网络存在文化传播协同发展和耦合进化的范式转型，网络存在文化与现实存在文化正朝着智能化存在文化纵深发展范式转向。网络存在文化传播的时代价值在于原始要素与现代要素、大众要素与分众要素的有机融合与巧妙转换，传播者与受众、线性思维与非线性思维、技术资源与内容资源的叠加复合以及理性资讯、感性关系信息和算法场景信息的交互混搭与交织转化。

四 智能技术传播

智能技术传播是现代技术在信息生产传播应用环节上的全面赋能，是5G智能技术、智能算法技术、超级计算机技术、大数据技术、物联网技术、区块链技术、云技术和虚拟现实技术等高精尖技术在智能传播领域的全方位释放与全天候应用。智能技术传播主要由智能全息技术传播、智能算法技术传播、5G智能技术传播和智能元宇宙技术传播构成。智能技术在智能新闻写作、智能新闻配送、智能新闻编辑、智能新闻播音主持、智能创意场景创造、智能节目编排、智能新闻纠错和智能受众反馈等新闻传播链的表现尤为突出。随着智能机器人阅读识别水平、智能计算能力和智能模仿能力的大幅度提高，智能新闻写作正从专用智能向通用智能方向发展，即智能机器人新闻写作从现阶段的"体育智能新闻写作""财经智能新闻写作"等专业领域向政论新闻智能写作、娱乐新闻智能写作和民生新闻智能写作等全能型智能记者范式转向。在智能传播时代，一场新闻发布会可以演变出多样态、多层级的新闻稿件，智能机器人可以根据不同用户需求快速批量生产出长篇通讯、现场速评、广播稿、电视稿、PC网络稿、手机移动端稿、新闻客户端稿和学术论文稿等。智能创意场景广泛应用于电视节目制作、电影电视剧拍摄和环境拟态设计等领域。智能新闻纠错不仅使新闻稿件"出口成章"，而且使"出口成章"的新闻稿件不再有口误和笔误，将虚假新闻、重复新闻、错误新闻等不良现象彻底消灭和根除。智能技术正表现出巨大的创新驱动力和强大的文化影响力，智能技术传播有利于培养社会个体掌握并应用智能全息技术、算法技术、5G智能技术和智能元宇宙技术的复合型能力和聚合性能力，有利于提升普通受众理解和洞悉智能技术基础知识和专业技能的综合性才能。

五 智能创意传播

创意是指创造、创新和再造的潜质、意识和能力，是在对现实存在事物的理解以及自我认知基础上所衍生出的一种全新的抽象思维和行为潜能。与传统观念和思维方式相对而言，创意体现了人的原发性思维能力和行为偏向，是一种新兴资源潜质和精神资源价值的发掘能力。在很长一段时间里，创意仅仅与某些专业和行业相关，比如广告创意、设计创意等。而在今天，创意已经溢出某些特定行业，成为全社会几乎各个行业、各个领域都在努力践行的发展理念和创新价值。智能创意，顾名思义是基于人工智能技术的创意，也是基于人脑创意与类人脑创意的耦合原发性创意。智能创意传播是指以产业、用户、媒介、协会和国家职能部门为主体的，通过智能创意技术手段设计、生产、推送、规范和协调智能创意产品、服务或场景的行业自律、个体监督、舆论营造、规制健全和政策引导的生产共建、消费共享创意性活动，强调政府主导下的智能创意产业、协会和媒介对个体的智能创意文化消费行为进行的多向度协调行动。按照专业划分，智能创意传播可分为智能创意动漫、智能创意游戏、智能创意出版、智能创意广告、智能创意新闻、智能创意体育、智能创意旅游、智能创意展示、智能创意非遗宣传和智能创意产品消费等形式。从专业化创意到社会化创意，从职业化创意到全民创意，从特定行业创意到全领域创意，传统创意到智能创意的嬗变演进过程标志着现代创意传播的巨大社会活力和强大文化创造力。党的十八大以来，我们党形成了一整套关于创新创意的顶层话语体系，如"创意是引领发展的第一动力""加快建设创新型国家"和"大力发展数字创意产业"等。这些国家层面的创新创意话语为我国智能创意发展提供了良好的政策和制度环境，为智能创意传播奠定理想的政治基础。

六　智能文化艺术传播

文化艺术是人类以情感和想象为特性反映客观世界和现实生活、表达世界和自身关系的特殊精神表现方式。智能文化艺术是在现代科技与人类文化艺术相互促进、共同提升背景下的结合产物和耦合成果，是一种融汇传统大众文化艺术和网络文化艺术的新型文化艺术形态，是一种既携带着复杂精细高深科技又遗承着传统优秀文化艺术的现代文明形态，是超级计算机技术、移动互联网技术、物联网技术、大数据技术、云计算技术和智能算法技术等共同发力和联合协同的鸿篇巨制。智能文化艺术传播具有观念性、创意性、互动性、时效性、虚拟性、技术性、连接性等属性与功能。随着深度学习、自主学习、大数据算法等一系列人工智能关键技术质的飞跃和5G、大数据、云计算、区块链等创新技术的进一步提升，智能技术对社会文化艺术产生深远的影响。20世纪90年代中期以来，人工智能技术与文化艺术传播逐渐有了密切联系，文化艺术家与软件设计师协同配合，把人工智能生命设计引入日常生活，通过智能算法和3D打印技术设计、生产形状各异、真假难辨的身体组件,供消费者组建心仪的智能生命。目前,智能文化艺术技术已经在书法、绘画、音乐作词谱曲、灯光舞美、演出场景背景、服装服饰设计、短视频、影视剧等领域有了重大的现实应用,造就了智能诗歌、智能画作、智能音乐、智能影像和智能视频等智能文化艺术产品。

特别是智能制造不断推出文化新品和艺术爆款,滋长出新兴传播文化艺术现象,衍生出新兴传播文化艺术人物,这就意味着不能像以前那样单纯地评价智能制造技术的专业应用价值和技术文化价值,而是要更多地结合人工智能时代背景下的文化艺术产业发展趋势和普通用户的实际需求变化规律,以时代发展、人文关怀和技术"隐形"嵌入的眼光来看待智能制造技术关系化、场景化应用功能和智能文化艺术贴合性、亲民性功能的耦合驱动和聚合牵引的可行性和潜在力。事实上,智能机器人尽管可以模拟人脑的各种文化艺术活动,甚至在某些方面胜过人脑所具备的认知功能,创作出人所不能及的、叹为观止的智能文化艺术产品、服务和场景,但智能制造技术不会取代人的主观意识与丰富情感,因为智能机器人不懂什么是美的真谛、什么是善的真知以及什么是人性的意蕴,做不到人类在文化艺术上的感性表达,缺少社会文化艺术的评价深度和生活文化艺术的情感温度。当前,文学作品创作、戏剧戏曲剧本创作及编排、电影脚本写作等情感抒发类文艺产业还要依靠人脑的亲力亲为。可以看出,智能文化艺术传播的理想模式在于人机协同、人机互动和脑机融合的互补式、互渗式、互置式契合发展模式。智能文化艺术传播有望成为社会文化艺术领域的主导力量和关键因素,它不仅仅为智能传播"涂脂抹粉"和"增光添彩",而是社会主义先进文艺和中华优秀传统文艺宣传的主要手段和决定性推手。

第四节 新兴传播特征

人工智能在媒体传播领域的普适应用正在重塑新兴传播生态,重新划分媒体传播的竞争格局。新兴传播是传统大众传播的历史传承和创新发展，自然带有传统大众传播的母体胎记，携带着传统大众传播的个性特征。新兴传播的传播者不仅仅是从事信息生产传播的专业化媒介组织，还包括自媒体和智能机器人，这样使得"人体即媒介"这一晦涩难懂的传播学原理变得尽人皆知。新兴传播的受众既包括大众传播时代的现实社会受众，又包括真假难辨、地域交合的虚拟社会受众。大众传播时代信息具有商品属性和文化属性，新兴传播时代信息还具有"赋能属性"，其目标不仅是满足人们的生理需要、生活需要，更是满足人们更高层级、更高意义的"日益增长的美好生活需求"。

新兴传播既有大众传播的单向性、指令性的信息传递过程，又有自身的互动性、联动性、灵活性信息反馈过程，还包括大众传播的制度性传播特征，新兴传播的"喉舌功能"依然强大，以确保传播内容与社会行为规范、普适价值观念相符合，同时充分舒展和发扬个性化、差异化创意潜质。总之，新兴传播除了具有传统大众传播的基本共性之外，还具有新兴技术主导牵引、新兴创意源头活水、新兴融合主流方向和新兴产业链无限发达、无限延伸等特点。

其一，新兴技术是牵引新兴传播的主导性力量。新兴传播是网络社会化、数字化和场景智能化、精准化的智慧结晶，是新兴技术主导牵引的传播生态变革。5G网络技术、人工智能技术、超算技术和物联网技术在新兴传播领域的叠生叠长，使传播主体、传播内容、传播过程、传播形式、传播效果、传播配送和传播反馈等主要要素和关键环节都渗入了新兴技术因子，促使新兴传播生成、发展、变化和盛行。新兴技术构筑了媒体传播的智能形态，原本由新闻人掌控大众传播的时代一去不复返，"人脑"与"类人脑"耦合驱动的新兴传播时代已经到来。在传统大众传播时期，新闻发布会的新闻通稿往往会被各种级别、各种专业、各种风格的报纸、杂志、广播和电视"通用"或"借用"。在新兴技术主导牵引的新兴传播时代，新闻发布会的通稿完全网络化、智能化、即时化、交互化和精准化，智能机器人新闻写作，为各种媒体平台"量体裁身"，提供定制性新闻稿件，传播过程不再是"组织方—传播机构—媒体发布—受众接收"单一路径，而是在每一个传播进程、每一个传播环节都行使着"智能化职责"，瞬间完成

"智能化纠错""智能化纠偏"和"智能化反馈"等算法化处理工作，实现传播动能最优化和传播效率最大化。

其二，新兴创意成为新兴传播的源头活水。"人工智能时代，没有做不到，只有想不到"，这句耳熟能详的话语反映出新兴创意在新兴传播实践中的独特价值和重要意义。除了作为"源头活水"的新兴创意之外，其他一切都可以交给智能机器人去完成。新兴创意是把人类创意智慧元素释放到智能机器人身上，形成类人脑机器智慧，最大限度在新兴传播领域应用推广。新兴创意是一个"创意指令—人脑集智—机器学习—机器集智—人机共智—修正完善—解决方案"循环性传播过程。各种新兴媒体平台接到有关创意指令之后，随即就要针对指令展开人脑集智活动，即传播者对新闻发布会指令、新闻报道指令、广告宣传指令、新闻信息反馈指令展开创意方案论证工作。进而将人脑集智成果交给智能机器人去学习和深化处理，经过"机器集智"和"人机共智"的双重推敲、评价，初步创意方案浮出水面，再经过人机协同（智能机器人为主、人脑为辅）论证分析和修正完善之后形成成熟型创意方案，最后将创意方案交给智能机器人去执行实施，实现新兴传播全流程。新兴创意不仅贴近目标用户的实际需求，而且实现路径清晰，创作效率高。例如，阿里巴巴集团的"AI鲁班"将新兴创意的高效能演绎得淋漓尽致、匠心独运，"AI鲁班"仅用1秒钟时间就能制作出8000张宣传海报，在"双11"期间创作出4亿张网络广告banner（横幅广告）。这样的效率，相当于100个人类设计师夜以继日工作152年。

其三，新兴融合是新兴传播发展的主流方向。新兴融合既体现人机混合传播和人脑机脑协作传播，又是网络传播、智能传播与大众传播、原始传播浑然一体的融媒传播，更是传统传播理论融入新兴传播理论，创建新时代中国特色新兴传播理论体系的颠覆性突破。当下，全球化"三网融合"浪潮不可遏阻，5G智能技术规模化商用全面展开，新兴传播与传统传播的边界逐渐消弭，更大规模、更为新颖的新兴传播产品和模式破壳而出。在媒介融合纵深发展和人类网络空间命运共同体构建的转型时期，中国5G技术的全面商用化促使国内门户网站传播和"两微一端"传播加速分化裂变，推进了大众传播向新兴传播的转换进程。5G 网络技术与人工智能技术勾连耦合，形成新兴传播新势力，这种新势力正在慢慢融入人们的政治、经济、文化和社会活动中，"网络传播""智能传播""量子传播""超算传播""超智传播"等新兴传播与传统大众传播、口语传播、原始传播勾连映合，创构出新时代数字中国建设宏观格局下的中国特色"新大众传播"新模样。

其四，新兴产业链无限发达、无限延伸构成新兴传播发展蓝图。5G 网络技术与人工智能技术的复合叠加，使新兴传播成为所有媒体产业链中最发达、最庞杂、最具动能的增长空间。新兴产业链无限发达，源于 5G 移动带宽海量增大、5G 移动通信功能巨量增强的超强传播通道，得益于 5G 赋能下的 AR、VR 设备研发应用。5G 赋能引爆 NFC（近场通信）传播、裸眼 3D 传播、AR 传播、VR 传播、4K 到 8K 超高清视频传播等 5G 第一大应用场景，5G 第一大应用场景的开发，蕴藏着一个个刚刚开采的富矿，等待新兴传播产业商去挖掘，也让资本营运商看到潜在商业利润。新兴产业链无限发达，也来自 5G 第二大应用场景：海量机器的广域应用。新兴产业链具有传统大众传播的一切传播载体，具有互联网电视终端、智能手机终端、物联网移动终端、车联网移动终端和星空联网移动终端等层级化移动智能终端，实现海量机器的海量链接，为新兴产业链无限延伸开辟一片广阔蓝海。新兴产业链无限发达，展示出低能耗、大连接的 5G 第三大应用场景：针对同一个新闻事件或同一类体育比赛的不同应用场景，进行各种元素交揉的 App 开发。随着 5G 网络和智能技术的不断进步，情感计算和场景算法使新兴产业链更有"情感"、更有"温度"，逻辑智能产业、情感智能产业和人机"共情"产业大有可为。

第五节　新兴传播效果

新兴传播效果指的是网络传播和智能传播在打动人、影响人、感染人方面所产生的实际效果。新兴传播效果既包括新兴传播方式和新兴传播内容对他人和周围社会实际发生作用所引起的主观或客观结果，也包括传播者的某种传播方式或某种传播行为所达成的传播意图或传播目标。新兴传播效果存在多种多样的影响因素，如传播媒介、传播主体、传播内容、传播方式、信息到达率、信息使用率以及接受信息的受众规模和接收条件等。

一　新兴传播媒介效果

根据传播学原理，传播媒介的装置设备简便易行，利于掌握、易于得到，并且能够消费得起，就更能受到受众欢迎，能够收到良好的传播效果。纸质媒介时代"便士报"的出现，就是走低价亲民路线，一时间销路大增。广播电视设备因为不牵涉媒介消费者文化程度，一时间大出风头。但在第三世界国家和地区，电视机在很长时间里属于奢侈品，大部分受众消费不起，直接影响电视传播效果。在1958年中国北京电视台（中央电视台前身）首次试播电视节目时，全国只有200台电视机，直到改革开放前电视传播效果始终被广播媒介所压制。新兴传播的装置设备，囊括了传统媒介的优势资源，又囊括了新兴媒体的独特资源，既有价廉物美、随手可得的大众载体，也有人手一部的智能手机、平板电脑和其他各种移动智能终端，还有与新兴技术进步同步随行的互联网电视、超速移动电视（高铁电视、民航电视、地铁电视）、楼宇广场电视、星空电视等时尚媒介，新兴传播媒介的选择与使用灵活自如、使用效果立体丰富，受到普遍受众的重视、认可与喜爱。

二　新兴传播主体效果

狭义的传播主体是指发布信息、传播信息的个体或组织，而广义的传播主体是指串联在传播链条上的信息发布者、信息接收者、信息转译者、信息互动者和信息反馈者。在新兴传播体系中，传播主体、传播中继和传播客体没有明显界限，这种主、客、中继的角色定位和角色功能在瞬间可以转换。这就意味着，新兴传播主体规模、范围和数量远远大于传统大众传播主体，组织结构也远远庞杂于传统大众传播主体。这种复杂庞杂的新兴传播主体架构，时时刻刻赋能赋权赋势，释放出巨大的传播影响力和传播引导力，这种影响和引导效果无疑都是集各种传播主体能量于一身、说服动机多元化、传播行为多样化的最佳最优组合，在信息接收者身上引起的价值取向、心理取向、思维方式、生活态度和行为准则等方面变化，能够在很多方面得以体现。

三 新兴传播内容效果

与传播媒介、传播主体相对应的，是新兴传播内容发生了根本性变化。新兴传播内容将传统报纸杂志广播电视的文字图片图像节目网络化和智能化，将文字、图片、声音、图像和视频等各式各样的传播形式熔为一炉，短视频网红与广播电视节目主持人各领风骚，民间网络艺术、草根网络艺术与延承数十年的电视文艺争奇斗艳，带来传统、新兴传播艺术的百花争艳繁荣景象，实现融媒传播内容的多样式展映。随着网络直播和短视频的日益爆红，新兴传播涌现出原始农耕直播、原生态旅游直播等短视频直播平台，网络男女老少陆陆续续"刷屏"网络广告，就连活跃在博客、微博、贴吧、bbs 的网红以及深谙经营之道的企业家也从幕后走向广告前台，恰到好处地诠释了公司品牌形象与价值理念，成为新兴传播时代广告明星，也是新兴传播特色内容。随着移动互联网技术与人工智能技术在新旧传播领域的复合叠加，"赋景内容""赋意内容""赋言内容"和"赋彩内容"等智能赋艺赋术传播内容层出不穷，勾勒出一幅壮丽绚烂的智慧赋能内容画卷，成为新兴传播受众所关心、感兴趣的焦点内容，激发出最佳传播效果。这些新兴传播内容集中了传统大众传播的公信力和权威性，确保传播内容的接近性、可靠性、真实性、客观性和科学性，又突出了新兴传播内容的创意性、娱乐性和自如性。

四 新兴传播到达率和使用率

首先，新兴传播的到达率和使用率是网络传播和智能传播效果的有机组合部分，是新兴传播应时应情应景的效果要素。科学可行的传播到达率和媒介使用率可以满足快节奏、中节奏、慢节奏的需求，有利于传播主体有效选择新兴传播形式、传播内容、传播比例和智能终端组合方式，兼顾到媒介接触点之间的呼应与功能传递效应，确保受众同一时间接触到价值信息的更多频次，逐渐产生由生疏到熟悉、由漠然到亲切、由亲切到依赖、由依赖到习惯成瘾的新兴传播效果。新兴传播的多元化、多样化智能移动终端，给予最高效的媒介接触与媒介刺激机会，从而达到最佳传播效果。影响受众媒介接触的首要因素是媒介使用质量和信息到达的即时性、精准性，新兴传播能否满足受众的特定使用要求，取决于受众心目中的媒介印象和媒介接触的可期性。其次，新兴传播的到达率和使用率是否与特定社会环境和用户心理需求相契合。受众往往会根据新兴媒介的效率印象和使用印象来修正既有的媒介情感偏向，在不同程度上改变对新兴媒介的需求期待，进而采取不同态度或接触媒介或脱离媒介，或接受传播内容或抵制传播内容，长此以往逐渐生成媒介传播效果的理智评价标准。最后，新兴传播的到达率和使用率是典型的碎片化传播效果要素，涵盖媒介数量的不断增量、传播主体的不断增量、传播终端的不断庞杂、传播内容的多元化和媒介形态、媒介风格的多样化，也涉及受众选择与使用新兴媒介的自由度和个性化空前提升，这些都加剧了新兴传播的分众化规模和细分化程度。

在上述因素的叠加影响下，新兴传播受众对多元化、多样化传播环境之中的某一个特定媒体的忠诚度就自然呈现下降趋势，媒介注意力持续时间缩短，传播效能降低，从而出现"刷存在感"现象，即受众在刷存在感，碎片化媒介也在刷存在感。

五　新兴传播的环境条件

新兴传播的环境条件，亦称新兴传播的内外环境，指的是新兴传播的时间、空间、设备设施、载体、通道和周边环境等客观因素，是否有利于信息传递与交换，是否影响到新兴传播的传播主体、传播客体、传播中继等传播要件，是否干扰到传播到达率和使用率等对传播效果有相当大影响的传播因子。随着人工智能和物联网的技术发展，网络传播，尤其是智能移动网络传播将会日益繁多、复杂而广泛，互联网从 IPv4 向 IPv6 迭代已经是大势所趋。业内专家认为，互联网体系结构包含全网统一的传输格式、转换方式和路由控制等三个基本要素。互联网在设计之初，就定义了原型必须满足"具有面向任何应用的普适性""信息传输可以针对电子电路微波光纤无线 3G/4G/5G 等任何通信技术实现兼容""允许在网络边缘创新可扩展"和"向任何新协议、新技术和新应用开放"。可见，互联网的兼容、开放、可扩展特征，决定了它是一个不断演进、不断延伸、不断成长的网络传播系统。①

从传播类型来看，新兴传播与传统的人际传播、群体传播、大众传播在传播条件方面千差万别，各不相同。新兴传播聚集了传统传播的各种优势资源，如将人际传播信任度高、到达率高、黏揉度大的特点发扬光大，又规避了其传播范围狭窄、传播人群数量有限的劣势；将群体传播和大众传播的组织性、集群性、权威性和公信力特征全部施展出来，准确安排传播时机，智能化选择传播空间，将不断增大的庞大传播群体与智能化传播设备设施高度融合在一起，形成良性反馈和良性联动机制，确保传播内容的即时性、针对性、具体性和具象性。完全可以认为，新兴传播环境条件是在契合 5G 智能技术标准下的"适度呈现"与"适度应用"，从而达到润物细无声的"适度传播效果"和"精准传播效果"。

简言之，在 5G 时代，大众对周围世界的知觉与印象在很大程度上依赖网络传播、智能传播和传统大众传播交融所构成的"新大众传播"媒介，既有"新大众传播"制约民众观察社会、体察世界的"视野制约效果"，也有"新大众传播"无形中或有形中所包含的是与非、善与恶、美与丑、曲与直、先进与落后、腐朽与新潮等价值关系传播所造成的世界观、思维观、价值观和信仰观等"大社会价值效果"。

---

① 参见吴建平《IPv6 是建设网络强国重要契机》，《人民日报·海外版》2019 年 6 月 1 日第 8 版。

上 篇

网络传播学

第二章 网络社交层级传播

国内外学者对于媒体数字化层级关系进行了价值性研究，但对于网络数字化层级关系，尤其是网络社交层级关系研究较少。保罗·拉扎斯菲尔德（Paul Lazarsfeld）提出两级传播理论（two-level communication theory），其主要内容是大众媒介所传递的信息一般不能直接触达普通受众，需要从大众媒体到意见领袖，再从意见领袖到普通受众的两个阶段传播过程，大众媒体信息才能传递给普通受众，意见领袖是大众媒体和普通受众的"传话筒"，发挥中介引导作用。[①] 在国外，埃弗里特·罗杰斯（Everett Rogers）在两级传播理论基础之上创立了多级传播理论（multilevel communication theory），他认为信息传播呈现信息流（information flow）和影响流（influence flow）两种形态，信息内容可以经过意见领袖直接"流"向一般受众，形成毫无阻隔的信息流，而信息影响和传播效果则需要经过多层意见领袖的多次过滤、多级传播环节才能形成影响流，才能规模化影响普通受众。在国内，彭兰从主体关系出发认为网络层级化是话语权、文化偏向、趣味爱好、应用推广以及获利能力等方面的落差[②]；陈力丹提出大众广播媒体与网络平台的多级循环传播模式[③]；王冬冬认为网络社会是不同传递模

[①] 参见［美］保罗·拉扎斯菲尔德、伯纳德·贝雷尔森、黑兹尔·高德特《人民的选择：选民如何在总统选战中做决定》，唐茜译，中国人民大学出版社2012年版。
[②] 参见彭兰《网络社会的层级化：现实阶层与虚拟层级的交织》，《现代传播》（中国传媒大学学报）2020年第3期。
[③] 参见陈力丹、陈慧茹《微博多级传播路径下传统广播的新突破——以微电台为例》，《中国广播》2013年第6期。

式的选择联动和信源向下一级节点传播的病毒式传播关系。① 笔者对既有研究内容和研究成果进行了梳理分析和补充发展，认为网络社会是由要素层级关系、空间层级关系和交往过程层级关系构成的三层传播关系，三类层级关系构成网络社会的主要框架和基本结构。具体来说，网络主体、媒介、技术，个人空间、群体空间、智能人场景以及信息共享交往过程、关系创造交往过程、数字再造交往过程分别构成网络社会化传播的要素、空间和交往过程层级关系。在网络社交层级传播过程中，多级意见领袖通过核心要素配置、个体或群体空间交流和多重过程转换等"关键引导"和"重要转换"角色来实现网络社会层级关系建构。

第一节 网络社会要素层级关系

从网络社交互动机制来看，网络社会要素主要由作为网民流、媒体流、信息流和空间流构成。② 从网络社会舆论传播来看，网络社会要素可划分为网络舆情的主体、客体、本体、媒体和环境噪音等类型。③ 笔者从网络社交层级传播出发，认为决定网络社会发展走向的传播者、受众、媒介和技术等关键节点构成网络社会的要素层级关系。上述核心要素相互交织、相互作用，共同构成网络社会的要素层级，各种要素具有不同的内涵、属性及功能。

一 网络传播者要素层级

网络传播者要素以个体分层化、个性化、群体多样化、品牌化和智能人无差别化、预驯化为主要特征。网络传播者按照网络社会结构、网络社会身份和网络传播强弱关系可以分成不同的类型。从网络社会

---

① 参见王冬冬、王璐璘《话题在媒介融合环境下的病毒式 N 级传播模型建构》，《当代传播》2013 年第 6 期。
② 参见陈强、方付建、曾润喜《虚拟社会生态系统的构成与互动机制》，《情报科学》2016 年第 1 期。
③ 参见黄微、徐烨、朱镇远《多媒体网络舆情信息传播要素细分及属性分析》，《图书情报工作》2019 年第 20 期。

结构来看，有政府、企业、组织、网红和普通个体等网络传播主体；从网络社会身份来看，有工人、农民、学生、商人、教师、职员和公务员等网络传播者；从网络传播强弱关系来看，有意见领袖、普通受众、危机当事者和弱势群体等网络传播方。本书侧重研究作为个体传播者的意见领袖在多层级网络社交传播过程中的角色和地位问题，其他类型传播者的属性研究不作详论。

相对于现实个体传播者的单一角色，网络个体传播者在交际角色和影响角色上具有更多的选择机会。网络个体传播者进行社交互动、平等交流、非线性网络社会活动时往往带有复杂、微妙、丰富的交往动机、行动任务和社交情感，既可担当与同一对象或同类对象进行网络交往的多重角色，也可选择与不同对象进行同一角色或相似角色的社会往来，甚至能以意见领袖（opinion leader）的特殊身份从事各种网络社交活动。从国外相关研究来看，梅尔文·德弗勒（Melvin De-Fleur）认为"媒介可能首先影响意见领袖，再由意见领袖去影响其他人"。[1] 威尔伯·施拉姆（Wilbur Schramm）主张"信息从广播和印刷媒介流向意见领袖，再从意见领袖传递给那些不太活跃的人群"。[2] 换言之，媒介传播在前，意见领袖居中，而普通受众是终极接受者，大众媒介首先作用于意见领袖，意见领袖又积极作用于网络社群中的其他成员，形成传统媒介、意见领袖、网络媒介与普通受众之间交织循环、复加叠合的线下线上社会活动。

在5G智能融媒传播时代，信息通过多级意见领袖主导的网络人际传播、社群传播和新大众传播形式将"影响流"不断转化、强化和整合，形成多层级网络社群文化。一般来说，意见领袖拥有各种信息渠道、技术手段和内容资源，主动参与网络社交活动，他们可能是事件亲身经历者、新产品体验者、信息面接触者、关键问题分析者或解决者以及学历、声望和收入等地位显赫者等一种角色或多重角色。多

---

[1] ［美］梅尔文·德弗勒、［美］埃弗雷特·丹尼斯：《大众传播通论》，颜建军等译，华夏出版社1989年版，第313页。
[2] ［美］威尔伯·施拉姆、［美］威廉·波特：《传播学概论》，何道宽译，中国人民大学出版社2010年版，第122页。

级意见领袖以生产、传输、补充、纠偏和阐释等角色碎片化、分布式传播价值信息,如有的意见领袖先发现新闻事件,即时性发布相关信息,有的意见领袖通过网络平台告知事件进展情况,有的意见领袖阐释热门事件的深层原因,还有的意见领袖专司深度分析或专题评论工作,等等。这样,网络热点事件或焦点话题经过多层级意见领袖的信源、背景、过程和结果等多环节接力传播实现可持续、规模化、广域性信息扩散效果。① 目前,在我国网络社会结构中,意见领袖主要是指那些有一定群众基础、赢得公众信任、得到一定规模受众关注或喜爱的网红人物,包括明星、专家和其他突出性个体或群体。

群体传播者主要以网络社群传播者和产业传播者为主,网络社群传播者包括基于强、弱、泛连接关系的微信、微博与QQ以及短视频、网络直播等。产业传播者主要是生产传播网络文化产品与提供网络文化服务的企业和平台,呈现网络化、智能化转型、技术迭代化升级和品牌国际化推广等特征。智能人传播者以社交机器人和智能语音助手为主,前者将传统媒体生产的信息分享到社交媒体,推动信息在社交平台的扩散,呈现无差别、活跃性等特征。② 智能语音助手具有将社会文化意义转化为自体系语言行为的预驯化功能,成为超越工具的智能社交角色。总之,多层化个体、群体和智能人传播者可以满足分层性受众的心理、情感、态度、行为、习惯、兴趣和实用等多元化需求。

二 网络受众要素层级

网络受众因不同的年龄、职业、性别、经济状况、教育背景、接触时间、接触习惯和舆论话语权而呈现多样态特征。从网络化、智能化技术对不同年龄段人群的影响来看,受众可分为数字原住民(Digital Natives)和数字移民(Digital Immigrants)两类群体,即信息技术伴生下成长起来的年轻群体与适应网络社交活动的年长群体。从传受关

---

① 参见黄文森、廖圣清《同质的连接、异质的流动:社交网络新闻生产与扩散机制》,《新闻与传播研究》2021年第2期。

② 参见袁光锋《迈向"实践"的理论路径:理解公共舆论中的情感表达》,《国际新闻界》2021年第6期。

系来看，受众可分为人际受众和群际受众等类型，人际受众是指个体与个体之间网络社交活动的接受方，群际受众是指基于网络社群传播关系的信息获取者。网络受众在做出社会交往选择或决定时虽然受到所在网络社群的影响，但其作出的选择或决定往往是出于真实情感和主动意愿，出于自愿性选择或自主性决定，而不是盲从、被动和被迫的行为。因此，网络受众对于热门事件或焦点舆论话题具有明显的"长尾效应"（long tail effect），即当一则头部新闻（top story）由意见领袖传入社群空间时，网络社群可能衍生出多种长尾消息，受众因自身不同的兴趣爱好、消费习惯、情感偏向、价值取向和认知水平对于不同的长尾消息往往产生分层分群分化的差异化选择现象。"流动的受众可以理解为，不断切换多元身份的用户，在不同的终端上以 ID 为核心游走在海量信息中，通过调整信源和社群身份不断消费信息，并逐渐寻求其中的秩序。"[①] 网络受众的易变性在多级意见领袖的"多次引导"和"多级接力"下最终会走向网络社交层级关系的复合建构阶段（网络信息整合化阶段），这体现了网络受众的可塑化、易变化、依附化等特性。例如，《中国好声音》越剧特别季中越剧艺术与流行音乐艺术的"碰撞"头部新闻通过意见领袖传入网络越剧社群后会衍生出多种长尾消息，刚开始社群成员的看法各异，多数网络受众作为旁观者对"传统戏剧与流行音乐碰撞"事件停留在感兴趣、只关注的层面，但随着受众观看行为规模化、广泛化，受众对"碰撞"事件关注、点赞和转发的流量持续上涨以及正向性网络舆情的不断建构，网络受众分化性看法也随之弥合，逐渐接受"越剧+流行音乐"的网络文艺新形态。可见，网络受众要素存在静态上的阶层化、差异化和动态上的可塑化和整合化的层级建构特征。

三 网络媒介要素层级

网络媒介要素呈现传统门户网站、移动社交平台、智能媒介和融合媒介等多层结构关系。传统门户网站包括政府网站、事业机构网站、

[①] 李一：《网络社会化：网络社会治理的"前置要素"》，《浙江社会科学》2019 年第 9 期。

大众媒体网站、传统企业网站、品牌商业网站、专业新闻门户和图书期刊出版网站等，该类载体以传统集中式传播机制进行网络信息生产传播，具有专业内容与创新专题的制作传输能力优势，新闻记者或职业编辑根据用户不同的专业需求对于网络信息进行精心选择、系统整理、集中发布与事后评价。移动社交平台是指基于网络社交技术的各种自传播组织，如Facebook、Twitter、微信、微博、QQ、抖音短视频、B站中视频和西瓜长视频等社交媒介。移动社交平台具有强大的关系信息建构优势，体现网络社交强连接（如实名关注的微信等）、弱连接（如匿名关注的微博等）和泛连接（如匿名无须关注的直播与短视频等）的层级化功能。强连接形成封闭交互功能，产生互动互信黏合价值关系，弱连接促成信息不对称分享和分众化舆情建构，泛连接实现供需精准匹配和用户市场细分化服务。智能媒介是指对内容信息和流量信息进行算法化处理的智能人系统，该系统可按照法律规定和伦理规范精准裁剪、智能取舍，不断优化内容资源、传播关系和场景要求，实现去主体化、去客体化、去中心化、去交往过程化、生活化、隐形化和志趣化等功效，智能媒介具有"精准锁定"用户需求和市场智能细分化优势。理想的融合媒介应具备全员全程全息全效功能，具有整合媒介全要素、促成网络社会聚合化建构和逐渐消除知识鸿沟和数字鸿沟的优势，新旧媒介的创新融合有利于聚合各种文化表达、文化输出与文化交流的适配要素，发挥融合媒介巨大边际效应。

四 网络技术要素层级

网络技术层级是由网络全息技术、网络算法技术、网络5G技术、网络元宇宙技术、网络大数据技术、网络云计算技术和区块链技术等专业复杂、迭代集成性技术构成。网络技术层级关系是网络社会的条件基础和效果保障，是新兴传播深入发展的前提和动力，呈现创新扩散和交互集约等特色，尤其以智能全息化、算法精准化、5G即时化和元宇宙虚拟化为典型代表。首先，全息是指从尽可能多角度和多层次抽象概括出对象的特有属性，从整体角度对对象进行全方位地分析和说明以揭示对象所包含的多方面、多层次含义和表征。网络全息要素以全息显示技术为主要内容，通过2D全息显示技术和3D全息显示技术实现影像再现功能。其中，3D全息显示技术的光场重构全息显示属于理想全息技术范畴，亦即真全息技术，是网络全息技术的核心内容。其次，网络算法技术是指网络社交活动的系统方法描述和问题解决的策略机制。基于大数据智能喂养的算法技术已渗透到网络社会各个层面，成为虚拟社会成员的"技术伴侣"和"共存对象"。再次，网络5G技术具有超高速、低功耗、短时延、高通信密度等功能，在5G技术加持下，人类借助人工智能、区块链和技术孪生的计算、优化和拓展手段，将实现跨越多屏媒介的整合传播生态。5G网络技术所呈现的单向集中式传播或双向分布式传播的"分域"范式，逐渐转向相对完整、更为对称、讲求平衡、关注平等、集中分布并联的资讯媒介（现代广电）、关系媒介（自媒介）和算法媒介（智能媒介）相融合、共集成、高聚合的智能融媒传播新范式。最后，网络元宇宙技术整合优化了扩展现实技术、数字孪生技术和区块链技术，形成体系化、社会化、市场化的虚拟消费、虚拟娱乐和虚拟社交场景。扩展现实技术包括VR、AR、MR和智能全息技术，实现立体式、全方位、全天候的网络社交活动；数字孪生技术把现实世界镜像刻绘到虚拟世界中去，用户在元宇宙语境下可以拥有多重虚拟社交身份；区块链技术搭建出虚拟经济平台或虚拟社交场域，用户可以从事虚拟化消费、虚拟化营商和虚拟化社会交往等活动。在不久的未来，视觉、听觉、嗅觉、味觉、触觉和意识六类需求将可能由强大的元宇宙技术来提供支撑。

总之，由个体传播者和群体传播者构成的网络主体要素呈现多样、独特、互联等特征，受众要素呈现差异化和可塑化等特征，媒介要素呈现传统专业化、移动社交化、智能场景化和全媒融合化等特征，技术要素呈现迭代、集成、交互、即时和体系化等特征。网络社会诸要素之间既相互协同、相互补充，又彼此碰撞、彼此转化，始终处于传统与流行、分化与弥合的层级关系建构状态。

第二节 网络社会空间层级关系

网络社会空间层级关系是指由个人网络空间、群体网络空间和智能人场景构成的多层化虚拟物理场域关系，体现个人空间黏合化、群体空间关系化和智能人场景算法化等特征。个人网络空间包括个体的email、手机短信、微信、微博和QQ等私密性空间，群体网络空间是微信群、QQ群、微博粉丝群、钉钉群、网络直播间和短视频平台等封闭性、半开放性和开放性网络社群，智能人场景是基于算法化技术的人机交互应用场景。三种空间层级既相互独立，又彼此交织，始终处于对立与转化、封闭与开放的嬗变进程。

一 个人网络空间推动隐秘、黏合个体文化发展

个体用户可以通过私密性通信手段、App社交软件和自制网络作品与朋友、家人、同事、熟人、陌生人建立个人网络空间关系。盖奥尔格·齐美尔（Georg Simmel）在《社会是如何可能的：齐美尔社会学文选》一书中指出："个人不是被放进社会结构的零星部件，而是具有一定独立性的自我整体，拥有不被社会化的'消极保留物'，同时以'个人经历'形式承载着整个社会的运作样态。"[①] 微信、微博、QQ、短视频与网络直播中的个人网络空间是当下网络个体私密关系建构的典型代表，它们以个体社交活动为中心，通过网络强连接、弱连接和泛连接人际关系组成"实名性"或"匿名性"的个人网络空间，形成稳定、黏合、互动的"封闭性"自传播组织。就连最初的微博传播也是以个人空间传播形式为开端，就像今天微信的个人网络空间那样，微博一开始记录的是个人心情动态和生活琐事等个性化私密信息，之后微博才逐渐走上规模化"半开放"（单向匿名关注）社群传播轨道。微信和QQ的个人空间具有较强的封闭性个体传播特征，可以用

[①] ［德］盖奥尔格·齐美尔：《社会是如何可能的：齐美尔社会学文选》，林荣远编译，广西师范大学出版社2002年版，第371页。

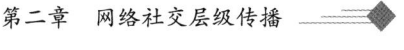

于家人、朋友或熟人之间"私聊"的有效交流工具，发挥隐私保护、隐秘传播、亲情增值和友情升华等独特性传播功能。具体来说，微信或QQ个人空间通过"互相添加为好友"的点对点人际关系建构形成方便、快捷、有效、即时的强连接传播渠道，在维护受众个性化权益、满足用户意愿、提高感知价值方面黏合性极强，通过朋友间私密性分享方式形成的个人网络空间促进网络个体文化深度交流，有利于稳定、成熟、频繁、聚合的网络人际关系的形塑、维护和延续。

二 强、弱连接群体空间加深互信合作关系或提升分众舆论传播效率

库尔特·勒温（Kurt Lewin）认为独处时的个人思想行为不受他人影响，而群体中的个人思想行为因别人在场而受到他人影响，[①] 任何成员只要处于网络社群中就必然受到社群文化或其他成员的影响和约束，这是因为个体在群体交往过程中往往拥有一种社会心理安全的诉求本能。在网络群体空间，意见领袖恰好具备引领其他成员产生社会心理安全感的"魄力"，其话语或观点往往触达那些不接触大众传播的群内"未做决定者"。拉扎斯菲尔德发现："在基本群体中，人际影响对保持群体内部意见和行动高度一致非常有效。"[②] 这种主要由家庭成员或游戏玩伴组成的基本群体的影响效果同样适用于群体网络空间（网络社群）意见领袖对于其他成员的人际影响，因为意见领袖的人际影响可以推动群体网络空间形成稳定而有区别的社群心理结构和紧密而又自然的圈群文化，促使网络社群成员的观点、立场、言语和行动保持高度一致。

网络群体空间主要由加深互信合作关系的强连接关系和提升分众舆论传播效率的弱连接关系构成。首先，微信群体空间（微信朋友圈）既保证成员的信息选择权，又兼顾圈层交际的稳定性、拓展性和黏合性。在强连接微信群体空间，意见领袖通过顺从回报、无信念劝

---

① 参见［美］库尔特·勒温《拓扑心理学原理》，高觉敏译，商务印书馆2003年版，第14页。
② 参见［美］保罗·拉扎斯菲尔德、伯纳德·贝雷尔森、黑兹尔·高德特《人民的选择：选民如何在总统选战中做决定》，唐茜译，中国人民大学出版社2012年版，第29页。

说、无目的性交流、对亲密者的信任和反击抵制时的灵活配合等网络社群社交功能潜移默化地影响群内其他成员，加深网络社群成员间的互信合作关系，促进网络分众舆情生成、演变和扩散，实现微信群体空间的有效有序传播。① 换言之，在价值信源流向意见领袖之后，意见领袖会把加入自己观点、立场和情感的网络信息传递给群内不太活跃的成员，成员对于意见领袖的言论往往会"自然性"接受，无任何被人劝说或被动接受的感觉。因此，微信群体空间传播具有可靠性、互信性、封闭性和互动性等特征，这种强连接所形成的自治机制促推网络分众舆情可持续性传播。其次，基于强连接关系的QQ群体空间反映产业市场供给与用户个性需求的层级消费关系。QQ群体空间传播将内容生产、关系传播和产业布局高度融合，从用户体验、行为轨迹与实际需求出发，培育沉浸式"特定需求"用户群，形成兼容特殊用户和普通用户的层级化网络社会关系。具体来说，腾讯公司以用户的活跃程度或付费来确定QQ群体空间成员的等级身份，② 通过目标用户"私享型"社交圈群文化的层级关系分配将层级化消费理念融入用户生活休闲与产业盈利的互动关系之中，满足用户对QQ群体空间多层交往的实际需求和真实意愿，形成"无所不包"的层级化用户增值服务体系。这种身份差异化、消费分层化的营销方式可触达目标用户多元化、多样态、多方位的心理、情感与价值诉求，为腾讯企业带来丰厚利润的同时，又聚集了较高人气。可见，QQ群体网络空间具有偶然性、交织性和叠加性等特质，发挥意义解释、价值参照、情感维系、认知同化和舆情生发等"群体凝聚"作用。最后，微博群体空间进一步拓展了网络社群传播场域，赢得更大的分众舆论话语权。微博群体空间具有半开放性功能，单向关注的弱连接人际关系让微博用户可以随意关注他人以接收更广泛的价值信息，用户通过"评论、转发、私信"等方式促进微博群体空间信息的广域性传播。"任何微小

---

① 参见李宗亚、张明新《新冠肺炎疫情危机中的微信使用与利他行为：风险感知与公共信任的中介效应》，《国际新闻界》2021年第5期。
② 参见曾静平、刘爽《论QQ传播的层级性受众和层级性产业》，《现代传播》（中国传媒大学学报）2018年第2期。

的兴趣、事件、话题，都可以集结成为稳定的或者临时的共同体，'人以群分'的基础范围以及集结速度都是空前的。"① 在微博粉丝群，以微博大 V 为代表的意见领袖既可以促使其他成员遵守群内规范，维持并推动成员共享的舆论氛围与成员共建的舆情发展，又可以通过社群文化压力与群体激励机制密织微博粉丝群与外部网络社群的联结关系。微博大 V 与粉丝之间的这种信息不对称关系赋予意见领袖在微博群体空间传播中的主导地位，也令微博群体空间易于人群集结和信息汇聚，达到几何级增大的分众化传播效果。"随着微博与其他网络媒体或者信息平台的相互链接和合作互动，源自微博的信息可以借助大众媒体进行二次传播，甚至多次传播，实现信息流的大众化传播和影响流的跨界跨域规模化传播。"② 与强连接微信朋友圈和 QQ 群传播相比，微博群体空间具有群体关系更开放、传播范围更广泛、传播效率更高、影响力更大等特征，更易凝聚人心，更快生成舆情，更能提升网络分众舆论话语权。

三 智能人场景促成算法层级关系，加快人联网与物联网的有机融合

智能人场景是一种以智能人为中心的社交算法场景和专业智造场景，是通过社交机器人、新闻写作机器人和类人机器人等智能人系统与人的智慧体系交互作用、协同配合而建立的人机交互应用场景。一方面，智能人场景促成了网络社会的算法层级关系。虽然智能人难以成为网络社会的意见领袖，但作为大众媒介与网络媒介间的信息流通中介和网络平台的信息沟通及扩散手段，智能人可以通过自身强大、便捷的算法技术完成从第一级传播到第二级传播的过渡和转化。③ 良好的算法推荐技术可以使受众"意识到潜在风险并通过加深个性化来最大限度地增强多样性，进而实现降低信息茧房形成

---

① 喻国明、曲慧：《网络新媒体视域下的"用户"再定义（上）》，《媒体融合新观察》2021 年第 2 期。
② 黄朔：《媒介融合视域中微博多级传播模式探究》，《东南传播》2010 年第 6 期。
③ 参见师文、陈昌凤《社交机器人在新闻扩散中的角色和行为模式研究——基于《纽约时报》"修例"风波报道在 Twitter 上扩散的分析》，《新闻与传播研究》2020 年第 5 期。

概率的目的"。① 研究发现，如果受众有一定的党派偏好，推荐算法会形成一个强化该偏好的信息的推送"瀑布"；而当受众是党外人士或者持中立观点时，推荐算法虽会提供大量的政治偏向性信息，用户却不会增加对党派偏向性信息的阅读和分享。② 可见，算法技术的个人化趋向并不必然导致用户信息的窄化现象。相反，算法技术有时还提供多向度、宽口径的信息来源。例如，今日头条虽向目标用户推送主题类似、观点趋同的算法化新闻，但同时也向用户推荐多个领域的新闻和同一则新闻的多个侧面信息。根据不同用户的差异化需求，智能人场景可分为无差别性场景和专业性场景两类。无差别性智能人场景是针对普通人（包括患者）、家庭、商业、教育、娱乐和行政服务等大众领域所设计的算法化应用场景，如基于机器人社交专业化功能而细分的政治机器人、经济机器人和聊天机器人分别担负政治事件传播、经济信息交流以及自然语言可视化等市场化、人本化传播职能。专业性智能人场景是指针对战斗员、医生、科学家和技术人员的军事行动、医用手术、科学实验和工业设计等专业领域所开发的算法应用场景。无差别性智能人场景适用于任何社会阶层和任何知识背景的用户，这种无阶层、无背景差异的智能人场景传播有利于弥合网络社会的层级极化关系，有益于消除数字鸿沟，避免数字特权阶层的产生，促进价值信息的精准推送和用户需求的精准锁定。专业性智能人场景适用于专业用户群，有助于促进网络社会专业化分工和专门化生产。

另一方面，智能人场景加快了人联网与物联网的有机融合。智能人场景在形塑算法化层级关系的同时，也介入网络人际交往和网络人机交往的进程，促成算法技术与社会文化的有机融合和创新转化。例如，用户画像算法促使传统意义上的人类身份得到重新定义，甚至创构出不具意义的异质类别和重赋社会意义的新型类别。前者不依赖

---

① 陈昌凤、仇筠茜：《"信息茧房"在西方：似是而非的概念与算法的"破茧"求解》，《新闻大学》2020 年第 1 期。
② Shmargad, Y. & Klar, S., "Sorting the News: How Ranking by Popularity Polarizes Our Politics", *Political Communication*, 2020, 37 (3): 423–446.

社会文化意义,生成大量超越现有解释的算法定义类别;后者将语言、文化、社会等知识信息重新引入类别界定范畴,促进网络社会文化创新。① 需要特别注意的是,智能人场景具有强大的净化和过滤功能。这种净化、过滤功能旨在触达目标用户的核心需求,避免并排除非主体噪声、非主题噪声和环境噪声。具体来说,智能人场景中的算法系统在引导用户完成具体活动(如休闲娱乐和聊天互动等)时能过滤掉任何无关的环境、内容和人为因素,净化出用户私人定制化的"算法世界"和"场景天堂",用户不喜欢、不接受或不愿看到的所有信息都将被屏蔽。比如,有的用户要求智能人系统优化出心仪的商业购物街场景,有的用户要求智能人系统过滤掉令人讨厌的暴力、色情场景,有的用户要求智能人系统根据自己的口述信息绘制出未来理想的恋人画像,等等。可见,智能人场景密织了一张人与智能人、人脑与智能算法、人联网与物联网间紧密联结的社会关系网络。目前,智能人场景已在商业、医疗、教育、科研、网络游戏、短视频平台、虚拟偶像剧、广告设计、工业生产、新闻报道、编辑出版和军事行动等领域得到初步应用。随着人工智能、云计算、大数据和5G网络等技术与设备的勃兴,智能人场景有望实现用户市场的精准细分需求,未来的智能人场景可能成为用户的美丽天地和消费乐园。例如,在未来互联网直播中,智能虚拟主持人将通过5G网络的三大应用场景弥补现实主持人的一些不足,创构人机互动的生动演播空间,充分满足各层次受众的碎片化或专业性需求。再如,智能人城管场景将成为智慧城市建设的首选方案,将城市空间变成人与人摹②、人替③与人替摹④协同治理的理想世界,促成物、物摹⑤与物替⑥优化配置的生动场域。⑦

---

① Kotliar, D. M., "The Return of the Social: Algorithmic Identity in an Age of Symbolic Demise", *New Media and Society*, 2020, 22 (7): 1152 – 1167.
② 人摹指由人工智能驱动的摹拟人,可以是系统创设的,也可以是用户创设的。
③ 人替指直接由用户实时操纵的感觉综合体,是在完全浸蕴环境下与物理身体空间重合的视像。
④ 人替摹指用户脱线时派出的、由人工智能驱动的摹拟人替。
⑤ 物摹指人工智能可驱动的摹拟物,是对应自然界不被赋予生命意义的智能化物体。
⑥ 物替指对应物联网中物体的服务遥距操作的感觉复合体。
⑦ 参见翟振明《从互联网到"黑客帝国" 人类要开始应对无节制的技术颠覆》,2015年2月13日,http://www.aisixiang.com/data/89050.html。

这样，智能人场景在人类优秀文化基础上进行挖掘和重建，对日常生活、社会活动和产业生产将具有颠覆性的传播效果和影响。

第三节　网络社会交往过程层级关系

伊莱休·卡茨（Elihu Katz）认为人际影响比任何媒介都更有效，[①]保罗·拉扎斯菲尔德主张"人际关系的覆盖面更广，具有正式媒介所不具备的某种特殊心理优势"。[②] 网络社会关系在互动中形成，网络社会关系的发展和社交性盛行也有赖于虚拟社会互动的深化。[③] 网络人际关系、群际关系和人际交往、群际交往可帮助人们进行认知、说服、决定、实施和确认等环节上的心智加工活动，促使用户作出接受某种信息、确认某种关系或喜欢某种场景的自主选择，或者作出不信、不满意和不接受等反向选择行为。一定程度上来说，网络社会的人际交往和群际交往过程是受众多层性消费需求得以满足的信息共享、关系创造和数字再造的叠加交互层级化交往过程。

一　信息共享交往过程滋养分众文化内涵，强化网络社群文化认同感

在5G网络智能化时代，作为资讯信息共享主要渠道的大众媒体因传统的传播机制、传播范围和传播技术的局限性，面对现代的关系信息共享交往过程和算法信息共享交往过程的严峻挑战逐渐处于信息共享领域的边缘地位，大众媒体迫切需要体制机制的变革和网络技术、人工智能技术的赋能赋权，与传统门户网站共构资讯信息共享平台。当下，移动社交网络已成为用户，尤其是青少年用户网络信息共享交往过程的理想场域，网络社会正演变为一个全球性"关系共同体"，人类的语言、思维和生活方式日益变得口语化、感性化和国际化。

[①] 参见［美］伊莱休·卡茨、保罗·拉扎斯菲尔德《人际影响：个人在大众传播中的作用》，张宁译，中国人民大学出版社2016年版，第48页。

[②] ［美］保罗·拉扎斯菲尔德、伯纳德·贝雷尔森、黑兹尔·高德特：《人民的选择：选民如何在总统选战中做决定》，唐茜译，中国人民大学出版社2012年版，第45页。

[③] 参见陈强、方付建、曾润喜《虚拟社会生态系统的构成与互动机制》，《情报科学》2016年第1期。

一方面，信息共享交往过程滋养网络分众文化内涵。卡茨认为"尽管大多数观点领袖（意见领袖）接触媒体较多，但基本上不是被传媒所影响，而是被其他人所影响"。① 这种影响是通过网络人际交往和群际交往过程实现的，无论意见领袖与媒介接触得多么广泛，群内群外的其他人才是影响意见领袖的关键因素。同时意见领袖通过社群共享的规范、价值观以及个人私享的观点、信源等对群内成员施加物质文化、制度文化和心理文化的影响，助推成员身份归属感、内容获得感和观点趋同感，促使成员对社群共享交往过程中的信息产生同情、支持或厌恶、反对等共鸣情感和共在认知，这种信息共享交往过程不断推动网络社群的时政宣传、娱乐休闲、代购营销、知识百科、生活样态和集赞投票等共建共享活动。近年来，智能媒体为信息共享交往过程注入算法技术信息共享的新动能。未来，全媒体传播将进一步促进信息共享朝着全域跨界方向演进，预示着网络社会的共享性生产、传播、反馈和治理等全要素共享体系的日渐成型。值得注意的是，大众媒体、网络媒体和智能媒体的信息共享交往过程，使得现实社会和网络社会的资讯、关系和算法信息传播呈现从有序到无序、再到有序的交织转换过程：重要事件或关注话题的线上线下信息共享交往过程的初期变量较为微小，仅是简单的相关信息流入，呈现有序状态；网络媒体、智能媒体和大众媒体中的意见领袖的交互参与和交互引导致使重要事件或关注话题的信息共享交往过程演变为无序的海量信息交往过程；随着受众关注度的逐渐减弱，线上线下媒体又恢复到"变量较小"的有序传播状态。

另一方面，信息共享交往过程是一种网络社群文化认同的交往过程。查尔斯·泰勒（Charles Taylor）认为现代人是基于本真性转向而产生文化认同感的。② 本真性转向以个人化认同为核心，强调个体特有、内在的认同，这种认同源自人的道德意识和道德判断，道德是非观使得个体产生强烈的社会情感和"内在声音"。约翰·赫尔德（Jo-

---

① ［美］奥格尔斯：《大众传播学：影响研究范式》，关世杰等译，中国社会科学出版社2000年版，第43页。
② 参见［加］查尔斯·泰勒《现代性之隐忧》，程炼译，中央编译出版社2001年版。

hann Herder）认为每个人都有一种独特的存在方式和评价尺度，每个社群都有其群体利益的评价标准。① 从资本主义社会历史发展来看，自由主义现代性促使社会结构不断重组，使人们有了世界、民族、国家、区域和社群的群体身份和文化认同意识，网络信息共享交往过程进一步强化了自由主义现代性理念，增强了网络社群的群体价值诉求感。从本质上来说，网络信息共享交往过程是现实社会的人际、群际和大众等层级关系在网络社会的人际、社际和新大众等层级关系的引伸与发展，是传统网络社会、移动自传播和智能传播的集成化和融合化交往过程。因此，网络媒体、智能媒体和大众媒体应建立健全耦合协同机制，共同承担对网络社群和线下社群进行价值引导的社会责任，始终把握正确的舆论导向，通过意见领袖的中介作用有效引导网络社群成员和线下社群成员形成正确的伦理观和法治观，实现线上线下社会关系的和谐发展。只有创构整合划一的全媒体共享传播体系，才能实现各种传播要素的混搭优配、各种传播机制的互恰适配、各种传播规制的汇聚健全和各种传播主体的共享共建。

二　关系创造交往过程契合感性想象力，有利于网络社会全域拓展

关系创造交往过程通过个体对自己虚拟身份的感性想象和社交媒介的弱、强、泛连接机制共构而成，是个体或群体传播者在网络社交平台生产传播关系信息的创造性交往过程。

首先，个体感性想象力为其虚拟身份的关系创构提供"智慧支撑"。在社交化网络时代，任何参与者兼具传受双重角色，行为、言辞、情感、需要、态度与习惯等要素构成个体独特的网络身份。一般来说，现实社会成员既会受到社会文化的影响，接纳现实社会的价值理念、社会制度和行为方式，又会形成并发展独有的个性与品格，通过自身的创造力生产传播智慧成果。同样，网络社会个体既能习得网络社会文化，抒发网络文化的创新活力，又能阐发个性化想象力，营造健康向上的网络社交氛围，构建网络社群关系互补、关系互化的舆

---

① 参见刘小枫、贺方婴主编《赫尔德与历史主义》，华东师范大学出版社2020年版。

情生态。研究发现：个体与他人网络交流要比个体与他人现实交流的频次高得多，原因在于现实社会"限制"了个体感性想象力，与现实社会环境相比，个体在网络世界拥有更自由、更自主的感性想象空间，可以创造丰富多彩的虚拟"艺术"身份，所以恩斯特·贝克尔认为网络主体是一种自主界定的客体。

其次，关系创造交往过程契合人的感性想象力。在虚拟身份创构的交往过程中，个体那种得到另一个想象的"自我"的愿望格外突出，他通过感性想象的创造能力表达一种探索虚拟身份的强烈愿望，有时甚至把自己的虚拟身份视作一种作品，具有强烈的"创作"热情和激情。对创造"想象自我"的网络主体而言，其探索的领域不仅仅限于自己的身体、心理和情感需求，还有那些他日常生活中一直渴望的许多社会行为、社会文化和社会愿望，因为作为行为主体的个人往往觉得伦理法律"禁锢"了他的自由思想与言语行为，而在一个虚拟身份的网络"创造"交往过程中，个体就会努力清除其他现实社会人能够得出关于自己身份和职业的结论的所有特征与痕迹，积极"创作"自己想象中的虚拟身份，可随意调整并完善该"艺术产品"。简而言之，个体的网络"创作"活动有利于各种网络人际关系和群际关系建构，促进网络社会文化的可持续性转化，如个体通过经济、政治、文化和网络社交活动的参与和推动，创造出缤纷多姿的网络社会文化。

最后，关系创造交往过程有利于网络社会关系的全域拓展。关系创造交往过程涉及"传统媒体—意见领袖—社交媒体"多级传播交往过程所带来的耦合驱动效应，以实现关系信息的高效联通和跨界拓展。具体来说，在传统媒体完成对忠实受众群（包括意见领袖的早期采纳者）的资讯信息传播（第一级传播）后，意见领袖（一级意见领袖）将信源实时传送给所在网络社群，完成触达特定受众群（早期追随者）需求的第二级传播。随后，二级意见领袖（早期追随者中的网红成员）利用点赞、评论和转发等功能将关系信息传输给更广泛的粉丝群体（后期追随者），促推成员参与话题讨论或可视化观赏等社交活动，三级意见领袖（后期追随者中的活跃分子）通过再评论和再转发进一步拓展关系信息的传播范围，经过多级意见领袖的逐级接力传播最终形成广域性分众化舆论场域，网络的焦点信息或热点事件又进一步激发传统媒体的再次传播，实现关系创造交往过程的多赢传播效应。

三 数字再造交往过程催生网络层级创构新动能，推动网络社会聚合发展

数字再造交往过程以智能制造和智能创意技术为依托、以经济渗透与文化嫁接融合为手段，是基于用户精准需求的大数据信息和算法技术对显著性人物、物品、作品和场景进行仿真再造的智能化交往过程。例如，智能机器人小冰通过对1920年以来519位中国现代诗人作品的分析和100个小时1万次的迭代学习，最终习得现代诗歌的"创作能力"，写出《阳光失了玻璃窗》数字再造诗作，引起一定的社会轰动效应。基于智能算法技术的机器人新闻写作、智能编辑、直播打赏、短视频、城市灯光秀、地铁隧道智能广告、灯光舞美、无人机表演、非遗文化再现、虚拟主持、3D打印、虚拟作词谱曲和虚拟小说剧本等数字再造场景，使得现实社会群体与网络社群之间的界限模糊化、个体真实身份与虚拟身份之间的区别混乱化，也使象征信息与虚构信息更加鲜明化、泛众化。例如，新闻写作机器人通过智能化标注、内容聚类和精准匹配进行文本编辑、信源捕获和视频生产，再造契合用户具体需求的数据新闻，实现虚拟阅读的高仿真化和精准匹配化。5G网络商用化加快了数字再造的市民化、扁平化和实用化进程，人工智能算法技术可以即时性捕捉用户所关注的内容热点与关系偏好，助推数字再造思维与用户消费思维的有机融合，为普通用户参与数字再造活动，甚至再造自我机器人赋能赋势，人机协调、机脑融合的数字再造交往过程将渐成常态。比如，智能人通过自我学习和深度学习，在文化源头上控制版权的规范分配，将各种文化创新要素应用到出版编辑生产传播领域，通过智能算法把精品文化作品转变成数字再造产品，结合美学专业化和市场标准化进行智能化推送、反馈和评估，通过线上交互、线下聚合作用发挥数字再造文化的拟态集成化、集群化作用。可见，数字再造交往过程具有全要素、高开放、整合化、算法化和仿真化等特征，层级性网络社会对于数字再造交往过程的依赖程度日益加重，

各种数字再造产品和场景成为人们日常消费的重要来源,数字再造交往过程催生网络社会层级创构的新动能,推动网络社会关系聚合化发展。

简言之,层级性网络社会关系在经历资讯信息网络化和网络资源个人化之后必然走上网络社会层级化、整合化的发展道路,网络社会的层级关系是一种集资讯信息、关系信息和算法信息共享、创造与再造于一体的数字化、网络化、算法化建构交往过程,信息共享、关系创造与数字再造交往过程的交织与叠加带来"鲜活"的网络社会文化内容,满足受众获得信息、宣泄情绪、表达立场和享受娱乐的多层化需求。只有将事件、现象、人物、问题等资讯信息,态度、情感、行为、状态、需求等关系信息,目标、任务、结果、意外、议题、氛围等场景信息与人的创造性想象高效整合、有机集约和完全渗透,才能实现网络关系媒介、智能媒介与网络个体智慧媒介的融合性贯通和创造性转化。

以5G网络和人工智能为代表的新兴技术驱动网络社会层级关系不断分化、重组与整合,造就了网络社会要素、空间和交往过程的层级关系。在要素层级关系上,传播者要素以分层化、个性化的个体传播者,多类化、品牌化的群体传播者和精准化、预驯化的智能人传播者为主要类型,多层受众要素以阶层性、差异性和可塑性为特征,媒介要素以传统门户网站、移动社交平台、智能场景和融合媒介为主要框架。在空间层级关系上,个人网络空间满足用户个性化动态需求,推动隐秘、黏合的个体文化发展;强连接群体空间加深互信合作关系,弱连接群体空间提升分众舆论传播效率;智能人场景促成算法化层级关系,加快人联网与物联网的有机融合。在交往过程层级关系上,信息共享过程丰富网络分众文化内涵,强化网络社群文化认同感,关系创造过程契合人的感性想象力,有利于网络社群关系的全域拓展,数字再造催生网络社会层级创构的新动能,推动网络社会关系聚合化发展。网络社交层级传播不是为了能带来多少政治、经济、文化和社会利益,而是对不同网络社会成员的社会心理素养、社会文化素养、伦理法律素养和网络媒介素养进行不断丰富、不断升华的过程,是技术创新和文化进步的求异化、社会化演进过程,是数字中国可持续性发展过程。

第三章　网络创意视频传播

　　网络创意视频传播由网络短视频传播、网络中长视频传播、网络超长视频传播和5G网络创意场景传播构成，网络短视频传播和5G网络创意场景传播是网络创意视频文化传播的代表形式，网络超长视频传播属于传统媒体图像传播的网络延伸形式，网络中长视频传播是网络创意视频传播的明天产业，具有颠覆性和前瞻性发展前景，5G网络创意场景传播是创意视频文化的线下宽屏、线上竖屏交织性传播新形态。网络短视频传播的时长范围在15秒至60秒之间、网络中长视频传播的时长范围在3分钟至30分钟之间，网络超长视频传播时长一般在30分钟以上。本章节主要探讨网络短视频传播、网络中长视频传播和5G网络创意场景传播。从虚拟现实技术、增强现实画面到高动态范围图像、杜比全景声等拟态场景传播，一个个与网络创意视频传播紧密关联的新人物、新事件、新景象、新现象、新技术和新设备"层出不穷"，网络创意视频传播使受众通过网络平台欣赏到各种精彩的人物、事件、事物或场景，从而获得全新、自主、即时、交互、多角度的观赏、体验和沉浸效果。

第一节　网络短视频传播

　　作为流行文化和创意文化的主要代表之一，网络短视频传播正打破社会权利结构，日益融入日常生活，影响人们的消费习惯和娱乐偏向。网络短视频传播是指快手、抖音、美拍、秒拍、微信视频号等短视频平台通过算法技术将个体或机构创作的有关新闻、艺术、生活等视频内容推送给特定或限定用户的网络社会化传播。网络短视频传播涉及短视频内容传播、算法技术传播和短视频及算法治理等方面。党的二十大提出"以社会主义核心价值观为引领，发展社会主义先进文化，弘扬革命文化，传承中华优秀传统文化，满足人民日益增长的精神文化需求，巩固全党全国各族人民团结奋斗的共同思想基础，不断提升国家文化软实力和中华文化影响力"的文化发展目标和"坚持以人民为中心的创作导向，推出更多增强人民精神力量的优秀作品，培育造就大批德艺双馨的文学艺术家和规模宏大的文化文艺人才队伍；坚持把社会效益放在首位、社会效益和经济效益相统一，深化文化体制改革，完善文化经济政策"[①]的文化产业发展战略。网络短视频传播应根据国家文化发展目标和产业发展战略来确立自身的发展方向，在专业技术层面应努力提高网络短视频从业者的媒介专门技能和伦理法制修养，在社会责任层面应让普通受众了解网络短视频传播机理、掌握网络短视频传播机制，探索出破解网络短视频发展困境的有效措施，将中外优秀文化创新应用于网络短视频实践。只有这样，才能提升网络短视频从业者或广大受众对网络短视频传播的专业能力或认识水平，促进短视频传播和算法治理的健康有序发展。

一 网络短视频传播机理

网络短视频主要指以智能手机为载体，以智能算法为手段，以创意构思和创意内容为特色的碎片化、生活化超短视频。网络短视频传播内容繁多，如美容护肤、旅游美食、生活窍门、幽默搞笑、百科知识和新闻资讯等方面。类型多样，可分为资讯花絮、营销广告、短纪录片、网红展示、草根恶搞、情景短剧、鬼畜情趣、创意剪辑、技能分享和街头采访等形式。[②] 短视频平台所采用的网络算法有流行度算法、协同过滤算法、内容算法、用户算法、关联规则算法和混合算法

---

① 《高举中国特色社会主义伟大旗帜 为全面建设社会主义现代化国家而团结奋斗——在中国共产党第二十次全国代表大会上的报告》，人民出版社2022年版，第45页。
② 参见何日辉《短视频的应用类型与盈利模式》，《新闻战线》2019年第9期。

之分,① 以倚重数据、控制效率、内容有穷性和传播无休止性为特征。短视频平台功能各异,如抖音、快手和火山以互动社交为特色品牌,美拍、VUE和小影以摄影工具为服务内容,秒拍、梨视频和今日头条以资讯报道为传播特色。网络短视频传播具有多元、个性、分众、分散、混杂和技术隐性等特征。

网络短视频传播机理涉及人类社会行为偏向、算法与人的互化关系、算法文化内容和算法可见性关联理论等。第一,人类社会的行为偏向是网络短视频传播的基本动因。马克斯·韦伯(Max Weber)把人类社会行为分为非理性行为和理性行为两种类型。非理性行为又有基于习俗的传统行为和基于情感的情绪化行为之分,理性行为可细分为价值理性行为和工具理性行为。② 在现实生活中,理性行为是主要交往形式,非理性行为处于边缘地位,而在网络短视频传播领域,非理性行为往往冲击理性行为,甚至支配理性行为,形成关系信息和算法信息相交织的情感化、场景化社会行为。

第二,算法与人的互化关系是网络短视频传播的驱动因素。算法与人的互化关系涉及算法与人的可转化内容、算法与人的恰当适配关系和算法与人的融合互置关系。马歇尔·麦克卢汉(Marshall McLuhan)主张用"提升、过时、再现和逆转"的媒介四元律来处理算法与人的互化关系,保罗·莱文森(Paul Levinson)倡导人文化算法应用原则,③ 黄琪认为保持算法在价值观、技术创新与内容供给的平衡关系。④ 算法与人的互化关系实质上是算法思维与人脑思维的共性融合和异性转化的互动互补关系,理想的算法思维就是类人脑的认知功能,是智能技术接近人脑认知功能的同化思维偏向,所以算法与人的互化关系是一种算法与人脑相向而行的动态耦合驱动过程,是实现网

---

① 参见李秦梓、张春飞、姜涵等《新技术新监管背景下的算法治理研究》,《信息通信技术与政策》2019年第4期。
② 参见王仕勇、樊文波《向善向上:基于良性互动算法新闻治理伦理研究》,《重庆大学学报》(社会科学版)2020年第1期。
③ 参见黄琪《算法时代的新闻传播:应用、问题与对策》,《甘肃理论学刊》2020年第3期。
④ 参见罗昕《算法媒体的生产逻辑与治理机制》,《人民论坛·学术前沿》2018年第12期。

络短视频传播价值最大化的发展过程。

第三，算法文化内容是网络短视频传播的技术特色内涵。布莱克·哈利南（Blake Hallinan）将算法文化定义为人物、场景和对象分类化、分层化计算过程所涉及的思想、行为和表达习惯。[①] 哈利南的算法文化定义虽从算法生产过程界定了算法文化内容，但缺少算法文化的传播属性与传播功能。笔者认为从网络短视频与算法技术的融合现状来看，算法文化除了哈利南所界定的算法计算过程相关的思想、行为和表达习惯以外，还应该包括算法传播和算法反馈过程所涉及的思想、行为和表达习惯，算法文化内容应包括算法计算、算法传播和算法反馈所产生的个体文化、人际文化、群际文化以及算法文化与短视频文化相互转化的"融合文化"。

第四，算法可见性关联理论是网络短视频传播的内在规则和隐性影响因素。丹尼尔·戴扬（Daniel Dayan）描述了算法可见性的生成过程："能否被他人看见、能否获得他人的注意力，当获得的注意力达到一定规模，即产生可见性。"[②] 算法可见性通过算法的信息推荐、分类、关联和过滤等功能在短视频生产、分发和审核等环节控制用户视觉内容可见性、时间可见性和空间可见性，从而影响用户认知的整体可见性抉择。算法可见性关联理论涉及算法可见性与公共关系、市场营销、权力监视、炫耀主义、谣言传播、恶意曝光等公共信息传播之间存在的联结关系。其中，网络行动和网络事件的可见性是算法可见性权力博弈的核心武器和决定要素，如 Facebook 通过算法对信息流和流行话题的可见性来控制社交信息的可见性，具体来说，算法化信息流通过"个性化订阅"功能按用户的兴趣爱好推荐"个性化内容"，算法化流行话题通过强调用户所关注的重点信息和社会舆情焦点来影响网络舆情。算法可见性不断建构并规制用户的在线生活内容，用户公共性信息不断被分割和重新组装，从而导致网络短视频传播的差异化、微粒化、碎片化和去中心化。

---

① 参见罗昕《算法媒体的生产逻辑与治理机制》，《人民论坛·学术前沿》2018 年第 12 期。
② 罗昕：《算法媒体的生产逻辑与治理机制》，《人民论坛·学术前沿》2018 年第 12 期。

一般来说，网络短视频算法包括基于大数据技术的算法决策、生产、过滤、推送和基于人工智能技术的自我学习、深度学习两大类型。一方面，大数据算法具有决策、生产、过滤和推送等专业化功能。算法决策和算法生产主要通过热点信息、主题词、标注和体例结构的自动计算标签化来拓展短视频传播的空间边界，提供宏观预测方案和时尚创意产品。算法过滤用以筛选预设并塑造受众社会化需求的感知、行为和价值，算法推送契合用户的主观意愿和消费需求，进行个性化精准定制，实现价值信息与用户要求的完美匹配，对受众的自我身份、行为意向和交往关系均产生深远影响，如算法推送通过相关性、热烈性、协同性等发现性成果的精准计算，对即时流行话题进行偏激立场、中立立场和原始立场的数字化呈现，通过智能化推送影响信息流、支配影响流，形塑媒介舆论环境。[①] 简言之，算法决策是基于人类决策的学习规律而复制出的"仿真"决策过程；算法生产充当"需求预测器"和"内容创造者"角色，依靠用户行为和反馈数据的算法化分析精确锁定用户消费方式与日常偏好，或自动化完成短视频的分析、捕获、制作、配乐、加标题和合成等全链路工作；算法过滤基于主流意识形态、法律法规和技术规范设置"敏感词"实现大数据阻挡功能，达到不可见审核目标，同时根据网络社群激增用词、用户聚类模式以及直发与转发比率计算出个人、社群、组织或企业的政治立场数据，发挥"自主"议程设置作用；算法推送从个体层面推送解决用户个性化需求问题，从总体层面推送聚焦用户群的底层逻辑，通过海量数据优化、版块分类、公共热点抓取以及用户之间的关联性分析厘清用户群消费行为特征和建立特定消费模型，产生"长模化"社会平均值，向特定用户群推送共性价值信息。[②]

另一方面，自主学习算法和深度学习算法，可实现网络短视频智慧化精准传播功能。自主学习算法和深度学习算法，不是依赖人的理解程度与分析能力，而是通过标注、训练、应用等智能化喂养方式不

---

① 参见葛晓丽《算法时代信息传播伦理问题研究》，硕士学位论文，南京师范大学，2019年。
② 参见黄琪《算法时代的新闻传播：应用、问题与对策》，《甘肃理论学刊》2020年第3期。

断优化参数与权重以实现短视频传播的语音智能识别、图像自动处理和自然语言即时生成功能。[①] 简言之，通过自主学习找准与缔结关系社会或网络社会的结构洞，在深度挖掘前提下实现用户个性需求的精准定位和智慧投送。人工智能算法打破了主流媒体集中式垄断传播的现状，促使价值理性弱化、工具理性扩大，甚至极化，导致网络算法功能偏向化和隐秘化，对用户价值取向和消费习惯产生长远影响。

综上，网络短视频传播是通过主动推送、主动建构社会关系的泛连接人际功能来影响受众，受众是基于选择性记忆和固有意识形态接收、解构、提取、存储网络短视频价值信息，受众的观赏点击行为受到算法"启动"效应影响，这种用算法技术手段形塑用户消费偏向的短视频传播，正朝着平台预设（追求商业利润）方向建构分众舆情或短视频文化。换言之，网络短视频传播机理是传统文化、当代文化和算法技术之间求异性的理性认同和非社会化到社会化转向的实践归宿，短视频传播内容、方式、效果与算法治理规制、策略、绩效的贴合程度既取决于网络短视频传播多元主体责、权、利的统一关系（平台传播者、算法治理者、技术开发者与受众），又取决于网络短视频传播各层级文化间或同一层级不同文化间的转化融合关系（平台文化与受众文化间、短视频文化与算法文化）。只有在政府的宏观科学指导下多方主体协同配合，充分发挥短视频平台与受众的公共责任担当潜质，网络短视频传播才能健康发展，形成网络短视频产业有序市场竞争格局，推动我国短视频文化纵深发展和算法技术规范应用。

二　网络短视频传播机制

网络短视频传播机制是短视频内容的传播路径和算法技术用于短视频传播的可行路径。短视频内容的有效传播是算法技术应用的价值体现，算法技术应用的有效途径体现在短视频传播的创意技术赋能。算法技术是产生、选择、传递、评价短视频内容的智能化技术，具有发现、生成、干预和放大短视频内容的可见性权力，通过标注用户的

[①] 参见贾开《人工智能与算法治理研究》，《中国行政管理》2019年第1期。

性别、年龄、爱好、情绪、习惯等个性信息来记忆、感知和识别价值信息，按内在算法规则对大数据或智能喂养信息进行筛选、过滤并控制视觉信息形貌（画像），再以某种结构聚合、排列、呈现和分发短视频内容，网络算法在决策、聚合、分类、组织和推送短视频内容方面起着关键性中介作用。

我国为了规范短视频发展先后颁布了《网络短视频平台管理规范》和《网络短视频内容审核标准细则》等行业规范，为短视频平台规范运行和短视频生产传播提供了制度保障。另外，还颁布了有关人工智能、算法和网络安全的三部法规：《新一代人工智能发展规划》《电子商务法》和《数据安全管理办法》。虽然我国对人工智能技术创新、算法治理与平台有序运营均有成熟的法律规范，但针对网络短视频算法治理的规制还有待于进一步完善和健全。

如前所述，网络短视频传播是基于大数据算法和人工智能算法等技术手段而实现的创意短视频内容传播。短视频传播要素与算法治理诸要素的聚合、勾连和转换路径构成网络短视频传播机制。首先，网络短视频传播机制是由短视频传播要素与算法治理要素聚合配置而成。网络短视频传播机制体现了短视频传播的主体、目标、内容、过程、渠道、手段和算法治理的决策、生产、预测、过滤、分发的耦合驱动，反映了短视频文化与算法技术文化的融合生成过程，体现了网络短视频传播的主体间性与技术间性的一致关系。主体间性是个体认知结构中的他人视域、人际关系和价值观念的统一关系，网络短视频传播主体间性主要是以他域性、关系性、价值性和社会性为核心来提升传播者、治理者和用户多元主体认知、感知和理智评价的共识共鸣意识，是强化形象事实、认知经验、感知得失和行为意向的内涵汇聚过程。具体来说，网络短视频传播实质上是视频传播者、算法技术开发者和目标用户等主体之间在利益、权力、意愿和需求上的矛盾碰撞、转换与发展关系。网络短视频传播的技术间性是短视频多样技术、多代技术和多层技术之间的迭代升级、跨代替换和隔代转化的技术集成化关系。平衡网络短视频传播的主体间性与技术间性关系有利于加强短视频传播主体与算法治理主体或者短视频传播技术与算法治理技术之间的耦合协同功能，使二元关系的认知要素、感知要素和理智要素汇聚成传播治理主体间性和技术间性的聚合力量和耦合动力。其中，在主体、客体、中介和情境等认知要素中，形象事实性要素和认知经验要素决定着短视频传播者和算法治理者的共性认知效果；在网络短视频受众的歧视知觉、隐私关注和安全保护等感知要素中，用户的感知得失要素对短视频传播效果影响最为显著；在短视频消费者的情感共鸣、行为意向、价值事实和心理印象等理智要素中，行为意向要素作用尤为突出，是关键性决定因素。

其次，网络短视频传播机制体现了算法技术与短视频文化的勾连过程。短视频文化与网络算法技术的勾连过程体现多元主体的线性协作和整体集约关系。对于传播治理主体来说，网络短视频传播是政府提供规制保障，个体、组织或机构创作短视频作品，平台提供算法推送技术，行业协会进行规范督促、用户对短视频解码反馈和过程监督的多级线性"接力"过程。对于受众来说，勾连过程是受众接受平台算法技术服务、获取短视频文化信息和评判短视频产品质量的"传入—碰撞—分离—融入—输出"联动过程。对于网络短视频传播效果来说，勾连过程是受众的认知、感知和理智层面对于网络短视频产品进行"确认—满意—认同（或不确认、不满意、不认同）"的差异化评定或选择的自主消费过程。

最后，网络短视频传播机制反映短视频传播和算法治理的互置转换关系。短视频传播和算法治理的互置转换关系涵盖内容黏合、传播治理协调、主体双向转化和用户内在对话等动态关系，体现了短视频传播的布局、内容、过程、策略、效果评价与算法治理的规划、任务、环节、政策、绩效考核的互恰适配。短视频传播和算法治理的内容黏合反映传播治理内涵与受众黏性要求的互化关系。针对用户视角边缘化造成的短视频内容同质化和圈群化，算法"贴合式"服务促推短视频内容创意和算法技术创新，进而催生算法商业治理新模式与短视频传播新业态的交织融合，激发短视频创作者和算法开发者的创造热情和创新动力，唤起用户阐释短视频文化的巨大潜在本能。传播治理互置转换有助于算法治理者营造短视频传播竞合氛围和短视频传播者提升算法治理品牌质量，有利于消解短视频文化和算法文化"相脱节"的数字化鸿沟，有助于避免政府对算法社会治理的管控盲区，促进算法化短视频所引发的政治、经济、社会、文化和生态问题的逐渐消除。传播治理主体双向转化体现网络短视频文化与用户消费文化的"活跃/低落—间歇—低落/活跃"互置属性。具体来说，成功的网络短视频传播表现为算法设计者、短视频创作者和用户之间主动角色和被动角色互换的双向转化过程。一开始，网络短视频传播者处于主动、活跃状态，用户对于短视频产品因需要一个"消化过程"而处于被动接受状态，之后双方进入相对稳定的间歇阶段，短视频传播者需要评价用户的消费意愿和反馈需求，用户需要将短视频文化转化为"易吸收"的第三文化，当"低落/活跃"阶段到来时，短视频传播者转变为算法化短视频的市场调研者和信息跟踪者，成为以用户为中心的技术服务者和产品供应者，而用户由被动理解者转化为短视频文化的积极阐释者和主动传播者。只有经过"活跃/低落—间歇—低落/活跃"三个阶段的潜进演化过程，短视频传播才能最终触达用户实际需求、实现真正市场价值。用户内在对话揭示算法化短视频文化在用户内在对话思维中从外在价值到内在价值、从外在文化到内在文化的"传入—碰撞—分离—融入—输出"转化过程，用户对网络短视频传播不是直接接受的过程，而是需要一个短视频外在文化传入、与用户内在文化碰撞、两种文化分离、外在文化部分融入、被内化的部分外在文化与用户文化内在有效对话的交互过程，用户内在对话是短视频文化、算法技术文化与用户文化互动互化的内源动力，是网络短视频传播机制实现的"推进器"，经过上述五个阶段的演变过程，用户将自身需求、文化记忆、联想意义融入已转化的外在文化之中，产生增值理解、减值理解、曲解和误解等变量文化含义，从而激发用户内在文化的创新潜质，推动网络短视频文化创新发展。

总之，网络短视频传播改变了传统视频传播机制，以平台审核代替职业把关人制度，将短视频质量或流量的评价权和决定权赋予受众，受众选择及其个性需求决定着短视频传播效果和发展方向，同时价值观的选择权和判定权也移至短视频平台或算法设计者身上，平台算法的原则和规则决定着用户对短视频的接受程度和短视频传播范围，平台凭借算法排序与算法过滤所建立的议程设置和框架结构，不仅"规划"用户对于短视频传播空间的想象，而且影响用户的习惯、思维、态度和情感，最终可能支配网络短视频分众舆情。

三 网络短视频传播的发展困境

从宏观上看，我国网络短视频传播取得了一定成效，短视频内容和算法技术应用日趋规范与成熟，流量性经济与关系化算法功能融入短视频主流价值观传播，短视频平台兼具数据审核和价值生产的双重任务，网络短视频传播从个体UGC转向机构PGC模式，流量广告、原生广告和MCN模式盛行，垂直性短视频业务发展突出。从微观上看，快手、秒拍、美拍、抖音和火山为主流短视频平台，快手的受众群普遍低龄化，秒拍的受众多为女性，火山以中年消费群体为主，抖音处于行业领先地位，明星或网红互动性较强。在短视频文化盛行时期，网络短视频传播者或传播平台应不断增强广大受众对短视频创意内容识别判断能力和选择批评水平。

目前，网络短视频传播发展面临不少的困境与挑战。网络短视频传播的虚掩、虚构和渲染过度问题导致普通受众，尤其是青少年受众认知困惑；网络短视频传播出现版权纠纷、用户隐私权受侵害、平台社会责任不强、短视频传播治理融合度不高、算法监管缺失、算法歧视、算法偏见、垄断性算法共谋、算法黑箱和算法信任危机；受众市场细分不精准、内容粗劣低俗、优秀传统文化和先进文化缺失、青少年教育引导不到位、公民算法科普性不强和多元主体协同治理不佳等难题。具体表现在以下四个方面：

在公众舆情影响方面，网络短视频算法操纵用户主体行为，成为裹挟资本、充满政治动机的权力工具；网络算法打破传统媒体垄断渠道，影响主流价值观形塑；一些非理性、煽动性短视频通过偏向算法以个性化、互动化和场景化形式向青少年消极传播；短视频平台以算法合谋与人的意志无关为由逃避主体审查责任，人为设计简化因果关系和弱化责任归属的技术黑箱，将复杂的价值体系和法律关系隐藏其中，人为地以排序算法为"终极监管者"，用户监督短视频机制式微。

在行业治理方面，算法监管规制不完善、监管体系不健全，现有监管机制因算法复杂、不透明和缺乏专业性而无法有效执行，产生政府与平台责任边界模糊，当算法缺陷导致决策失误或算法决策引起社会问题时，监管部门往往将责任归因于算法平台，而算法平台又以商业机密受法律保护为由滥用市场权力，引发"联结—失控"危机，算法遮蔽了真实责任主体；公民缺乏算法监督意识，对于算法危害自身权益往往不作为或无法作为，缺乏第三方约束制度，算法风险成为社会治理棘手问题；平台通过选择性算法控制信息流向公众渠道，将传统媒体纳入内容供应商，以过滤气泡方式给用户"制造"信息茧房。

在用户市场细分化方面，算法将用户的行为偏好进行去价值化加工，利益驱动下的平台为追求点击率过分迎合用户喜好，用户潜在、不可量化的价值理性被边缘化，公共性价值信息淡化，算法工具理性被夸张化，一味追求戏剧化、轰动效应，视像感性刺激过度；算法推荐所遵循的公式算法和系数加权把用户网络行为视作"数据产品"，诱发用户"信息孤岛化"。

在法律伦理方面，算法诱发道德过载，放大社会歧视并导致用户"自我实现的歧视性反馈循环"，算法技术呈现嵌入算法逻辑、计算和结论的平台价值观的"歧视偏向"，算法黑箱为不公正、有偏见的算法决策提供"舒适"场所，用户盲目崇拜特定内容和过度依赖算法技术等因素引发各种法律伦理问题。

造成上述网络短视频传播发展困境的主要原因可以用归纳为以下四个方面：

第一，政府、培育机构和媒体平台的主体责任边界不清晰，协同传播、协同治理和协同培育的体制机制尚未建立健全。网络短视频传播在政府宏观规划层面还不够完善，相关立法、政策和制度还不成体系，网络短视频技术科普国民教育还不够完善。因算法黑箱、算法不透明而难以根治算法传播乱象，平台缺乏自治自律的完整性规范机制，不健康或低质量的短视频产品和不规范或违法性算法应用造成负面社会影响，特别是一些违规短视频平台整改不到位，主旋律、正能量内容传播欠缺，盈利驱动、数据驱动和用户驱动使流量性短视频产品"乱象丛生"，影响网络短视频传播市场长远发展。总之，在网络短视频传播实践中，管理部门和媒体平台的主体责任边界不够清晰，多元主体协同传播、治理和培育的机制尚未形成，协同效率不尽如人意，同时区域性算法文化发展不够均衡，个别区域算法科普对象偏窄，普通受众对算法技术应用不够熟悉。

第二，算法工具理性极化问题是网络短视频传播所面临的巨大风险和挑战。算法接近性、时新性、重要性、显著性和趣味性的工具理性极化导致短视频传播主观性、偏向化、标签化、流量化和低俗化等问题，算法工具理性极化破坏了短视频内容优化与创新，使平台、算法开发者和创作者往往注重流量而轻视质量，导致低质低俗短视频，诱发色情暴力、消费主义和反智主义的短视频泛滥成灾，严重影响青少年受众身心健康。片面追求创意更新、内容更奇的算法有穷性造成短视频内容不确定性和虚构过度性，网红流量性经济导致优秀传统文化和当代主流价值观传播不充分，短视频领域精神文明建设不理想，头部创作者稀缺，算法的人文内涵缺失和"去价值化"使得用户陷入信息焦虑和回声室效应困境。同时，算法功利性和短视频流量性将短视频"好坏"的决定权移至受众，受众点击数量和评价绩效直接影响短视频"生死"命运和推送频次，算法排序和过滤在议程设置和主题框架上深入影响用户的习惯、态度、立场、情感和行为方式，如过滤气泡在海量化、火爆式短视频中为用户提供一种熟悉感与依赖感，最终网络算法操纵用户文化发展走向，影响用户认知偏向和感知价值。因此，网络短视频传播，需要解决算法工具理性极化和短视频内容优化的失衡问题，需要主流价值观的正确引导。

第三，网络短视频传播打破了算法普适和用户需求黏性、个体身份和社会身份之间的平衡格局，形成算法化用户数据驱动传播新局面。一方面，算法普适性和用户黏性的关系处理不科学。在网络短视频传播中，算法拥有强大编辑权力，通过标注用户性别、年龄、爱好、习惯等可见性画像特征来记忆、感知和描摹用户的大数据需求信息，通过信息流和影响流以流行话题形式向目标用户推送定制化价值信息，主动性建构社会关系。这样,算法可见性和算法偏向性导致受众所接受的信息不对称,形成分层性、创意性、经济性和流量性等普适标准化趋势。另外,算法推送导致用户信息丰富而偏窄,阻止用户异质性价值信息获取,而受众在习俗、思维、价值取向和文化消费上往往坚守固有文化和既有习惯,这就造成网络算法普适化和用户需求黏性之间的不平衡关系。具体来说,算法决策挑战权威、敏感、客观、可信、透明等价值标准,算法生产加剧数字社会层级化,算法过滤将用户禁锢在个人意识形态之中,算法逻辑纵容种族主义与"反女性主义",算法推送忽视社会效益和责任意识,令用户认知、情感和安全意识弱化,深陷虚幻、表层、泛娱的"技术陷阱",甚至导致个别用户思维惰性,陷入社交障碍和信息焦虑困境。[①] 显然,算法普适性与用户需求黏性之间的矛盾问题在网络短视频传播的创意场景"推动"下愈发显得尖锐起来。另一方面,用户个体身份和社会身份关系因短视频的"网络算法身份"和"超级编辑功能"而日渐淡化。算法在匿名环境下进行个别身份识别、判断和分类,自动化决定用户的性别、文化和职业等个体身份信息,建构用户虚拟身份的"再现"世界,同时算法又使用户社会身份的公共信息不断被分割、被组装成许多肖像和数据类型,导致用户"分众化身份"的差异化和碎片化。[②] 这样,在网络短视频传播语境下,用户个体身份呈现聚合重组特征,而其社会身份呈现分化解构特征,用户个体身份的"稳定性"与社会身份的"可塑性"形成突出、鲜明的矛盾关系。网络短视频传播的使命,就是将广大受众从个体和社会身份分合失衡状态拉回到或扭转到个体和社会身份互有分工又有融合的理性均衡状态。

第四,由于算法治理的政策制度和法律伦理不够不完整,网络短视频传播热门事件或焦点人物的"去价值化""平民化"和"功利化"传播可能挑战主流价值导向和政府公信力,从而消解网络短视频传播的核心目标和"主攻方向"。算法信息披露机制不科学,算法问责制

[①] 参见郭小平、张小芸《计算传播学视角下短视频的类型化推荐及优化策略》,《电视研究》2018年第12期。
[②] 参见罗昕《算法媒体的生产逻辑与治理机制》,《人民论坛·学术前沿》2018年第12期。

面临与知识产权、商业机密相脱节风险。例如，算法信息公开不当引发"算法算计"问题；算法歧视激发极端民粹和群体极化等伦理法律问题，导致算法公共妨害的主体责任难以认定；平台以更多关注换取经济流量而忽略思想舆论引导；网络短视频传播的自律、自治和监督机制不健全，暴力算法推送影响青少年道德是非判断，算法煽动性情绪信息影响青少年的主流价值教育；垃圾智能广告、无限制性智能游戏和网络算法化自我伤害剧情常常以话题引爆方式泛滥，消极影响青少年健康成长；算法黑箱蓄意利用有损社会主义核心价值观的舆情建构，网络短视频传播的自由度失控引发网络社会秩序混乱，等等。[①]总之，网络短视频现实性问题和算法技术所引发的复杂性问题急迫要求我们加大网络短视频媒介素养的培育力度，以促进短视频文化的正向传播和网络算法技术的创造性转换。

针对网络短视频传播困境，我们应该构建多元主体参与和多方力量协同的跨界跨域场景创意治理体系，加强短视频主流价值传播与算法规范应用的深度融合，通过主旋律、正能量短视频内容宣扬以唤醒用户自我价值与主流价值的"能量交汇"，将普适性伦理法律算法嵌入技术与正向短视频创意素养培育技术结合起来，加大短视频精品化、算法标准化与受众积极认知的相互转化进程。

四　破解网络短视频传播困境的因应路径

网络短视频传播旨在实现创作者自律、平台自觉、受众他律和短视频精准化的社会传播效果，通过大数据算法和人工智能算法建构层次化、创意化和场景化的短视频传播体系。网络短视频传播将质量评价权赋予受众，将价值观判定权移至平台，平台凭借算法技术"规划"用户画像，干预用户的想象、影响用户的习惯、思维、态度和情感。针对网络短视频传播所面临的困境，我们应构建多元主体参与、多方角色配合的跨界跨域短视频治理体系，催化短视频内容传播与算

---

① 参见陈思《算法治理：智能社会技术异化的风险及应对》，《湖北大学学报》（哲学社会科学版）2020年第1期。

法技术治理的双驱动力,增强受众对于短视频平台的监督意识,强化个体、机构制作短视频产品的自律意识,将伦理法律规范教育与短视频算法科普教育进行深度融合,实施短视频平台品牌打造、算法技术标准普适与用户媒介素养提升的多向整合方略,探寻破解网络短视频传播困境的有效路径。

其一,构建多元主体参与和多方角色配合的跨界跨域短视频治理体系,提升算法商业治理与短视频内容传播的双驱动力。发达国家在算法治理方面先行一步。美国以公众算法信任为算法治理的主要目标,重视算法信息的公开透明度和算法主体问责机制,欧盟强调算法主体的有效控制,尊重用户个体删除权、被遗忘权和隐私保护权。[①] 我国短视频传播和算法治理虽与西方国家的视频传播与算法治理存在一定的共性,但我国算法化短视频传播也具有本国视频文化的发展特色,所以在汲取发达国家有益经验之上,我们还应采取算法信任和用户信任、算法文化传播与社会主义优秀文化传播、算法规制约束与平台自律管理相结合的中国特色"情感—文化—制度"一体化治理模式。在网络短视频生产传播过程中,平台、算法开发者、培育者、协会、社会组织和个体、机构创作者等多元主体应强化在政府指导下的协同配合能力,建构网络短视频传播治理的共享型价值链、共建型传播链和全效型供应链,强化平台内容质量把关与算法技术应用规范的聚合性功能。建议国家从战略高度对网络短视频生产传播进行顶层设计、宏观规划,制定多主体多层级跨领域的协同治理政策和制度。正确处理算法开发者技术权利、平台审核权利与用户监督权利之间的平衡关系,在政府有效管控前提下,加强用户参与积极性、用户监督社会化、用户安全保护科学化、算法技术安全标准化和短视频内容治理体系化的整合效率,以法规细则、技术代码、行业规章和短视频创作文明守则等形式明确平台、技术开发商、协会和创作者在网络短视频生产传播中的主体责任和风险意识,确立网络短视频主流价值舆论导向的总基调。上述目标的实现,首先需要政府治理创新与平台传播创意的充分

---

① 参见张欣《算法解释权与算法治理路径研究》,《中外法学》2019 年第 6 期。

适配。短视频平台应在用户真实意愿、实际需求和价值身份认同上多下功夫，在消费心理、情感偏向和接受习惯上提升用户信任度，在普适技术伦理标准和算法审核把关上为用户参与和监督赋权赋能，在用户情绪感知和认知探求上加大正确思想舆论引导。目前，国内相关法规虽对平台、内容和算法做了规范性要求，但是在发挥政府的规则制定者、过程把控者和底线管控者等核心角色上尚需体系化完善和细则上落地。其次需要第三方对网络短视频传播活动发挥法律、道德和社会层面的"排他性"监督、督促和警示作用。行业协会、社会团体与意见领袖应对短视频内容和形式进行规范约束、主动介入和即时跟进，以塑造积极向上、健康有序的网络短视频社会舆情，促进网络短视频可持续发展。[①] 最后需建立受众全过程参与和全天候监督的短视频全社会治理机制。真正规范平台短视频传播的公益服务行为，通过算法决策的解释权"回归"来强化普通受众对算法技术的过程监督权。行业协会应充分利用专业资源优势，通过业务培训或专家讲座等形式提升普通受众对网络短视频运作原理、UGC创作流程和相关法律内容的认知水平。普通受众只有成为网络短视频传播的行家里手，真正懂得网络短视频传播机理机制，才能更加主动、更加积极地参与网络短视频生产传播治理的全过程。总之，明晰主体责任边界，干预算法设计，建立算法问责体系，加强政府监管、协会规范和用户全过程监督，共创正向性网络短视频舆情场域。

其二，发掘用户自我价值本能反应与平台社会价值增效的耦合潜质。传播平台和算法设计者应聚焦生产、投送、反馈等关键节点，寻求共有语义视域，促进算法信源、短视频内容与用户文化的集成化、公益化、正当化和有效化，增强短视频内容传播与算法治理、用户自我价值本能反应与社会价值提质增效的双驱功效。将中国优秀传统文化和社会主义先进文化内容植入算法技术应用，将思想道德、网络短视频创意、社会责任和媒介素养培育统筹起来，建构中华优秀文化与算法技术创新文化相互转化的智能化创意舆论生态。具体来说，短视

---

① 参见朱巍《低俗内容治理的算法创新》，《检察日报》2019年7月31日第007版。

频传播与算法治理、用户自我价值本能反应与社会价值提升、中华优秀文化创造性转换与算法技术创新性应用的深度融合是整体性需求、分众性要求和个性化意愿三个社会层面的聚合性要求，① 是将中华优秀文化、社会主义核心价值观和受众，尤其是青少年受众的算法创意素养培育纳入网络短视频数字中国建设战略的综合考量。政府治理者、平台传播者和学校教育者需要进一步加强民众对算法短视频的体验认同、移情认知、时尚追求和消费贴合等创意素养培育工作，以国际化算法治理技术发掘中国优秀文化的本土化传播潜质。通过数据挖掘、筛选归纳、深度融合、可视再现等精准化网络算法技术嵌入，充分融入中华优秀文化元素，促进普通用户和培育对象的技术信任、情感信任和认知信任，加强短视频创意机制与正向内容推送机制的协同发展，推动网络短视频技术应用与用市场细分的高度契合，建构传统与现代、技术与创意、责任与修养相协调的创意舆情生态。

其三，促进算法治理、短视频传播与用户需求满足的深度融合。首先，明确平台对网络短视频传播的社会主体责任，以可接受术语和可行性知识向普通受众说明算法系统，在算法应用环节和短视频内容审核上为广大受众赋权，实现开放、共享、匹配、集成、灵活等算法普适标准元素与受众创意消费的习惯、态度、行为、情趣等需求要素之间优配，建立算法技术普及推广、短视频精品打造与普通受众认知水平提升之间的适恰关系。其次，通过技术公开透明、逆向工程、技术与调查机制、设计与工程解决方案、计算与算法趣味化培育、治理和公益框架改革、短视频市场机制引导和算法去中心化等手段发挥算法技术的公共性培育功能。② 短视频平台、技术开发者和学校教育者还应该向普通受众或教育对象充分宣传或系统传授撬动网络化、智能化与身份化、人格化互动效应的工作原理，帮助普通用户或教育对象洞悉算法决策背后的逻辑内涵，通过信息开放、技术共享、算法可视化、体系集成化、运作灵活性等措施促进算法治理、短视频传播和用

---

① 参见喻国明《人工智能与算法推荐下的网络治理之道》，《新闻与写作》2019年第1期。
② 参见罗昕《算法媒体的生产逻辑与治理机制》，《人民论坛·学术前沿》2018年第12期。

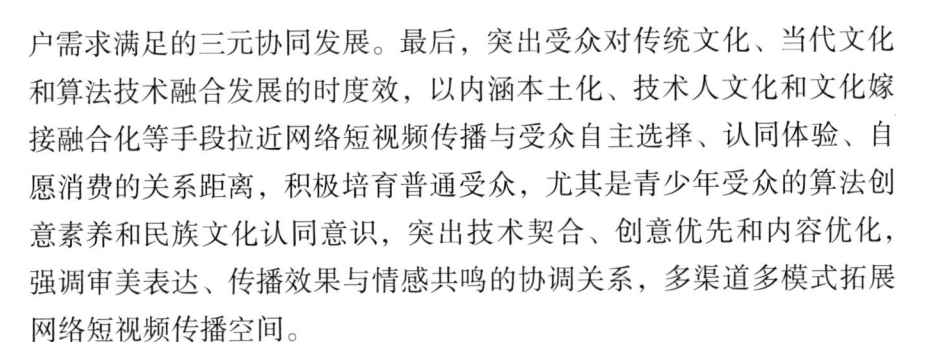

户需求满足的三元协同发展。最后，突出受众对传统文化、当代文化和算法技术融合发展的时度效，以内涵本土化、技术人文化和文化嫁接融合化等手段拉近网络短视频传播与受众自主选择、认同体验、自愿消费的关系距离，积极培育普通受众，尤其是青少年受众的算法创意素养和民族文化认同意识，突出技术契合、创意优先和内容优化，强调审美表达、传播效果与情感共鸣的协调关系，多渠道多模式拓展网络短视频传播空间。

其四，将伦理法律规范教育融入网络短视频算法场景创意教育实践，提升普通用户或培育对象的算法伦理法律意识。政府需要建立健全网络短视频伦理法律规范，完善网络短视频传播和算法治理的政策制度，用科学严谨、合理有效的算法短视频法律伦理规范用户隐私信息的收集、挖掘等技术应用行为，采用伦理社会教化和法律刚性约束的双效治理模式，实现立法规范、政府监管、协会督促、平台自律和用户监督的协同治理目标，将中华传统美德、社会主义核心价值观和普适性法律要素嵌入短视频算法应用之中，以公开、公正、公平为原则合理解释算法遮蔽问题，通过算法技术净化短视频传播空间，丰富并拓展创作者、平台和受众技术伦理法律素养的培育内涵和范围。同时，短视频平台和机构培育者还需增强受众或对象的伦理法律自律意识，管理部门应坚决打击网络短视频传播谣言和虚假信息等违法违规行为，减少资本对算法评价的过度干涉，积极发掘用户或对象在算法应用上的潜在需求，通过专题论坛或讲座等形式开展短视频算法伦理法律推广活动，突出算法技术创新和短视频质量提升的驱动效应，大力改进网络短视频传播的唯流量盈利模式，从技术和规制层面根除负向信息滋扰受众正常生活的现象，尤其是清除短视频违法犯罪信息损害青少年受众身心健康的顽疾。

其五，实施短视频平台品牌化、网络算法标准普适化与普通受众认知正向化的综合培育方略。通过短视频精品化、平台品牌化和算法标准普适化的整合手法将受众内在的虚构印象、偏向情感、认知偏差潜质激发起来，采取网络短视频的传统文化、创意文化、社会主义先进文化社会化外推与用户消费文化正向性内化的融合性传播转化策略，创构网络短视频全息型沉浸式创意素养培育模式，在算法技术创新扩散的同时注入短视频传播的人文关怀内涵，培育普通受众对网络短视频社群身份、平台品牌身份、中国短视频文化身份的认同感、幸福感和归属感。此外，在网络短视频对外传播实践中，我国网络短视频创意产业应有效推行算法治理国际化和短视频传播本土化的错位发展策略，短视频传播者或培育者应主动规避目的国用户的文化禁忌、争议话题、敏感事件和歧视语词，实现算法信源、短视频内容与用户需求的"本土化"高度统一，推动短视频跨文化传播的市场评价公益化、决策程序正当化和"私人定制"精准化进程，突出算法技术创新的隐性红利、平台内容优化的显性口碑和中华优秀文化注入的感召魅力。

总之，网络短视频传播困境主要是政府、平台和受众的主体责任边界不清晰，算法工具理性极化和短视频内容优化的失衡关系，算法普适和用户黏性、用户个体身份与社会身份之间的突出矛盾以及算法法律伦理规制不完善等因素引起的。对此，需要构建多元主体参与的跨界跨域协同治理体系，提升算法治理商业模式与短视频传播业态的集聚效应；加强短视频传播与算法治理的深度融合，建构中华优秀文化与算法技术文化相融合的创意舆论生态；发掘用户自我价值与社会价值的融合潜质，促进算法治理、短视频传播与用户市场细分的深度融合；将伦理法律规范嵌入算法开发应用中，提升主体的算法伦理法律意识；实施短视频平台品牌化、网络算法标准普适化与普通受众认知正向化的综合培育方略。

第二节 网络中长视频传播

5G、人工智能、大数据、云计算和现实技术（VR、AR、MR）等现代技术不断推动网络视频行业快速发展，促进网络视频传播与算法治理日益融合。从抖音短视频、B站中视频及西瓜长视频的播放时长规律来看，网络视频可分为短视频（15秒到1分钟）、中视频（2分钟到10分钟）、长视频（10分钟到30分钟）和超长视频（30分钟以上）四种类型。其中，中视频与长视频（以下简称中长视频）是未来网络主流视频的发展方向,将发挥压舱石和定盘星的视频文化引领作用。网络中长视频传播是指以智能手机或智能宽屏为载体,以专业团队制作和智能算法为手段,以精品内容或专题内容为特色的聚合化、专门化在线视频呈现或再现。当下,短视频传播盛行,满足了普通受众碎片化生活需求,以流量生产传播为特征,而中长视频将满足精英受众的专业化或专门化需求,以聚合性内容生产传播为特征,超长视频则是大众传播的网络延伸形式,以新闻特写、事件记录、影视剧、重要赛事和重大活动的专题生产传播为特征。作为未来视频传播的关键领域,网络短视频和网络中长视频满足了普通受众和精英受众的不同消费需求,促进了"清朗、安全、繁荣"网络精神文明建设,是拓展网络文化发展空间和提升中国优秀文化创新应用的有效路径。可以预见,基于智能算法技术的网络中长视频将成为我国新型主流传播的主要形态,其数字化发展水平代表着数字中国风貌和数字中国实力。

一 网络中长视频传播的研究内容

网络中长视频传播研究主要涉及中长视频传播机理、中长视频算法治理以及中长视频创意素养培育等方面。从中长视频传播机理来看,中长视频传播沿袭了大众图像传播原理,是传统电视、电影图像传播在网络社会的微缩(时长缩短)艺术再现。网络中长视频传播机理主要包括以下论点:"视觉文化并不取决于图像本身,而取决于受众对图像或视觉存在的现代偏好";[1] 共在是自我主体与对象主体间的交往和对话;[2] 主体间的共识是基于人的"统觉""同感"和"移情"能力实现的;[3] 互相理解、互相沟通的交往行为可实现社会和谐。[4] 从中长视频算法治理问题来看,算法将受众偏好进行去价值化加工,淡化公共价值信息,聚焦受众意愿偏向和需求取向;接近性、时新性、重

---

[1] 参见[美]尼古拉斯·米尔佐夫《视觉文化导论》,倪伟译,江苏人民出版社2006年版。
[2] 参见[德]马丁·海德格尔《存在与时间》,陈嘉映、王庆节合译,生活·读书·新知三联书店1987年版。
[3] 参见[澳]埃德蒙德·胡塞尔《生活世界现象学》,倪梁康译,上海译文出版社2001年版。
[4] 参见[德]尤尔根·哈贝马斯《交往行为理论》,曹卫东译,上海人民出版社2004年版。

要性、显著性和趣味性的算法工具理性极化导致中长视频传播的主观性、误差性、标签化、流量化、低俗化和不对称等问题;[1] 中长视频算法有时操纵传播主体行为,影响受众价值判断;算法不公开、不透明令政府职能部门难以根治中长视频传播中的伦理法律问题,中长视频平台缺乏自律性算法审核机制,受众缺乏算法监督意识;网络泛娱乐化、消费主义和情爱算法推送影响青少年身心健康。[2] 在网络中长视频创意素养培育方面,采取规制保障、政府监管与学校培育结合性措施;对算法遮蔽问题进行科普推广;挖掘用户或对象潜在需求,建立公众对中长视频内容自觉审核、主动监督的激励机制,强化公众在中长视频算法治理上的主体意识和责任意识,突出中长视频创意素养培育过程的主流价值导向功能、文化创意策略和内容优化方法;建立普通表达者与精英表达者相融互通的短、中长视频创意共育共享生态;推行中长视频算法法律伦理责任的长效治理机制;将技术信任与培育信任、场景机制与培育机制有机融合。

二 网络中长视频传播的发展困境

算法加持网络中长视频传播加快了政府治理规制完善、科技创新扩散和社会文化进步的前进步伐。近年来,国内中长视频行业通过外部视频采购、自制内容提质、排播技术升级、跨屏规模营销、跨界战略协作等务实策略实现了网络注册用户规模化增长和产业盈利稳步提升。特别是在2020年抗击新冠疫情期间,国内中长视频平台因用户空闲时间增加和订阅数量激增而有了较大发展空间。当年美国调查网站eMarketer的调查报告显示:92.5%的国内互联网用户每月至少观看一次网络长视频,在全球互联网视频传播领域,中长视频以13%的移动应用时间占比仅次于即时消息App用户所花费的浏览时间,[3] 5G网络

---

[1] 参见田龙过、郭瑜佳《5G时代催生短视频与长视频"双引擎"发展新思路》,《中国广播》2020年第2期。

[2] 参见吴卫华《算法推荐在公共传播中的理性问题》,《当代传播》2017年第3期。

[3] 《子弹财经:中国长视频的黎明》,https://www.sohu.com/a/439871259_376360,2020-12-22。

中长视频正承担家庭娱乐和精英用户消费的主要使命，网络电视和移动智能终端正焕发"新生机"，带来"新机遇"。2021年中国网络视听发展研究报告显示：我国中长视频与短视频产业有融合发展的新趋势。[1] 例如，抖音、快手短视频平台在长视频业务上加大投资力度，B站中视频平台也有与长视频融合发展的产业规划，爱奇艺长视频平台制定"长视频+短视频"战略协同方案。因此，智能算法技术赋能下的中长视频传播将成为继短视频勃兴之后最主要、最流行的网络视频文化传播形式，网络中长视频行业存在庞大的市场潜力。

但是，网络中长视频传播面临传播异化、群体极化、数字化鸿沟、受众层级极化、意识形态负面传播、技术文化离散、法律伦理乱象、中长视频内容挖潜不足、产业盈利空间有限等技术、规制、内容和利益相脱钩的困境或风险，这些问题可能影响网络中长视频传播效果、中长视频产业拓展和中长视频长远发展。主要原因概括如下：中长视频传播与算法治理契合度不高，政府监管规制和算法治理机制不健全，中长视频产品不能完全满足精英受众或特殊受众对网络专业化产品或专门化服务的"定向"需求。中长视频传播者、治理者和培育者未从中长视频传播和中长视频算法治理的耦合角度开展协同推进工作。例如，算法工具理性极化破坏中长视频内容质量提升，算法偏见导致低俗、色情和暴力中长视频传播，算法窄化推送或情爱算法"麻醉"使受众认知、情感和安全意识弱化，深陷虚幻、泛娱、焦虑和回声室迷思；算法黑箱的蓄意利用有损主流舆情引导，算法歧视激发中长视频群体极化矛盾、带来诈骗违法行为；平台算法排序、过滤和推送权力滥用，引发"联结—失控"社会问题；部分青少年用户对中长视频的算法依赖、思维惰性与阅读浅表性习惯，导致自身注意力大幅下降，甚至沦为与世隔绝的"容器人"，出现青少年社交障碍、生活空虚和思想焦虑等问题。[2] 再如，一些网络中长视频诱发道德过载，放大社

---

[1] 《新浪财经：〈2021中国网络视听发展研究报告〉发布：每天花2小时刷短视频，倍速追剧的人越来越多》，https：//baijiahao.baidu.com/s?id=1701444484933444711&wfr=spider&for=pc，2021年6月2日。

[2] 参见曲伸《长视频节目和短视频内容的逻辑差异探析》，《传媒论坛》2020年第7期。

会歧视；算法推送忽视社会公益，淡化传播者责任意识；算法决策挑战权威、敏感、客观、可信、透明等普适价值观，算法生产加剧网络社会关系的层级化矛盾，算法过滤将用户禁锢在个人意识形态之中，算法逻辑纵容种族主义与性别歧视；中华优秀传统文化和社会主义先进文化的算法嵌入不足，社会正能量的中长视频传播内容欠缺，中长视频传播对青少年受众思想政治教育缺位；中长视频平台、算法技术开发者、中长视频创作者和机构培育者不能有效协同、充分配合，用户或受培育对象的市场细分化不精准，等等。[1] 具体来说，网络中长视频传播的发展困境可以从以下四个方面加以具体说明。第一，网络中长视频传播遭遇传播异化和数字化鸿沟等问题。一方面，中长视频传播异化体现于中长视频社群成员的异化性阅读习惯、点赞评论偏向以及拟态视频环境下算法工具理性极化等问题。随着网络中长视频社群成员数量的增加和中长视频传播的延伸与拓展，同质化、仿制化、低俗化中长视频可能会不断增多，普通用户碎片化浅阅读习惯和精英用户集中性主题阅读习惯的交织与混杂，导致网络中长视频点赞、评论或转发出现"泛滥"和"失真"现象。另外，网络中长视频传播的受众认知不同于拟态大众传播受众的认知距离感，中长视频内容源自日常生活或垂直领域（综艺、影视和游戏等），加之发布者的平民化身份，所以网络中长视频传播具有扁平、交互、形象、仿真和沉浸等特质。当算法化中长视频用户沉迷于这种网络专题化视频拟态环境时，容易模糊镜像与现实，拟态与真实之间的界限，将网络中长视频及其所呈现的算法化虚拟世界当作现实生活世界，尤其是那些过度宣扬奢靡主义和反智主义的中长视频传播对青少年受众身心健康产生极坏消极影响，导致严肃内容视频和主流价值视频传播下降，推升同质化、低俗化、泛娱乐化中长视频传播，甚至引发用户现实性"脱域"障碍。[2] 另一方面，网络中长视频传播存在优势群体与弱势群体之间的数字化鸿沟问题。由于主体影响力不对等、中长视频传播不对称和中长视频

---

[1] 参见张力《Instagram 为何青睐长视频》，《中国报业》2018 年第 9 期。
[2] 参见张珂嘉《我国少儿短视频的现状与问题探究》，《电视研究》2019 年第 5 期。

资源分配不均衡等因素而产生优势生产传播群体与弱势生产传播群体的网络区隔层级关系，强弱失衡的两种群体对中长视频传播资源与算法治理资源占有的矛盾冲突导致网络数字化鸿沟的产生，甚至日趋恶化。占有更多网络中长视频资源与算法技术资源的强势群体或个人成为网络中长视频传播的缔造者和支配者，而占有较少网络中长视频资源与算法技术资源的弱势群体或个人则是网络中长视频传播的后继者和从属者。优势群体通过对自媒体和智媒体平台的深度介入，生产中长视频优质产品、传播中长视频热点话题，引领中长视频时尚潮流，支配中长视频舆论走向，而缺乏媒介接触能力、缺乏信息辨识能力或者媒介素养较低的弱势群体在中长视频生产传播实践中作用消极、角色微弱，在中长视频社群身份认同上相对滞后，在舆论关注和舆情营造上处于被动地位。可见，传播异化和数字化鸿沟是网络中长视频传播及其算法治理急需解决的紧迫问题。

第二，网络中长视频传播存在算法技术文化离散、群体极化和群内层级极化问题。首先，算法技术文化离散的主要表现是：算法技术无法判断中长视频价值观内容，缺少程序评价标准；小屏视频制作、有限框架叙事与用户视野范围、认知情感偏向之间存在矛盾关系；平台为视频创作者所提供的便捷剪辑条件、视频配音和滤镜功能容易造成创作者的依赖心理，降低其视频创新动力；算法过度追求戏剧化呈现与轰动效应制造，一味强调视听效果的算法穷尽功能，突出搞笑与猎奇等内容，过度强调受众关注度和体验感，从而忽视中长视频的内容质量提升；视频算法设计以标注和流量为中心，无法保证用户黏性稳定度；UGC 模式降低内容生产门槛，算法推送定制方式导致用户信息面缩小，阻止其接触新鲜事物或新颖话题的机会，信息茧房与回音室效应妨碍中长视频内容创新；中长视频广告投放机制不完善，盲目推崇算法过滤技术，与用户实际需求存在差距；平台根据个别用户喜爱向其他用户随机性推送某种视频产品，在得到大多数用户"响应"后算法才规模化推送出去，这种功利性做法无法发挥算法去中心化功能；中华优秀文化算法嵌入技术不成熟且应用不规范、不广泛等。其次，意见领袖对中长视频社群成员的意识形态和价值观负面传播效应导致群体极化问题。在中长视频传播过程中，用户根据制作、参与和观看的习惯、喜好与认同凝聚成中长视频趣缘圈群，群内意见领袖（综艺知名演员、主持、影视剧网红演员或网络社群活跃成员等）拥有较高的传播自由度和影响渗透力，群内成员由于与现实生活时空层面的脱离，导致中长视频真伪识别的过滤难度增大，这样中长视频趣缘群体可能因为热点话题或聚焦事件的"群内发酵"而产生"沉默螺旋"效应，引起"共生关系者"大量聚集，形成较强的社群舆情凝聚力、认同感与归属感，催生隐性的群体认知偏向和价值趋同，这种潜在的舆情偏向极易被负面信息传播的意见领袖所误导，从而使该圈群形成群体性偏激舆情，当该偏激舆情广泛性传播时，网络中长视频群体极化问题就会发生，这种网络社群消极舆情往往消解政府对网络社会舆论引导的权威性和公信力。最后，我国中长视频社群内部也存在层级极化问题。一是青少年受众群出现主流群与亚文化群的层级极化现象。中长视频传播的娱乐性与开放性导致一些青少年消费观念西化和传统意识淡化，海量网络信息、匿名性网络主体、间接性网络交往和弱控制性网络空间导致部分青少年人生目标模糊、道德法律观念缺失和社会角色混淆等问题，个别青少年甚至沦为人格扭曲、性格偏向、心理失落和认知偏激的边缘化群体，青少年过度沉迷视频网络已成为较为突出的社会性难题，净化中长视频传播空间和加强青少年思想政治、科学知识教育势在必行。二是女性网络受众群存在主流文化群与亚文化群的层级分化问题。例如，腐女文化的封闭性与女性主流文化的公开性形成鲜明对比，造成两种文化之间的区隔、碰撞、对立和冲突。特别是，腐女文化中的色情中长视频一旦为青少年获取，极易造成对青少年精神世界的破坏与吞噬，所以我们需要在腐女文化的根源、生产、传播和监管等环节上加强信息过载治理和女性传统美德引导的力度。三是中长视频算法技术造成农村受众群内"健康网络生活群"与"散漫网络生活群"之分。在农村地区，许多居民学历层次较低，社会交往面较窄，对于中长视频传播中的有害信息，如消极厌世宣传、网络色情暴力、网络封建迷信、邪教反动言论和西方奢靡娱乐消费观等低俗、消极信息缺乏辨识和判断能力，容易形成"散漫网络生活群",与"健康网络生活群"构成鲜明的层级落差,一定程度上影响数字化乡村振兴工程建设。

第三,网络中长视频传播面临内容传播的伦理法律乱象。个别中长视频平台对产品内容的把关责任意识较为淡薄,算法技术法律伦理规范意识比较薄弱,平台内容法律道德审核机制不够完善。一些中长视频MCN[①]机构或个体创作者为了获得商业利益或引起更多受众关注,有时甚至发布违法或失德短视频作品,如当某爆款中长视频进入平台传播渠道后,这些机构或个人都会以话题引爆方式进行大量模仿或抄袭,造成个人隐私、视频版权和内容质量的受侵害、被侵占或"断崖式"下降,引起受众审美疲劳,甚至产生厌恶情绪。还有些中长视频平台传播不健康的暴力、色情内容,严重损害青少年的身心健康。目前,大多数中长视频产品是经过专业化MCN机构生产传播的,这种封闭性UGC视频生产传播活动易造成网络人际交往的失实性和欺骗性等难题,可能引发信息挖掘能力低和信息溯源难度大等问题,从而产生中长视频监管缺失。

第四,网络中长视频传播面临算法黑箱、算法偏见和算法歧视所引发的技术伦理问题。中长视频算法技术属于商品范畴,是特殊商品,而非普通商品。马克思对普通商品进行了科学论述。他认为普通商品的交换价值是人与人之间的(显形)社会关系。据此,作为一种特殊商品,中长视频算法技术的交换价值是一种人与人之间的隐形社会关系。换言之,中长视频算法技术因自身的抽象性和隐蔽性掩盖了人与人之间的显性社会关系,但时时处处渗透着人与人之间的隐形社会关系,易于诱发信息过载、道德过载,易于放大社会偏见或社会歧视等伦理失范问题。当下,人们愿意拿自己的大数据隐私信息去换取中长视频消费的便利服务,个人隐私变成平台算法应用的公开隐私,网络中长视频传播带来从隐私保护到部分隐私公开的转向,因而算法伦理失范现象成为网络中长视频传播的挑战性问题。

一方面,网络算法赋能的中长视频审美泛化和行业经营窄化问题

---

① MCN的全称是Multi-Channel Network,多频道网络。

比较突出。头部创作者稀缺，优质原创内容匮乏，精品作品创作能力不足。例如，儿童中长视频的断裂性传受失衡关系难以满足青少年用户的消费心理期待与多层市场需求。以爱奇艺、优酷、腾讯视频、B站、芒果TV和西瓜视频为核心的中长视频行业垄断鲜明，小微平台处于不利的竞争地位，普通用户创作积极性不高，网络中长视频质量和流量倒挂；平台自制爆款中长视频持续创新能力不足，中长视频的经济效益主要靠网红流量带动。这些网络算法审美泛化和行业经营窄化困境急迫需要我们着眼于中长视频产业的创新驱动和长远发展。

另一方面，算法治理面临算法黑箱与偏见强化等问题。算法黑箱是指常人不能判断网络算法信息的来源真伪和规律过程的技术透明化、公开化问题。人工智能算法是大数据学习技术，需要大数据信息来训练学习算法，而大数据带来信息不透明和用户隐私被侵占等隐患，比如，中长视频产业通过算法技术使用大量的用户敏感数据，这些数据日后若被暴露，对用户隐私产生不利影响，所以针对算法应用的个人隐私保护刻不容缓。同时，中长视频平台收集了海量的用户消费大数据信息，数据流动不间断且异常频繁，促使用户数据变为新的流通物，这样可能削弱用户对隐私数据的控制和管理能力。例如，西瓜视频算法技术可以"转化"情绪，把快乐情绪通过算法化处理变成悲伤情绪。这种变通情绪和转换情感的算法转化功能表明中长视频算法具有意识形态的支配力和道德教化的影响力，这样就产生算法黑箱问题。如一些用户受算法推送的影响喜欢观看政治偏见性视频节目，这是因为中长视频算法通过智能化分析得到这类用户的"政治偏向性"隐私信息，于是大量推送用户偏好性的政治立场信息，而该类用户并不知道算法的这种任性行为，也未意识到自己隐私信息被非法利用的风险。

偏见强化是由算法推送和用户认知惯性的双重作用产生的。在网络中长视频传播过程中，平台算法将观点相近或消费类似的用户进行视频算法推荐，有时算法推送会在路径依赖引导下"迷失方向"，因为算法中的不确定性数据会导致不正确的算法行动，无法解读的数据会导致算法不透明，误导性数据会导致算法偏见。例如，Facebook的一位前编辑曾透露自己在编辑过程中更偏向抑制保守派信息，发扬自由派信息,于是他通过算法推送技术让目标用户得到更多的自由派信息,久而久之令用户产生政治偏见。当用户的信息来源越来越依赖算法推送时,偏见性信息会在算法推送的同化作用下被强化,偏见强化问题便应运而生。在网络中长视频传播中,偏见强化是无法避免的,算法技术使中长视频信息的加工处理能力被放大,视频信息的冗余让用户陷入选择困境。当用户参与现实社会活动的频次和范围缩小时,平台算法对这部分用户的认知和情感影响就会越来越大,中长视频文化与用户现实需求之间的关系就变得越来越间接,中长视频文化甚至会反过来支配用户实际需求,消极性影响用户的生活、生产和学习,使用户失去主体自主性、自觉性和自治性。

总之,网络中长视频传播所面临的算法不规范与内容紊乱问题,归根结底是由于中长视频传播、算法治理与培育引导在协同、整合、转化和集约上"脱钩""脱节"引起的,三者需要在思想、体制和机制上进行耦合与优化,需要多元主体协调配合,共创同一平台、同一规制、同一程序的网络中长视频传播体系。

三 破解网络中长视频传播困境的有效措施

破解网络中长视频传播困境,需要实现网络中长视频传播、治理与培育的充分融合,改进政府监管,增强行业自律,提升协会监督水平和促进普通受众参与积极性,在多元主体协同培育、技术与内容有效整合、中长视频传播内容差异化发展、中长视频伦理法律规制完善以及中长视频正向舆论生态建构等方面进行创新探索。具体来说,我们需要厘清网络中长视频传播多元主体的责权边界,推动网络中长视频协同传播治理;推进网络中长视频算法国际标准化治理与网络中长视频精品内容可持续生产传播的深入融合;构建中长视频传播、算法治理与用户层级需求相匹配的市场细分体系;促进网络中长视频传播差异化、特色化、优质化发展进程;完善网络中长视频传播体制机制,加快网络中长视频创意产业向品牌化、社会化和公益化方向转型。

(一)推动网络中长视频多元主体协同治理进程

网络中长视频传播的多元主体包括政府、平台、算法开发者、视频制作者、行业协会、社会团体与学校教育机构等。作为中长视频监管职能部门，中央网信办、广电总局和国家文旅部应坚持技术创新、权利保护和产业促进的三平衡原则，对于中长视频平台、视频制作者与算法开发者采取"制度—文化—情感"宽严并济、赏罚分明的治理方针，促进规制、传播、治理、培育在网络中长视频发展实践中的充分融合，加强中长视频传播者、治理者与创意素养培育者的法律、道德和社会责任意识，鼓励平台完善内容审核体制机制，按照法律规定、道德规范和行业规章进行规范经营，促进中长视频内容与算法技术的有机融合。政府监管部门还应发挥中长视频平台的"创意放大器"作用，改善算法商业治理生态，鼓励学校多平台、多渠道、多方式开展网络中长视频教育工作。在政府引导下学校、平台、算法开发者、行业协会、社会组织和意见领袖等多元主体应协同推进网络中长视频创意素养培育工作有效开展，通过普通受众创意素养的有效提升逐渐清除网络谣言、流量欺诈与数据虚假等违法行为的滋生土壤，避免唯流量、热炒作等短视行为，提升中长视频的投放、监测和反馈质量。[①]总之，只有明确多元主体责权边界，促进多元主体协同培育，才能实现政府正确的价值引领、监管部门完善的制度保证、算法治理精准的信源判断、中长视频内容的健康保障和培育部门的高效引导等综合效应。

（二）推进算法标准国际化、中长视频精品化和受众媒介素养优质化

算法标准国际化、中长视频精品化和受众媒介素养优质化，是网络中长视频传播效果的决定因素。算法国际化标准趋势，要求网络中长视频传播的算法决策体系化、算法生产精准化、算法过滤人本化和算法推荐全效化。首先，科学干预网络中长视频算法决策，建立完整、系统和针对性的中长视频创意培育算法决策体系。一套科学的算法决策离不开人文内涵、主流价值引导和技术创新扩散，我们应以算法决策价值理性逐渐取代算法决策工具理性做法，健全"算法过程审核＋专家结果审核"的人机协调机制，平衡中长视频内容创作和平台算法

---

① 参见李舒、陈菁瑶《5G时代长视频的价值与机遇》，《中国记者》2020年第6期。

盈利的矛盾关系，创构中长视频精品内容引领与机构培育即时跟进的算法决策体系。其次，算法生产应发挥目标用户的"需求预测器"和中长视频内容的"精品创造者"等角色。中长视频平台依靠用户行为轨迹和消费反馈等大数据信息的算法分析精确锁定目标用户群，自动化完成中长视频的内容需求性分析、捕获、制作、配乐、加标题和合成等全链路工作，通过原视频再加工或现场主题挖掘即时生成标签聚合类中长视频，使算法生产真正契合用户实际需求，满足网络中长视频传播的内容要求。再次，算法过滤紧贴网络中长视频传播的精准化、定制化和个性化要求。平台采集用户观看中长视频的时长、频次、点赞、评论等即时性、周期性和实用性大数据信息开发算法过滤技术，通过意识形态、法律法规、伦理规范、行业规章和用户需求中"敏感词"和"核心词"的算法嵌入技术实现大数据阻挡或筛选功能，达到过程化自动审核效果。算法过滤根据网络社群激增新词、用户聚类模式以及直发、转发比率来精准计算出用户的认知、情感与理智评价等价值信息，所以网络中长视频传播需要利用算法过滤手段加强普通受众内容需求的大数据收集、分析、评价工作，将国际化算法过滤技术标准嵌入人本化视频内容传播之中，通过可视再现技术推进算法过滤与视频内容的交互转化，将数据挖掘、筛选归纳、深度融合等算法过滤与受教育者内容体验、移情认知、时尚追求和消费偏向融合起来，促进中长视频传播、算法治理和创意培育的人本内涵、技术标准与教育量化指标相衔接。最后，创新网络中长视频传播的全效化算法推送技术，提升中长视频内容的优质度和契合度。为了保障算法推送的可持续性，应积极提升受教育者或普通用户的关注力和好奇心，不断满足受教育者或普通用户的心理期待和情感需求，避免出现逆反评价、消极情感、抵制行为等负面反应。算法推送应结合创意素养培育实际情况保持中长视频爆款推荐的可持续性，"协助"意见领袖从事正向舆论引导工作，如通过对某位网红生活贴合性"美好事件"的算法推送让普通受众因移情于该名人而对中长视频内容产生肯定、认同和好感，隐性化打造平台品牌和传播口碑。总之，算法标准国际化、中长视频精品化和受众媒介素养优质化，有利于促进平台、学校与用户或对象的互信贴合、促使中长视频内容与普通受众文化的相互转化,强化中长视频算法场景下的受教育者或用户消费体验感和品牌身份认同感,推动网络中长视频产业品牌化、集聚化发展。

但是,中长视频算法国际标准化治理、内容精品化推进和受众创意素养有效培育,还有很大空间需要改进、需要创新,如有时算法技术沦为平台商业运行工具或流量性经济载体,不能满足普通用户对中长视频精品内容和算法人文化治理的深层需求,这种短视性、功利性算法应用与算法理性社会价值的本质相去甚远。为了算法治理、内容优质与受众创意素养培育的耦合发展,我们应以算法国际化标准治理为"硬"基础、以中华优秀传统文化、社会主义先进文化、人文艺术精品与生活趣味等内容为"软"包装,通过国际化算法技术充分发掘中长视频本土化优秀内容潜质,以吸引普通用户的关注度和兴趣点。具体而言,对于整体性内容需求市场,应以"算法+法律"模式限制中长视频传播自由度;对于分众化内容市场,应以"算法+道德"模式开放中长视频传播空域。[1] 培育者还应突出中长视频内容审美与算法化数字再造的时代特色,将精品内容、灵动艺术和算法国际要素优化组合,实现内容传播、算法治理与创意培育的艺术轰动与共鸣效果。其一,创新中长视频内容创作、算法应用与培育提效的融合路径,整合视频创作者、技术开发者、平台与教育者之间的协同配合关系。在内容生产上,强化"内容为王、需求为主"的市场主导理念,坚持形象和意义建构并举原则,改进猎奇、奇观、穷尽性算法逻辑,突破常规创作模式,敢于发挥否定既往、否定自我和否定规制的逆向创新思维作用,基于受教育者实用、个性化需求寻求灵感思维和联动思维聚合的创意素养培育模式,强化内容创新意识,充分挖掘算法嵌入技术,如投放定制性、时效性生活类或综艺类中长视频作品,推送创意沉浸式培育内容和彰显普通受众的主体意识。其二,培育者还应建立健全算法培育创新和中长视频内容创新的双效激励机制,密织内容生产者、算法开发者、培育者与目标对象之间的"联结"关

---

[1] 参见贾开《人工智能与算法治理研究》,《中国行政管理》2019年第1期。

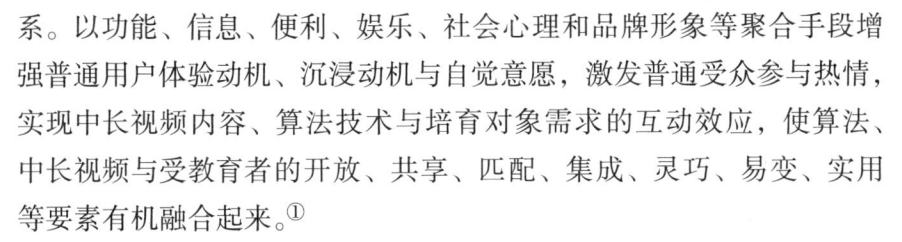

系。以功能、信息、便利、娱乐、社会心理和品牌形象等聚合手段增强普通用户体验动机、沉浸动机与自觉意愿，激发普通受众参与热情，实现中长视频内容、算法技术与培育对象需求的互动效应，使算法、中长视频与受教育者的开放、共享、匹配、集成、灵巧、易变、实用等要素有机融合起来。①

（三）构建中长视频传播、算法治理与用户市场细分相匹配的创意舆论生态

目前，网络中长视频传播急需解决的问题是如何建立人本化、培育对象细分化的创意舆论生态，使中长视频传播、算法治理与受众（培育对象）细分相对接、相协调，推动用户市场细分、中长视频平台品牌打造和算法治理健康商业模式的多赢共构格局建成。具体方法如下：首先是采取信息开放、技术智能、方法共享、运作灵活、体系集成的配套措施。传播治理者和学校教育者应兼顾受众或培育对象的文化舒适度、认知水平和实际需求，采取宣传、说服和对话的灵活策略，以本土化、文化融合和第三文化赢得受众或培育对象的情感共在和心理认同，提升对象自我价值本能反应能力，促进视频传播、算法治理与用户需求大数据信息的零切换和高聚合，有效引导网络中长视频舆论。政府、媒介、社会组织和大中小学校也应积极宣传、有效引导和一致行动，规范网络意见领袖言行，建立健全网络受众伦理法律素养、文化素养、科普素养和身体健康素养相融合的培育体制机制，逐步提高国民整体创意素养，彻底根除中长视频传播与算法治理的不公平、不公正现象，充分发挥政府、平台、协会和民众的共同参与和协同治理作用，逐渐消除中长视频群体极化现象或群内层级极化问题，推动传统文化、先进文化、技术文化、创意文化与用户文化融合性发展。

其次是发掘算法技术创新与中长视频人文价值提升的融合潜能。聚焦中长视频精品内容生产、算法推送质量、用户市场反馈评价和受教育者情感偏向等关键要素的优配，通过主流价值观、伦理规范和通用法律的算法嵌入技术调动中长视频创作者与平台在传播社会主义核

---

① 参见罗昕《算法媒体的生产逻辑与治理机制》，《人民论坛·学术前沿》2018年第12期。

心价值观和中华优秀传统文化方面的积极性和主动性,将中长视频传播、算法治理与中华文化创新应用相对接、弥合,以智能化技术手段再造民族文化和当代文化精品,将中长视频传播、算法治理和社会责任担当统筹起来,使社会主义核心价值观嵌入、受众媒介创意素养培育与算法技术创新应用相统一,形塑传统与现代、技术与创意、责任与修养和谐共进的多元文化共享体系,逐步壮大中长视频创意产业实力,实现中长视频区域化集聚效应,从而创构潜质巨大的创意人才需方市场。

再次是网络中长视频的创意、生产、投送和反馈等关键节点要做到对用户或培育对象需求与意愿的最大化满足和契合。中长视频平台应朝着平台用户"定制化"方向转变,让广大消费者拥有更多选择主动权,如为客户优化中长视频搜索引擎和智能付费置入等便利化功能;屏蔽无关信息,使受众主动获取价值信息,自动投放用户所需的主题内容,提供自主选择关闭、暂停或跳过"无关广告"的人性化设置等。

最后是整合用户文化与平台文化的共有资源,打造用户消费和平台传播的共建共享关系。随着网络中长视频日益勃兴,受众精神需求呈现多样化、个性化趋势,平台品牌不再是受众对视频质量的唯一标准,中长视频算法创新、内容质量提升、治理人文化和用户市场细分化成为用户选择中长视频的主要标准。为了吸引受众注意力、促进用户定制化体验感和产生"经验经济"回报效应,平台应有效推动自治自律机制建设,创新用户文化算法嵌入技术,积极传播与受众相同或相似的价值观、消费观和社会观,与受众共享归属感、责任感和荣誉感。总之,与中长视频用户感知价值相关的"经验经济"和"注意力经济"是影响用户中长视频需求的关键性因素,用户的媒介接触经验和平台消费体验感知将影响中长视频未来发展方向,赢得受众的忠诚度、认可度与信任度是中长视频创意素养培育实现跨越式发展的决定性因素。[1]

---

[1] 参见田树学、王占仁《网络舆论生态治理要在"四力"上下功夫》,《人民论坛》2019年第8期。

（四）行业协会与学校共同促进网络中长视频差异化传播

作为网络中长视频创意产业的监督者与人才提供方，行业协会和学校在中长视频传播方面应发挥独特作用。协会可以制定专业性行业章程与市场监督机制，增强中长视频平台抗风险能力，与大中小学校协调行动，共同促进网络中长视频差异化传播。一方面，网络中长视频传播离不开行业协会与学校的专业化规范与专门化实施。协会可以利用自身体系化资源优势，根据行业规章监督中长视频传播内容与算法治理进程，协调大中小学校组织学生了解平台运营机制和体验算法应用场景，推动网络中长视频传播差异化、层级化、多元化发展。例如，行业协会可协调平台、相关管理部门及大中小学校进行定期的专家巡回讲座，组织创作者（MCN 机构）与算法设计者介绍中长视频作品的生产机理与算法工作原理，定期组织社会或学校层面的伦理法律知识交流或算法科普论坛，提升培育对象的算法伦理法律素养。[①] 行业协会与培育机构还应担当中华优秀传统文化与社会主义先进文化传播使命，协同政府部门进行全行业和全校园创意素养提升战略规划，整合中长视频领域和教育领域各种优质传播要素、传播渠道和传播手段，创构国家层面的"算法＋人文"中长视频生产链、价值链与供应链，推动中长视频传播业态、算法商业治理模式、协会规范督促机制和学校主体实施体系的纵深融合。在未来中长视频发展过程中，行业协会与学校的配合作用会更加突出，如通过创意素养培育的大数据平台建设，逐渐消除数字化鸿沟、揭开中长视频算法的神秘面纱。

另一方面，行业协会与学校的联动机制有助于网络中长视频本土化内容传播和国际化技术治理的协同发展，最终促推网络中长视频传播品牌化、国际化转向。行业协会与学校的联动机制要求协会协助平台与各种教育机构加强与目标受众或对象的在线互动或双向交流，注重受众或对象关切，贴近其嗜好，鼓励其参与中长视频生产传播全过程，提高用户或对象的感知价值。一般而言，用户或对象将自身心理

---

① 参见唐林垚《算法应用的公共妨害及其治理路径》，《北方法学》2020 年第 8 期。

期待、情感需求与行为偏向的效用、成本等实际要求相联系，在衡量效用和成本关系过程中，总希望体验或学习到最大效用和最小成本的"心仪"视频，[1]所以行业协会和大中小学校应把握用户或对象的认知趋势和情感偏向规律，将中长视频传播多样化、本土化内容，算法实用化、国际化技术与用户或对象的消费诉求、心理期待结合起来，营造出一种让用户或对象获得"被感知""被关注""被信任""被尊重"的特殊礼遇或心理预期，使其内心产生一种"美好""可期"或"喜悦"印象，进而促成用户或对象注意力稀缺资源的聚集、拓展与延伸。协会与学校还应在内容与技术培育规范层面加强协同，满足中长视频用户或培育对象的专业要求，以专门化、完整化、去中心化和叙事小型化等方式吸引、引导和打动受众或对象，不断强化和提升受众或对象对中长视频、算法创意和产业品牌的心理认同感、情感获得感和学习成就感，推动平台算法国际化营销与用户或对象文化本土化传播的共享关系建构，贴合用户或对象心理特质和情感期待进行算法创意培育，实现算法普适应用、内容本土传播与主体个性需求之间的交互融合，促进中长视频本土文化传播、算法国际化标准治理与用户品牌身份认同耦合发展，推动网络中长视频传播向品牌化、国际化转型。总之，行业协会与学校的联动培育机制，符合用户或对象情感、认知和理智判断的人性化发展规律，促进普通受众或培育对象对网络中长视频认知或习得的心理成熟或情感成型。

（五）完善网络中长视频传播的伦理法律制度

一些发达国家对视频传播与算法治理进行了专门立法和监管，如欧盟通过立法为数据主体赋权，美国通过"共治"强化算法问责制，韩国推行用户检举监督机制。为了加强短视频传播规范管理，我国先后颁布了《新一代人工智能发展规划》《网络短视频平台管理规范》和《网络短视频内容审核标准细则》等指导性文件，为人工智能技术进步与短视频健康发展作出具体规定和要求。同样，网络中长视频传播也应进行相关法律、政策、制度和伦理规范的建设工作，需要建立

---

[1] 参见汪怀君《人工智能算法歧视及其治理》，《科学技术哲学研究》2020年第6期。

健全相关规制、加强政府监管，积极扶持中长视频产业发展，推动算法商业治理公益化、算法决策正当化和算法核查有效化，对不良的创作内容和不规范的算法应用进行即时、针对和有效的"矫枉过正"，降低算法虚假信息的社会危害程度，提高政府、协会、平台与培育机构间的协作效率，构建多方参与、事前评估、事中审查和事后追责的规制与技术、自律与他律、自治与他治的联动治理体系，预防平台以低俗换流量的不规范做法，促进政府监管机制、协会督促机制、平台自律机制与学校培育机制的互恰适用，实现网络中长视频创意传播、算法治理与创意素养培育的有效联结。首先，彻底根除算法伦理失范问题。需要进行算法治理与算法科普上的国家统筹战略规划，建立健全算法治理政策、制度、法律与道德规范，多渠道多手段提升受众算法伦理法律素养，从算法科普和对象思政教育等层面根除算法伦理失范或违法犯罪活动，如用户隐私保护上可采用决策矩阵、宏观规划的隐私、用户默认的隐私、匿名化隐私、假名化隐私、差别化隐私以及个人数据管控等防范措施。其次，基于中长视频传播的系统化、和谐化和规范化发展目标，进一步改进网络中长视频传播模式。有效消解算法引起的中长视频群内层级极化矛盾，逐步消除数字化鸿沟，促进从视频信息过载化、偏激化和过度化向视频信息精准化、要素配置科学化和法律道德规范化转型。只有在中长视频传播系统化、和谐化和规范化发展目标的牵引下，算法伦理失范或违法犯罪问题才能得以克服和解决，用户或对象"平等"选择或理性习得的创意培育目标才能实现。再次，以未成年人权益保护为目标建立网络中长视频审核备案制度，促进青少年创意素养的有效培育。传播者、治理者和教育者应针对青少年受众采取有效的安全保护措施，确保青少年感受到网络中长视频传播的直观、可触和生动健康内容，消解青少年隐私歧视知觉、隐私关注和技术安全意识上的负面情感，完善以预期效果和积极评价为导向的素养培育制度，健全平台责任信息链追踪识别体系。[1] 最后，

---

[1] 参见张欣《从算法危机到算法信任：算法治理的多元方案和本土化路径》，《华东政法大学学报》2019 年第 6 期。

改进算法治理权责体系和中长视频传播救济体制建设。激励第三方认证和公益诉讼等社会性参与行为，加强政府监管、平台自律、协会约束和受众监督的线上线下全民互动实效；在受众的消费心理、情感偏向和接受习惯上提升网络中长视频治理与消费、传播与认可的互信度；推进自然科学与社会科学专家的算法伦理法律交流进程，制定普适可行的算法伦理法律规范。①另外，治理、传播和培育者还应采取国家形象宣传、平台品牌打造与受众或对象认知内化的中长视频国际化传播方略，将受众或对象虚构印象、偏向信念的情感认知"偏差"与创意产业品牌、国家形象外推相结合，制定网络中长视频产业"走出去"的扶持政策，引导创意企业有效拓展国际发展空间，主动向国际大型传媒集团转型。总之，完善网络中长视频传播的伦理法律制度，融合平台传播品牌建设和网络算法有序治理是中长视频未来发展的必然趋势，要求传播、治理与教育者从专业人员转向通识人员，传播动力从内容驱动转向"用户＋数据"驱动，受众或对象由百万级、千万级转向十亿级、数十亿级规模，传统人际、大众传播转向社交化、算法化和全媒体化传播，最终建构中国特色的要素优配、空间合理和过程优化的中长视频创意传播体系。

第三节　5G 网络创意场景传播

　　5G 智能移动终端的海量和 5G 智能移动通信功能的巨量，使基于 AR、VR、人工智能、大数据与云计算研发应用的 5G 网络创意场景传播水到渠成。5G 网络创意场景传播主要由 5G 应用三大场景、5G 电视宽屏直播和 5G 网络竖屏直播等构成。5G 应用三大场景包括由 NFC（近场通信）、裸眼 3D、AR、VR 和 4K/8K 超高清视频组成的第一应用场景，由海量设备、机器与工具等典型硬件组成的第二应用场景和由短延时、低能耗、大连接 5G 软件组成的第三应用场景构成。同一

---

① 参见陈思《算法治理：智能社会技术异化的风险及应对》，《湖北大学学报》（哲学社会科学版）2020 年第 1 期。

应用场景的各种元素App开发和不同应用场景的交融性元素App开发，为5G网络创意场景传播提供了前所未有的革命性技术内涵，引发媒体传播体制机制前所未有的革命性变革，为未来6G智能网络创意场景传播打下牢固的技术基础。

依据5G三大应用场景的功能与属性，可以想象的是，在5G网络逐渐铺就、中国媒介融合日渐成熟的5G网络智能传播时代，各种智能化传播终端因大型体育赛事、重大主题活动和传统节庆综艺活动的到来而突发暴增，展现5G网络创意场景应用的精彩。值得注意的是，同一种5G网络创意场景的分化功能潜质是巨大的，如5G网络体育比赛创意场景活动通过"5G+人工智能+融合媒体"耦合可以裂变出数十个、上百个5G网络创意场景，这些创意场景包括单个选手、单个动作表情局部增强、精彩技术特写串接、战术组合绝妙配合等类型，呈现出风格各异、语境各异、情感各异、倾向各异的创意场景传播形式，在可预知的传统媒体和未可预知的自媒体、智能媒体构筑成的智能化融合媒体平台尽情展现，构成5G网络应用场景矩阵。作为技术支撑的5G网络第一应用场景贯穿于5G网络创意场景传播的始终，与作为硬件的5G网络第二场景和作为软件的5G网络第三场景交汇交融、交相辉映。换言之，5G网络创意场景传播应该紧紧围绕5G网络技术的运营特征和工作机制，进行多元主体、广泛领域和全景方位的泛众化传播。

基于5G三大应用场景的重大国际赛事直播活动生动诠释5G网络创意场景传播的辐射潜质和影响魅力。从2018年开始的全球性5G网络国际性体育赛事直播，全面拉开了5G网络创意场景传播的帷幕。诸如平昌冬奥会上5G直播技术首次出现在国际性比赛场所，让处于5G体验区的现场观众从同步、全景和时间切片等视角使用赛场内所提供的5G终端设备进行生动体验和深入沉浸。2022年，在北京冬奥会运动员餐厅，智能机器人可以完成每一道菜的制作，如专门制作汉堡的机器人只需要花费20秒就能做出一个食材丰富的美味汉堡。为了防疫抗疫，北京冬奥会运动员餐厅空无一人，由智能机器人完成点餐、制餐和送餐任务，如智能机器人可以将指定的菜品通过滑行轨道精准运送到顾客手中。在北京冬奥会起居服务方面，运动员可以随意调动住处智能床的坐睡样式，也可设置智能床的唤醒功能，智能床针对运动员打鼾的不同情况，可以自动帮助他调整舒适的睡眠位置，避免打鼾。在北京冬奥会赛事组织方面，智能摄像机器人可以全方位、无死角、无人跟踪拍摄运动员比赛的每一个动作和每一个瞬间，帮助裁判即时性公正打分，等等。

5G网络创意场景传播还可以结合重大国际赛事活动、重要国际会议活动和典型国际纪念活动开展青少年用户的5G网络创意场景素养体验式、沉浸式培育工作。例如，一场生动有效的5G网络国际乒乓球比赛场景传播，可以即时、充分地引导青少年受众进行沉浸性体验、自觉性感悟和主动性智能检索，完成5G网络创意场景素养习得过程。再如，一场奥运会篮球比赛通过5G网络创意场景传播可以呈现出如下生动画面：由赛事主体要素构成的球员、教练、裁判、贵宾、技术、战术、场馆、篮球宝贝、主持人、现场观众、明星球员、球员服装、球员表情和球员发型等标记性内容，由赛事客体要素构成的各种解说语言（英语、汉语普通话以及粤语、吴语、闽南语、四川语、东北语、陕西语）、解说场景（全景、近景、远景、全覆式）、解说风格（中立版、主队版、客队版和原生态版）以及特色设施等。5G网络创意场景传播可以按照目标受众的具体需求和个人意愿，智能算法编排出不同顺序和不同场次，"秒瞬"推送出数十种"私人订制"场景产品，为目标用户奉献心仪、贴心、精彩的创意画面。通过体验式、沉浸式的5G网络创意场景素养培育，普通受众，尤其是青少年用户经过直观体察和沉浸熏陶潜移默化的内化作用，自然会产生身临其境、印象深刻的情感共鸣和认知共在等效果。

第四章　网络存在文化传播

存在文化是人类生存发展的印记与标志，是社会生成演进的源泉与推力。网络存在文化是现实存在文化的虚拟领域延伸与发展。网络存在文化具有静态固化与动态可塑的双重属性，既是一定时期个体、家庭、社群、组织、企业、机构、民族和国家固有的网络标识性文化，又是个体文化或群体文化之间的主次交替或强弱转化的网络迭代发展文化，新旧存在文化之间的独立与统一、碰撞与整合的对话关系构成现代网络存在文化传播机制。原始存在文化传播面临与算法化视频传播深度融合与广域转化的范式转型，大众存在文化传播面临与分布式网络存在文化传播协同发展和耦合进化的范式转型，网络存在文化与现实存在文化正朝着智能化存在文化纵深发展范式转向。网络存在文化传播的时代价值在于原始要素与现代要素、大众要素与分众要素的有机融合与巧妙转换，传播者与受众、线性思维与非线性思维的叠加复合以及理性资讯、感性关系信息和算法场景信息的交互混搭。

第一节　网络存在文化的内涵与特征

《现代汉语词典》将文化定义为人类在社会历史发展过程中所创造的物质财富和精神财富的总和。人类所创造的物质财富和精神财富因其内涵、地域分布和发展演变的复杂性和差异性，文化的类型划分缺乏统一标准。邢福义从表层形式到核心层次的变化视角，把文化分为物质文化、制度文化和心理文化，体现从可见可感文化到意识形态文化和大众心态文化的多层关系。[①] 王秉钦从地域、时间、宗教信仰、生产方式和生产工具等方面对文化进行了系统性分类，反映文化的多样性和发展性。[②] 笔者认为，个体或群体因处于不同的社会环境、经济状况、技术条件和风俗氛围，个体文化或群体文化均具有特殊价值和一般价值、特定功能和普通功能的辩证关系，即从文化主体的认知、情感和价值判断的强弱关系来看，文化可以划分为存在文化和非存在文化两种类型。存在文化是指个体或群体基于自身的文化身份、思维习惯、情感偏向和价值取向，为了突出特别身份、特定价值、独特风格或特殊形象而创造的那些内在价值、存在价值、隐性价值、象征价值远超外在价值、使用价值、显性价值、功能价值的"意义对象"。这种"意义对象"既包括特定的物品、人物和环境等物质财富，又包括特殊的事件、仪式、信仰和信念等精神财富。非存在文化是指人类所创造的仅具有一般使用价值、显性价值和功能价值的物质财富和精神财富。现实生活中的存在文化与非存在文化在网络社会活动中也有相应的对应形式，而虚拟化存在文化与虚拟化非存在文化的内涵、形式和类型远远多于现实社会的存在文化与非存在文化。值得注意的是，非存在文化是一个相对性概念，在将一定对象视作存在文化的个体或群体之外，必然存在另一些个体或群体，这部分个体或群体对于"一定对象"往往持有普通的情感偏向、认知印象和价值评判，对于另一些个体或群体来说，该"意义对象"具有一般的使用价值、显性价值和功能价值，被视为非存在文化。例如，抖音直播中的宇宙之心（18888抖币，2698元）、抖音一号（10001抖币，1428元）、独角兽（8888抖币，1269元）和直升机（2999抖币，428元）等数字打赏礼品，对于已将其中一项或一些数字礼品送出去的观众和接受礼品的主播而言就是存在文化，而对于其他人来说，数字打赏礼品只是具有一般使用价值和普通情感标记的非存在文化。

---

① 邢福义：《文化语言学》，湖北教育出版社2000年版，第8页。
② 王秉钦：《文化翻译学》，南开大学出版社2007年版，第3—4页。

一 网络存在文化的内涵与功能

存在文化因主体、客体和介质的差异性而具有不同的表现形式。从主体角度看,存在文化可划分为行为文化、语言文化、性别文化、年龄文化、职业文化、个体文化和群体文化等类型;从客体角度看,存在文化既包含传统的物品、设备、钱财、建筑等价值客体,又包含现代的数字化货币、财富、身份和家居等形态;从介质角度看,存在文化包括物化、口语、文字、图片、图像和音视频等载体文化。存在文化是人类生存发展的印记与标志,是社会生成演进的源泉与推力,是传统与时尚、守正与创新、内在与外在关系转化的内在驱动力。本章节通过与传统存在文化内涵的比较分析,旨在揭示网络存在文化的丰富内涵,据此进一步分析网络存在文化传播的属性与功能,阐明网络存在文化传播的范式转型,论证原始、大众存在文化向网络分众存在文化转型的时代价值,聚焦中华优秀文化在中国当代网络存在文化传播中的创新应用问题。

网络存在文化内涵丰富,层次鲜明。从内容类型看,网络存在文化包含传统与新潮、物质与精神、宗教与世俗、法律与道德、城市与乡村、官有与民有等二元比较文化,具有生存、生活、生产、专业、显著、宣示、自我、身份、品牌、自信、象征、差异、意蕴、特殊、优越等社会交往功能,担负意象、具象、关系、阐释、层级、礼仪和价值的标记角色。具体来说,网络存在文化既有政治文化、经济文化、社会文化和生态文化等网络化理论内涵,又有企业文化、社交文化、占卜文化和祭祀文化等虚拟化实践内涵。在我国现阶段,网络社会主流存在文化是社会主义先进文化、社会主义核心价值观、中国优秀文化产品和中华优秀传统文化,正如习近平总书记所讲的:"坚持社会主义先进文化前进方向,用社会主义核心价值观凝聚共识、汇聚力量,用优秀文化产品振奋人心、鼓舞士气,用中华优秀传统文化为人民提供丰润的道德滋养,提高精神文明建设水平。"[1] 从习近平总书记的讲话精神中,我们可以体会到社会主义先进文化、社会主义核心价值观、

---

[1] 《习近平谈治国理政》(第二卷),外文出版社2017年版,第217页。

中国优秀文化产品和中华优秀传统文化是中国当代意识形态和价值观念传播的主流存在文化，通过中国主流存在文化的网络化、智能化阐扬和抒发，激起中华民族团结奋进、奋发图强的坚定意志，促推中华民族伟大复兴中国梦的实现进程。

二 网络存在文化的特征

网络存在文化具有静态固化与动态可塑的双重属性。一方面，网络存在文化具有静态固化特点。它既是一定时期网络家庭、社群、组织、企业、机构、民族和国家等群体或组织固有的标识性、身份性和象征性文化，体现网络群体、企业和社会组织的形象、品质、权力和威望，又代表网络社会个体的身份、地位、价值、立场和态度，是人类社会特有的个体表现文化，反映个性化、层次化的个体展示文化和个体差异文化。从主体数量来看，个体的网络存在文化是独立与依赖、自我与他人、特权与普通、异化与同化等比较关系的个性文化，网络人际存在文化（家庭成员间或个体间的网络交流活动等）是情感与功利、主流与边缘之间亲疏关系的身份文化，网络群体（网络社群、企业、机构、宗教、民族、国家和区域组织等）的存在文化是意见领袖与普通成员、品牌与分众、集体与个体、信仰与世俗、时尚与传统、主权与霸权、区域与他域之间归属关系的组织文化。可见，网络存在文化具有历史传承、广域认知、丰富感知和理智评价等特点。

首先，网络存在文化涵盖生存、生活、习俗等传承文化。它是贯穿古今的价值文化（盘古文化）、象征文化（图腾文化）、生存文化（狩猎文化）和生活文化（驯鹿文化），是人类历史发展的网络活档案（日本侵华网络纪录片），烙印人类历经磨难的艰辛历程（2020年武汉抗"疫"网络宣传）。

其次，网络存在文化包括思考、想象、阐释、表达等广域性认知内涵。它是思考文化（云平台的南京大屠杀国祭活动）和想象文化（人工智能科幻网络剧），体现过去反思、当下思考和未来想象的理性空域，是阐释文化（宗教网络布道和智能广告展示）和表达文化（影视、美术与音乐的网络传播艺术），以神灵"法力"、语言魅力和艺术深邃力来诠释和印证自然与社会、人类与科技的关系本质和互动规律。

再次，网络存在文化涵盖身份、等级、意义、象征等丰富感知内涵。既有网络平台所展示的物品（珠宝、玉器）、财富（车、船、房子）、地位（名师、大咖、大V）、声誉（劳模、明星、网红）和姿色（白富美、高富帅）等个体附属性存在文化，又有以商业、金融、基础设施为代表的网络群体物化存在文化和以爱国主义和人道主义为代表的网络群体精神存在文化，它是富含显著、差异、归属和意蕴等象征意义的等级文化（微博大V与普通粉丝间的信息不对称关系）、层级文化（QQ增值服务的成员层阶权限）和身份文化（网络社群文化、家庭文化与企业文化）。

最后，网络存在文化涵盖理念表达和仪式宣传等理智评价内涵，既包括宗教、政党、民族和国家独有的膜拜、宣誓、供奉和祭奠文化，又包含以哲学思想、人文精神、道德理念为代表的传统文化。如果缺失主流价值和政治主旋律的网络存在文化，个体、社群和组织就会失去应有的虚拟世界角色、地位、身份和发展方向。习近平总书记指出："礼仪是宣示价值观、教化人民的有效方式，要有计划地建立和规范一些礼仪制度，比如，升国旗仪式、成人仪式、入党入团入队仪式等，利用重大纪念日、民族传统节日等契机，组织开展形式多样地纪念庆典活动，传播主流价值，增强人们的认同感和归属感。一些重大礼仪活动要上升到国家层面，以发挥其社会教化作用。这就是'道之以德，齐之以礼，有耻且格。'"[①] 据此，社会主义礼仪文化应该上升至国家战略层面，统筹规划、有效实施，通过升国旗、办成人礼、入党入团宣誓、举办重大纪念日和隆重庆祝民族传统节日等重要礼仪活动，发掘中华传统文化和革命文化的社会教化作用，加强青少年思想政治教育，凝聚中华民族向心力，强化中华民族身份的认同感和归属感，形成一股朝气蓬勃、奋勇直前的中国发展力量。

另一方面，网络存在文化具有动态可塑属性。存在文化传播经

---

① 参见《用礼仪制度增强认同感和归属感》，《人民日报》2020年6月9日第9版。

历了原始物化、口语、印刷、大众文化和网络文化的演变历程。网络存在文化是个体文化之间或群体文化之间的主次交替或强弱转化的迭代发展文化。从网络存在文化演变维度来看，原始存在文化是纸张印刷发明之前人类已存在的古老文化形式，包括个体、群体、组织或企业之间的物化、口语和图式交流形式，具有直观、生动、对称、完整、平等、互动等特征。例如，古人通过树木槽口、彩色石子和断枝残片等存在文化形式传达敌人动向、猎物行踪和丛林路标等价值信息。除了自然物化工具以外，原始先人还以模仿、示范、抚摸、鸣叫和击鼓等体内介质存在文化为交往手段，形成"物件+声色"原始存在文化传播体系，实现意向化、情感化双向传播效果。[1] 随后，人们以结绳、烽火、旗鼓和绘画等体外介质存在文化作为本朴性传播形态，实现多样化、立体化原始传播功能。[2] 口语传播与印刷传播经历了外显性口语存在文化与内化性文字存在文化的长期冲突历程，口语注重记忆为中心的破碎化、微粒化表达，而文字则偏向于聚合化逻辑线性表达。到了大众传播时代，口语传播被边缘的程度更大，因为大众存在文化传播是图书、报刊、广播、电视、电影等大众媒介借助人力资源、传统技术和生产要素设计、集成、发布和营销文字、图片、影像等文化产品的单向信息传播过程，具有集中性、支配性、不对称性等特征，与分布性、平等性、对称性的口语传播刚好相对立。20世纪90年代，网络存在文化崭露头角，为口语传播带来"复兴"的先机和契机。网络存在文化经历专业编辑主导的Web 1.0存在文化、"用户中心"驱动的Web 2.0存在文化和算法主导的跨网跨屏Web 3.0存在文化三个发展阶段。Web 1.0存在文化以2000年美国在线宣布收购时代华纳事件为标志，表明传统集中式网络存在文化的到来。21世纪前十年，基于PC的Web 2.0存在文化仍保留精英式网络传播模式。2010年以来，以Facebook、Twitter、微博、微信、网络直播与短视频为代表的移动自媒平台通过4G、5G、云计算、虚拟现实等技术和大数据平台、社交机器人等设施从事平台关系内容生产、

---

[1] 参见崔林《媒介史》，中国传媒大学出版社2017年版，第34页。
[2] 参见徐占品、樊帆《原始传播时代的灾害信息传播》，《新闻爱好者》2012年第2期。

发布和反馈等活动。①

从存在文化转化关系来看，存在文化具有可转换、可升华、开放性和可塑性等动态表征。存在文化受到历史、社会、民族、媒介和科技等因素影响，其发展变化映刻传统文化转向现代文化的潜变进程，各种存在文化的交互叠加作用推动人类文明不断进步，促进社会文化不断创造性转化。例如，许多网民，尤其是青少年受众对于抖音、B 站、西瓜等视频存在文化倍加青睐，这说明人类已步入原始图式直观体验与现代关系化感知、原始口语传播与智能化沉浸"携手合作"的共享文化时代。原始绘画和原始契刻等视觉存在文化早在人类文明孕育期就已存在，古人不自觉地运用与传播对象形似的视觉艺术来记录和传达价值信息，现代视频存在文化正是传承原始视觉图式的表意线条、通过社交平台的视觉体验和算法化场景的沉浸感知来满足受众，特别是青少年受众，对视频存在艺术的欲望需求和感官刺激本能。可见，社交平台技术和智能算法技术的迭代升级促进传统、网络存在文化的语言要素、物化要素和图式要素日益融合，网络存在文化的诞生是对传统存在文化的补充和延伸，以短视频与中长视频为代表的现代视频存在文化是新旧存在文化元素有机配置和巧妙组合的结晶，新旧存在文化之间的独立与统一、碰撞与融合、冲突与整合的对话关系构成网络存在文化的传播机制。

第二节 存在文化的网络范式转型

存在文化传播可划分为原始存在文化传播、大众存在文化传播和网络存在文化传播三种类型。无论是原始存在文化传播，还是大众存在文化传播，它们都有向网络存在文化转向的发展趋势。网络存在文化传播是指网络社会个体、社群、企业、民族和国家为了创造反映自身特色、自身价值和自身象征的虚拟文化产品而进行的展示行为、交

---

① 参见方兴东、严峰、钟祥铭《大众传播的终结与数字传播的崛起——从大教堂到大集市的传播范式转变历程考察》，《现代传播》（中国传媒大学学报）2020 年第 71 期。

往活动、广告营销、身份宣示和宣传举措。原始存在文化传播面临与算法化视频传播深度融合的范式转型，大众存在文化传播面临与分布式网络存在文化传播协同发展的范式转型，新旧存在文化正朝着全媒体文化纵深发展的融合化范式转向。

一　原始存在文化传播向与算法化视频传播深入融合的范式转型

原始存在文化传播向现代传播范式转型，要求挖掘和阐发原始存在文化在分众自传播和智能传播实践中的应用价值和充分潜质。法国社会学家列维-布留尔将人类思维划分为原逻辑思维和理性思维两种类型。[1] 随着人机智能化交互技术的应用推广，人类社会可能面临第三种思维，即智能机器人的算法思维。算法思维是指智能机器人基于大数据信息、精算程序、仿人脑逻辑及传感系统形成的自动化闭环思维系统。算法思维运用人类原逻辑思维的本朴性特质和仿人脑的左、右半脑对话机制，基于物我互渗的原逻辑记忆和非线性价值信息的大数据算法，通过关联与前关联的关键节点联结来实现智能化场景建构，从而生产、整合、发送、反馈、评价智能化存在文化产品或场景，触达"贴近个性、贴近生活"的用户需求。算法思维是人类逻辑思维的发展与延伸，对于未来智能网络社会的发展进步意义重大。例如，字节跳动公司的抖音短视频、西瓜视频和头条资讯就是智能算法思维的外显成果形式，它们充分利用口语、图式、图像等原始存在文化要素，有效生成音频、视频等新兴算法化视频存在文化产品。

从本质上来说，算法化视频存在文化是原始图式仿真的同化创构，同时也面临着信息过载、道德过载和受众主体性缺失等负向传播问题。人类艺术史表明：原始雕刻和绘画在意指过程中对人的欲望有着某种狂热的崇拜倾向，正如 W. J. T. 米歇尔所言："绘画不仅能比诗歌更好讲真理，而且还能更好讲谎言。"[2] 基于原始图式要素的算法化视频存在文化看上去逼真、生动、具体、形象，而实际上它是对特定对象的

---

[1] 参见胡潇《论口语媒介的主体性理致》，《广州大学学报》（社会科学版）2013 年第 1 期。
[2] ［加］哈罗德·伊尼斯：《传播的偏向》，何道宽译，中国人民大学出版社 2003 年版，第 38 页。

片段化创作或虚拟化艺术再造，其所指涉的语义对象与意义蕴涵往往是动态、虚构和不确定的。尽管网络视频传播者本意上想让受众接近真实世界和真实生活，但事实上恰恰相反，算法化视频放大了视觉存在文化的掩饰、虚化和想象功能。因此，算法化视频的人工智能技术含量越高，视频画面就越关系化、渲染化和脱现实化，其去政治、去权威、去中心、去价值观的扁平化属性就愈发鲜明，那些充满奇特幻象、渲染表达和震撼泛娱的理性工具极化"本性"就越暴露无遗。这种基于原始图式传播的算法化视频使许多受众，尤其使青少年受众沉迷于网络场景化的"世外桃源"，削弱了青少年的反思能力、自觉自辨意识和主体自主水平，使青少年的现实生活体验和惯常学习专注渐行渐远，感官过度刺激和浅阅读习惯愈发鲜明，导致青少年现实情感和社会活动日渐消退，冷漠于海量灾难、苦痛、怪异、搞笑和不公的泛娱视频世界中，对于罪恶、暴力与言行失德的负疚感与"原罪"良知消失殆尽。① 因此，科学理性、正确有效地引导青少年受众逐渐摆脱虚幻化、直观化和穷尽化的算法视频束缚，教育青少年受众客观看待原始图式传播与算法化视频传播的内在关系和本质区别，成为原始图式传播向算法化视频传播转型进程中必须解决的首要问题。

我们应提升青少年受众对于原始图式仿真与算法化视频仿真关系的比较认知能力，逐渐消除算法化视频所带来的负面影响，同时要加大中华文化优秀元素和普适性伦理法律规则嵌入算法开发应用的技术创新力度，减少青少年受众对算法化视频的过度依赖心理。具体来说，一是要教育青少年受众认清算法化视频存在文化的"原始图式"欲望诱导本质，加强青少年网络媒介素养培育力度，推进网络平台视频浅阅读、网络平台视频深阅读与户外智能化体验、沉浸活动相结合，创立线下线上生活、学习和娱乐相转化、相融合的跨平台跨场域精准化、细分化传播体系。二是要把青少年受众从算法化视频的情感依赖和虚拟现实的幻境穿越中拉回到现实课堂和生活世界中来，加快原始图式

---

① 参见鲍远福《意指断裂与表征错位：论新媒体时代的图像表意问题》，《内蒙古社会科学》（汉文版）2015 年第 5 期。

仿真与算法化视频仿真的深入融合进程。如研发户外"电子劳作"或户内"电子深度学习"便携式、可穿戴智能设备，把青少年用户从算法化视频文化的"感官刺激"引导到对算法化视频工作原理的充分洞悉和对算法化视频存在文化的理性对待上来，使受众的关注力集中于更有意义的数字化生活、数字化学习和数字化工作中去。三是要提高青少年受众理性思辨能力和批判性思维能力，正确处理现实与虚拟、生活与体验、自然与仿真的辩证关系。帮助青少年受众掌握算法化视频传播的体制机制，向社会公众广泛宣传算法化视频"利用人的视觉缺陷（心理错觉）把虚拟性图像信息进行夸张处理，误导人们沉迷其中"的原始图式工作机理，使青少年受众把握算法化视频传播的"在光鲜靓丽的外表下承袭原始图式传播的欲望'扩散'功能，把表意与欲望的联想功能发挥极致，使理性角色消溺于感性仿真之中"的内在本质，帮助青少年受众练就以理性科学认知战胜感性直观迷思的过硬本领。四是从网络分众舆情生态建构入手，将中华优秀文化元素和伦理法律规范有效嵌入算法应用开发中来，从技术支撑层面加强青少年思想政治教育工作。值得称道的是，习近平总书记为我们指明了中华文化创新应用的可行路径："要使中华民族最基本的文化基因与当代文化相适应、与现代社会相协调，以人们喜闻乐见、具有广泛参与性的方式推广开来，把跨越时空、超越国度、富有永恒魅力、具有当代价值的文化精神弘扬起来，把继承传统优秀文化又弘扬时代精神、立足本国又面向世界的当代中国文化创新成果传播出去。"[1] 只有将普适性伦理法律规则和优秀文化因子嵌入算法开发应用，才能进一步规范算法化视频传播导向问题，注入算法化视频正能量内涵和主旋律基因，强化传播主体的社会公德素养和青少年受众的伦理自律素养，发挥知名公众号、关键微信群、典型QQ群和主流微博粉丝群的积极引领作用，通过政府监管、平台自律、协会规约和受众监督的共建共享机制推动算法化视频传播朝着有效抵制过度感官刺激、坚决反对虚假信息、

---

[1] 习近平：《建设社会主义文化强国 着力提高国家文化软实力》，《人民日报》2014年1月1日第3版。

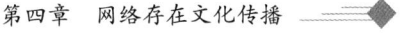

主动拒绝奢靡低俗风气的正能量舆情建构方向演进。

二 大众存在文化传播向与分布式网络文化传播协同发展的范式转型

作为最高层级的传统存在文化形态，大众传播存在文化具有偏向性、中心性、集中性和非对称性等特征，这种非均衡关系使得大众存在文化缺乏原始存在文化的平等、对称和即时等先天优势，导致信息耗损和传播不平等、不完整等负面效果，使大众传播中的表情、姿态、语调等感性元素消减殆尽，加深精英受众与普通受众之间的知识鸿沟。① 长期以来，大众传播固守资讯内容单一传播模式，缺乏网络传播的用户中心和算法场景驱动意识，因而逐渐丧失受众关注力稀缺资源优势。鉴于网络媒体，尤其是智能网络媒体，具有对信息保真度与传播自由度关系的平衡功能，大众存在文化应突破陈旧思维定式，在维持信息保真度的固有优势基础上，加快与智能网络媒体相对接、相协调，突出关注、共情、用户中心、数字象征和数据驱动等核心节点，在与分布式网络传播相协同、共发展的基础之上，充分挖掘中华优秀传统文化潜质，积极阐发社会主义核心价值观，使中华文化的哲学思想、人文精神、教化思想和道德理念"为人们认识改造世界提供有益启迪，为治国理政提供启示，为道德建设提供启发"，用社会主义先进文化"凝聚共识、汇聚力量"，用优秀文化产品"振奋人心、鼓舞士气"，构建"反映中国特色、民族特性、时代特征的社会主义价值体系"，② 通过大众存在文化与网络存在文化的融合发展大力弘扬时代主旋律、传播社会正能量，实现大众存在文化内容保真度与传播自由度的均衡性发展。

三 传统、网络存在文化传播朝着全媒体纵深发展的融合化范式转型

当下，网络存在文化传播面临消费者"易变""不忠实"和"主体性缺失"等问题。UGC、OGC、PGC 和 MGC 等数字化产品使网络文

---

① 参见［美］沃尔特·翁《口语文化与书面文化——词语的技术化》，何道宽译，北京大学出版社 2008 年版，第 96 页。
② 《习近平在省部级主要领导干部学习贯彻党的十八届五中全会精神专题研讨班上的讲话》，《人民日报》2016 年 5 月 10 日第 3 版。

化消费规模更加庞大、个性需求更为复杂、网络传播更具挑战性,用户随时都可能接触网络存在文化,在任何地方都能决定是否体验、购买或生产传播感兴趣的数字产品或数字作品,网络关系化、社会化传播使得用户对于网络海量信息产生"饱腹感",在感知、意义与意识上形成可塑、不确定、不稳定反应。另外,网络存在文化仿真过度问题非常普遍,网络数字化场景远非现实生活场景,往往突破原始图式表意规约束缚,摆脱大众传播指涉功能限制,抛弃语义、语境和符号而过度追求形象化、虚拟化关系建构与象征化、生动化场景创设,从而诱发用户沉迷于虚幻、延时、茧房化的算法视频图景,过度依赖算法技术、网络技术和浅表性感官刺激,脱离现实社会生活,影响了正常的生活、学习和工作。针对上述问题,我们提出内容、用户与场景等全要素整合化的全媒体纵深发展范式,即通过全程全员全效全息的大融合机制有效减缓受众,尤其是青少年受众,对网络存在文化传播的过度依赖程度,促进受众平衡数字生活与现实生活或数字学习与现实学习之间的关系。全媒体纵深发展范式,有利于平衡传统存在文化传播的线性思维与网络存在文化传播的非线性思维之间的关系,推动内容、关系和算法媒介相互作用、相互转化,促进传统内容因素和新兴关系、场景因素的叠加交互,加快口语、内容、用户和场景的分域传播向新旧存在文化相协调、共发展的融合发展范式转型。全媒体纵深发展范式还有利于促进用户的关注、情感、感知、知觉、需求、习惯和兴趣等意向行为信息的集成化、集约化进程,通过资讯精品化、话语个性化和视频算法化的数字化关系融合创构精准定位用户消费意愿和个性需求,激发群体性关注热情和共鸣情感,从而摆脱原始存在文化的"过于淳朴"、大众存在文化的"过于支配"和网络存在文化的理性工具极化等束缚,实现新旧存在文化相融共生的文化价值和社会功能。[1] 例如,将来的个体存在文化在全媒体技术支撑下应具备如下融合化功能:无人机载或无人车载的摄像头变为人的眼睛,穿戴式

---

[1] Nicholas, L. C., Craig, A. A. & Bruce, D., Media Violence and Social Neuroscience, *Current Directions in Psychological Science*, 2007, 16 (4): 178-182.

智能设备变成人的感觉器官，智能机器人构成人的思维体系，智能搜索成为人的记忆系统，用户成为兼具智能化精算思维与人的智慧思维的超级消费者。总之，一定程度上说存在文化传播将回归到原始"重新部落化"的数字文化时代。

第三节　网络存在文化的时代价值

存在文化通过原始、大众、分众和智能化媒介进行广域、多层、分类、分级性传播，体现共生叠加、互动互化等特征。网络存在文化传播是传统存在文化传播的发展与归宿，传统存在文化传播是网络存在文化传播的基础和前提。原始口语传播因平等、互动、匿名、便捷、即时等优势在网络存在文化传播实践中仍保持旺盛的生命力，原始图式传播对于算法化视频传播具有启示意义和参考价值；大众文字传播在网络传播中的地位从未缺席，大众图像传播通过5G智能技术实现向中长视频分众传播的延伸和拓展，形象、生动、专业、精致、时长适度（3—25分钟左右）的中长视频存在文化正影响并主导人们的日常生活，让人们在繁忙工作之余获得幸福感、轻松感和价值感。

一　原始存在文化在网络存在文化传播中的应用价值

在自媒传播和智媒传播盛行的数字化社会，原始传播的现实价值依然存在。如圣-皮埃尔广场的烟火（原始物化传播）代表教皇选举文化（白烟代表新教皇的诞生，黑烟表示无结果的"结果"）。再如，广西来宾古寺庙门窗上的剪纸葫芦和柱梁上的雕刻葫芦，生动印证桂中民众对葫芦兄妹再造人类盘古文化的信仰与崇拜，"易生长、繁殖力强"的葫芦文化承载当地民众对远古文化的丰富想象力和感恩心态。具体来说，原始存在文化的应用价值主要体现在原始口语传播和原始图式传播的"古为今用"特性。

（一）原始口语传播仍是网络存在文化的主要传播方式

哈罗德·伊尼斯认为口语传播促成时空偏向性平衡，有利于自由参与和平等交流，希腊口语成功抵御东方帝国倾覆就是口语"颠覆性魅力"的生动写照。① 尽管人类对文字的崇拜曾一度使口语传播濒临灭绝，但原始口语作为刺激听觉与认知神经的直接有效工具，可以通过算法化视频这一现代传播形式影响人们的情感、需求、兴趣、习惯和认知。在网络存在文化领域，原始口语和网络口语构成现代关系载体语言，与网络音视频存在文化共构网络分众舆情场域。一方面，通过微博、微信、QQ、直播和短、中长视频等自媒平台实现关系信息建构。例如，"完了，你也不理我了，我成狗不理了"和"说出口的伤痛都已平复，绝口不提的才触及心底"等网络流行语体现了网络社会的感性心态和普遍认知。自媒语言除了原始口语属性以外，还有即时性、互动性、随意性和共享性等特质。即时性反映网络传播的高效率，互动性体现网络存储、输入和传递的双向交互功能，随意性映衬用户对关系信息的自由处理权，共享性突出网络圈群文化的分享特色。② 另一方面，借助大数据算法和人工智能算法建构特色鲜明的算法化口语与虚拟场景视觉语言，通过算法决策、生产、过滤、排序和推荐功能创构人机交互的场景化存在文化，满足目标用户话语表达、感官享受和沉浸体验等个性化消费需求。

（二）原始图式传播是算法化视频传播的原型和根脉

研究发现：形象性视频文化的感官刺激和浅阅读特征契合原始图式传播的机理机制，反映当今大多数受众的释压娱乐心态。在繁忙工作之余，人们渴望获得身心放松、得到视觉享受的机会，融合原始图式要素的网络视频存在文化正满足了这种需求。大众传播之所以逐渐淡出人们的视线，主要原因在于其资讯信息过于被动、不完整、不对称，往往加重受众精神负担和精神压力，而网络视频存在文化实际上是原始图式传播的回归与复兴，与原始图式传播的直观、形象和渲染等功效密不可分。例如，一个成功的抖音短视频，其内容造型和原创特性依靠原始图式形象来叙述事件、突出人物和烘托

---

① ［法］列维 - 布留尔：《原始思维》，丁由译，商务印书馆1981年版，第65页。
② 车玉玲：《空间变迁的文化表达与生存焦虑》，《苏州大学学报》（哲学社会科学版）2013年第4期。

话题，具有个性鲜明、一目了然的原逻辑表达效果，同时不乏强烈的搞笑、情趣和才艺等现代要素，通过原始视觉冲击的吸引力和数字再造技术的艺术加工手法实现文化可视化、生动化传播，满足现代人层次化、节奏化和个性化的实际需求。基于原始图式要素的网络视频存在文化具有互动、感性、非线性、开放、精准等特征，像展示 banner（横幅广告）、视频前贴片、竖版视频、内容植入、微电影、小游戏、动图 GIF 等视频产品可以激发受众的认知兴趣和感知事物的热情，对受众视觉感官具有不可抗拒的诱惑力，能直接调动受众的感性体验、注意力和想象力，一定程度上反映出原始图式传播"囊括深奥哲思和粗俗浅薄技艺"的魅力，契合大多数用户的生活实用性需求和娱乐个性意愿。

二 大众存在文化在网络存在文化传播中的时代价值

作为顶层传统载体，大众媒介依然是传播传统主流文化的主要形式，大众存在文化可以通过大众媒介与自身门户网站、关联自媒体、关联智媒体协同配合，将饱含正确观点、深邃哲理、向善美德和正向价值的传统文化和反映中国特色、民族特性、时代特征的社会主义核心价值观通过 MCN 模式和算法可视化技术传输给网络受众，促推大众存在文化与网络存在文化融合性发展。如大众媒介与短视频平台相互协作，通过形象人物、生动事件和鲜活场景的抖音短视频与 5G 网络电视直播的联结手法向线下线上受众积极传播"先天下之忧而忧、后天下之乐而乐"的政治抱负，"苟利国家生死以、岂因祸福避趋之"的报国情怀，"富贵不能淫、贫贱不能移、威武不能屈"的浩然正气和"鞠躬尽瘁、死而后已"的献身精神等中华传统文化精髓。通过大众存在文化和网络存在文化的要素优配和资源优化促进中华优秀传统文化、革命文化与社会主义先进文化的创造性转化和创新性发展，正如习近平总书记所说的，"认真汲取中华优秀传统文化的思想真谛、道德精髓，弘扬以爱国主义为核心的民族精神和以改革创新为核心的时代精神，挖掘讲仁爱、重民本、守诚信、崇正义、尚和合、求大同的时代价值，使中华优秀传统文化成为涵养社会主义核心价值观的重要源泉"①。

　　另外,大众文字传播始终与网络视频存在文化传播相伴随行、相得益彰。从表面上看,大众文字传播与现代视频传播之间似乎是"泾渭分明""水火不容"的矛盾关系,但纯粹的视频信息无法实现最佳的传播效果,如一个短视频作品的传播效果取决于人物语言表达与场景图像表达的联结度和契合度,理想的短视频作品是由人物的口语表达"到位"、动作生动形象以及事件背景图像的映衬效果等重要因素合成的,获得受众高点击率的短视频是口语语符、非言语语符和环境图像信息无缝衔接、有机融合的综合成果。如果短视频只包含背景图像信息,突出客观场景,而缺乏人物口语表达的感性内容和认知见地,那么它注定不会被受众关注,也会失去用户市场和流量市场,理想的视频存在文化传播需要内涵性语言来锁定主题,更需要人物动作、神情等非言语符号来激发互动氛围,吸引受众热情度和兴趣点,所以网络存在文化传播效果取决于原始口语、大众文字、关键人物非言语表达、艺术场景和客观背景等综合要素的优化配置。比如,2020年清明节前几天,正值新冠疫情肆虐时期,国内大众媒体与网络媒体共同协作通过5G电视直播、短视频推送和网络直播等形式大量宣传在线云祭拜和云扫墓等社会新风尚,这种融合文字、图像、人物、场景与事件等要素的舆情建构方式助推网络数字化祭拜文化成为当时怀念逝者的"社会爆款"和"文化时尚"。

　　简言之,网络存在文化的时代价值在于原始要素与网络要素、大众要素与分众要素、关系要素与算法要素的有机融合,在于传播者与受众、线性思维与非线性思维的叠加复合,在于理性资讯、感性关系信息和算法场景信息的交互混搭,在于声音、文字等语言符号、神情、举止等非语言符号和事件图片、环境图像等视频符号的集成化、集约化,在于E-mail与书信、QQ与原始对话、微信与集体协商、微博与大型集会、直播与真人秀、短视频与情景剧之间现代与传统、复古与原始的交汇贯通。随着5G网络商业化进程的加快,以快手、抖音、

────────
① 参见戴木才《中华优秀传统文化的新时代阐发》,《中国教育报》2020年12月30日第6版。

美拍、秒拍、腾讯视频、爱奇艺、优酷、B站、芒果TV、西瓜视频与微信视频号为代表的网络视频存在文化日益盛行，预示着"私人定制"网络化时代的到来，5G网络、大数据平台和算法、云计算、人工智能等技术推动新旧存在文化跨界跨层跨域跨屏融合性传播，为中华优秀传统文化传承、革命文化阐扬与社会主义先进文化勃兴带来前所未有的美好前景。

综上所述，网络存在文化印证人类的过去辉煌、标记人类的现代兴盛，预示人类的未来希望，是人类身份象征和社会进步驱动力。基于网络关系与算法技术的数字打赏、数字货币、数字财富、数字身份、智慧家居和智慧城市等网络存在文化正成为人类文明的新标签和新向标。网络存在文化传播面临传播主体的全素养培育、传播内容的全要素集成和传播渠道的全方位提升，面临向全媒体纵深发展的融合化范式转型。原始存在文化在网络存在文化传播中仍保持旺盛的生命力，大众存在文化与网络存在文化的协同发展有利于促进资讯整合化、网络用户市场细分化和场景智能化的融合发展，强化受众关注力、内容吸引力、关系亲和力和场景震撼力的耦合驱动，激发人、物、事件、关系、数据和算法等核心要素的优化组合，实现传统文化、革命文化与先进文化的有机转换。未来网络存在文化传播将拥有融原始传播、大众传播、关系传播与智能传播于一体的强大的分布式与集中式兼容的网状传播力和广泛影响力，具备对多元多层多级资讯信息、关系信息和场景信息的极大凝聚力与引导力，最终实现社会心理形塑、民族精神构建和国家文化发展的数字中国大融合格局。

中 篇

智能传播学

第五章　智能技术传播

　　智能技术传播是现代技术在信息生产传播应用环节上的全面赋能，是5G技术、智能算法技术、超级计算机技术、大数据技术、物联网技术、区块链技术、云技术和虚拟现实技术等高精尖技术在智能传播领域的全方位释放与全天候应用。智能技术传播主要由智能全息技术传播、智能算法技术传播、智能5G技术传播和智能元宇宙技术传播构成。智能技术在智能新闻写作、智能新闻配送、智能新闻编辑、智能新闻播音主持、智能创意场景创造、智能节目编排、智能新闻纠错和智能受众反馈等新闻传播链的表现尤为突出。随着智能机器人阅读识别水平和智能计算能力、智能模仿能力的大幅度提高，智能新闻写作正从专用智能向通用智能方向发展，即智能机器人新闻写作从现阶段的体育智能新闻写作、财经智能新闻写作向政论新闻智能写作、娱乐新闻智能写作和民生新闻智能写作等全能型智能记者范式转向。在智能传播时代，一场新闻发布会可以演变出多样新闻稿件，智能机器人可以根据不同用户需求快速批量生产出长篇通讯、现场速评、广播稿、电视稿、PC网络稿、手机移动端稿、新闻客户端稿和学术论文稿等。智能创意场景广泛应用于电视节目制作、电影电视剧拍摄和环境拟态设计等领域。智能新闻纠错不仅使新闻稿件"出口成章"，而且使"出口成章"时不再有口误笔误，将虚假新闻、重复新闻、错误音视频等不良信息彻底消灭。智能技术正表现出巨大的创新驱动力和强大的文化影响力，智能技术传播有利于培养社会个体掌握并应用智能全息技术、算法技术、5G技术和元宇宙技术的复合型能力，有利于提升普通受众理解和洞悉智能技术基础知识和专业技能的聚合性才能。

第一节 智能全息技术传播

全息是指从尽可能多的角度和层次抽象概括出对象的特有属性，并从整体角度对对象进行全方位地分析、说明以揭示对象所包含的多方面、多层次含义。全息可从局部视角全面、多层次地反映对象整体特有属性和总体思维框架。全息技术是记录波动（包括机械波、电磁波和光波）干扰的振幅和位相分布并使之再现的专门技术。全息反映的是物体在空间存在时的整个情况和全部信息。

目前，由于受限于智能全息交互技术的发展水平以及对全息物理概念的刻板印象，人们往往把 VR（虚拟现实）、AR（增强现实）、MR（混合现实）技术归结到类全息范畴之中，这种把智能全息技术与各类现实技术相提并论的做法实际上是不可取的。其实，两者不宜混淆，有着明显差异：智能全息技术是理想全息交互技术，是裸眼下的视觉交互技术，不需要借助虚拟现实技术头戴等设备支撑，智能全息成像是真实、生动的 3D 空气成像，而 VR、AR、MR 技术须借助头戴设备和智能场景在屏幕或虚拟场景中呈现虚拟人像、物像或景象。

一 智能全息技术的发展历程

智能全息技术发展过程是一个提出需求、解决算力和算法条件，再提出新需求，再解决算力、算法的交替上升、互补互化进程，全息技术正从基础理论、基础设施向着算法、数据和应用场景演化。现阶段，智能全息技术是前瞻性、潜质性全新技术，但也存在技术瓶颈问题，即全息图的制作需要庞大的算力、算法等运行成本，同时全息图的算力、算法效率较低。

从全息技术到智能全息技术经历了漫长的演变进程。自 1947 年英国物理学家 Dennis Garbo（丹尼斯·加博）提出全息技术概念以来，全息技术经过了传统光学全息、数字全息、计算全息和智能全息四个进化阶段。具体来说，20 世纪 50 年代，全息技术概念引发了传统光学全息研究与应用的普及与推广。之后，Joseph W. Goodman（约瑟夫·W. 古德曼）提出数字全息概念，基于传统化学底板的传统光学全息技术逐渐让位于基于 CCD 等电荷耦合设备的数字全息技术，数字全息技术的应用实现了全息技术由光学到电子技术的质的巨大跨越。但由于算力、算法和设备的局限性，数字全息技术发展曾遭遇过阻碍。到 21 世纪初，随着数码相机盛行和计算机技术勃兴，基于计算机模拟建模的计算全息技术应运而生，计算全息技术可实现对现实物体的光场建模和虚拟模型的全息显示两大转型，全息技术研究进入稳步上升阶段。到 21 世纪 20 年代，智能传播促成智能全息技术的逐渐盛行，智能全息技术使现代视频文化成为人们日常生活的"依存工具"和"依赖伙伴"。

全息技术包括全息防伪技术、全息存储技术和全息显示技术。这三种全息技术分别经历了不同的发展阶段，呈现不同的技术特征。首先，全息防伪技术经历了显形全息防伪技术和智能隐形全息防伪技术两个发展阶段。20 世纪 80 年代中后期，激光全息技术传入我国，并广泛应用于经济社会，发挥了显形全息防伪的重要功能。20 世纪 90 年代初，特别是 1990 年至 1994 年，显形全息防伪产品盛行一时，其商业化应用价值巨大。在其商业应用初期，显形全息防伪技术起到了强大防伪功能，但是随着时间的推移，激光全息图像制作技术迅速扩散，显形全息防伪技术被造假者从各个方面攻破，完全失去了市场防伪功能，促使科研工作者不断改进激光全息技术，如采用激光阅读、光学微缩、低频光刻、随机干涉条纹、莫尔条纹等光学图像编码加密技术，但以上改良技术存在局限性：只能靠专业性检测设备才能辨识真假产品，这不利于全息防伪技术的市场应用推广。为了克服激光全息技术的"弊端"，智能隐形全息防伪技术应运而生。智能隐形全息防伪技术是一种隐藏数字编码信息的防伪标签识别系统，全息层面能清晰显示数码信息的全息衍射条纹，具有隐藏数字编码信息光栅结构，普通消费者只要揭开全息防伪标签，使用智能手机 App 扫描或手持点光源设备照射全息防伪标签，标签便呈现隐藏信息，帮助消费者迅速鉴别产品的真伪及身份。

其次，全息存储技术的研发要比光盘存储技术的研发历史还要悠久。1948年英籍匈牙利物理学家丹尼斯·盖伯为了提高电子显微镜的分辨功能提出了全息技术概念，随后他用汞灯做光源首次拍摄了第一张全息照片（全息图），并获得了相应再现，从而创立了全息照相技术。全息存储（Holographic memory）工作原理与全息照相技术功能相类似。全息照相技术通过记录一道参考光束和一个从物体反射来的信号光束的干涉图样来实现全息照相功能。具体来说，感旋光性材料保持干涉图样、图像能通过由一个与参考光束相同的光束照射到自身材料来再现全息图像信息，通过入射光角度或波长的变动实现物体的许多变化信息被记录在单一感光片上。对于全息存储技术来说，一束激光被用于传输数据，另一束激光则是参考光束。被存储的数据预先被编码为数据页，可以用多路复用方式直接记录到由感光材料制造的存储介质上。智能全息存储技术就是一种利用激光干涉原理将图文等信息记录在感光介质上的大容量信息存储技术。当下，智能全息存储技术已广泛应用于三维光学成像、声全息和射频波等领域。

最后，日常全息电影、全息电视与全息广告与严格物理意义上的全息显示技术有着本质的差异。人们对全息显示技术的理解深受科幻电影、电视剧和商业广告影响，对全息显示技术普遍存在认识偏差。目前，出现在影视、娱乐或广告领域的所谓全息显示技术应用都是借助佩珀尔幻象实现的伪全息技术，即在固定数量的投影机和较暗的光线环境下，将已制作好的3D图像投影到二维平面上产生三维视觉效果的"人为全息显示"，所以佩珀尔幻象不是真正意义上的全息技术。真正意义上的全息技术之所以不太普遍，主要因素是制作成本较高，视频企业或广告商不愿意花大价钱投资真正的全息技术。我国全息技术公司成立时间普遍较晚，2016年以前创建的全息技术公司主要从事关于VR视效研发工作。近几年来，国内全息技术快速普及，相继成立棱镜、幻息、偏锋光术等专业全息技术公司，致力于提供水幕、环幕投影、全息沙盘、全息舞台、全息科普体验等方面技术应用，在商业、娱乐和游戏等领域也得到广泛发展。从技术角度而言，全息显示技术按照工作原理与显示效果可以分为2D全息显示、3D全息显示与

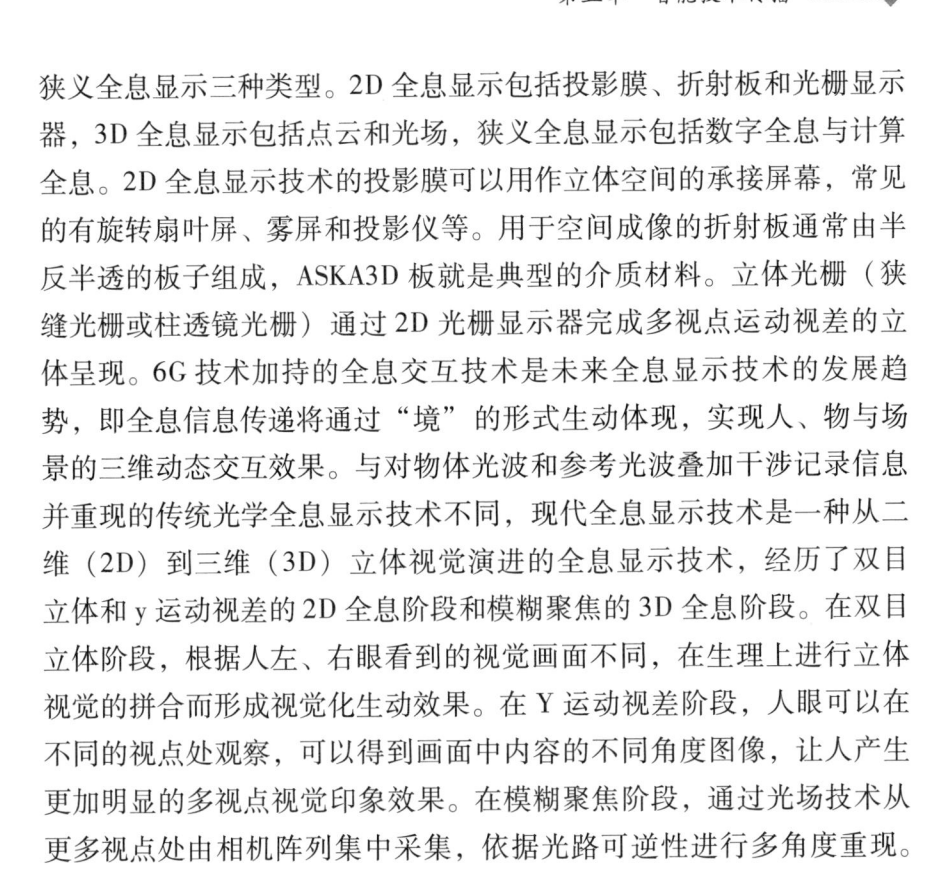

狭义全息显示三种类型。2D 全息显示包括投影膜、折射板和光栅显示器，3D 全息显示包括点云和光场，狭义全息显示包括数字全息与计算全息。2D 全息显示技术的投影膜可以用作立体空间的承接屏幕，常见的有旋转扇叶屏、雾屏和投影仪等。用于空间成像的折射板通常由半反半透的板子组成，ASKA3D 板就是典型的介质材料。立体光栅（狭缝光栅或柱透镜光栅）通过 2D 光栅显示器完成多视点运动视差的立体呈现。6G 技术加持的全息交互技术是未来全息显示技术的发展趋势，即全息信息传递将通过"境"的形式生动体现，实现人、物与场景的三维动态交互效果。与对物体光波和参考光波叠加干涉记录信息并重现的传统光学全息显示技术不同，现代全息显示技术是一种从二维（2D）到三维（3D）立体视觉演进的全息显示技术，经历了双目立体和 y 运动视差的 2D 全息阶段和模糊聚焦的 3D 全息阶段。在双目立体阶段，根据人左、右眼看到的视觉画面不同，在生理上进行立体视觉的拼合而形成视觉化生动效果。在 Y 运动视差阶段，人眼可以在不同的视点处观察，可以得到画面中内容的不同角度图像，让人产生更加明显的多视点视觉印象效果。在模糊聚焦阶段，通过光场技术从更多视点处由相机阵列集中采集，依据光路可逆性进行多角度重现。值得注意的是，双目立体与 Y 运动视差两阶段呈现的是 2D 全息视觉，而模糊聚焦呈现的是 3D 全息效果。

二 智能全息技术的内涵与特征

智能全息技术主要是指基于智能算法与智能设备的全息防伪技术、全息存储技术和全息显示技术。智能全息技术应用主要集中于 5 个重要领域：计算全息实时显示技术、彩色全息术、计算全息编码技术、计算全息光学加密技术和动态计算全息图制作技术。

（一）现代全息防伪技术

现代全息防伪技术主要指隐形全息防伪技术，隐形全息防伪技术是通过技术标签来显示全息信息的，但在标签没有剥离之前人是无法看到全息信息的，隐形全息防伪信息内容与产品商业印刷信息内容互不干扰，隐形全息防伪标签信息读取不会影响防伪印制包装和商品二维码识读效果。隐形全息防伪技术不同于显形全息防伪技术，不需要揭开显形激光信息标签，可实现在正常光源下观察不到全息信息的隐形效果，只有在点光源或智能手机"特定光"的照射下才能看到全息信息内容。同时，隐形全息防伪技术能够根据不同算法，绘制出不同的全息效果图，利用用户不同的个性需求，可私人定制出精准的全息效果方案。因此，隐形全息防伪技术广泛应用于烟酒、医药、化妆品、食品、日用品、计算机、音像制品、书刊、发票及生产资料领域的防伪打假行动。随着隐形全息防伪技术的迭代升级，隐形全息防伪应用范围将会不断扩大，成为我国商品防伪领域行之有效的技术手段之一。

（二）影成像模型与智能全息交互场景

智能全息显示技术由光场重构全息显示技术及其相关的智能算法技术、人机交互技术构成。3D全息显示技术采集并重现物体的三维信息，通过点云和光场载体利用人眼视差及大脑认知偏差合成立体图像，具有信息量更大、立体感更强等特征。从技术原理和视觉效果来看，光场重构全息显示技术属于理想全息技术范畴，亦即真全息技术，是智能全息技术的核心内容。智能全息显示技术具有如下用途：辅助展示功能，如通过全息技术展示商品广告，让消费者更加清晰地了解产品功能，激发购买欲望；增强真实感印象，如立体影院为观众营造身临其境的全息观影体验。为了提升用户的沉浸感，智能全息显示技术融入多种交互技术，如与智能语音、智能体感功能相交互，更凸显智能全息效果。影成像模型广泛应用于产品展示和课堂教学领域，如德国Sax3D公司在2010年3月9日成功举办"初音之日"全球首场全息投影演唱会，开创了全息偶像新时代。智能全息交互场景具有更大带宽、更低时延、更广连接、全面覆盖、AI智网等特征。在5G阶段可以产出300余个有效场景，覆盖文化、家居、广告、舞美、传媒、娱乐、教育、医疗、交通、体育、安防、工业、农业、旅行、宠物、游戏、艺术、渔业、儿童、设计、地质等多领域。到了6G时代，智能全息交互场景可实现快速响应远程监控系统、大容量数据管理平台、强算力无人智能服务、低时延精密辅助设备、沉浸式全息交互体验以及高质量全息影像观赏等强大功能。

（三）智能全息存储技术

智能全息存储技术是一种利用激光干涉原理将图文信息记录在感光介质上的智能化大容量信息存储技术，通过改变入射光的角度，可以在同一平面上存储许多页的信息资料。相对于光盘二维存储技术，智能全息存储技术是三维存储技术，可在不改变激光波长情况下提高信息存储密度。智能全息存储技术呈现更大容量、更快存取，不易丢失、长期保存和便于拷贝复制等特征，特别是智能全息存储技术不需要任何移动部件和接触式读写方式。具体特征如下。

一是信息存储容量大、记录速度快。理论上而言，智能全息存储技术的存储密度可轻松突破每单位面积1TB、平均数据传输率达到10GBps的惊人水平，如通过高解像力的银盐全息记录介质可将约有10000多个汉字的文件资料缩小记录在直径仅有1mm左右的全息图内，比普通缩微影像存储密度高出几十倍。

二是记录信息不易丢失、便于长期保存。由于智能全息图中的每个节点都包含被记录信息的全部内容，所以当全息图因擦伤出现划痕、造成全息图局部破坏时，其记录内容却不会轻易丢失。尽管在还原全息图时再现影像的反差会降低，但全息图所记录的全部内容仍可显示出来。更令人惊讶的是，银盐记录载体的保存寿命可达数百年之久。

三是便于拷贝复制。我们利用全息拷贝机通过接触拷贝时，智能全息存储技术的曝光成像功能可复制出多部全息拷贝片。此外，智能全息摄影技术可制出三维效果全息图，通过全息视听盘实现活动画面再现功能，因而智能全息技术在内存上发挥无与伦比的性能优势，如在存储上千GB资料的同时，实现1GB/s以上的传输速度，以及小于一毫秒的随机访问时间。

总之，智能全息技术通过干涉机制记录物体光波信息，利用衍射机制再现物体真实的三维图像，解决了VR技术需佩戴笨重头戴观看的难题。作为一种裸眼立体三维图像显示技术，智能全息技术代表未来磁存储的发展方向，已成为视频展示行业不可或缺的发展动力，今后必然越来越接近人们的日常生活，带给社会巨大经济价值和精神价值。

三 智能全息技术的发展瓶颈

智能全息技术广泛应用于证券、防伪、包装、刑侦、科研等众多领域，但也面临一些发展瓶颈。例如，全息存储技术存在骰子状介质与现行光盘无法互换条件，3D 全息显示技术存在应用环境、设备、网速受到限制和逼真视觉、听觉、触觉的缺失等困境。

（一）智能全息技术的应用现状

智能全息存储技术是通过将缩微胶片上的影像转变为光信息，然后制出存储密度更大的全息图来实现的。与缩微影像不同，全息图是由干涉条纹组成的影像，该条纹影像记录了入射光线（物光）的全部信息——振幅和相位，故称全息图，在阅读还原时需在激光照射下利用条纹影像的衍射原理使其再现。3D 全息投影是一种利用干涉和衍射原理记录并再现物体真实样貌的三维图像，也是一种观众无须佩戴专用眼镜就可以看到立体的虚拟事、物或人的时尚技术，效果类似海市蜃楼，仿佛幻影成像，让受众难以区分眼前事物的虚实。国内的 3D 全息投影技术起步虽然较晚，但基于国外研究成果发展迅猛，主要通过大型文艺晚会、演唱会、重大事件等舞台表演或直播报道方式为受众所熟知，也广泛应用于发布会、展厅、博物馆等公共空间。

智能全息技术有望在军事、医学、教育、经济等领域发挥巨大作用。全息技术应用较为成熟的领域有服务、销售、游戏、影院、新闻、舞美、教育、驾驶、文化和体育等方面。3D 全息投影技术目前广泛应用于舞台演出、交通管理、文物展出、立体电影、远程沟通以及广告宣传等方面。全息技术产业链包括上游产业链、中游产业链和下游产业链。具体来说，上游产业链企业包含零件商、材料商、服务器商、芯片商，其职能在于为中、下游产业链企业提供所需的云计算、云服务器、硬件设备、芯片、电路元件、光学器材、有机材料、信号处理设备和专业仪器（镜头、投影幕等材料、零件和设备）等。中游产业链企业包括内容设计商、集成服务商和整机产品商，依据实际场景需求在上游产业链技术与服务支撑下提供整机产品销售、全息全链路服务以及全息产品的内容设计、建模与呈现等多种服务事项。下游产业

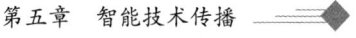

链企业包含空气成像类产品、3D屏显类产品等产品层。全息技术产业链具有规模庞大、职能完整、结构多样、涉足领域广泛等特点。

（二）智能全息技术的发展瓶颈

第一，全息存储技术存在骰子状介质与现行光盘无法互换的局限性。1963年，Pieter Van Heerden（彼得·范·赫登）提出通过三维全息技术提高光存储容量的设想。由于记录介质与记录、回放装置存在瑕疵，当时技术局限性未能实现光全息存储的商品化和规模化。在记录介质方面，尽管光折射材料得以改善但难以满足灵敏度高、资料稳定和低成本等条件。在记录、回放装置方面，骰子状介质要求极高的加工工艺，而现有技术很难达到"理想"的平坦度与平行度。换言之，骰子状介质光学上的复杂性要求必须从不同方向来入射信号光束与参数光束，骰子状介质与现行光盘因介质形状不同而无互换性条件，为了精准定位，激光束照射的固定性要求光学系统与记录介质须绑定于防振台，这就使介质互换方案无法实现。

第二，3D全息显示技术存在应用环境、设备、网速受到限制和逼真视觉、听觉、触觉缺失等问题。一方面是应用环境、设备及网速受到限制。全息技术的实现仍然受限于环境、空间和介质，室外光线、空气质量及空气流动不确定性使室外全息技术很难实现，导致全息技术的应用局限于室内暗光环境。目前，大部分全息投影尚需佩戴3D眼镜，裸眼全息尚未成型，这就影响到智能全息技术的普及和推广。要实现全息技术的全行业普及，还需要投影机、红外发射器等专业设备，这些设备客观上需要准确调校且红外信号易受到视角限制，上述因素给后期维护和应用带来困难。此外，远程成像分辨率低和实时性差等问题限制了全息技术远程传送效率，从而影响远程学习环境构建，降低学生的学习体验质量。另一方面是逼真视觉、听觉和触觉的缺失。3D全息技术超强的真实度和沉浸感不光要求实现360°视觉全覆盖，还要求自主感应到观众与成像设备之间的距离并对观众进行视觉智能追踪，智能化调节画面的远近与大小，这就要求"拼接技术"精准到位。大多数人对声音的辨别能力强于视觉，这就要求实现在不同方向和声场上的不同音效，使观众处于最逼真的声场环境，获得最强的沉浸感和获得感。但当下的全息技术只停留在语音交互、视觉体验，还无法实现与虚拟 3D 影像之间真实的触觉交互与互动反馈。另外，全息产业链也存在诸多挑战，如行业生态起步较晚、不够成熟、高精尖技术厂商较少、应用场景丰富度不足、平台迁移成本较高和消费水平居高等困境。

（三）智能全息技术的发展前景

智能全息技术在教育、医学和社会服务等领域具有广阔的发展前景。

（1）智能全息技术在教育领域的发展前景

未来，智能全息技术可实现线上 3D 虚拟师生形象，让师生体验在家如同坐在教室面对面的超强沉浸感，可以在虚拟实验环境中实现反复模拟操作，不用担心资源浪费和费用昂贵等问题。智能全息技术将为教育落后地区提供更优质、更便捷、更精准的教育资源和教育设备，改善经济、师资和校舍环境等不利因素下远程网络课堂的学习效率和教育模式，让智能全息技术发挥出更大价值，如智能全息技术可以逼真地还原人物、物体和事件真实三维图像，虽然是智能场景下的幻影呈现，却能实现和学生进行实时互动，充分发挥受教育者的主观能动性和主体自觉性。此外，智能全息技术还能创设个性化智能情境，比如在地理、天文教学中，复杂多变的地貌和抽象的天体结构都可以借助全息技术为学生构建生动形象的三维虚拟场景，激发学生将抽象知识应用于鲜活的实践场景，从而打造出一个动态、直观、全景的沉浸式课堂。

（2）智能全息技术在医学领域的发展前景

全息照片的仿真性、无损性和直观性优势，对于检查内脏器官和临床医疗检查将是重大突破。全息图像有助于更加精准的病情诊断，为后续治疗提供科学依据。目前，我国医学领域尚未出现智能全息技术加持的手术案例，在国外，成功的成像技术手术是运用增强现实技术完成人工关节置换手术，通过虚拟影像图与患者实际手术部位的精准重合"契机"最大限度地实现手术的精准、即时和高效，但美中不足是主刀医生仍须佩戴笨重的 AR 眼镜进行手术。随着智能全息技术的日益成熟，3D 全息技术必然应用于医学领域，将帮助医生彻底摆脱 AR 眼镜佩戴困境，通过手术处的内部结构裸眼再现全息图像实现便利化、简单化和动态化的精准治疗效果。

（3）智能全息技术在科普推广领域的发展前景

生物、地理、气象、非物质文化遗产等抽象理论或古老物件，在智能全息技术帮助下可实现立体、全景的 DNA 组合、地理环境构成、仿真大气环境形成和智能交互场景创构，让用户置身其中，达到理想的科普宣传和文化体验目的，也可以帮助体验者通过全息影像图或全息场景切身感受生物的活力、自然灾害的严重、气象变化的规律和人类文明的精彩，筑牢防灾自救或文化传承的理论基础。再如，通过智能全息技术可以帮助旅游景区设立风俗文化 3D 全息体验馆，帮助用户制作全息仿真短视频或智能全息游戏，使其了解全息技术应用的文化魅力，也可以利用城市独特优势将本土化饮食、舞蹈、杂技等活动用全息投影技术直接呈现出来，将日常生活全息体验与智能全息科普推广结合起来。

（4）智能全息技术在信息存储和实物档案管理领域的发展前景

存储技术是制约信息社会快速发展的关键因素，传统的电子、磁盘存储技术采用二维存储方式，其存储密度受限于存储尺寸，而光全息存储技术利用光的振幅、偏振、相位等多个特征量将二维存储转换成多维高密度存储。尽管光全息存储技术具有信息储存量极大且读取速率极高等优点，但目前的光全息存储技术并未充分发挥全息多维优势，还须对相位特征量进一步挖潜利用，同时需加大光全息存储介质和光全息存储刻录技术的开发应用，以满足大数据时代对海量数据存储客观需求。实物档案是档案工作的核心内容，直观、原始、真实地记载一个单位及其成员的各项社会实践活动和发展历程，但因实物档案种类繁多、占据空间大和存放难度大等原因给档案管理工作造成很大困难。利用全息技术保存档案有利于延长实物档案存放时长，提高可靠性、完整性，规范实物档案管理制度，实现档案内容的智能展示，提升实物档案利用率和曝光率。因此，全息技术是未来档案管理的通用手段。随着知识经济的急速崛起，数字图书馆已成为数字中国信息基础设施建设、知识创新体系建立和创新能力提升的重要组成部分。我国自 1998 年以来一直进行"中国数字图书馆工程"的理论研究与实践探索，数字图书馆建设对价值资料的共享和高速存储访问具有很高的技术要求，是一项复杂、艰巨的挑战性工程，所以选择先进、可靠、宽容量、高性能的激光全息存储技术对图书馆数字化、网络化、智能化建设是十分重要的。

（5）智能全息技术在影视、戏剧和艺术领域的发展前景

作为一种虚拟成像技术，全息投影技术近年来发展迅速，它是以干涉原理和衍射原理为理论基础，以记录、再现和渲染为主要功能、实现对人、物和事真实三维图像还原和再现的一种投影技术。影视、戏剧和艺术创作者根据市场需求选取关键性或代表性人物、物品或事件，拍摄制作3D视频产品，使用全息投影仪、全息投影幕或全息投影膜配合人机交互系统在空阔场地、影视荧幕、戏曲舞台或艺术展厅展示3D影像（可实现720度全方位再现）。一般而言，智能全息投影技术由全息投影仪、全息投影幕、全息投影膜、全息投影内容和智能算法技术等要素构成。通过智能全息投影技术在影视、戏剧和艺术领域的运用，不仅可以产生立体的空间幻象，更益于幻象内容、表演者与观众产生互动效果，共构共享场景式观赏、表演或展示，欣赏感和获得感非常强烈，可体验感直接而生动。智能全息投影技术逐渐运用到多个影视制作、戏剧舞台表演和艺术作品展示实践，将产生令人震撼的沉浸效果。全息、VR/AR、动作捕捉等3D虚拟全息成像技术的应用，使得网络视听效果更具有观赏性和冲击力。[①] 智能全息技术泛化拓展了传统影视、戏剧和艺术的应用空间，智能先进的虚拟技术、传感技术、信息技术让观众不用走进剧场、戏院和艺术馆就可以感受到名家或名品精彩纷呈的表演或渲染效果。总之，智能全息技术通过"虚拟场景+真人表演/真人体验"的兼容方式将受众带进虚拟与现实相融合、文化与技术相嫁接的"美好精神生活"空间，用户可以在亦真亦假的场景中自由穿梭、浮想联翩，带来全新视听感受。

案例1：首次在东京举办的虚拟偶像"初音未来"演唱会上，应

[①] 参见张伟、杨斌、张新民《聚焦未来素养，建构全息育人课堂》，《人民教育》2019年第1期。

用全息技术为虚拟人物举办了个人演唱会,所采用的一款3D全息透明屏幕把原创音效全方位展现出来。

案例2：2013年,周杰伦世界巡回演唱会上,"虚拟邓丽君"的亮相成为当晚精彩环节。节目采用全息虚拟影像技术和传统投影技术相结合的方式,在万众瞩目中"虚拟邓丽君"从观众遥远记忆中走上舞台,惟妙惟肖的动作、神态与歌声,一时间让现场观众真假难辨、印象深刻。

案例3：2015年春晚,李宇春演唱《蜀绣》节目时,利用全息技术"分身"出4个李宇春,一真三假同时呈现在观众面前,变幻绮丽、令人难以想象,舞台演变成一个魔幻唯美的虚幻世界。这种生动场景是通过全息投影技术创构出立体、形象的空中幻象,使幻象与表演者互动互置,一起完成精彩表演,产生令人震撼的演出效果。

第二节　智能算法技术传播

5G加持智能算法技术带来海量终端、多彩内容和更富想象力。作为中华文化创新应用和数字中国建设的重要部分,智能算法技术作为我国网络媒体和智能媒体传播的核心要素,已融入人们的日常生活,打破社会权利结构,重塑分众舆情。2022年3月1日,国家互联网信息办公室等四部门联合发布的《互联网信息服务算法推荐管理规定》(简称《规定》)正式实施。《规定》对算法推荐服务做出全面规范,明确了算法治理具体路径,确立了网络平台问责范围。同年中央网信办牵头开展"清朗·2022算法综合治理"专项行动,具体督促整改算法不合理应用所带来的"信息茧房""算法歧视"和"大数据杀熟"等典型社会问题。抖音、微信、淘宝、百度、京东、微博等App均已上线"个性化推荐"一键关闭功能。

一　智能算法技术问题与发展瓶颈

根据《光明日报》所做的《算法与用户关系问题专项问卷调查》,在算法"个性化推荐是否关闭"问题上,有40.5%的调查对象评价积

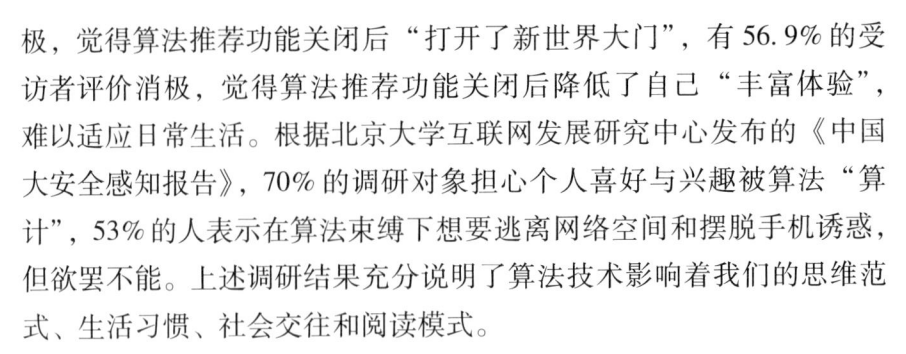

极，觉得算法推荐功能关闭后"打开了新世界大门"，有56.9%的受访者评价消极，觉得算法推荐功能关闭后降低了自己"丰富体验"，难以适应日常生活。根据北京大学互联网发展研究中心发布的《中国大安全感知报告》，70%的调研对象担心个人喜好与兴趣被算法"算计"，53%的人表示在算法束缚下想要逃离网络空间和摆脱手机诱惑，但欲罢不能。上述调研结果充分说明了算法技术影响着我们的思维范式、生活习惯、社会交往和阅读模式。

（一）智能算法的技术瓶颈

智能算法技术带来一些政治、经济、社会和文化问题。一般而言，算法技术服务于受经济利益和资本驱动的媒介平台，遵从预设性技术逻辑和本源性经济逻辑，因而引发信息真实偏差、侵犯用户隐私、算法偏见与算法歧视、信息窄化、信息低俗化与同质化等诸多隐患。具体体现在以下四个方面：

其一，信息真实偏差与个体视野受限。算法推荐使意见领袖的意见和话题不断向普通受众涌现，让受众的关注领域更加固化，长此以往将个体局限于"信息茧房"与"回音壁"之中，阻碍了用户视野拓展。对个人而言，算法推荐的同质化信息和偏颇性意见会造成个体认知偏激、信息窄化。对社群而言，持有激进想法的意见领袖往往强化社会舆论，容易形成群体极化现象，引发社会深层矛盾，挑战政府权威，破坏社会秩序，增加社会不稳定隐患。

其二，社会舆论呈现"流量化"和"低俗化"。基于用户信息大数据的算法推送尽管对海量的用户数据进行了高效的需求分析、评价和反馈，但用户数据的收集过程无法实现对低质量数据的把控和筛选，同时许多推送平台在商业化运营实践中遵循"流量至上"的价值导向和算法穷尽技术原则。一些自媒体平台会主动迎合人性的低俗"嗜好"，特别是一些意见领袖通过多级接力传播方式对消极社会舆情推波助澜，导致一些算法化信息低俗泛滥，严重影响青少年用户的身心健康。随着智能化短视频传播市场的激烈竞争，低俗内容收割流量和劣迹网红蹭流量现象引发"劣币驱逐良币"的负向传播效果，导致新兴传播内容生产传播向低俗化、模仿化、仿真化方向演进，这种泛娱化、算法化舆情传播降低了社会公众的文化品位，妨碍了中华优秀传统文化和社会主义先进文化的有序有效传播。

其三，用户消费数据安全风险与用户隐私外泄风险剧增。智能平台为了精准描绘用户画像，通过大数据算法和深度学习智能喂养方式获取并处理了大量用户的个人基础信息、地理定位信息、消费浏览信息、点赞评论信息等隐私，甚至盗取用户的通讯录、短信记录和个人空间信息，加上新兴传播平台没有维护和保管用户信息的能力，这就增大了用户消费数据安全风险与用户隐私外泄风险。因此，这种搜集大量非必要用户隐私信息而未尽到保护用户数据职责的违法或失德行为，违背了公开透明、合理正当、使用适当、公序良俗等法治伦理原则。

其四，算法偏见和算法歧视弱化主体意识。算法黑箱、算法偏见和算法歧视导致引诱消费、禁锢阶层和劳动控制等暗箱操控现象。算法技术根据消费者的个人偏好、价值取向、生活习惯和经济状况等个性信息来挑选"精准"价位和"心仪"商品，通过大数据反馈和智能化喂养等技术让商家更多地算计、控制用户消费行为。这样，在满足用户消费需求和主观意愿的同时，算法偏见将消费主义推向极致。同时，推荐算法还会捕捉到特定社会阶层成员的价值信息，对处于劣势阶层的用户贴上各种"偏见""歧视"标签，进而将其禁锢在原有的社会阶层，削弱甚至阻断弱势阶层成员的跨界层流动。[1] 可见，在智能信息生产传播决策权逐渐交给算法计算的过程中，迫切需要提升社会个体的智能算法技术素养，避免人的判断力、想象力与决策力被算法技术彻底"垄断"。

（二）智能算法的发展瓶颈

智能算法面临一些发展瓶颈，如算法推荐之下的"差别化待遇"及"入口垄断"（算法歧视）、用户信息过度收集所引发的"隐私威胁"和对算法过滤的"渐进式依赖"等困境。首先，智能算法发展存

---

[1] 参见陈昌凤、吕婷《"去蔽"的警示：算法推荐时代的媒介偏向与信息素养》，《中国编辑》2022年第5期。

在算法筛选和算法推荐的"差别化待遇"和"入口垄断"。一方面，算法筛选和算法推荐可能产生算法歧视。用户与算法平台之间存在着鲜明的"信息沟壑"，平台掌握算法模型公式和呈现规则，通过对信息筛选标准的个性化设计以及对其他平台和用户的"数据跟踪"，使普通用户群成为信息消费层面的底端人群。算法过滤和算法推荐实质上是来自平台对用户数据的标签化运算机制。算法根据用户消费能力差异将用户划分为不同层次的消费群体，这样便产生算法歧视或算法偏见。北京市消费者协会组织开展的"大数据杀熟"调查问题显示：在 16 个平台所提取的 32 个用户消费样本中，有 14 个样本新老账户的价格待遇不一致。这种算法歧视不仅损害用户切身利益，而且激化社会原发性偏见，引起社会歧视的深层矛盾。研究发现：新闻算法过滤和推送中的家庭女性、老年人、青少年等弱势群体容易受到分众关注，有 68.7% 的受访者认为"女司机""女大学生""女保姆"等带有性别指向的词汇更容易上热搜，性别议题更易激起意见领袖的热烈讨论和大量传播。平台利用"用户画像"和"贴注标签"等形式区别用户个体或扁平化对待用户言行，促使现实生活刻板印象向虚拟生活刻板印象延伸，从而引发网络社会的负向舆论。另一方面，算法过滤和算法推荐可能导致"入口垄断"。不少提供算法过滤和推荐服务的平台，经常通过将相关内容放在突出位置、屏蔽其他平台链接等方式实现自身的"入口垄断"与"自我优待"。这些平台在热搜榜、首屏、弹窗等关键节点通过设置关键词、定向推送、重点信息过滤等方式将特定内容或精准广告推至榜单前列，潜移默化控制用户可关注的信息范围和信息对象，如根据北京大学互联网发展研究中心调查数据，72.1% 的被访者认为平台会推荐与自身兴趣相同或相似的广告或资讯信息。当人们习惯接受平台所提供的算法化精准信息时，他们就可能陷入算法设置的"过滤气泡"和"信息茧房"中，可能成为算法数据的"附属品"或"利用品"，渐渐丧失接触多样多彩信息的选择机会。

其次，算法基于过度性、选择性收集用户信息的大数据算法可能带来"隐私威胁"和"隐私侵害"。例如，曾经热播的黑色幽默剧《大妈的世界》中有这样一段情节：广场舞大妈们正发愁买什么颜色演出服，这时王大妈随口说了一句晚上吃西红柿炒蛋，并拜托杨大妈去接"熊猫班"的外孙，结果手机购物 App 就分别向她推送了红黄相间、黑白搭配的"心仪"衣服。上述算法推送"应景"例证充分说明了算法平台以"偷听""偷窥"用户日常聊天信息等方式非法获取目标用户的隐私信息用以计算用户的消费偏好或情感偏向，在"应景"之时"突袭式"进行精准推送，以引起用户"及时"消费，这样用户个人隐私就受到严重侵害。浙江金融科技伦理委员会调研发现：80%受访者不信任算法，67%的被访者表示，在媒介平台与算法技术公司联手建立的智能移动社交平台，被"偷听"、被"偷看"的隐私"侵害"或"侵扰"已成"家常便饭"。很多企业、App、第三方机构在分享用户需求信息时，都曾试图掌控并使用用户隐私信息。北京市消费者协会调查表明：95%的用户表示，浏览器总能"记住"自己的搜索历史并且同步到其他设备上，在首页反复推送自己曾搜索过的同类信息，让他们有一种"被泄密""被跟踪"的不安感和厌恶感。基于过度收集用户个人信息的不当算法过滤和算法推荐服务，在"量"上会产生过多同质化的过滤和推荐内容，形成信息冗余，容易使用户产生心理疲劳或隐私焦虑；在"度"上常常超出应过滤和推荐的内容范围，色情、低俗、同质和有违主流价值观的内容常常被置于醒目位置或开机首页以诱导用户点击阅读或即时消费，这就违背了基本的伦理规范和法治精神。

最后，算法过滤与算法推荐会使用户产生"渐进式依赖"的坏习惯和懒惰被动的思维方式。比如，一位家庭主妇经常说"平时吃饭、遛娃我都会找 App 上排序靠前的餐厅和游乐场"。女性用户或青少年用户一般依靠社交平台的算法推荐"甘愿踩雷"或"自愿消费"，这种消费选择对于急用关键性信息或缺乏实用性信息的用户来说省时省力省心省钱，但容易产生依赖心理和依靠情结。随着智能算法时代的到来，不少网民越来越多地将商品或服务的优劣判断交给算法来"算计"。智能算法凭借着优先、分类、联想、过滤、聚合等机制在很大限度上建构了"用户在互联网消费或智能移动终端娱乐上的感知、认知与理智评价体系"。浙江金融科技伦理委员会调查显示：93%的受访者认为平台算法不透明，需要平台进一步解释，70%的受访者会根据平台算法的排名、评分等数据标准做出个人消费决定或娱乐好恶选择，尽管他们并不认同算法排名和评分靠前的商品或服务一定是更好的，但仍然"心甘情愿"沿着"惯性消费"去消费、社交或娱乐，这就形成了算法盲从和算法依赖的负向社会现象。

二 智能算法技术的社会影响因素

德国社会学家马克斯·韦伯在研究新教与资本主义精神关系时，谈到价值理性和工具理性问题。价值理性强调价值、内涵的重要性，以公益价值观为诉求目标；工具理性重视行动意义和寻找更有价值的动机，凭借各种理性手段完成预期目标。聚合类新闻客户端和分众化短视频往往追求经济效益最大化，忽视精神价值与社会责任。算法化媒介往往偏向工具理性，如从智能手机疫情防控行程信息中追踪到用户出行的智慧路况计算，从符合用户口味的资讯平台内容中获取用户个性喜好信息等。针对这种"注意力经济"产物，有必要提升用户算法媒介素养，提升其对算法信息的判断力和理解力，抵御算法的"过度控制"与算法偏见。总之，大数据时代的智能算法已渗透到社会各个层面，成为人的技术伴侣和共存对象。

第一，算法对于人类决策的影响不断深化。从导航软件的路线筛选，到内容运营、产品开发，乃至医生诊疗、法律裁决，算法正在渗透到各个领域的决策、生产、传播和评价过程。算法基于相应模型对于目标对象进行自动化、智能化分析，在多种方案中寻找最优可能，某些时候算法行动会优于人的主观行动。但算法也有自身的局限性，在算法决策、生产、传播和评价不全面、不完整情况下，用户会被算法带向各种陷阱，蒙受不同程度的损失。即使算法不出错，如果我们把所有决策、生产、传播和评价权都交给算法，我们的判断力、想象力、决策力、生产力、传播力和评价力就会逐步萎缩，人的主体性和主动性就会逐步丧失。

第二，算法影响人们的日常消费。算法实时计算用户消费商品、交往活动或娱乐情况的各种大数据信息，通过数据反馈或精准推荐让商家更有效地算计、控制用户的消费行为。因此，算法既满足人们的消费需求，又挖掘、诱导人们的需求和意愿，使人陷入消费主义和过娱主义的沼泽。近几年来，算法歧视和算法偏见问题一直受到社会的普遍关注，这是由于算法在放大既有社会位置固化上走过了头。此外，算法推荐带来的信息区隔和阶层分化激化了网络社会群际矛盾。

第三，算法控制人们的劳动。无论是外卖骑手、网约车司机等私人定制型劳动者，还是网络平台、品牌商家的各种内容生产者，都面临算法劳动囚禁问题。通过算法规则，平台或商家可以对劳动者进行严密控制，这种控制可能演变为劳动者的自我约束与自我激励，个别劳动者甚至变成"永动机"或"恒点工"。点赞、评分和打赏是算法控制劳动的主要机制。点赞带来劳动者的自满感，也带来虚荣感。评分有助于主体对社交礼仪或商业规则的遵守，但可能助推主体对社交潜力、商业权力或监督权力的滥用。打赏有助于劳动者劳有所报，有可能助长劳动者过分追求经济利益。相比以往权力规则，算法对用户点赞、评分及打赏信息的计算与推送具有更强的直接、明确、针对性效果。这种功效既可能源自管理者与政府部门，也可能源自平台、算法设计者，还可能源自意见领袖或普通受众。算法所隐含的内在规则潜移默化地影响着主体感知、认知与理智判断，甚至进一步内化成用户的个性偏向、价值偏向或劳动偏向。值得注意的是，虽然算法可能带来劳动囚禁风险，但消费者对此并不完全了解，甚至浑然不觉，因而算法素养培育者需要帮助用户认识到算法风险，提高反囚禁能力，这正是算法技术素养培育的首要任务。当然，有些算法风险并非靠人的抵制、反抗就能消解的，而是需要政府监管、制度规范、体制变革和算法伦理法律约束来克服的。

第四，算法设计方、算法平台与社会公众，强势群体与弱势群体之间存在的知识鸿沟和数字化鸿沟，导致算法难以被理解、被诠释和被识别。按照行业惯例，大部分算法设计者、算法平台出于技术机密、商业机密等原因并不会将算法运算细节公之于众，算法存在着看不见的"黑箱"、偏见或歧视因素。长期以来，这种不透明、不公平、不对称机制被看作"自然化""商业化""社会化"存在，很少有人去质疑其合理性、规范性和合法性，算法黑箱、算法偏见和算法歧视严重影响了政府对算法的监管和民众对算法的监督。算法开发者、算法平台与普通受众之间缺少公开而持续的算法解释或算法公开环节或渠道，因而建立多元主体间的算法沟通和算法展示机制迫在眉睫。

第五，算法使用者的弱势地位加剧普通用户的算法维权艰难。北京大学互联网发展研究中心研究发现：国内真正了解算法运行机制的用户人数并不多，仅有43%的调研对象认为自己熟悉算法功能，63%的被访者表示自己对算法"一知半解"或"不太熟悉"。可见，我国算法素养培育仍然缺位，与国外算法素养教育形成鲜明对比，如欧盟委员会在2020年就实施了各成员国公众算法技术意识和素养的培育方案。

第六，算法带来社会秩序维持的不利影响。平台价值观和立场观念嵌入算法程序，增加了社会个体察觉算法偏见或算法歧视的难度。笔者2022年对杭州算法平台员工的调研发现：85%的算法工程师表示，算法不是绝对客观中立的技术。数据采集的用户范围与平台的营销目标都会写进算法代码、影响样本分布或数据收集，从而将"倾向""偏好"与"立场"嵌入算法程序设计中。对于普通用户而言，由于算法以数字、公式、符号等方式呈现，具有"技术无意识"和"技术专业性"特征。因此，普通用户很难察觉和追溯价值偏见或观点偏激的真正源头。例如，以"流量至上"和"网红带节奏"为代表的内容评价或观点点赞就是算法逻辑的潜移默化结果。

总之，开展算法治理和算法科普的配套措施和机制尚未到位。作为日常技术，算法深刻改变了人们的生活习惯和价值观念，但社会治理体制尚未跟上算法发展步伐。换言之，迅猛发展的算法技术应用与不完善、不科学的立法规制、政府监管体制和不同步、不配套的"信息基础设施"运营机制之间关系失衡、相互脱节。同时，算法研发和平台传播的法律伦理意识较为薄弱，缺少行业管理和行业自律的法律伦理规范。比如，有关算法推荐信息服务的管理规定虽已出台，但是与之相配套的算法治理的体制机制、保障措施还有待完善并实施，社会公众对于算法应用开展的"协同共治"氛围和意识不强、参与渠道不广，上述诸问题均需进一步深入探索、切实克服或有效弥补。

第三节　智能 5G 技术传播

　　工业互联网、大数据、物联网与 5G 技术一起催生了媒体传播聚合效应。智能化 5G 技术传播蕴含 5G 技术专业素养、5G 技术文化素养与 5G 技术媒介素养于一体。5G 与新兴传播存在技术资源和媒介资源的优化组合、互补互渗关系。新兴传播是专业化媒介运用现代传播技术和智能经营手段，以网络分众为对象进行的规模化或社群化信息生产传播活动，具有从信源（专业组织）经信道（广电媒介）到宿主（社会受众）双向或多向的分布式传播范式。5G 新兴传播属于 5G 加持新旧媒体技术的分立或融合传播范畴，具有超高速、低功耗、短时延、高通信密度等功能。由于大众传播的不对称、不平衡、不平等等局限性因素，加之以 5G 为代表的现代技术广泛应用，媒体传播正面临一场前所未有的大融合发展趋势。鉴于未来传播逐渐转向相对完整、更为对称、讲求平衡、关注平等、分布并联的资讯媒介（现代广电）、关系媒介（自媒介）和算法媒介（智能媒介）相融合、共集成、高聚合的智能融媒新格局，对于社会公众的智能 5G 技术素养培育工作已提到数字中国建设的战略高度。只有培育出智能 5G 技术素养良好的社会公民，我国经济社会发展和社会主义精神文明建设才有真正的技术传播主体，中国特色的智能 5G 技术资源优势才能得以充分发挥。

一　智能 5G 技术的内涵与特征

　　技术革新一直是通信演进的重要力量，媒介技术一直是媒介环境学派研究的焦点，学者们广泛认可媒介技术对社会的再建构作用。媒介技术是当代人最基本的科学素养，是一个人从事正常生活的必修课。人类真正的数字化时代是从个人计算机连接上互联网之后开始的微粒化、碎片化传播时代。在 3G 时代，人类实现了初步的即时性、快捷性网络社群化交际，但在传播大容量视频的时候人们主要依赖有线宽带技术支撑。在 4G 时代，Wifi 技术给人们的智能手机人际、群体交往带来更大的便利和便捷，大容量视频在大数据、云计算等技术赋能下有了长足发展。在5G时代，人类借助人工智能、区块链和技术孪生等技术的计算、优化和拓展手段，将实现智能化、算法化和场景化交际活动，跨越多屏媒介的整合传播生态得以建构，受众可以从微观与宏观、真实与虚拟、单模和多模等多个技术维度来强化体验效果和消费印象。

就5G技术特征而言，5G时代给信息传播带来翻天覆地的变化，信息传播产业在高速网络环境、人工智能、云计算和大数据的融合技术推动下，逐渐摆脱固定终端形式，在信息传播上呈现传播主体、内容、形式、手段、渠道日渐丰富而聚合化、集成化等特点。因此，5G带给我们的将会是高效互动的交流方式和操作简单的智能系统，海量信息都将汇集成一个庞大的数据库和深度学习系统，每个用户的需求信息将成为智能融媒传播的核心竞争资源和关键竞争优势。在5G技术传播过程中，每个用户都是自主的信息生产主体和平等的信息发布主体。5G时代追求的是立体化、真实化、关系化的"三维信息"，以VR、AR、MR、智能全息技术为代表的虚拟场景将成为智能融媒传播发展趋势。我们从5G互联互生、5G范式转变和5G互动深化等方面对智能5G技术特征加以说明。

首先，智能5G技术具有互联互生特征。5G技术是建立在4G技术基础之上为了充分发挥商用价值而完成的传播迭代技术，是从大数据时代到智能移动互联网时代的全方位升级技术。5G技术比4G技术拥有更先进的用户体验速率、峰值速率和更大的流量密度，便于超快速地下载视频，体现出一种超高速、大容量、低时延、大流量密度的传播方式。基于日益增长的流量需求和人们对于娱乐活动和商业消费的新要求，第五代移动通信系统已经成为5G加持的新型传播模式，5G技术应用为智能融媒传播的现实应用提供了基础性保障，5G技术促进了新旧媒体的互联互生，让万物互联成为可能，从"互联网+"到物联网，5G技术不仅将传统媒体和新媒体联系在一起，同时将更多的自媒体与智媒体联系在一起，现代传播正朝着资讯、关系和算法信息大融合的智能全媒体传播方向演进。

其次，智能 5G 技术具有传播范式转变的新特征。智能 5G 技术传播范式是将 4G 时代的平面传播模式转变为 5G 时代的三维传播范式，由 4G 时代的文字、图片、视频传播转变为 5G 时代全方位的新旧媒体融合直播、VR 虚拟现实传播和智能融媒全息传播。在 5G 技术商用化背景下，虚拟现实技术和智能全息显示技术在新兴传播领域逐步开始运行，将来势必盛行，其沉浸（Immersive）、交互（Interactive）、直觉（Intuitive）的"3I"特征推动信息生产传播模式向着更接近用户日常生活、更注重用户交互体验、更看重用户个性需求的智能化消费、娱乐信息生产传播模式转变。智能 5G 技术加持 UGC 和 PGC 的不断涌现，使得个性化、精准化内容生产传播机制进一步贴合用户消费意愿和社群交际需求，在新闻信息、影视信息、娱乐信息和消费信息的生产传播上更能体现智能融媒的场景化和算法化发展趋势。

最后，智能 5G 技术传播具有高效互动特征。5G 智能时代是 We - Media 时代，是一个"每个人都是记者""每个人都是传播者"的人人皆媒、万物互联时代。智能 5G 技术的即时性、互动性、聚合性和精准性可以让人们感受到现实世界和虚拟世界越来越靠近、越来越紧密。更多的自媒体和智媒体如雨后春笋般兴起，短视频和网络直播迎来高度发展的上升期。5G 技术与新兴传播技术的联袂带来传播方式和传播属性、功能的巨变，让用户有了更多的自我发声、自我发力的智能化、融合化传播渠道。简言之，智能 5G 技术促进了媒体和受众之间的深度互动关系，成就人媒伙伴模式、人机共存模式的合作关系形塑，有助于提高新旧媒体的融合力、传播力和影响力。

二 智能 5G 技术传播的发展困境与破解路径

智能 5G 技术促进 Web3.0 的长足发展和三微一端新兴传播的突飞猛进，5G 技术语境下现代记者和编辑的生产传播角色更具扁平化、市场化和社会化，更具复杂性、层次性、挑战性和艰巨性。

（一）智能 5G 技术传播的发展困境

智能 5G 技术传播困境在于新闻编辑角色弱化、新闻记者角色转型挑战和主体 5G 技术伦理法律素养有待提升等方面。第一，职业记者与新闻编辑的传统生产传播角色日益弱化。在传统媒体时代，职业记者和新闻编辑占据着核心地位，新闻报道取决于职业记者、新闻编辑的业务水平和认知能力，受众通过职业记者和新闻编辑的文本报道去了解事件来龙去脉。随着5G网络与人工智能技术的发展，职业记者和新闻编辑的角色逐渐淡化，其生产传播控制权也逐渐降低。新兴传播主角是意见领袖，各种价值信息通过意见领袖的多级接力传播实现热门话题的焦点舆情，每个用户都有可能成为记者或编辑、身兼生产者、传播者和接受者的三重角色。对于任何受众来说，谁掌握了流量，谁就在智能平台拥有较大的话语权、引导权和主导权。现代传播已从自上而下的职业记者与新闻编辑主导性传播转变为自下而上的普通分众双向或多向传播格局，受众、传播者、编辑和记者的概念区分与角色区隔已逐渐模糊，甚至相互置换。

第二，职业记者与新闻编辑面临"传统兼新兴"角色转型的挑战。在5G智能传播过程中，传统媒体信息的报道固化与阐释匮乏性、网络信息的良莠不齐以及网民素养的高低差异等新旧媒体传播结构性矛盾问题，是摆在线下线上职业记者和新闻编辑面前必须解决的重大问题，也是职业记者和新闻编辑必须承担的重大社会责任。新旧媒体智能融合传播的根本前提，是职业记者与新闻编辑由传统的集中式生产传播角色向集中兼分布式生产传播角色转型，在职业记者与新闻编辑承担对重大事件的主流媒体报道之后，他们还需通过网络媒体和智能媒体对相关报道信息进行碎片化深挖、细析和置评，进而再通过传统媒体对整个事件进行"盖棺定论"，实现"传统兼新兴"角色的华丽转型。换言之，网络媒体和智能媒体拥有庞大的用户群，在热点事件发生时，网络意见领袖发挥多级接力的潜移默化、推波助澜作用，所以传统职业记者和新闻编辑要想发挥更大的影响力，需要逐渐转向网络社区意见领袖的分众舆情主导角色，这就要求职业编辑和职业记者要主动顺应智能传播规律，在坚守原有专业优势的同时，将自身角色定位于意见领袖的新型角色上来，担负起对于新兴传播舆论的正确引导和对新兴传播舆情事件的即时发声等公共传播责任。

第三，传播主体的5G技术伦理法律素养有待提高。随着新兴传播发展，多层次传播主体的5G技术素养参差不齐，导致在信息汇聚、信息生产、信息传播过程中各类平台充斥着许多低俗、低质同质化内容信息，这对于青少年用户身心健康产生消极影响。个别传播者为了博眼球、涨流量、获得经济利益铤而走险、打法律道德擦边球、传播有违公允良俗信息。一些融媒平台违背职业道德规范，为了流量盈利而报道暴力涉黄信息，运用不切实际的渲染性话语夸大事实真相或采用"标题党"手法提升流量关注度等。

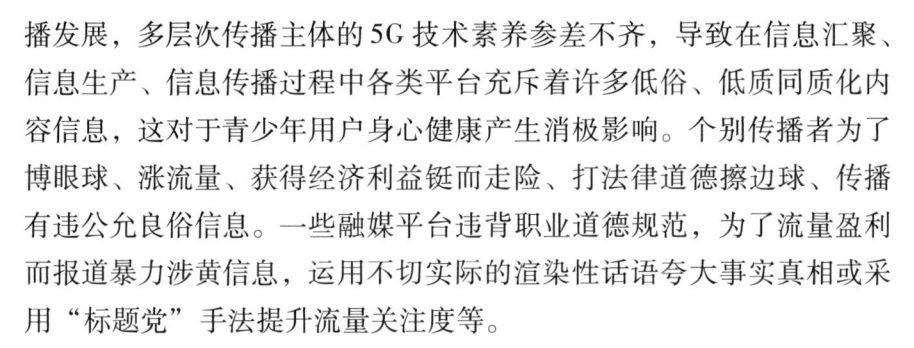

（二）智能5G技术传播困境的破解路径

智能5G技术传播困境的破解路径，在于坚定理想信念和职业操守、提高5G技术水平、重视社会主义核心价值观和5G技术混合教育模式、开发6G技术应用潜能。

其一，坚定理想信念和职业操守。作为智能5G技术素养培育的关键主体之一或社会舆情的正向塑造者，智能传播从业者应坚定理想信念和职业操守，本着以人民为中心、为人民服务、敢讲真话、培育下一代、以社会道义为先的职业精神，有效应对智能5G技术所带来的问题。同时，智能平台应主动与智能5G技术培育机构共同开展智能5G技术科普推广活动，凭借共同的协作目标、科学的协同方案和前瞻的职业规范，共同完成对国家负责、对社会负责、对人民负责的智能传播政治使命。

其二，提高智能传播从业者的5G技术专业水平。5G时代带来的是技术发展和媒介融合创新，智能传播从业者也要与时俱进，掌握5G技术专业技能。传播媒介在更新，传播技术在进步，如果媒介从业者不能及时、自觉、有效学习和掌握，最后结果就是从业者的生产传播能力被人工智能机器人的媒介生产传播技术所取代。因此，智能传播从业者不能故步自封，应该善于接受5G新技术，培养技术创新的敏感意识，灵活掌握并应用智能5G专业技术，这是5G智能时代对于媒体人专业技术的时代要求。

其三，重视主流价值和5G技术的混合教育模式。在5G信息海量的新兴传播时代，对于价值信息的收集就显得尤为重要。要在繁杂冗余的信息海洋中向目标用户提供真正需要的"精准"信息和主流信息,就需要5G为代表的技术资源和以社会主义核心价值观为代表的主流价值资源的科学配置和优化组合。媒介素养(包括技术素养)教育在西方各国都是从小开始进行,西方教育者更加重视媒介素养的终身教育模式,同样,我国5G技术素养教育也应该培养受教育者终身学习的主体自觉意识,引导青少年受众树立正确的价值观,在现实世界和虚拟世界真假难辨的繁杂信息中拥有敏锐的分析力和判断力,重视对价值信息的即时抓取、新闻敏感性的锻炼和批判性思维的养成。

其四,开发6G技术的应用潜能。5G技术蕴含人、机、物的综合特征,使技术素养培育不仅跨界进行,而且培育起来更具复杂性和挑战性。而6G技术加持的新兴传播将破解5G发展瓶颈,带来更大的应用潜质。例如,6G智能全息交互技术将是实现人、机、境交互体验的理想应用模式,将成为未来技术素养培育的成功模式之一。根据中国信息通信研究院发布的《6G总体愿景与潜在关键技术白皮书》,6G将会是一个空、天、地、海一体化的网络布局。在6G时代,通信业务模式、交互方式和用户体验都将发生重大变化,全息会议、全息智能制造、全息地图和全息手术将使现有业务发生翻天覆地的巨变,6G技术传播真正融入普通用户的日常生活,这样会诞生出更多、更有效的技术素养沉浸式培育场景,如全息车内演唱会、全息家庭舞会和全息商品展示会等。总之,6G新兴传播将从物理世界的人、机、物拓展至虚拟世界的人、机、境,满足人类精神进步和物质丰富的全方位需求。

三 智能5G技术传播的发展范式

2020年,在700MHz频段2×30/40MHz大带宽技术提案得到国际标准组织正式认可后,国家广电总局积极开展"低频+中高频"混合组建5G网络的数字基建战略部署。随后,电视科学研究院牵头制定5G广播标准,积极推进媒介平台的强交互和精准分发技术。面对连接10亿场所、50亿用户和500亿物介的5G网络强大潜在功能,传统媒体与新兴媒体的生产者、传播者和治理者的首要任务是扭转思想、转变观念、主动协同和重新融合,以契合5G技术创新应用新要求。

（一）促进新旧媒体深入融合，重塑 5G 加持"大众 + 泛众 + 算法"新范式

通过场景应用转型、视听高质量提升、智慧广电与网络媒体、智能媒体的融合升级、数字经济增长模式转变以及 5G 技术场景传播等措施，促进 5G 智能数字基建取得显著性成效。

1.5G 技术加持广播电视、网络媒体与智能媒体的创新融合

5G 技术加持的广播电视、网络媒体与智能媒体存在互补互渗的优化路径。一方面，媒介技术与 5G 技术通过 LTE（网络架构）数据业务与 MBMS GW（网关）、MCE（交换机）、BM－SC（算法）网元的相互兼容实现创新融合，形成 5G 媒介技术体系。其中，MBMS GW 采用 IP 组播流形式将所有的用户面数据有效传输到基站，MCE 负责 MBMS GW 的分配时域和频域资源，BM－SC 具有业务声明、内容同步、安全管理及会话传输等功能。近年来，我国新兴传播拥有更大、更快的覆盖面，这就需要 5G 移动技术的进一步驱动，需要加大 5G 技术与新兴媒介技术在安全设计、系统功能模块上的黏合力度。实践证明：大部分群体、组织和企业乐于通过普通微信群或企业微信群等社交媒介进行信息传递和组织活动，这就要求加强 5G 技术在三微一端等自媒传播中的应用深度和广度，主动建构符合分众实际需求的关系场景和算法场景，触达价值用户的个性需求。

另一方面，新兴媒介技术与 5G 技术的互通互连前景广阔。目前，基于高塔发射与高功率的数字电视、网络媒体和智能媒体在性能和属地管理上差异较大，如覆盖面积存在 20 倍左右的差距，这就需要加强媒介传播手段创新。新旧媒介只有与 5G 技术相联通，才能将各种网络、智能传播手段融为一体，实现大覆盖、高速率、短延时传播功能，满足用户便捷化资讯、组网化关系和智慧化生活需求。随着微博、QQ、微信等自媒介和抖音、头条等智媒介的勃兴，现代信息传播呈现多样化、碎片化和微粒化发展趋势，纷繁复杂的海量信息影响到用户关注力稀缺资源的科学配置，受众更加偏向于与自身个性需求、主观意愿相吻合的传播渠道、传播手段、传播品位和传播内容进行价值扩容，于是智能化跨屏融媒传播的呼声愈发高涨，而基于 5G 技术的融

合媒介能够保证特定用户跨越时空局限在不同场景下享受高速通信服务和获得视听消费需求。例如，5G智能媒介可以通过5G技术自动感知、实时传送和整合共享等功能实现智能覆盖接入、跨系统内容分发、直播点播、短视频推送等内容跨屏协同服务。各种媒介技术与5G三大应用场景的融合更是锦上添花，为大屏固定终端和小屏移动终端提供精准、个性、多元的智能化服务，有效挖掘数据流向、交互能力和内容解析上的价值关系数据和潜质算法数据。例如，电视直播和网络直播的融合平台可以运用NFC（近场通信）、裸眼3D、XR技术和4K/8K超高清视频等5G第一应用场景，海量应用的智能机器、设备和终端等5G第二应用场景和低能耗、大连接下的5G第三应用场景，将一场重大活动会场按照多层次用户对于活动会场各种主体要素、客体要素和内涵要素的不同需求通过智能算法秒瞬演化成"私人定制"视频产品。[①]可见，5G与智能媒体的耦合传播有利于提升受众的消费品质和审美能力，增进受众对5G应用场景的体验感知力和沉浸认知力。不过，现阶段我国新兴媒体对5G技术的应用仅停留于双向交互场景或智能场景直播等方面，需要突破固化思维定式，进一步聚合新兴传播优势资源，加快5G媒介技术的智能化迭代升级。

2. 契合5G技术发展要求，重构"大众+泛众+算法"复合型新兴传播范式

5G技术发展要求创新智能融媒产业的生产链、供应链和价值链，建立健全多元、个性、定制性产品的创作生产、制播分发、传输覆盖、接收呈现和用户服务体制机制，要求媒体从业者与虚拟主播、社交机器人、算法采编系统的协调合作，创构以人为本的正向舆情社会和激活以用户为中心的潜在消费需求，构建可持续性、丰富有趣的"5G+融媒"应用场景，为传统媒体转型升级和新兴媒体价值提升提供优质技术资源和媒介资源。只有重塑大众、泛众、算法相融共进的智能融媒新范式，传统、新兴媒介才可能拥有更加明晰的发展前景。例如，2020年春节后，基于5G技术的电视和网络融合性直播全程高清展现

---

① 参见曾静平、王友良《5G赋能时刻：全媒体，全素养》，《未来传播》2020年第2期。

武汉火神山、雷神山医院建设的生动画面,让亿万受众瞬间秒变为"云监工"和"云见证",这种5G与传统媒介、自媒介"联合"抗疫宣传的显著效果可窥一斑。以书籍报刊广播电视为代表的资讯传播和以社交媒介为代表的关系传播、以场景媒介为代表的算法传播的融合范式,有望成为未来新兴传播的创新范式,当资讯、泛众、算法三种信息经由"广电媒介+关联自媒+关联智媒"通路密织成现实社会、虚拟社会和智能社会的联结体时,新兴传播的聚合范式便会水到渠成、尽显所能。

(二)形塑电子、关系和算法介质共构的新兴传播新格局

广播电视媒介是大众传播时代人类经验的感知对象,是一种从政府到民众的单向信息传输社会性工具和通信技术性电子媒介,传统传播的人媒边界清晰、传受关系泾渭分明,传统的传播者、受众、媒介及内容均接受政府管控和社会监督。5G社交媒介是一种基于分众对话关系的情感型网络媒介,是通过个体、人际、群体连接和再连接而形成的新兴传播形式之一,由关注、共情和共享等关系要素构成的社会传播平台。学者John Fiske(约翰·费斯克)对于网红与粉丝关系进行了深入研究,他主张社交媒介的关系功能通过网红与粉丝的社群闲聊和文本创造过程来实现,因为自然性闲聊和关系文本创造是一种自由、意愿、无议题预设的对等互动关系,是个体间、个体与组织、组织与组织之间关系触达、需求满足的直接有效手段,既强化粉丝间的交互关注与情感共振,又增强对关系内涵的重塑和再造。这种突破网红与粉丝间时空局限的在线沟通方式,使大量隐匿于现实世界的潜在粉丝在虚拟网络社群得以凸显和放大,最终创立价值圈层文化和关系情感文化。5G智能媒介正是按照人际、群际、人与产品、人与环境、人与社会之间的大数据信息和虚拟场景化信息进行自动化、精算化、即时化分类、分析、评价与仿真的关系化智慧系统。5G广电媒介与5G社交媒介、5G智能媒介的相互协作、彼此渗透,甚至完全融合,有利于整合各种传播手段、传播渠道、传播场景及传播方式,密织完整高效的新兴传播体系,精准化、无差别、全方位服务目标用户。

但是，5G新兴传播使得传播者与接收者、媒介内信息和媒介外信息、受众与媒介之间的界限日益模糊，展现出去中心、去主体、去客体，隐形、关系化和仿真化等特征。这样，新兴传播的传者、受众、媒介及内容很难受到政府常规性管控和公众及时性监督，新兴传播主要依靠主体的自律意识、平台的俗成"行规"和相关规制的"落地"效果来加以自主运行、自我约束和政府指导。因此，传统媒介的严谨行规、制度、法律、伦理规范与5G新兴传播的自觉性、自由性、自治性特质形成矛盾关系，甚至发生冲突。新兴媒介融入5G技术、对接传统媒介时，首先需要正确处理两者之间的对立关系。无论新兴媒介，还是传统媒介，都应探寻相关矛盾解决的优化进路，采取逆向思维、灵感思维和联动思维来消解彼此发展模式的差异和技术创新上的差距，积极融入5G技术，加快显形传播（传统传播与网站传播）变革进程和隐形媒介（自媒介与智媒介）建设步伐，促使两者相向而行、耦合发展。简言之，传统、新兴媒介都要积极考察事件、现象、人物、问题等典型资讯信息，姿态、情感、行为、状态、需求等关键关系信息和议题、氛围、观点、立场等场景价值信息，将上述三类信息优化组合、科学配置、并联分布性应用于新型主流媒介（网站）、自媒体和智媒体的深度融合实践，只有这样，新兴传播才会有光明的未来前景。

（三）实现新兴媒介从业者和治理者的全员互联互通

20世纪初，大众传播初步成型，其功能在于收集、编辑和传送信息。这种专业化传播权力掌控在专业记者和职业编辑手中，大众传播很大程度上发挥着社会主导性作用。21世纪初，社交媒介崭露头角，之后4G移动社交媒介开始普及，形成专业化传播精英、非专业性社会精英和普通社会成员共同组成的多元、分众、去中心化、碎片化自组织传播格局。到了2020年，5G引领的自媒传播和智能传播呈现出微粒化、去价值观、算法化、场景化的盛行势态。传统媒介传播主要担负文字、图片、图像信息的生产传输任务，虽然离不开大众传播的固有使命和精英主义本色，但也可以与5G加持的门户网站、自媒体和智能体相互打通、相互作用、彼此呼应，实现即时性报道、赛事解说、场景展示、对话、访谈等交互活动。同样，新兴媒介也可以与传统媒介在5G广电直播、5G自媒传播和5G智媒传播领域进行密切协作、合理分工、默契配合，在数字中国建设格局中发挥应有的独特作用。随着5G技术的普及，媒介传播者的逻辑认知从时间线性技术逻辑转向个性私密或群体共享的多向技术逻辑，基于算法场景的智媒传播者担负起获得目标受众、促进关系价值信息传播、并置分布连接、发掘智慧场景潜在需求等职责。5G时代"万物互联""万物皆媒"和"人人都是麦克风"的观念深入人心，智能传播成为资讯、关系、算法信息追踪、生产、发送、反馈的生力军。智能传播将大数据、云计算、智能算法、5G应用场景融于一身，把精英兼分众传播角色、集中兼分布推送角色、大数据精算角色和深度学习喂养角色化为一体，承担利基市场、长尾需求和个性意愿的实时感知、精准匹配和复合切入等角色，人机协调、机脑融合的分工协作贯穿于定制、个性、即时、算法化生产传播全流程。相对于传统媒介传播者，以智能技术与智能算法为逻辑依据的智能传播者，其意义信息和价值信息来自人际关系、人机关系和机机关系历时、共时性信息建构的实践过程，所以5G智能传播者需要整合、集成、创构各种人际关系、群体关系、人机关系和机机关系价值信息，重塑社会伦理关系，从关系元文化规律和智能算法运行规律出发有效捕获、裁剪、取舍、发送、反馈需求信息，以良好的内容效果和技术效果来触达精英用户和普通用户的消费意愿，以交互的社会传播关系和私人定制的场景传播关系来影响和感化目标客户。5G广电媒体、5G广电网络媒体与5G自媒体、5G智媒体之间既有碰撞、矛盾、冲突的因素，又有交流、对话、转化的资源，都是为了服务用户需求和满足用户意愿的自主化、社会化和功能化的媒介共同体，都是传播主体自律性、关系性和智慧性的集中体现。换言之，那些拥有并运用连接、再连接5G技术系统的、占有和把控海量用户需求资源的、善于关系化智能场景建构的媒介组织将是未来传播竞技场的获胜者和主导者。

（四）把握新兴媒介用户需求的融合点

5G传统媒介、关系媒介与算法媒介的内容传播效果取决于资讯、关系和场景内容信息的"接地气"和有机融合，取决于用户心理、情感偏向性信息的充分供给，取决于5G资讯、关系、场景信息关键节点的精准匹配。资讯内容是传统媒介优势资源，"内容为王"是传统传播行业品牌、口碑和经营之本，资讯内容具有理性、线性、集中、逻辑等表征。关系内容是5G社交媒介的特有优势资源，呈现关注、共情、态度、非线性、非逻辑和非理性等特征。智能场景信息是智能媒介价值扩容的重要范畴，是基于大数据、云计算和智能算法所创建的场景价值信息。传统传播内容只有彻底融入5G关系、场景内容传播体系，成为新兴传播的组成部分，其资讯传播的优势功能才能与5G关系、算法传播功能融为一体，5G广电传播力才能发挥到最大化值和最高效，三类传播才能实现内容、形式和技术聚合划一、扬长避短、融合传播。

其一，关注用户资讯偏向性需求。用户对事物、事件、人物、现象、观点、立场等认知偏向性资讯信息，对于广电传播、网络传播和智能传播都是不可或缺的优质资源。在5G时代，资讯性视频传播成为传统、新兴载体双轨耦合的典型形态。5G视频传播比广电传统图像传播带宽更高、表达更多样、维度更丰富、受众更多元，这就促使广电传播加快转向自身网站视频传播、关联自媒视频传播和关联智能视频传播（如虚拟主播），推动专业化精英传播者与泛众化传播者、智能传播者的相互融合。正如一个性格内向的个体不善话语交流，而偏向使用非言语交际那样，在网络世界，一些个体不善以传统媒介的文字或语音进行交流，而善于以表情包、生动图片或短视频等形式来完成社交活动，真可谓万千世界各有口味，我们需关注用户资讯偏向性需求，满足用户多样性生活需求。

其二，把握用户情感偏向性需求。用户情绪、情感、生理、个性、状态、行为、态度等感知偏向性信息是关系化社交媒介的优势资源，感知偏向性关系元素具有与资讯元素、算法元素不同的个性特征，常常通过共在、共鸣性的关系内容来维系社群用户关系，即以一种被传播的关系内容来阐释或影射另一种关系内容，渐次形成隐性、潜在、分布式、"核裂变"的情感冲击波和舆情传播力，所以用户感知偏向性信息是新兴传播者须把握的核心节点,① 新兴传播者需通过社交媒介公众号和移动终端 App 等渠道加强与用户的社会化沟通与交流,通过算法场景交互手段实现人机、人景、人际的有效互动。相对于传统资讯内容的理性、线性、逻辑性特质,用户感知偏向性关系内容具有肯定、认同、接受、情感共鸣、价值趋同、志趣相投、道义相合等价值功能,其传播进路在于使关系信息经由用户的关系表达通路满足其感知、知觉、情感的需求,达到"入眼入耳,进而入脑入心"的共振功效。可见,智能 5G 技术传播需要建构感性互通、关注互化、情感共振的主体间性关系,增强社会关系的纽带作用,突出关系内容传播的共有共享功能。值得注意的是,算法化短视频平台正成为用户感知偏向性关系内容传播的主要载体,这是因为生动形象性短视频比文字、图片、图像所承载的意蕴更丰富、更直观、更贴近,有利于公众注意力稀缺资源的汇聚和倾情性场景的生成。那些注重受众情感动向,善于拉近感性距离,促进亲近、友善、诚实、尊重、信任关系建构,催化情感关系互动互化和实用需求持续满足的传播者或媒介平台往往成为社会力量凝聚、社会舆情主导的中坚者和引领者。

其三,洞察用户算法性信息需求。麦克卢汉提出"内容即媒介"的观点,笔者认为算法内容即新兴媒介,算法内容是新兴媒介的灵魂,是新兴媒介的本体和动源。新兴媒介的价值建构是一种投缘、同趣、等值、分层、重关系、"懂"需求的介质价值扩容过程,智能算法内容属于新兴媒体价值建构范畴,它是贯通自媒介和智媒介的潜在动力和核心力量,是 5G 时代连接人人、人机、机机关系的关键要素。智能媒介可实现人机信息采集、分析、评价、反馈或者作品创作、技术创造、艺术再造的交互共享。在资讯、关系和场景价值信息建构进程中,智能传播者应积极吸收动态性事件、人物、现象等资讯信息,量化性情感、语气和态度等关系信息和用户智能化需求的大数据信息,通过内涵信息的迭代转化发挥人际、个体与社群、人机、机机之间的有机连接和再连接功能,实现数字社会资源的优化组合。从理论上讲,

---

① 参见何新华《5G 时代大学生媒介素养教育路径探析》,《传媒》2022 年第 5 期。

5G智能算法机制可实现包罗万物、互联海量信息之功能，可囊括意见、行为、态度、生理需求、心理诉求、消费意愿和行为偏向等目标用户的所有需求信息以及智能系统、外部环境等技术、环境性信息，这样作为人类个体、组织和企业就成为一种基于大数据、云计算和智能算法的永续性有机智能终端，其状态、行为、需求和环境等大数据被纳入智能化数据库中，可以全方位全时段与其他无机智能终端进行信息交互交融、互享互用。例如，央视举办的中华诗词大会令网络粉丝交互场景异常火爆，传播者如果借助智能算法对目标用户的特征进行追踪掌握，智能化分析评价不同层次粉丝圈的大数据信息，即时性反馈给直播平台的话，这种人机协调的智能化传播模式可以进一步提升中华优秀传统文化的传播效果。

针对未来万物皆媒的算法社会，多元多层媒体需要互补互为加强联结、协调和整合，需要资讯、关系与场景相融的新旧媒体协同、配合和集成，更需要5G智能技术加持的数据驱动和技术支撑。基于5G技术的传统媒介、自媒介和智媒介需组建集成化、聚合化传播平台，从内容信息凝练上加强弥合、连接、贯通和协同，联结各种微粒化的商业平台、用户平台、内容平台和终端平台，将受众的志趣、价值取向、关系、情感、心理、生理和个性等要素进行圈层化信息整合和精准化消费对接，真正担当内容传播的驱动者和用户需求信息的供应者。"切中精英用户需求要害"的传统媒体与"切中普通用户需求要害"的社交媒介、算法媒介需成为线下线上社会治理和社会主义先进文化传播的重要担当者和关键贡献者，积极营造正向媒体舆论氛围。只有依靠人的创意思维和机器算法的智慧思维，5G智能传播才能不断满足目标用户的利益诉求，以信息传递、观点表达、场域建构等形式展现共性价值观，引发社会情感共鸣，促成社会关系认同，创构精准需求场景。因此，媒介居间关系价值化、算法技术人性化和人机融合感知化，将成为5G技术与新兴媒体相融合的逻辑依据。可以预见，移动自媒介和智能媒介支配下的自下而上的虚拟世界与传统媒介主导下的自上而下的现实社会，在深刻融入5G技术与5G网络的现代基因后，必然形成以智能融媒传播形式为嫁衣、以人文、科技内涵为躯体的后现代新大众传播新格局。这种资讯、关系、算法内容分工整合的内容嬗变与功能互补的演进过程正是今后我国媒介融合化、智能化的发展趋势。

5G 技术与媒介技术的融合是智能技术与通信技术创新发展的结晶，是传统媒介向新兴媒介迭代跃升的发展关系，是新兴传播者与 5G 技术人员协调统一的合作关系，是资讯、关系、算法内容无缝衔接的聚合关系。[1]

第四节　智能元宇宙技术传播

一般来说，智能元宇宙（Metaverse）是一种可以大规模连接的虚拟现实应用场景，属于未来传播的场景技术范畴。从专业上来讲，智能元宇宙是整合虚拟现实、人工智能、区块链、大数据、5G 通信和可穿戴设备等多种新技术、新设备而产生的新型虚实相融型互联网应用场景和社会化关系场域。它基于扩展现实技术提供沉浸式体验，通过数字孪生技术生成现实世界的镜像画面，通过区块链技术搭建经济市场体系，将虚拟世界与现实世界在经济、社交和身份三层空间密切融合，允许用户进行内容生产编辑传播反馈的智能化空域。有的专家甚至认为："智能元宇宙不是一种技术，而是一个理念和概念，它需要整合不同的新技术和新系统进行虚实相融、综合应用。"

一　智能元宇宙技术传播的演变历程

智能元宇宙一词诞生于 1992 年的科幻小说《雪崩》，该小说描述的是一个虚拟现实世界[2]。在小说中，人们可以拥有自己的虚拟替身，用来生活、学习、工作和交往。《雪崩》描绘出一个超前、梦幻的未来想象世界。[3] 智能元宇宙概念最早是由美国数学家和计算机专家弗

---

[1] 参见韩金轲《5G 时代新闻编辑的媒介素养》，《青年记者》2020 年第 14 期。
[2] 《元宇宙概念 Meta 的由来及发展状况》，https://zhuanlan.zhihu.com/p/581033893，2022 年 11 月 7 日。
[3] 《元宇宙是游戏还是概念》，http://www.universeinajar.net/post/7505.html，2022 年 5 月 11 日。

诺·文奇提出的。在弗诺·文奇《真名实姓》一书中，他创造性地构思出一个通过脑机接口进入人体认知体系的虚拟人世界，在那个世界里的个体具有各种感官功能，可以获得各种体验认知。弗诺·文奇所描述的虚拟人世界类似于今天我们所说的智能元宇宙。20世纪70年代到90年代出现了大量的开放性多人游戏场景，这是智能元宇宙的早期雏形。2003年，"Second Life"虚拟网络游戏发布，该产品在理念上突破了现实游戏真实空间局限，突破了游戏玩家的身份限制，在"Second Life"虚拟游戏中游戏玩家能够快速调整身份，通过多重虚拟身份来实现交互性游戏的精彩、刺激和趣味性，所以"Second Life"虚拟网络游戏赋予用户，尤其是青少年用户，一种崭新、竞技、激动的娱乐新生活。

21世纪20年代，人类步入智能虚拟化、智能算法化的理想洞天，新冠肺炎疫情加速了智能防疫与抗疫技术的研发应用，也加速了非接触式智能人（如北京冬奥会举办时所用的智能疫情监测机器人）的发展。随着人工智能、计算孪生、区块链和智能全息技术的盛行，智能元宇宙正广泛应用于企业经营、社交媒体和外交领域。就企业智能元宇宙探索来说，微软公司正打造一个"企业智能元宇宙"。英伟达公司（美国人工智能计算公司）推出智能元宇宙模拟和协作平台计划。在2022年国际消费电子展（CES）上，美国高通技术公司宣布与微软合作，扩展并加速AR（增强现实）在消费级和企业级市场的广泛应用，双方在智能元宇宙多项应用计划中展开深入合作，如开发定制化AR芯片以打造新一代高能效、轻量化AR眼镜，完成Microsoft Mesh应用和骁龙Spaces™ XR开发者平台等软件集成化工程。日本索尼公司宣布开发虚拟现实头盔（PS VR2）系列和适配PS VR2的虚拟游戏。国内一些知名企业在智能元宇宙应用上也发挥了重要作用。例如，海尔公司率先发布制造行业的智造元宇宙平台，涵盖工业互联网、人工智能、增强现实、虚拟现实及区块链技术，实现智能制造物理和虚拟融合，融合"厂、店、家"跨场景的体验，实现了消费者全方位体验效果。百度Create AI开发者大会发布智能元宇宙"希壤"产品，推广"希壤App"的市场应用，这是我国首次在智能元宇宙虚拟空间举办

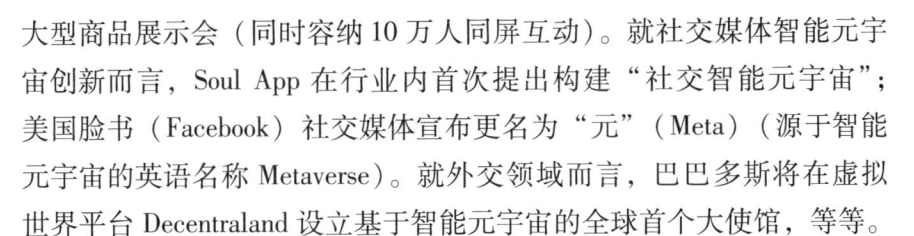

大型商品展示会（同时容纳 10 万人同屏互动）。就社交媒体智能元宇宙创新而言，Soul App 在行业内首次提出构建"社交智能元宇宙"；美国脸书（Facebook）社交媒体宣布更名为"元"（Meta）（源于智能元宇宙的英语名称 Metaverse）。就外交领域而言，巴巴多斯将在虚拟世界平台 Decentraland 设立基于智能元宇宙的全球首个大使馆，等等。

总之，智能元宇宙技术将给生活世界和经济社会发展带来五个方面的重大变化：从技术创新和协作方式上，进一步提高社会生产效率；催生出一系列新技术新业态新模式，促进传统产业变革；推动文创产业跨界衍生，极大刺激信息消费；重构工作生活方式，大量工作和生活将在虚拟世界发生和完成；推动智慧城市建设，创新社会治理模式。

二 智能元宇宙技术传播的内涵与特征

智能元宇宙是由 Meta 和 Verse 两个单词组成，Meta 表示超越，Verse 代表宇宙（universe），两者组合起来就形成超越宇宙之智能元宇宙概念（Metaverse）。从本质上说，智能元宇宙是一个类似于现实世界且与现实世界平行运行的虚拟空间，是由 AR、VR、3D 和智能全息等技术支持的虚拟现实世界，是互联网交互场景的理想洞天。一些学者认为智能元宇宙是经典概念再现或复古形式，是扩展现实、区块链、云计算、数字孪生等新技术耦合生发的概念具化形态。

智能元宇宙本质上是对现实世界的虚拟化、数字化、智能化再现，是对内容生产、经济系统、用户体验和实体世界内容大量改造和长期再造的科技成果。智能元宇宙的形成、发展与完善是循序渐进的技术革新突破进程，是在技术共享的基础设施、技术标准及数据协议的综合支撑下，由众多工具、平台、渠道和手段不断融合、进化而形成的社会化工程。智能元宇宙的功能是基于扩展现实技术和智能全息技术提供给用户沉浸式体验，基于数字孪生技术生成现实世界的生动镜象，基于区块链技术搭建闭环式经济体系，将虚拟世界与现实世界在经济、社交和身份领域进行密切融合，允许每个用户进行内容生产和信息编辑。简言之，智能元宇宙是利用科技手段和科技系统进行智能化链接与数据化创造的平台技术,与现实世界充分映射和完全交互的虚拟世界,具备新型社会体系的数字化生活空间和数字化主体角色。此外,智能元宇宙是一个不断发展、持续演变的开放型概念,现代技术的迭代升级赋予智能元宇宙更丰富、更精彩的内涵和更生动、更多样的形态。

一些学者从现代技术与智能设备的时空性、真实性、独立性和连接性等来界定智能元宇宙属性。从时空性来看,智能元宇宙是一个空间维度上虚拟而时间维度上真实的数字化世界;从真实性来看,智能元宇宙既是现实世界的数字化再造体,也是虚拟世界的智造体;从独立性来看,智能元宇宙是一个与外部真实世界既紧密相连,又高度独立、平行的虚拟社会空间;从连接性来看,智能元宇宙是一个把网络、硬件终端和用户真实身份、虚拟身份囊括进来的一个永续性、广覆盖的虚拟现实世界。

智能元宇宙是智能技术与智能平台经过日积月累沉淀、长期融为整体的自然产生、日趋成熟的场景化产物,智能元宇宙以沉浸感、低延时、多元化、即时性、商业化、生态化和共情性为特征,随时随地、经济特色、文明传播和和谐共进等要素构成,具有与现实世界相似,又反作用于现实世界,融入多种高新技术,具有高效交互性、社会空间性、科技赋能延伸性、人机共创性(虚拟人、自然人与机器人)、真实映射性、交易流通性和经济增值性等特征。在智能元宇宙社会,人们可以不受束缚地与他人或机器人充分交往,共制智能元宇宙伦理法律规则,共构高度自主、高度开放、高度活跃的人人、人机、机机交互社会。[①]"现实中缺什么,虚拟世界中就需要补什么;人们在虚拟世界所做的事情对于真实世界具有反哺作用。"[②] 随着智能元宇宙的逐渐成熟和泛化应用,内容信息、用户信息与虚实信息的界限将会变得越来越模糊,人的真实身份与自身的虚拟身份在虚拟交互世界将发挥惊人潜能。

[①] 参见郑达威、施宇《从"人禽之辨"到"人机之辨":元宇宙的传播伦理学研究》,《中州学刊》2022年第5期。

[②] 《元宇宙?数字藏品?》,2022年10月7日,见 https://baijiahao.baidu.com/s?id=1746010784411545612&wfr=spider&for=pc。

三 智能元宇宙技术传播的机理与机制

智能元宇宙技术传播的理论依据是"生态星球"理论，该理论认为互联网生活世界是另一种与现实生活并存的科技创新生活场景。智能元宇宙的技术传播机制包括智能元宇宙核心技术应用、技术布局和技术传播路径等内容。

（一）基于"生态星球"理论的智能元宇宙技术传播机理

一些学者以金融、互联网、商业领域的发展现状为基础，前瞻性提出"生态星球"理论。该理论认为：人类传统的生存法则和发展规律即将被科技创新完全打破，互联网生活世界开始越来越多地占据人类发展的主导地位，人类依赖互联网生活，互联网意识形态和互联网生存模式逐渐演变为人类精神所依托的"生态星球"。"生态星球"可能打破人类精神和肉体的合一关系，建立人类精神在脱离肉体束缚后的数字世界生存形态。这种满足目标人群特定精神需求的虚拟世界就形成一个完整的"生态星球"，把大量垂直化精神需求寄托在"生态星球"的人群就是"生态星球"的数字居民，该"生态星球"拥有完整的产权和成套的组织规则，按照与现实世界完全不同的生存法则来维护和运行。可见，"生态星球"理念不仅和"智能元宇宙"概念不谋而合，而且可以说是"智能元宇宙"理想化的终极形态，对虚拟世界的运行规则和组织架构进行了详尽而完整的理论设计。

根据"生态星球"理论，"节点经济"是"生态星球"产生的底层逻辑。在"生态星球"中的个体只要满足稳定情感需求、稳定爱好需求、稳定思想需求、稳定利益需求、稳定资源需求和稳定荣誉需求等条件要素中的至少三项要求，就可以转变为一个节点，成为节点的个体如果能够提供功能、产品和服务，那么他就是中心组织（包括商业机构），或称之超级节点，普通节点围绕超级节点可以形成"类星系"链式结构，一个"类星系"链式结构就是一个"生态星球"，而众多"生态星球"可以组成一个涵盖全人类的"生态宇宙"，该"生态宇宙"就是与人类现实世界平行的虚拟世界。

在"生态星球"中，智能合约广泛应用，令每个节点的网络行为全部可记录、可追溯、可衡量，从而实现数字身份确认、行为共识、资产确权和信用共享等交互功能。节点对生态的生产力贡献被精准记录，采用共享型按劳分配法则，[①] 匹配对应商业积分奖励，积分与付出形成良性循环，从而构建起一个更加美好、生产力和生产关系高度匹配、"多劳多得"的公平体系，满足节点物质和精神需求。

（二）智能元宇宙技术传播机制

在智能元宇宙时代，眼、耳、鼻、舌、身、脑六类需求（视觉、听觉、嗅觉、味觉、触觉、意识）有不同的技术支撑，如网线和电脑连接满足了人的视觉和听觉需求，随着智能元宇宙的到来，技术连接不仅满足消费需求，而且通过供给刺激需求、创造需求，把产品精准推送给用户。一般来说，智能元宇宙具有以下三项核心技术：一是 VR、AR、MR 等扩展现实技术和智能全息显示技术，这些技术促进用户实现沉浸式体验。二是数字孪生技术。数字孪生技术把现实世界镜像刻绘到虚拟世界中去，在智能元宇宙语境下我们可以看到自己的多重虚拟身份。三是用区块链来搭建经济体系或视觉场域。随着智能元宇宙进一步发展，对整个现实社会的模拟程度进一步加强，我们在智能元宇宙环境下可以花钱消费、营商赚钱和社会交往，从而在智能元宇宙虚拟世界形成一套经济制度和交易体系。

作为一种多项数字技术综合集成的应用场景，智能元宇宙从概念到真正落地需要实现两个技术突破：第一个是 XR、智能全息、数字孪生、区块链、人工智能等单项技术的应用突破，从不同维度实现立体视觉、深度沉浸、虚拟分身等智能元宇宙应用基础性功能；第二个是多项数字技术的综合应用突破，通过多技术的叠加兼容、交互融合，凝聚成技术合力推动智能元宇宙的长足发展。

智能元宇宙的生态版图是由底层技术支撑、前端设备平台和场景

[①] 参见杨爱华《元宇宙构建之基——基于哲学、技术、社会三维视角的分析》，《求索》2022 年第 3 期。

内容入口构成的,通过以下三组路径实现智能元宇宙技术传播。

其一,沉浸和叠加。智能元宇宙的沉浸式路径是 VR 技术和智能全息技术,比如佩戴 VR 设备和全息裸眼娱乐,可以让人进入一种"万物皆备于我"的沉浸式私属专场,这种智能化场景极富渲染性。智能元宇宙的叠加式路径是 AR 技术和智能全息技术在现有技术条件下的叠加和外拓,是对沉浸式路径的深化与追加。

其二,激进和渐进。智能元宇宙具有激进路径和渐进路径两种通路。比如,Rolox(世界最大的多人在线创作游戏)就是激进路径的代表,从一开始就不提供游戏,只提供开发平台和交际社区,以优质创作的激励机制吸引用户关注,实现完全由用户打造的去中心化虚拟世界。这意味着任何用户都可以进入智能元宇宙空间进行剧本、视频或游戏的生产、编辑、传播和反馈活动。而"堡垒之夜"(全球超人气竞技网游)则是一种渐进路径的游戏模式,以传统游戏方式吸引网络用户,在此基础之上不断添加社交、经济等元宇宙要素。

其三,开放和封闭。智能元宇宙还具有开放和封闭两种路径。开放和封闭路径在智能手机市场体现得尤为明显,如苹果手机系统就是一个封闭的系统,软硬件都是封闭的,我们把这种技术逻辑概括为"我即宇宙",而华为手机系统就是一个开放系统,软硬件都可以更新替换,我们把这种技术逻辑称为"他即宇宙"。

总之,智能元宇宙为人类勾勒了一幅美好的数字世界图景,"生态星球"理论构建了更合理、更坚实的机理骨架,而商业积分等智能化激励机制犹如一支画笔,描绘出更加具象、更加现实的应用场景。

四 智能元宇宙发展瓶颈及解决路径

目前,中国在智能元宇宙配套技术和智能元宇宙产业健全程度上仅次于美国,国内智能元宇宙研发应用的市场前景广阔,在海外市场拓展上中国企业也积累了丰富经验。尽管智能元宇宙还处于 VC(高新技术产业投资)的智能元宇宙阶段,但以后一定是颠覆式娱乐体验和巨大商业潜能发掘的智能元宇宙时代。智能元宇宙是一个不断演变、不断发展的新概念,其技术生态和内容生态都尚未成熟,其内涵在不断丰富,相关产业发展存在娱乐虚幻、资本操纵、舆论泡沫、伦理风险和立法监管空白等困境。①

(一) 智能元宇宙技术的发展瓶颈

韩国企业智能元宇宙项目专家金相允在自己的《智能元宇宙时代》论著中列出了智能元宇宙可能引发的主要风险与挑战:抵御问题的能力不断降低、对不确定性奖励的痴迷、数据化一切、拥有的一切都不属于个体和"封号"不等于"死亡"等。此外,智能元宇宙还会引发基础设施被攻击、高度垄断和数字成瘾等风险。首先,智能元宇宙基础设施可能被攻击。智能元宇宙将演化成一个超大规模、极致开放、动态优化的复杂系统,该系统将是庞大的数字基础设施和传统基础设施优化组合的集合体。智能元宇宙将比互联网更深度融入人们的日常生活,所以一旦智能元宇宙相关基础设施受到攻击、侵入、干扰和破坏,将对正常经济社会秩序和经济发展产生严重冲击。其次,智能元宇宙技术可能导致高度垄断问题。成熟运行的智能元宇宙体系,需要实现超大规模用户的连接交互、海量标准规范的统一对接以及大规模基础设施的投入运营,因此前期建设过程需要有实力的企业投入巨大的人力、物力和财力,这就导致智能元宇宙具有内在垄断的基因。同时,智能元宇宙的成熟运营也需要相对稳定的服务供应商。这样,如何避免形成高度垄断,在未来智能元宇宙产业发展过程中将是一个急需解决的重要课题。最后,智能元宇宙可能诱发数字成瘾问题。伴随虚拟技术的深入发展,智能元宇宙技术的"双刃剑"作用将更加突出。从积极方面来说,智能元宇宙将打破现实世界的物理规则,在虚拟世界重新定义用户的生产生活身份,对宏观社会、中观产业和微观个体不同层面产生深远影响,它将以全新的生产方式和合作方式提高虚拟社会的生产传播效率。从消极方面来说,在智能算法加持下,智

---

① 参见简圣宇《娱乐数字化:元宇宙创构的动力、风险及前景》,《深圳大学学报》(人文社会科学版) 2022 年第 3 期。

能元宇宙所产生的新型视觉场景，会让更多用户沉浸在虚拟世界中不能自拔。如何维系现实世界和智能元宇宙之间的平衡关系，发挥智能元宇宙的积极作用，抑制消极作用，妥善解决未来数字成瘾问题，是智能元宇宙技术发展必须解决的首要课题。

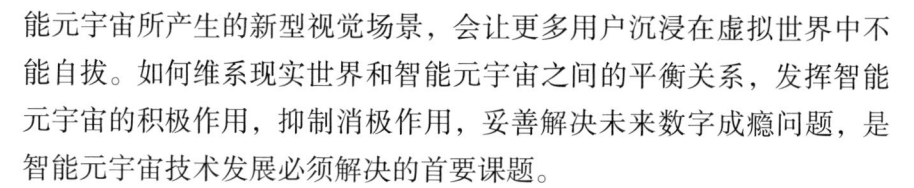

（二）促进智能元宇宙发展的现实路径

针对前述的智能元宇宙发展瓶颈，一些专家和研究机构提出了有价值的建议。左鹏飞认为应采取以下四种因应策略：一是确立智能元宇宙运行的基本框架，健全现实经济社会的场景模拟，进行一系列价值观念、制度设计和法律秩序的规制建设。二是针对智能元宇宙的内在垄断基因，我们需要避免智能元宇宙被少数主体所垄断。三是需要用好智能元宇宙这把双刃剑，采取教育引导措施谨防一些用户沉浸于智能元宇宙场景中。四是制定科学规范的法律制度，严格规范智能元宇宙技术对用户大数据信息的收集和使用行为，切实保护用户隐私和数据安全。"当现实空间遇到虚拟空间，除了要关注技术发展带来的变革，更需关注'价值'本身的意义，要将有序的政策监管纳入其中，保障行业健康有序发展。"

智能元宇宙产业的发展动力是技术、资本和用户。技术创新带来新产品，资本拓宽新出口，用户消费促发新业态。在技术创新方面，Facebook已推出"Horizon Workroom"虚拟现实会议平台；微软在"Ignite 2021"年度技术盛会上宣布将建立混合现实会议平台Microsoft Mesh；百度上线虚拟沉浸社交App"希壤"；网易CEO丁磊在财报公布的电话会议表示，网易在智能元宇宙技术和规则上做好了准备，等到时机成熟时"可能跑得比谁都快"。在投资方面，国内外资本巨头大举进军智能元宇宙产业领域。日本智能元宇宙产业以"虚拟世界+社交网络"投资为主，同时多元主体参与，共同开发智能元宇宙动漫文化产业。国内资本聚焦于智能元宇宙娱乐社交领域，如腾讯投资于虚拟社交游戏"Avakin Life"，字节跳动投资于多人在线游戏"重启世界"等。在用户消费方面，智能元宇宙技术可应用于影视、娱乐、艺术等产业领域，通过VR、AR和智能全息技术实现传统技术无法达到的仿真、交互效果。智能元宇宙技术在艺术场景中的充分融入，在很大程度上打破了传统影视艺术作品的观看与欣赏模式，更加符合现代人对于文化艺术的审美需求。特别是在3D图形生成技术、系统集成技术、人机交互技术、环境建模技术和立体显示技术等现代技术持续发展背景下，VR、AR、智能全息技术与网络影视、网络综艺相互融合获得了更为强大的技术支撑。例如，艺术馆在主场馆内搭建巨大的全息投影设备通过全息影像技术使观众在进入场馆时可以欣赏到动态变化的艺术作品，获得生动、直观和震撼体验，现代化全息技术拉近艺术作品与观众之间距离，实现了艺术作品和观众之间的良好互动。使用VR、AR和智能全息技术可以使网络影视画面效果、音乐伴奏与观众的感知、感官有机融合起来，这种创构模式充分发挥了虚拟现实技术优势，突出了艺术作品与观众贴合互恰的整体效果。可见，智能元宇宙产业发展离不开用户需求，智能元宇宙产业发展具有广阔市场潜质。

清华大学新媒体研究中心发布的《2020—2021年智能元宇宙发展研究报告》，对未来智能元宇宙产业发展提出了三点政策建议：推动中国智能元宇宙产业全球化、鼓励比较纯粹的智能元宇宙企业发展和提升中国智能元宇宙企业的全球市场份额。无论是智能元宇宙技术变革的新机遇，还是智能元宇宙资本概念性炒作，我们对智能元宇宙技术教育都应有较大的改进空间，对智能元宇宙的美好愿景应建立在理性判断风险和稳步推进技术创新的基础之上。我们要以安全合规为前提研发智能元宇宙技术和发展智能元宇宙产业，积极推动我国相关政策制度和应用标准落地，助力国内技术产业转型升级。同时，需进一步面向智能元宇宙场景入口企业、底层技术企业和第三方配套服务企业提供差异化的扶持、孵化和监管工作。从配套技术设施层面提高中国智能元宇宙企业的全球份额，对平台型企业的全球化发展进行有效引导和合理约束，推动技术层、资源层、用户层的多层次全球化发展。总之，智能元宇宙有望成为新一代互联网社会，其技术泛化应用和社会普及将推动实体经济与数字经济的加速融合，实现智能元宇宙产业效益显著提升，带来新型商业模式，重构分配模式，再造组织形态，重塑产业关系，推动人类走向数字文明新纪元。

第六章　智能创意传播

创意是指创造、创新和再造的潜质、意识和能力，是在对现实存在事物的理解以及自我认知基础上所衍生出的一种新的抽象思维和行为潜能。与传统观念和思维方式相对而言，创意体现了人的原发性抽象思维和行为潜能，是一种新兴资源潜质和精神资源价值的发掘能力。在很长一段时间里，创意仅仅与某些专业和行业相关，比如广告创意、设计创意等。而在今天，创意已经溢出某些特定行业，成为全社会几乎各个行业、各个领域都在努力践行的理念和价值。智能创意传播是指以产业、用户、媒介、协会和国家职能部门为主体的，通过智能创意技术手段设计、生产、推送、规范和协调智能创意产品、服务或场景的行业自律、主动监督、舆论营造、规制健全和政策引导的共建共享活动，强调政府主导下的智能创意产业、协会和媒介对智能创意文化消费进行的多向度协调行动。按照专业划分，智能创意传播可分为智能创意动漫、智能创意游戏、智能创意出版、智能创意广告、智能创意新闻、智能创意体育、智能创意旅游、智能创意展示、智能创意非遗宣传和智能创意产品消费等各种智能创意形式，从专业化创意到社会化创意，从职业化创意到全民创意，从特定行业创意到全领域创意，标志着智能创意传播的巨大社会活力和文化创造力。党的十八大以来，我们党形成了一整套关于创新创意创造的顶层话语，如"创意是引领发展的第一动力""加快建设创新型国家"和"大力发展数字创意产业"等。这些国家层面的创意话语为我国智能创意发展创造了良好的政策和制度环境，为智能创意传播奠定良好的政治基础。

第一节　智能创意环境

　　一定程度上来说，中国 40 多年的改革开放就是一部破旧立新、创造创意的发展历史。党的十八大以来，在以习近平同志为核心的党中央坚强领导下，中国政府和人民坚持自主创新、自信创意，取到了一系列政治、经济、社会、文化和生态上的丰硕成果。从"科学技术是第一生产力"的论断，到"关键核心技术是国之重器"的宣示，从"天眼"探空、"蛟龙"探海，到神舟飞天、高铁奔驰，科技创新、文化创意和经济创造在数字中国建设和创新驱动发展战略中发挥重大作用。把创新创造创意放在国家发展全局的核心位置，就能紧扣世界科技进步脉搏，顺应全球文化发展大势，赶上世界智造前进脚步，从后发到先发、从跟跑而领跑，在全球科技变革和人类文明进步大潮中挺立潮头。当今中国，将创新驱动置于"五大发展理念"之首，是对"创新是一个民族进步的灵魂"的精准把握，指明了我国发展的方向和要求，体现了我们党对国家兴旺发达的不竭动力的不懈追求，以及对中华民族最深沉的民族禀赋的深刻理解，是共同托举起中华民族伟大复兴"中国梦"的奋发作为。

　　当创新创造创意成为国家振兴、民族复兴的主旋律时，当媒体创新势不可挡地成为新时代媒体行业发展的强大动力时，智能创意传播就迎来了最适宜的政治环境、经济环境、文化环境、社会环境和生态环境。"没有做不到只有想不到"，成为人工智能时代各种场合时时响起的经典语录，足以说明突发奇想的各种创意在智能传播语境下无所不在、无所不能的实际应用价值。智能创意传播指的是根据传统媒体和新兴媒体的智能化需要，集中各方面聪明才智，通过对周围传播环境、传播人才、传播产业的周密洞悉，以智能技术和智能手段开发脑洞和现有媒体资源，创新传播思维、传播载体、传播技术、传播路径、传播方式和传播管理等整个传播环节，以达成最大限度提升智能传播价值目的的一切有意识、有构想的活动。

　　5G 时代的智慧赋能，营造出海量的智能传播终端，传统媒体和新兴媒体的传播内容传输有了更博大的承载空间，智能传播的创意环境发生了翻天覆地的变化，创意思维带动下的智能传播想象力、智能传播创造力得以无穷释放，智能场景创意、智能内容创意、传播版块创意、智能广告创意、智能检索创意、智能组合创意等智能创意潜质全面释放，让智能创意传播的内容赋能、产业赋能、艺术赋能和文化赋能别开生面、生机盎然，给智能创意传播的理论与实践探索带来崭新、宝贵和无限的研究应用资源。中国三网融合不断深入和媒介融合纵深发展，迫切需要智能创意大展身手，这种内外驱动、压力变动力的智能创意传播环境，催生出无数生根开花、茁壮成长的智能创意商业业态。随着中国政治、经济、社会、文化和生态的巨大进步，智能创意产业将进一步促进智能创意文化传播，推动中国主旋律、中国正能量的创造性阐扬，促进中国故事、中国叙事的创新性阐发，益于营造智能创意氛围下的正向舆论生态。

第二节　智能创意思维

创意是一种通过创新思维意识的即兴创作，打破传统思维观念、颠覆传统思维范式的创造性意念，从而进一步挖掘和激活资源组合方式以提升认知资源价值的方法。智能创意传播需要各级媒体机构在智能传播时代具有创新思维，在智能创意传播的每一环节都要充分考虑创新的紧迫性、必要性和重要性，通过正向、逆向循环等多维思维，彻底根除固化的既有媒体思维方式，以人工智能技术激活创新创造思维细胞，实现智能创意传播资源运用最大化，达成传统和新兴媒体智能资源的有机融合与和谐统一。

创意思维的核心，首先是敢于直面问题求新求变，敢于破解困境石破天惊，敢于挑战权威、挑战自我。智能传播的创意思维，更是要勇于突破既有思维定式，向传统媒体常规思维宣战，向传统记者和职业编辑挑战，向因循守旧的领导上司直抒己见，有时候甚至要对走向没落、迈入衰竭期的传统传播思维方式进行批评和批判。再者是善于从事创新创造创意活动，有效规划出创新创造创意的进化图谱，设计出从国情出发、从技术状况出发和从产业发展出发的可操作性创新创造创意实施细则。

一 智能逆向思维

逆向思维亦称求新思维或求异思维或求变思维,是对智能创意传播理论研究与实践探索中习以为常或已成陈规戒律的观点和经验提出置疑、批评的思考方式。智能创意传播的计划与实施,尤其需要逆向思维意识和逆向思维执行力,需要对传统媒体和新兴媒体的惯常内容生产、资源配置、信息采编方式和后期管理提出不同寻常的革命性构思和颠覆性设想,有些甚至是对原本是自己过去的巨大成就以及自己团队的成功范例进行新时期新技术的反思和反觑,彻底打破条条框框的认知约束,以互联网思维、智能化思维武装整个新兴传播体系,建设智能传播逆向新思维,树立智能传播创意新形象,逐渐形成智能传播创意新气象。

(一)自我否定

逆向思维对大多数人来说都是一种痛苦抉择,很多时候需要有自我否定的勇气和决心。只有否定自我,才是告别传统思维迈向融入智能化创意思维的重要一步。在媒体传播全球化、数字化、智能化进程中,不少在传统媒体时代建功立业、成绩斐然的媒体传播者和管理者,往往会在网络媒体、智能媒体和融合媒体等新兴媒体建设中陷入痛苦彷徨,要么故步自封、无所建树,要么排斥异己,拒绝接受新潮技术、新生概念、新生事物,成为智能传播新时代"螳臂当车"的前行障碍。

(二)既往否定

既往否定思维要求新兴传播体系的每一个成员都要有气量、有胆魄对过去长时期的成就和经验做一个告别,自然潇洒抛弃既往的骄傲与辉煌,以一种全新面貌、全新气质和全部精力投入智能传播新事物、智能传播新技术的理论探究与实践探讨之中。既往否定思维,不仅仅需要自我否定行动,更是对过去数十年一系列的传统思维路径、管理方法和传播方式的反问反驳,是把作为智能创意传播一个团队或一个组织机构的主要灵魂推倒重来、浴火重生。只有在新兴传播中敢于自我否定、敢于既往否定，才能够独辟蹊径，从红海中挣扎上岸，披荆斩棘出一片智能传播创意新天地。

（三）破除教条

新兴传播尽管只存在几十年，传统传播尽管经历上百年的发展历史，但新旧媒体的创意传播观念、创意管理制度、创意传送环节、创意传播技术、创意传播机构以及受众创意反馈机制，早已成熟固定甚至是固化老套。特别是一些在任在位的领导指示或上司批示，都已经成为一个单位、一个机构、一个系统必须遵守的准则信条。这些规制或惯例在新兴传播时代可能不合时宜，甚至成为新兴传播发展道路的前行路障。唯有破除这些僵化教条，采用创新性思维方式和工作方法，人们才不会再走常规路，采取特殊问题特殊思考、特别解决，既从起点出发往终点结论，也从结论倒过来往回推演，从求解回到已知条件，创新出一条智能传播思维演绎新路径。

二 智能联动思维

所谓联动思维，就是将技术创新思维、理论创新思维、互联网思维、智能化思维、大数据思维、云计算思维等完全贯通一体，实现集中融汇、耦动联动，组构成一种多位一体思维方式。

头脑风暴法是人所熟知的典型联动思维策略。联动思维既强调集体思考和集体智慧的群策群力，看重相互碰撞、互相激发的团队闪击思考，鼓励参与其中的全部成员围绕一个中心主题在一个开放式场合充分展开辩论辩驳，寻找到群体智慧闪光点，并在指定时间内集体智慧秒瞬迸发，构想出智能创意传播的新意念和新思想，探索出智能创意传播的创新发展策略。

在人工智能时代，联动思维还要充分注意到技术引领的重要价值，即以技术创新为主线，将新技术、新发明可能带来的新兴媒体革命性变化，作为智能创意传播管理制度、人才梯队建设、传播内容创新、传播方式创新和传播效果创新的引路指南。智能传播从业者和管理者应尽可能了解智能创意传播规律，深入到技术创新传播和技术创意管理环节之中，尽可能找到智能技术创新与智能创意传播、智能创意管理每一个环节链条的密切关联,从而确立明确的联动思维创意耦合路径。香农的"信源信道信宿"单向传播理论,就是以其高超的数学天赋和扎实的通信技术为基础,在传播学领域的联动思维集中爆发所致,同样,在新兴传播时代的智能创意传播进程中,我们也应掌握扎实的联动思维能力和过硬的智能传播技术,时刻牢记各种思维的智慧协同,时刻提升联动思维在智能传播实践中的应用价值。

三 智能灵感思维

灵感思维所带来的创意成果形式各异,有时候是各种思维方式的集中爆发,有时候是个人毕生经历的累加智慧激发,有时候是个体毕生智慧的瞬间闪现。有人说,麦克卢汉的很多思维火花源自于半夜梦语梦呓,源自于与学生、同事交流时的信口开河,还有一些则是他饮酒开怀时的激情抒发。也有报道说,香农的《信息论》中大量有价值的论述,都是他玩飞盘、玩独轮车、玩棋奕等杂耍杂玩时的"豁然开朗"或"灵光乍现"。因此,大量的灵感思维或灵感启发事例,纯粹是个人天赋的瞬间点亮。还有一些灵感思维是在特定环境下被逼迫出来的,如即将到期的重大任务和产业生死存亡时的绝地反击等。这类被逼出的灵感思维,其本身就是"命题作文",而且还有时间限制、主题内容限制,那就能更体现思考者或创意者的超级智商和超高灵光,是一次很有借鉴意义的"灵感思维"杰作。

第三节 智能创意场景

智能创意场景是指人工智能技术及系统支撑下的特殊创意景观或特定创意场域。智能创意场景涵盖各种创造、创作和再造的产品、作品和服务,也包括把已知的、原有的场景元素打乱并重新进行各种形式的排列组合,掺融进一些新时代特质的场景元素,创造出一个立体的全方位的智能场景,如城市形象传播、广告创意传播、体育赛事直播、灯光舞美塑造等领域的创意场景大放异彩,显示出强大的传播生命力。

一 5G创意场景的内容演变历程

以体育传播为例，从2018年开始的全球范围的5G技术导入的体育赛事直播，全面拉开了5G体育赛事场景传播的大幕。诸如平昌冬奥会上5G直播技术首次出现在奥运会赛场，让现场观众在5G体验区可以从同步视角、全景视角、时间切片三个视角，使用区内所提供的5G终端设备进行完美体验。中国的系列马拉松赛事5G直播和CBA常规赛5G+真4K全程直播，都是智能创意场景的现实精彩亮色。

从虚拟现实技术、增强现实画面到高动态范围图像、杜比全景声，一个个与体育赛事直播紧密关联的智能创意场景技术迭代层出不穷。到场球迷和音视频受众可以通过5G网络连接场内的多个无线摄像头，自主选择球员、教练、裁判、看台、全景等不同场景来观赏火爆的体育赛事，获得全新的观赛体验。5G+人工智能叠合叠生的新一代体育赛事创意场景传播，给予受众直观生动的视觉体验和感官享受，给予受众从视听器官到情景触发再到灵魂深处的全情全景震撼，重新定义了赛事智能创意场景新概念新思路。

英国电信体育台（简称BT体育）是全世界首次超高清、杜比全景声体育直播的智能创意场景传播媒介，早在2016年就将虚拟现实技术应用于体育赛事直播场景中，成为全球体育智能创意场景传播技术的引领者。在EE移动通信商店里，球迷们戴上VR装置，可以实现BT体育提供的一场360/180度生动精彩观赛体验。在4G网络时代，BT体育尝试过全方位覆盖到比赛各个角落的直播场景传播，但受制于4G带宽只能将摄像机的数据传回制作团队，以保证那些精彩的进球动作能够在中场休息时播出。到了5G网络时代，BT体育实现第一时间就可以将镜头精彩画面多方位"秒瞬"呈现给观众的强大功能，让BT Sport及其直播公司对未来智能创意场景传播有了更大的信心。[①]

5G智能技术赋能将体育赛事内容活力和内容张力尽情绽放，赋予

---

① 参见陈新《5G将至！体育直播会因此变革吗？体育产业生态圈》见 https：//www.sohu.com/a/284060107_415197，2018年12月24日。

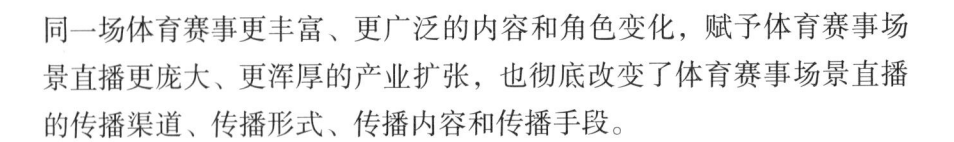

同一场体育赛事更丰富、更广泛的内容和角色变化，赋予体育赛事场景直播更庞大、更浑厚的产业扩张，也彻底改变了体育赛事场景直播的传播渠道、传播形式、传播内容和传播手段。

二　5G 创意场景的实际应用

以 5G 的裸眼 3D、AR、VR、4K/8K 超高清视频技术第一应用场景、海量终端的第二应用场景和低能耗大连接的第三应用场景为依托，5G 创意场景传播拥有强大的技术和内容传播力和影响力。以一场世人瞩目的奥运篮球赛事为例，全世界受众因文化背景、价值观、爱好和习惯各异，他们对活跃在球场上的球队队员、教练员、啦啦队、篮球宝贝和裁判等有着不同的情感偏向，对某个球员或某些球员的技战术素养和现场表现会格外上心，有时也会对某一个精彩动作印象深刻。5G 创意场景体育直播，可以满足球迷的各种偏爱，智能化呈现两个球队的每位球员的一招一式、一颦一笑，让球迷观看到每一个球员的服装、服饰、发型、发饰，波及赛事场馆的具体设施，展现出比赛镜头的近景、中景和远景，实现 5G 智能创意场景传播的全方位、全动态、精准化和生动性等传播效果。换言之，在 5G 三大应用场景赋能下，一场精彩纷呈的篮球比赛可以实现以下应用功效：将赛事球员（服装、表情、发型）、教练、裁判、贵宾、队员、现场观众和啦啦队、篮球宝贝等比赛主体要素，解说语言（英语、汉语普通话、中国地方方言）、解说场景（全景、近景、远景、全覆式）和解说风格（中立版、主队版、客队版和原生态版）等解说要素，球星的比赛技术、战术和关键表现等内容要素和场馆、设施、灯光、音效等环境要素，按照受众的不同需求，通过智能算法的自动调配，"秒瞬"切换成100多种满足不同球迷胃口又可以在 5G 应用场景下运用自如的生动精彩画面。

第四节　智能创意模式

智能创意模式是指打破传统报纸、杂志、广播、电视的版块设置、节目栏目和内容风格，进行智能化全新设计、全新包装和全新组合，在人工智能技术赋能下，实现智能传播与网络传播叠合叠融，精心打造出新时代中国特色的智能创意形式。

一 智能创作模式

智能创作模式，是将智能创意传播平台的创意指令输入智能化系统，按照创作时间、模式风格和字数多少等要求，创作出多元化、多样化、即时性、轰动性的新闻文稿，满足5G时代海量智能终端的内容生产传播需求。

智能创作模式，是一种全新的创意思维和创意行动方式，既是智能传播管理者和记者编辑的新思想、新意图体现，是一种打破既有传统惯例的新闻写作方式，更是一种大规模智能机器人批量化生产传播智能创意作品的创新体验。这种立竿见影的创新体验方式，即时即刻检验和调校创意传播效果，也即时即刻激发创意者和智能写作者的创作热情。

二 智能编排模式

智能编排模式，体现在通过报纸、杂志的系列主题策划，落实在系列报道、追踪报道、深度报道的体裁变化、模式变化、编排变化、风格变化，体现在广播、电视、网络和智媒体的节目栏目或大型活动策划、系列主题策划、重大活动策划，落实在智能节目主持人、职能类创意节目、智能化节目编排、智能化节目场景营造等方面。

新兴传播时代的体育电视节目或体育网络直播的智能编排，处处闪烁着智能化、算法化的技术创新光芒。例如，中央电视总台的体育频道和一些主流网络平台的体育赛事直播可以全天候传送体育赛事节目和精彩比赛场景，其体育赛事的智能编排在繁忙季往往会应接不暇。以2019年以前的国内马拉松赛事为例，全国大中城市冠以各种名称的马拉松比赛每年超过上千场，平均每天就有三场以上同时进行。碰上NBA赛季时，各级媒体还要综合权衡商业性极强的NBA赛事直播版权使用事项等。这时候，智能化创意编排就可以起到"遇繁杂事而越发条理有序"的八面玲珑、应对自如作用，能兼顾各方面的利益最大化和收视效果最佳化等经济和社会目标。例如，创意头版广告是《深圳晚报》最闪亮的标签，也是其创新、创意、新锐、先锋形象的具体体现。2018年7月以来，《深圳晚报》每天推出两个主题的"互文式头版"，因其鲜明的辨识度和独具风范的创意表现手法，创造了中国晚报、都市类报纸头版的新景观和新风尚。两个主题"互文式头版"在封面版上一呼一应，引起网络朋友圈的热烈讨论，成为新兴传播的热门话题。

三　智能推送模式

智能推送模式是根据智能传播管理者和记者编辑的创意指令，将智能机器人写作的新闻文稿，按照海量智能终端的实际应用需求，以不同字数、不同写作风格、不同写作形式，适能适配推送到指定位置和指定用户，达到文尽其用、文尽其能的精准传播目的。

智能推送模式远远高效于传统文稿配送形式，是一种"按需分配""按人发送""私人定制"的智能创意传播形式，是一种精准设计、精心谋划的高效能智能传播，是一种应对信息大爆炸、信息大浪费、信息大污染的生态传播形态。智能推送还可以避免智能创意传播任稿唯亲、任人唯亲的不良现象，提振智能创意传播的智能化、算法化意识，将智能传播意识、智能传播观念、智能传播技术、智能传播内容等智能创意资源的创造力、创新力和创意力尽情发挥出来。同时，智能反馈也伴随智能推送瞬间完成、即时耦合，实现智能创意传播在智能生产、智能营销、智能管理、智能反馈等方面的全面突破和无缝衔接，为智能传播进入体系化、成熟化轨道打下良好基础。

第五节　智能创意制造

创意广告是一种不同凡响的创意生产传播形式，是一种无中生有、异想天开的创意创造或创意再造形式。在5G智能技术赋能时代，智能创意传播似乎没有想不到的事情，工业4.0制造也是没有做不到的事情。创意智造既要敢想还要想到，既要敢做还要做到、做好、做出前瞻性。一言以蔽之，5G 背景下的智能创意传播时代，只要敢想敢闯不怕挫折不怕失败，只要敢于创意创新、善于创意再造，就会衍生出无穷无尽的智能创意广告，创造出千奇百怪的智能创意产品。

智能创意广告是广告商个人智慧与集体智慧、时代创造与传统创造的交合叠创，是人机创意创新思维的创造性实施与大胆性实践，体现新时代广告商的创意思维、创意意识、创意智慧和创意精神，体现人工智能时代创意文化的智造价值。智能创意广告既传承、延伸与发扬了大众传播时期的传统广告内涵，也是新兴传播时代广告人顺应时代发展潮流、壮大广告市场力量的革新性行动。智能创意广告应时而生、应技而生，智能制造阵容不断壮大，形式愈发丰富多样，如智能 DNS"劫持"广告、智能 QQ 层级广告、智能时光隧道广告和智能弹幕广告等都是智能创意时代经典智造产品的生动范例。

一　智能 DNS"劫持"广告

当用户在网络空间或智能平台点击自己感兴趣的标题或图片，无意间会发现一个意想不到的魔幻现象——被"外星人"劫持到了一个创意的新天地，标题内容或图片画面已经被改头换面，引领用户进入其浏览过的特定页面。这既是一个智能创意传播的技术创意手法和技术创新方式，又是 5G 智能技术赋能下的智能 DNS"劫持"广告之用武之地。

DNS 即域名系统（英文 Domain Name System 的缩写），是将域名和 IP 地址相互映射，形成一个分布式数据库，实现用户更方便地访问互联网。DNS 使用 TCP 和 UDP 端口，对于每一级域名长度限制在 63 个字符范围，域名总长度不能超过 253 个字符。智能 DNS"劫持"广告是通过智能 DNS"劫持"进行广告投放的一种商业宣传形式，智能 DNS"劫持"又称域名劫持，就是在劫持的域名网络范围内拦截域名解析请求，分析请求的域名特征，把审查范围以外的请求放行，将"审查"域名返回到假的 IP 地址或者什么也不做使域名请求失去响应，其效果就是对特定的网址不能访问或访问的是假网址。智能 DNS"劫持"广告是充分运用人工智能技术所带来的一种特有的"记忆追踪或"智能定位"功能，锁定目标用户曾经一段时间感兴趣的网站页面，以不动声色的技术手段"劫持"用户到特定网页去"被迫"访问浏览，即当目标用户打开需要的网络页面时，呈现的则是几天前浏览的网络内容，这种特殊的智能创意广告形式，因为附带着明显的"被劫持"痕迹，被行业俗称为"劫持广告"。智能 DNS"劫持"广告主要以在网页中悬浮和嵌入的方式进行创意推送和创意展示，介于目标用户被劫持到的网页毕竟还是他所感兴趣的场景、感兴趣的话题，所以不至于招致用户太大反感或过多抵制，有时还会是一种"善意提醒"或"价值引导"的宣传方式，因而广告效果远超某些遮幅式广告、水滴广告、Banner 广告（横幅广告）等网络刚性广告。

　　域名"劫持"一方面可能影响用户的上网体验，用户被引到假冒的网站进而无法正常浏览网页，而用户量较大的网站域名被"劫持"后恶劣影响会不断扩大，另一方面，用户可能被诱骗到冒牌网站进行登录操作，从而导致隐私数据泄露。智能 DNS"劫持"广告是网络广泛使用、网络运营扩张的智能化产物。随着人们对移动智能互联网的使用持续增长，智能 DNS"劫持"广告的发展呈不断上升趋势。对生活在数字时代的新一代人而言，现代广告基本上都已经数字化，在他们的印象中，数字广告应该已占据绝大多数份额，而现实是电视依然占据了国民生活娱乐时间很重要的一部分。2017 年，在线广告的市场份额第一次超越传统电视广告，成为第一媒体广告。根据海外股票研究机构 Arete Research 提出的分析师预测来看，未来，对于超大型企业而言，需要代理机构为其品牌形塑提供相应支持，而对于中小企业而言，随着智能广告出现，他们对传统广告的依赖程度自然会逐渐下降。换言之，在线广告的市场份额将不断飙升，电视广告的份额会不断下降，智能创意广告的投放将占据广告投放的主导地位。[①] 作为一种智能创意广告形式，智能 DNS"劫持"广告将越来越多地被人们看到、接触到，并且以各种形式形成广告传播矩阵。在移动智能技术勃兴时

[①] 《增长还是衰退？投资者和代理商对 2023 年的数字广告收入产生了巨大分歧》，见 https:// new.qq.com/r 人工智能 n/a/20230222A07YD200，2023 年 2 月 22 日。

代，原生应用广告的确比固定桌面浏览器更能提供理想的用户体验，因此，智能 DNS"劫持"广告在 App 或快应用领域的用户市场份额会不断上升。

广告运营商掌握着智能 DNS"劫持"广告的生成与传播平台，他们可以轻易通过改写网页 HTML，或在网页中添加 JavaScript 等方式进行即时性广告植入。智能 DNS"劫持"广告植入是广告运营商通过修改网页信息，将广告放入网页中发放至 PC 终端，从而达到广告精准传播的一种营销行为。理论上说，广告运营商掌握了 HTML 页面的全部代码，可以真正无缝地植入广告，然后返还给用户。但是，智能 DNS"劫持"广告植入是批量的行为，如果要针对不同的网站页面分别去设置广告代码，代价过高。同时，植入的 JavaScript 代码片段很容易受到 DOM 环境和 JavaScript 代码环境的交互影响，而智能 DNS"劫持"广告植入不能影响到原有网站页面的展示和行为。为了尽可能地减少植入广告对原有网站页面的影响，广告运营商通常会通过把原有网站页面放置到一个和原页面相同大小的 iFrame 框架中去，通过 iFrame 来隔离广告代码对原有页面的影响。另一种方法是，直接修改原网页的 JavaScript，引入智能 DNS"劫持"广告信息界面，这种做法简单，但很可能影响到原网页的布局外观，甚至引发误操作，会给原网站带来不利影响。

智能 DNS"劫持"广告诞生以来，其利弊与优劣众说纷纭、好歹参半。在通信技术专家眼中，这是一个不屑一顾的"小儿科"，可能涉及一连串社会经济问题。在广告运营商眼中，这是吸引流量、增加点击率的绝佳途径。在广告人看来，智能 DNS"劫持"广告是一种全新的广告宣传形式，其有效到达率和实际广告效果都能够得到广告市场的印证，因为"移花接木"的内容是目标用户曾经注意过并且感兴趣的话题或画面，不容易招致明显反感和直接抵制，有时候甚至会因此增加用户对特定网站的忠诚度和黏糯度。从客观上来说，智能 DNS"劫持"广告是一种技术层面的创意再现和创新再造，广告运营商通过智能 DNS 劫持技术资源进行广告生产传送活动，在平板电脑和智能手机使用频繁的今天屡见不鲜。

二 智能QQ层级广告

所谓QQ层级性，即QQ传播除了不分男女老幼的泛众传播和统一的传播途径与传播内容以外，还会在一定时间、一定空间、一定用户群体范围内按资论辈，具有一定的层级关系。智能QQ层级广告是按照用户QQ层级关系推送不同层级需求的智能个性广告。2005年8月15日，腾讯公司推出QQ在线计划服务，用户通过累积活跃天数，可以获取由星星、月亮和太阳三个图标组成的QQ不同等级。早期的QQ等级是以小时来计算的，后来将QQ等级变为以天为单位，每天只要在线两个小时就算一天，半小时以上两小时以下则记为半天。QQ等级让无数玩家为之疯狂，朝思暮想看着它从星星变月亮，再变太阳再升皇冠。根据腾讯公司的计划方案，最高层级的QQ用户可以达到9个太阳（2个皇冠+1个太阳）级别，即144级，需要在线21312天，大概需要50年的QQ应用历史。[①] 当然，为了达到QQ高层级，用户需要付出巨大努力或大量资金，包括增值服务支出费用、使用年限、上线时间长短以及活跃程度等。QQ玩主通过各自路径到达不同层级，自然就会拥有相应层级的配套权益，包括按照等级划分的身份标识、交流辅助工具以及不同的话语权等，"高层级"用户可以享受更丰富、更增值的社会交往、娱乐休闲和生活服务体验。

腾讯QQ通过丰富等级体系和优化娱乐导向功能，以"层级化增值服务"迎合年轻用户人群。2016年，QQ引入面部美妆工具、油画风格照片以及动态视频挂件等特色增值服务功能，使用户聊天及群内分享的层级体验更具娱乐性和针对性。此外，腾讯公司通过设计不同层级的文学、卡通和短视频等趣味性内容，大大提高了目标用户的活跃度和黏合度。

智能QQ层级广告指的是通过精心构建QQ的不同层级用户群，植入不同层级的广告内容，使多层用户享有不同层级的广告体验。用

---

① 参见曾静平、刘爽《论QQ传播的层级性受众和层级性产业》，《现代传播》（中国传媒大学学报）2018年第1期。

户的QQ层级越高,其享有的广告空间就越大,也更有层级自豪感和优越感,在更高层级广而告之的"高级"用户,自然愿意支付更多费用,广告收益也就随之上升。在智能QQ层级广告实践中,层级传播不仅得到了广大QQ玩家的认同,得到了广告商家的追捧,也带动了游戏装备这一虚拟制造业的发达兴旺,带动了智能QQ层级广告的盛行,形成一整串的层级广告市场连锁效应。

智能创意广告在QQ层级传播方面得到了充分展现,这是腾讯公司高层创意、高层智慧与具体实施方案层面无缝对接的杰出产物。智能QQ层级广告表面上不动声色地设计出一个个不同的用户层级和用户等级,在无意间的"层级"中聚集了层级广告和层级产业,这是腾讯公司多年来产业链、供应链和价值链不断增多、不断延伸和产业规模不断扩大的一个缩影。智能QQ层级广告是广告创意"小创意做出大产业"的智慧杰作。

智能QQ层级广告创意环环相扣,每一环节都设计好了属地范围,同时还考虑到下一环节的顺畅联系和增长空间。曾经让无数玩家为之疯狂的QQ等级,看着它从星星变月亮,再变太阳再升级为皇冠,就会生出无限荣耀和自豪。即使很多用户转向微信、微博和短视频,但QQ层级游戏和QQ层级群聊等功能还是稳稳抓住了90后和00后的一大批青年用户群。随着QQ创意不断升级,能够获取额外加速天数的超级会员等级付费方式,使不少青少年QQ用户都有以加速换取升级的冲动,在"太阳"和"皇冠"等级诱惑下,一个又一个QQ青少年用户不断冲击QQ层级最高领地。比如,20世纪90年代,QQ游戏大军异常庞大,专为玩QQ游戏而诞生的Q币风头正旺,在国内大中城市一时间流行程度远超过其他游戏币成为时尚宠儿,为智能QQ层级广告的引入以拉动游戏创意产业增加无尽的市场竞争能量。在智能QQ层级广告的市场利益驱动下,2018年5月,QQ满级用户横空出世,这比腾讯公司创始人马化腾预计的日子提前了30年。

三 智能时光隧道广告

智能时光隧道广告既表示超越时间和空间的广告写照,又是一种超速位移状态下的广告表达艺术。鉴于这种广告已经在地铁隧道大展身手,具有良好的广告艺术表达力,因而在智能时光广告功能基础之上加上"隧道"字样,更显出智能时光隧道广告的穿越"时光隧道"之动感。智能时光隧道广告是一种潜力巨大的智能创意广告,既有初见成效的地铁智能隧道广告,也包括高铁、民航智能超速广告、无人机智能广告以及其他超时空的智能超速广告。

在超大城市和大中城市,地铁交通是人们首选的上下班通勤交通工具,空气相对不够畅通但最能准时到达目的地的便捷地铁,是智能时光隧道广告传播的理想场域。随着拥挤不堪沉闷乏味的地铁车窗外闪现出一道"时光隧道"的亮丽风景线,出于无奈只能乘坐地铁的上班族一整天的工作疲惫或焦躁心理一扫而光。这道亮丽风景就是追踪地铁前行的动画型智能创意广告,它给目标用户鲜活、绚烂、跳跃和动感的视觉冲击和艺术欣赏,使其瞬间忘记乘坐地铁的烦闷与枯燥,情绪顿感轻松,好奇即时唤醒,关注迅速转移。在愉快轻松的氛围中,这种精心创意的智能时光隧道广告,既美化了地铁空间环境,点亮了地铁乘客接受新创意、新技术的火种,又为普通受众记住广告内容和广告营销方式提供了丰盛的视觉盛宴,从而实现强烈的广告艺术感染力。

目前,地铁智能时光隧道广告有两种主要形式。一种是追踪式动态化 LED 显示屏智能广告。这类显示屏由序列连续配置的 400 到 800 个静态 LED 显示装置构成,一般安装在 1000 米左右长度的地铁隧道岩壁上。在地铁列车高速运动时,智能广告系统会对地铁隧道岩壁上的每幅单张画面的可视角度和光盏亮度进行智能算法化控制,使安装在地铁隧道壁上的动画画面在与乘客相对固定的位置上逐一连续快速闪过,从而实现鲜活、生动的广告传播效果。这种定时连续的炫动创意画面,类似于小时候老少咸宜的连环画在 5G 智能技术赋能下连续快速地翻动"页面",连环画中的小人物、小动物就会串接起来,鲜活地动起来,与时尚的 3D 动漫和影视可以相提并论,效果奇特。

另一种是静态化 LED 阵列光柱广告。这种陈设在地铁隧道岩壁上的 LED 阵列光柱广告,上面分布着近 600 个 LED 装备,每个发光器高度近1米，两个发光器间隔约1米。LED阵列光柱广告要设置在地铁车速较为稳定的一段区间，当列车静止时，只能看到每根光柱上各种颜色的光点，而当列车快速运动的时候，利用"视觉暂留"原理（1/24秒）可以形成动态的画面感受，形成一种与电视电影类似的帧扫描效果。当地铁受众看到动态广告时，不管地铁列车处于怎么样的速度变化，都会通过在地铁隧道岩壁上的传感器智能化调节，实时控制发光条的发光频率，在地铁列车匀速行驶的路段，LED阵列光柱广告能够自然保持广告图像稳定和清晰。在地铁列车减速行驶时，某根光柱还没进车窗就开始变换阵列，超前于之前的那根光柱，造成画面整体右移。在地铁列车加速时，画面会整体左移，这样实现智能创意广告画面的左右摇摆效果。在这种智能广告传播过程中，地铁隧道岩壁上安装的传感器通过算法化自动调整实现广告画面传播的仿真效果。为了节约能源，这种智能时光隧道广告只有当列车行驶到广告区段时，广告电路才会被打开，会发挥智能广告强大创意传播功能。

随着5G智能技术的商业化应用，智能创意广告可以在除地铁以外的更多地方和更多场域充分展示其传播魅力。因为沿途网络盲点和信息接口盲点太多，长途客运汽车、高铁列车和民航飞机等公共场所的音视频直播广告倍受掣肘。在5G智能时代，长途客车直播视频广告可以成为下一阶段最早实现的智能时光隧道广告。高铁直播电视广告和民航飞机电视直播广告需要更多的新概念设计、新技术突破和新管理创新，近期这些领域的智能创意广告模式和创新广告空间已经初露锋芒。中国高铁的"复兴号"动车组已实现Wifi全覆盖，高铁电视直播酝酿着巨大广告市场潜质，高铁沿线山体广告和高楼广告的创意资源丰富，受众人群海量，到达率高，传播效果好，是一个广告创意的新天地。民航智能创意广告同样是智能传播想象力的圣地，如在民航飞机舱舷下方安装高倍像素摄像仪，并连接到机舱液晶大屏幕，乘客即可饱览沿途风光。此外，民航旅程中的高楼广告、山体广告、企业标志广告和城市建筑物广告均可收到理想的智能创意传播效果。[①] 无人智能飞行

---

① 曾静平：《电信传播的未来发展演进趋势畅想》，《人民论坛·学术前沿》2017年第23期。

器近年来成为国人引以为豪的中国智造重器，占有全球七成以上份额的中国制造既是世界各国艳羡的目标，又发挥着中华民族在小型民用飞行器创意的超强智慧。无人智能飞行器已经在新一代广告市场大显身手，经过智能创意设计的无人智能飞行器广告在不少大中城市重大活动中显示良好的传播效果，为智能创意广告发展留下无限的想象空间。

第七章 智能文化艺术传播

　　人类发展进程中的岁月更迭和历史冲刷，裹挟着人类文明进步中的技术革命、产业革命共同向前。大量机械化制造、数字化生产与智能化传播，可以把人类从繁重的体力劳动中解放出来，大大提高了劳动生产率，促进了经济发展、文化艺术繁荣和社会进步。人脑智慧有了更广阔的"留白"空间，为文化艺术深入创作、深度传播和文化艺术产业更加繁盛做好了各种思想准备和精神储备。人类创造的科学技术与代代相传的文化艺术成果，在人类历史长河中相随相伴、相促相长，你中有我、我中有你，时刻交融、糅杂在一起。科学发明创造和技术应用推广，其本身就是一种新文化或新艺术的诞生，同时伴随着文化艺术现象日益兴起和文化艺术人物不断涌现。人类文明的进步与文化艺术程度的提高，为科学技术的社会化、大众化普及插上腾飞翅膀，科学技术的线上线下传播效能极大提高，人类懂科学、爱科学和用科学的文化之风和艺术之气成为当代中国社会的正能量和主旋律。科学技术浸淫于文化艺术氤氲之中，同时也时刻赋予文化发展和艺术繁荣之新动力，二者相互学习、相互镜鉴，互相汲取灵感养分，彼此协同迈向人类进步的更高境界。

第一节 智能文化艺术传播的演变历程

　　古往今来，人们一直在尝试用工业革命各种技术成果来直接或间接取代人的部分劳动，进而达到掌控和征服自然的能力。莱布尼茨提出"符号语言"和"思维演算"等概念,认为思维只有代数几何化,像公式一样的思考,如同画面一样直观表达,人类在创造上才可能走得更远。这一思想催生了数理逻辑的出世,现代机器思维和设计思想就此萌芽。

19世纪以来,数理逻辑、自动机理论、仿生学、信息论、计算机学、心理学、社会学等学科的发展为人工智能技术的诞生准备了思想、理论和物质基础。20世纪30年代,英国数学家、后被称为"人工智能之父"的图灵奠定了计算机逻辑理论基础,在人工智能领域提出价值性研究方法。

从20世纪末到21世纪初,智能技术不断发展,尤其在近十年智能文化艺术传播得到快速发展。如克隆羊、克隆猴及克隆艾滋病免疫婴儿等重大文化事件唤起人们对生存环境和道德规范的深入思考,计算机"深蓝"战胜世界冠军卡斯帕洛夫和阿尔法智能机器人战胜韩国围棋大师李世石等人机博弈文化事件,又使人们不断反思博弈伦理问题和机器人能否代替人类等长远战略性问题。随着人工智能时代的到来,5G智能技术赋能揭开了一个全新的科技文化艺术新天地,科学技术与人类文化、人类艺术之间的关系更为紧密,渗透范围更为广阔,场景文化图卷正徐徐展开华彩篇章。人工智能技术的应用、发展与完善,需要结合传播学、管理学、教育学、心理学、社会学、哲学、通信工程、计算机学等人文、理工等诸多学科来加以辅佐、加以完善。

一 智能文化的形成与发展

社会发展变迁,人类文明程度逐次跃上一个个新台阶,人类的文化水准、文化修炼、文化表达、文化交融和文化互鉴都在发生着新变化。刀耕火种年代,人们衣不蔽体、食不果腹,每每还有毒蛇猛兽的侵害袭扰。这一阶段的人类文明,更多的是生存之道和抱团取暖之道,一个温暖的眼神,一个有力的牵拉扶持,面对侵害时振臂一呼、拔刀相助,就是质朴的文化之礼和文明之旅。远古时期人类文字的发明创造,为文明传承、文化记载、文化发展和文化传播找到了有形可寻的文化脉迹。中国活字印刷技术及设备的发明应用,为人类文明成果的遗存和传衍创造了更加优越和便捷的条件。在印刷科技引领下，传统报纸、杂志应运而生，为人类文化传播插上了经天纬地的翅膀。在电子信息技术的引领下，全球广播电视技术与设备的发明及广播电视台的创建，为"地球村落"文明进化谋划出美丽画卷，人类在第一时间共享文明成就，开始由空想变成现实。纵观人类文化发展史，先后经历了口头文化、肢体表演文化、书写绘画文化、活字印刷文化、广播影视文化、网络文化、智能文化和融媒文化等多种形态。

任何新文明形式和新文化形式的诞生与进化，都会打上时代的印记和科技创新的印记，都是社会进步、文明繁衍、文化提升和科技创新交汇叠生的产物和成果。互联网络自20世纪60年代创建以来，陆续从军事战场到科学研究、专业应用，再到寻常百姓的千家万户。网络文化传播逐渐走向移动互联网文化传播和智能互联网文化传播，其成果极大地提升了社会文明高度，提高了文化传播效能，繁荣了人类文化家园。随着5G网络和人工智能时代的到来，随着移动互联网智能技术的普及应用，各种新型文化形态和业态相继产生。从早期的文本文化、BBS文化、图片漫画文化、音视频在线文化和网络动漫文化到后来的博客、微博、QQ、微信、短视频、VR、CR、复制检索以及内容更为细致的恶搞、人肉搜索、网恋网婚、虚拟性爱等各种文化形态，无一不是与网络、智能技术进步密切相关的。智能文化传播是在移动互联网文化的基础之上，与智能场景文化高度融合和全面渗透的新兴传播文化生态。

智能文化作为一种科技文化和新潮文化，否定了传统文化更多的政治色彩和政治倾向，赋予了新兴传播文化新的表现形式，创造了丰富多彩的新兴传播文化元素。互联网科技催生了网络文化，人工智能科技催生了智能文化，智能网络文化不断阐释、传播科技信息，开创了人类交往和社会活动的新方式。5G网络和人工智能技术赋予新兴传播文化以独特新颖的传播渠道、传播形式、表现形式，承载了新兴传播文化的诉求新内涵、范式新样态和体制新变革。简言之，智能文化是以计算机技术、通信技术、5G网络、人工智能技术为物质基础，通过发送和接收文字、图片、音视频、动漫和游戏等电子化信息，影响

· 173 ·

并改变管理方式、交往方式和生活方式，处处显现着现代高科技的特质，处处打刻着现代高科技的前行烙印。

现代智能技术的发展，为智能文化的跨越式发展提供了新的机遇和可能。一方面，蕴含高精尖技术的文化符号、文化文本和文化圈层，记录着新兴传播技术的演进轨迹。人工智能技术的泛化应用，激励着科技人才的创新力和创造力，推动智能传播者不断整合高科技手段，有效提升各种人文资源，可持续提供精品智能文化产品，为新兴传播文化建设开辟了新的道路。另一方面，高精尖科技创造了高度文化与高度文明。智能互联网和智能场景的内容开发和形式创新，有利于聚合各类高级技术人才和文化人才，赋予智能传播更多的高端优质人力资源，突破智能文化创造与再造的技术瓶颈和内容瓶颈，彻底改变智能文化的技术发展瓶颈，实现高科技与高品质网络文化的强强结合与耦合驱动，促进民间发明、乡土科技、地域文化、民俗文化、通俗文化与智能技术的土洋联姻，打破网络智媒时代文化传播的知识鸿沟和数字化鸿沟，实现技术产业和文化产业的双重跨越和共同发展。

1994 年，中国加入全球互联网大家庭。经过近 30 年的网络技术变迁和近 10 年的智能技术创新，智能文化内容和形式得以更迭和升华。中国移动智能网络作为全球智能互联网的新生力量和中国上层建筑的新型社会形态，孕育出中国特色的短视频文化、中长视频文化、微博文化、微信文化、电子邮件文化、QQ 文化以及特色性网络地域文化、网络民族文化、网络民俗文化、网络服饰文化、网络美食文化和网络名人文化等各种新型文化现象，形成中国智能文化传播体系。这些与高新智能技术结伴而生的文化符号、文化现象、文化活动、文化人物、文化产品与文化服务，时而让人惊喜称奇，时而让人困惑迷惘，时而让人担忧受怕，时而让人眼花缭乱，智能文化内容丰富多样，形式仪态万方。在智能化时代，天天诞生着这样那样的新概念、新思想和新思路，有的如昙花一现，过些时日就消失得没有踪迹；有的慢慢积淀下来，广为流传，走进大众生活，成为时代文化和隽永文化，从而孕育出文化新时尚，催生文化新现象，释放出蓬勃生机与无限活力。

我国政府高度重视以移动智能端技术为代表的智能文化建设工作，

习近平总书记就网络强国、空间安全、网络治理等重大话题进行了科学论述。他阐明了中国由网络大国迈向网络强国的战略部署和实施路径，明确了网络治理在国家治理体系中的重要地位，提出了全球互联网治理体制变革和网络空间命运共同体创构的政策主张。习近平总书记强调"培养积极健康、向上向善的网络文化，用社会主义核心价值观和人类优秀文明成果滋养人心、滋养社会，做到正能量充沛、主旋律高昂，为广大网民特别是青少年营造一个风清气正的网络空间"[1]，指出"网络空间是亿万民众共同的精神家园。网络空间天朗气清、生态良好，符合人民利益。网络空间乌烟瘴气、生态恶化，不符合人民利益。互联网不是法外之地。利用网络鼓吹推翻国家政权，煽动宗教极端主义，宣扬民族分裂思想，教唆暴力恐怖活动，等等，这样的行为要坚决制止和打击，决不能任其大行其道"[2]。

二　从人脑艺术到智能艺术的发展过程

艺术是人类以情感和想象为特性反映客观世界和现实生活、表示对世界和自身二者关系的看法的一种特殊方式。智能艺术是人工智能技术与人类创造性艺术表现手法相互结合而产生的新型艺术，是人脑艺术和类人脑机器艺术的融合产物。人脑艺术顾名思义即人类大脑智慧的主观能动性所创作出来的艺术氛围、艺术形式、艺术作品、艺术人物，机器艺术则是通过机器机械化和自动化功能，将人脑艺术以物理形式、具象形式加以再现所展示的一种新型艺术门类。所谓"艺"者，即是集"礼、乐、射、御、书、数"之大成的最高境界。所谓"术"者，则是将"艺"的明确、具象、象征的具体行为、具体行动、具体产品转化为生动形象、抽象概括的思维形式和思想形态。"艺"与"术"融会贯通而成的艺术，是高人一等、独出心裁的"技能""技巧"和"才干"，是各行各业"文以化之""艺以术之"的集萃与精髓，都是为官为人为友为亲的基本门道，都是人类不断超越、自我

---

[1] 新华通讯社课题组：《习近平新闻舆论思想要论》，新华出版社2017年版，第217页。
[2] 习近平：《在网络安全和信息化工作座谈会上的讲话》，《人民日报》2016年4月26日第2版。

发展、自我革新、独立前行的策略方针，都是人类求新求变、不断追求、不断充实、不断拓展的方法计谋。艺术是抛弃人类理性和信仰的感性认识和感性想象，是人类心理真实情感的反映，是一种可以同时被绝大多数人赞同、赏识或惊讶、感叹的自然或人类的产物，是一种对人的情感、认知和意志进行交流、诱导、感化和训练的有效工具。[①]艺术和科学不同，科学借助人类的理性反映客观世界的规律性，艺术凭借人类的感性反映客观世界和主观世界。科学更多的是发现和探索，而艺术更多的是创造和创意。

人脑艺术和机器艺术的关系既有联系又有区别，核心联系就是同属"艺术"学科大家庭。机器艺术和人脑艺术有着本质上的不同，前者是批量生产和定制生产大批量千篇一律的"复制品"，机器艺术可能影响人类艺术的传承价值。人脑艺术则是精雕细琢的精神精品，有些艺术精品可能是几代人的智慧延续和智慧集结，可能是好几代庞大艺术家前赴后继的心智结晶，人脑艺术作品的文化含量、文化价值、传承价值是机器艺术所无可比拟的。机器艺术和人脑艺术的差异，反映在艺术表现的温度、深度、精度和细度的典型差距，再高级、再高明的自动化机器或智能化机器也实现不了人脑艺术渗透灵魂、沁入心脾的润物细无声似的情感感受，享受不到艺术家特色鲜明的唯我独尊的独到艺术特质。

人脑艺术与机器艺术从来就是一组矛盾体，这种矛盾关系可以从建筑艺术的人脑应用与印刷艺术的机器应用中加以论证。建筑艺术是传统艺术的代表，与绘画、雕刻、音乐、诗歌（文学）、舞蹈、戏剧和影视统称为人类文明之"八大艺术"。建筑艺术是人脑艺术的主要代表，而印刷艺术则是机器艺术的先锋。维克多·雨果毕生热爱建筑，在其著作《巴黎圣母院》中生动描写了人类建筑艺术的迷人风格。随着印刷技术和印刷艺术的发明与进化，建筑艺术在书籍、报纸和杂志中有了更多的展现天地，吸引了更多民众欣赏建筑艺术和参与建筑艺术设计，使大量建筑艺术作品顷刻间摆上了普通民众案头，建筑艺术

[①] 参见李砚祖《艺术与科学》，清华大学出版社2010年版，第5—15页。

的孤独感、神秘感和高端感受到了直接影响，克罗德·弗罗洛大声疾呼，"书籍正毁掉建筑"。[①] 15 世纪，印刷机器将全世界最优秀的建筑思想和建筑作品长久保存下来，也印证了印刷机器使建筑艺术传播日渐衰落的历史事实。到了 16 世纪初期，建筑艺术渲染力更是降至低谷，演变为一种古典艺术，更多从印刷作品中感受建筑艺术的人们，开始认为建筑艺术不再真实、不再具有现代性。此后，人类思想聚集于印刷艺术的书本当中。世间巨变、世事难料，"其兴也勃焉、其亡也忽焉"，经过历史长河洗礼的人脑建筑艺术，在 19 世纪后半叶重新复兴、魅力再现，成为人类艺术群族的重要一员，与印刷机器的建筑技术并驾齐驱、相促共生、彼此补充、共生共荣。

智能艺术传播的演进过程一定程度上可以追溯到 20 世纪 60 年代的艺术和科技融合浪潮。智能艺术传播的初级阶段是录像艺术的发展时期，随着计算机科学不断发展，智能艺术传播的内涵也越来越丰富。智能艺术要想取得理想效果，也要经历人类艺术的审美自主过程，这种审美自主须经过人机的充分互动和充分转化。人工智能自出世以来，与媒体传播的嫁接融合持续展开并逐渐全面深化，智能传播理论和技术不断得以丰富、完善和成熟，特别是不断扩大到艺术应用和艺术创新领域。智能城市艺术传播、智能飞机广告艺术、智能包装广告艺术、智能播音主持艺术、智能服饰艺术传播、智能园林艺术传播和智能灯光舞美艺术等，无时无刻都展示出智能技术赋能带给新兴传播时代全新的艺术天地。随着人们生活水平的提高，智能艺术传播产品与服务跳离大众传播空间，越来越多地进入分众传播空间，进入普通受众的艺术生活领域，被更多更广民众广泛接触和欣赏，真正发挥出智能艺术传播的独特魅力。比如，由导演斯皮尔伯格拍摄制作的科幻影片《人工智能》，将人工智能中的人工生命由一个遥远陌生的概念变为亲密熟悉的"活人"，让我们进一步领略人工智能艺术应用的精深奥秘。再如，电影《HER》的神奇智能艺术表现，让我们对生动鲜活、富有

[①] 《〈巴黎圣母院〉·书籍毁灭建筑物》，2021－12－05，https：//www.jianshu.com/p/03a69d2c1cc7。

灵性的虚拟人物的"艺术表现"大为惊叹。2015年8月26日，德国西奥综合神经科学研究所科学家在网络文献库 arxiv.org 公布了他们的最新研究成果，他们使用深度学习算法让人工智能系统"学习"梵·高、莫奈等世界著名画家的画风与画作，由此完善深度学习系统，深度学习系统能够根据输入的写真图片自动生成一幅梵·高风格的"再造油画"，这种"再现"作品的逼真程度不亚于梵·高本人所创作的原创作品。因而，这种智能艺术再现技术引起艺术界的广泛关注。

智能艺术传播的生成、演变、发展与繁荣总是与信息通信、人工智能等数字化、智能化技术"亦步亦趋"。每一代数字移动通信网络和技术，都会孵化出刻着"G"烙印的网络艺术载体、网络艺术形态、网络艺术语符、网络艺术人物和网络艺术现象。每一代信息通信、人工智能等数字化、智能化技术的潜行嬗变，既有全新的网络艺术"新景新貌"，又有前一代"G"网络艺术的"旧情旧景"，既有"新瓶装旧酒"的艺术偷梁换柱，也有"新瓶新酒"的艺术涅槃重生。回溯从2G到5G中国网络艺术的发展变迁，厘清每一"G"时代网络艺术特征与趋势，有助于正确把握我国当下智能艺术发展走势，科学预知智能艺术发展轨迹。

三　中国智能文化艺术的演变与发展

文化与艺术既彼此交织又互有区隔。同样，随着人工智能技术发展，智能文化与智能艺术既相互独立又相互融合。智能文化艺术传播正是在科技与文化、艺术相互促进、共同提升背景下的结合产物和耦合成果，是一种既携带着复杂精细高深科技又遗承着千年传统优秀文化、艺术的现代文明传承，是超级计算机技术、互联网（移动互联网）技术、物联网技术、大数据技术、云计算技术和智能算法技术等共同发力和联合协作的鸿篇巨制。随着深度学习、自主学习、大数据算法等一系列人工智能关键技术质的飞跃和5G、大数据、云计算等技术水平的进一步提升，智能技术开始对文化产业和艺术产业产生深远的影响。例如，人工智能在语音识别、图像识别、自然语言理解以及用户画像等方面已经有了长足的进步。目前，智能语音识别的准确率在安静的环境下已经达到97%,这就意味着人工智能语音识别已经超出了正常人的听力水平。[①]

目前,我国智能文化艺术传播还处于单一的初级传播阶段,就连人类最简单的文化艺术习得能力,人工智能也很难达到。智能创作领地,如智能书法、智能绘画、智能作词、智能谱曲、智能灯光舞美场景和智能服装设计等艺术高地尚未被智能机器人征服,智能文化艺术产品可能更适合用来装点家居,离真正的智能文化艺术精品创作还很遥远。但是,人工智能的高速发展和实质性突破,正对当代艺术创作产生不可忽视的深远影响。我国政府高度重视智能文化艺术发展事业。在国家政策方面,我国从2015年以来便对人工智能进行相关规划。根据2015年5月国务院印发的《中国制造2025》,"智能制造"被定位为中国制造的战略目标和主攻方向。2015年7月,国务院印发《关于积极推进"互联网+"行动的指导意见》,明确提出大力发展智能制造产业。2016年4月,工信部、国家发展和改革委员会、财政部联合发布《机器人产业发展规划(2016—2020年)》,为"十三五"期间我国机器人产业发展描绘了清晰的蓝图。目前,国家正在制定"十四五"期间我国机器人产业的发展规划工作。2016年5月,国家发改委、科技部、工信部和中央网信办联合印发《"互联网+"人工智能三年行动实施方案》,文件明确打造人工智能基础资源与创新平台,建立人工智能产业体系、创新服务体系、标准化体系,基础核心技术有所突破,总体技术和产业发展与国际同步,应用及系统技术局部领先,在重点领域培育若干全球领先的人工智能骨干企业,建成基础坚实、创新活跃、开放协作、绿色安全的人工智能产业生态,形成千亿级的人工智能市场应用规模。2016年8月,国务院印发《"十三五"国家科技创新规划》,在"科技创新2030重大项目"中提到智能制造和机器人的重要价值,以智能、高效、协同、绿色、安全发展为总目标,构建网络协同制造平台,研发智能机器人、高端成套装备、三维

---

① 参见金济《李彦宏谈文化消费新机遇:是时候讲好我们的"中国故事"了》,https://tech.qq.com/a/20161220/025629.htm,2016年12月20日。

(3D)打印等装备，夯实制造基础保障能力。2016年12月，国务院印发《"十三五"国家战略性新兴产业发展规划》，要求发展人工智能，培育人工智能产业生态，促进人工智能在经济社会重点领域推广应用，打造国际领先的技术体系。

2017年3月，"人工智能"首次被写入全国政府工作报告。同年4月，文化部印发的《文化部关于推动数字文化产业创新发展的指导意见》指出，深化"互联网+"，深度应用大数据、云计算、人工智能等科技创新成果，促进创新链和产业链有效对接。提高不同内容形式之间的融合程度和转换效率，适应互联网和各种智能终端传播特点，创作优质、多样、个性的数字文化内容产品。随后，文化部发布了《文化部"十三五"时期文化产业发展规划》，提出大力培育基于大数据、云计算、物联网、人工智能等新技术的新型文化业态，形成文化产业新的增长点；围绕文化产业发展重大需求，运用数字、互联网、移动互联网、新材料、人工智能、虚拟现实、增强现实等技术，提升文化科技自主创新能力和技术研发水平等。[①] 2017年7月，国务院印发了《新一代人工智能发展规划》，将前瞻布局新一代人工智能重大科技项目，到2030年，中国人工智能产业竞争力达到国际领先水平，人工智能核心产业规模超过1万亿元，带动相关产业规模超过10万亿元。可见，我国对于人工智能领域的研究与应用规模、程度与日俱增。2022年5月，国务院颁布了《关于推进实施国家文化数字化战略的意见》，提出基本建成文化数字化基础设施和服务平台，形成线上线下融合互动、立体覆盖的文化服务供给体系，明确了建成物理分布、逻辑关联、快速链接、高效搜索、全面共享、重点集成的国家文化大数据体系，中华文化全景呈现，中华文化数字化成果全民共享的战略目标。

智能制造不断推出文化新品和艺术爆款，滋长出新兴传播文化艺术现象，衍生出新兴传播文化艺术人物，这就意味着不能像以前那样单纯地评价智能技术的专业应用价值和技术文化价值，而是要更多地

---

① 《文化部"十三五"时期文化产业发展规划》，见http：//www.gov.cn/xinwen/2017－04/20/content_ 5187654.htm，2017年4月20日。

结合人工智能时代背景下的文化产业和艺术产业发展趋势和普通用户的实际需求变化规律，以时代发展、人文关怀和技术"无形"嵌入的眼光来看待智能技术关系化、场景化应用和智能文化艺术贴合性、亲民性功能的耦合驱动和聚合牵引的可行性和潜在力。智能机器人尽管可以模拟人脑的各种文化艺术活动，甚至在某些方面胜过人脑所具备的认知功能，创作出人力所不能及的、叹为观止的智能文化艺术产品、服务或场景，但人工智能不会取代人的意识与情感，因为它不懂什么是美的真谛和美的意蕴，做不到人类在人文、艺术、美学上面的感性表达，缺少文化的意蕴深度和艺术的情感温度。当前，文学作品创作、戏剧戏曲剧本创作及编排、电影脚本写作等具有人类情感舒发类文艺创意产业还要依靠人脑亲力亲为。可以看出，智能文化艺术传播当下和未来理想的发展模式，在于人机协同、人机互动和脑机融合的互补式、互渗式、互置式契合发展模式。

第二节 智能文化艺术传播内容

文化是"人文化成"一语的缩写，文化概念源自易经贲卦彖辞的"刚柔交错，天文也；文明以止，人文也。观乎天文，以察时变，观乎人文，以化成天下"。简单来说，文化是人类生活、生产要素的内容和形态统称，即人的衣、冠、物、食、住、行等在思想境界和意识形态领域的具化形式，是形形色色、多种多样的具体化、象征化、价值化的文明进步产品与沉淀千年的具象化成果。从哲学视角而言，文化是相对于政治、经济、社会和生态而言的人类全部精神活动及其活动产品。从历时来看，文化是智慧群族的社会演变现象与群族内在精神演化的既有、传承、创造、发展的总和。[1]

一 智能文化传播内容

文化涵括智慧群族从过去到未来的历史，是群族基于自然的基础

---

[1] 参见罗钢、刘象愚《文化研究读本》，中国社会科学出版社2000年版，第3—10页。

上所有活动内容,即群族所有物质表象与精神内在的整体。具体而言,文化包括了群族的历史、地理、风土人情、传统习俗、工具、附属物、生活方式、宗教信仰,也涵盖了文学艺术、社会规范、国家律法、社会制度、思维方式、价值观念、审美情趣和精神图腾等。

文化主要包括观念形态、精神产品、文化方式等三个方面超离物质层面的内容,呈现出具象化、价值化、功能化的诗歌、绘画、书法、戏剧、广播电视节目、网络语词、网络脸谱、网络动漫、网络人物、网络小说、网络诗歌、网络音视频、网络直播弹幕、网络打赏产品、智能机器人、智能场景和智能产品等文化形态。其中,观念形态文化包括宗教信仰、价值观念、法律、政治等意识形态的东西。精神产品包括文学和艺术成果,代表性形式是小说、诗歌、绘画、书法、歌剧、戏曲、广播电视节目和网络剧等作品。精神产品所呈现的代表性场所为歌剧院、电影院、美术馆、音乐馆、书画室、科技馆、展览馆、博物馆、图书馆以及各种非物质文化遗产场所等。文化方式则囊括衣食住行、民情风俗、生老病死以及社会生活的各种样态。

文化的划分标准各异。斯特恩(H. H. Stern)根据文化的结构和范畴把文化分为广义文化(亦称大写 C 文化,Culture with a big C)和狭义文化(亦称小写 c 文化,culture with a small c)两种概念。汉科特·汉默里(Hackett Hammerly)从文化的属性出发把文化分为信息文化、行为文化和成就文化。信息文化是指由本族语者所掌握的关于社会、地理、历史等知识,又称常识文化;行为文化是指人的生活方式、实际行为、人生态度和价值取向等,是成功交际的关键因素;成就文化是指艺术成就和文学成就的文化形态,属于传统文化范畴。也有学者从文化的社会形态出发将文化分为物质文化、制度文化和心理文化;有的专家根据文化的角色和地位将文化分成主流文化与亚文化,亚文化以前特指非人类的其他智慧群族的文化,现在专指相对于一定社会或一定族群的主流文化而存在的非主流文化或逆主流文化。虽然亚文化具有主流文化的一些特点,但是本质区别是亚文化的价值观与主流文化的价值观相对立或相冲突。

文化具有文明成果积淀、整理、宣示、整合、重构、引导、塑造、传承和创新发展等功能，是人类进步和文明进化的无形潜能。文化首先可以整合社会力量，协调群体成员的行动，发挥聚合和促进作用。就像非洲角马群迁徙过江的壮观场景一样，社会群体成员都是独特的行动者，他们基于自身的需要和意愿，根据情景和背景的理解和判断，在社会领袖或意见领袖（领头角马）带领下采取一定的集体行动（过河行动）。文化是国家之间、民族之间、地域之间、种族之间、社会群体之间、社群与个体之间沟通交流的核心中介，如果成员能够无障碍共建共享文化，那么他们就能够消除隔阂、促成合作。文化其次可以指导人们行动的方向。文化可以引领社会成员的一致行动，通过共创文化和共享文化，每个行动者知道自己的何种行为在其他成员看来是适宜的、哪些行为可能引起积极回应以及哪些行为可能引起消极或对抗情绪，做到自律和他律的相统一。再者是文化具有维持社会秩序稳定的潜在价值。文化可以聚合人们以往共同的生活经验，凝练合理的和被普遍接受的理念与行动准则。某种文化的形成和确立意味着某种价值观和行为规范的被认可和被遵从，也意味着某种社会秩序的形成与成熟。既有文化在传承历史文化基础之上发展未来文化，实现文化世代流传和文化身份认同固化。

文化人类学家 R. 林顿把文化传播过程分为 3 个阶段：①接触与显现阶段。一种或几种外来的文化元素在一个社会中显现出来，被人注意。②选择阶段。对于显现出来的文化元素进行批评、选择、决定采纳或拒绝。③融合阶段。把决定采纳的文化元素融合于本民族文化之中。

从地理空间看，传统文化传播是由文化中心区向四周扩散，根据传播途中信息递减的一般规律，离文化中心区越远的地方，越不能保持文化元素的原形。当一种文化元素传播到另一个地区以后，它已不是原来的形态和含义，在传播和采纳过程中已被修改过。智能文化传播中，每个网民可能都是信息源，既是传播者又是生产者，因此，智能文化传播体现碎片化、去中心、即时性和交互性等特点。

从传播媒介上看，智能文化传播有移动端、基于桌面和其他新兴传播平台之分。从传播效果来看，智能文化传播有同化接受和异化改造两种模式。同化接受是指受众直接采纳智能文化传播内容,把外来的智能文化传播元素直接吸收过来。异化改造属于智能文化的间接传播方式,即一种文化元素传入一个地区或族群,引起那里人们的思考,由此引发受众创造一种新文化。这种新兴文化传播现象被称为"刺激性传播"。①

智能文化传播机理是人类支持智能文化发展的理论依据,即极致个人社会和伦人集体社会两种理念。心理文化学家根据人类的"个体性"和"相互性"两种属性将基本人际状态分为"个人"和"间人"两种类型。基本人际状态的"个人"形态,强调人的个体性和独立性,"在独立、自由等理念下,特意将个体与他人的联系切断或减少交往中对他人的依赖",以美国为代表的西方社会属于"极致个人社会"。基本人际状态的"间人"形态,强调人的"相互性",个体认识到无法摆脱所处的情境以及与他者的具体、特定关联,于是在"自－他"领域中进行相互关联控制和相互关联约束。中国的基本人际状态便属此类,即"伦人集体社会个人"。

西方"极致个人社会"中的个人理念更加接近有机体的概念,认为个人亲密的社会关系层非常不稳定,父母和兄妹只是暂时的居民,同伴和友人往往占据较大的部分,因而与人发展亲密联系是不确定的、困难和短暂的。极致个人社会理念,表现了以美国为代表的西方世界科技飞速发展与人的情感极度无安全感的矛盾失衡状态。早在1984年,詹姆斯·卡梅隆拍摄的电影《终结者》系列,讲述的就是未来人类跟机器人之间发生的战争,以智能机器人试图消灭人类为主题。2016年上映的科幻电视剧《西部世界》描述的是未来世界的图景,无论是零件、外貌还是行为都与人类高度相似的人工智能系统,在自我意识获得发展后往往带给人类巨大的冲击。虽然影视作品只是一种艺术创造,但在某种程度上表现出人类在日益发达和强大的人工智能面前萌生出的焦虑、危机感乃至忧患、灾难意识。这就带来了两种可能:一方面,科技革新迅猛发展,人工智能的功能日益全面和强大,另一

---

① 郑金洲:《教育文化学》,人民教育出版社2000年版,第20—25页。

方面，极致个人不拒斥将人工智能植入人体，以无限提升其主体性，无限地发展自我能力。由此导致的后果往往具有两面性。一是科技水平不断攀高，人的能力不断突破，人们借助人工智能满足更多的欲望，甚至出现"人工智能人"这样的有机体，人与人工智能的界限和区别逐渐模糊。二是由于人的社会心理失衡使个体缺乏安全感，个体内心存在较大的不稳定性，因而对自己表现出焦虑不安、恐惧、不宽容甚至危机感。这种心理文化或心理危机，导致社会矛盾冲突升级和恶化。

与"极致个人社会"相比，"伦人集体社会"对人工智能表现出更多的是一种平和与乐观，"伦人集体社会"是一种智能传播时代的文化思考与文化生态。世界棋王柯洁对阵人工智能棋王 AlphaGo 的失败，中国民众并未得出"人工智能超越了人类"这样的悲观结论，而更为强调的是"即便若干年后，人工智能逐渐普及，对于人类作用的最大方面，仅仅只是技术层面"，因为"柯洁输了会哭，AlphaGo 赢了却不会笑"以及"人工智能的强大价值判断与策略分析功能，并不适合人类发展的所有需求"。"伦人集体社会"能够立场鲜明地将人类与人工智能进行区分和区隔，不会将人工智能对人类的超越或胜利视为人工智能对人类的取代，因而"伦人集体社会"不会因人工智能的强大而对人类未来前景或人类社会发展抱有过分焦虑和过于悲观的情绪。

以中国为代表的"伦人集体社会"的最大特点是以"关系体"为感知单位，行为主体以包容的形式与他者处在相互依赖、相互依存状态之中。"伦人集体社会"的心理特点是：父母、兄弟、亲友、熟人是第三层中的永久居民，亲密关系的持续、自发、恒久构成生命包的恒定内容，不太需要动用其他层来实现社会心理均衡，心理和行为表现出稳定、守常、知足、平和的特点。伦人的生命包决定了生活的重心是人与人之间的关系，人们的行为取向是相互依赖、相互信任的。因为相互依赖和相互依存，要求人们行为以折中、调和、适度、利他为取向，和谐、合作、协同、协调构成"伦人集体社会"文化的总理想和总目标。

"伦人集体社会"推崇的价值观和文化观是孝、忠、仁、义、礼、信、恩、报等，这些价值取向几乎都与协调人际关系和群际关系有关，某种程度上说就是中庸文化、协调文化、和谐文化和均衡文化。从这个角度来看，人工智能永远不可能成为"伦人集体社会"的主导性和支配性存在形式。智能文化传播只能复制个体，却无法复制或成为"关系体"，它不会经历世代沿袭的宗族血脉，无法感知家人和朋友的无限之爱，不会因对他们无限之爱而随时准备牺牲自己，不会因为对某种文化的依恋和精神依赖而产生无法割舍的感情，不会为不被允许说自己的母语而感到抑郁、在异国他乡感受到乡愁，也不会因自身文化出现危机时而感到沮丧，或因自身文化繁荣而感到欣喜。人工智能可以作为"个体"单独存在，伦人则不然。人工智能可以部分占有伦人的生活空间，却不可能超越"人工"与"人"的"楚汉"界限。[①]

二 智能艺术传播内容

人脑艺术与机器艺术的现代化形式是人类艺术与智能艺术。人类艺术与智能艺术不是取代与被取代的关系，二者存在互为耦合、互为协作、互为促进的关系，既有人类创意的灵感偶发和人类智慧的激情创作，又有智能机器人的艺术呈现、艺术重现和艺术再造。如果说人类艺术是原创艺术，那么智能艺术是呈现艺术、重现艺术、复写艺术、复制艺术和再造艺术。人类艺术是人的知识、情感、理想、意念等综合性心理活动的有机产物，是人们现实生活和精神世界的形象表现。因为人类的某些经历是难以用言词来表述的，为了表述这些内心最强烈的感情和思想，艺术家就使用绘画、雕刻、建筑、文学、音乐、戏剧、舞蹈、电影等艺术手法，满足受众心理、情感及审美上的需要。人类艺术是通过审美创造活动再现现实和表达情感，在想象中实现审美主体与客体的相互对象化过程。

智能艺术传播以人工智能技术和媒体艺术传播全面融合为起点，是一种聚合了各种艺术形式、艺术内容、艺术现象、艺术人物和艺术场景的带有显著技术标志的新兴传播形态。智能艺术传播是基于人工

---

① 参见邵龙宝《中西方伦理价值观之比较》，https：//www.sohu.com/a/199255462_273853，2017年10月20日。

第七章 智能文化艺术传播

智能技术将某种艺术从一个个体传送到另一个个体，从一个社群传送到另一个社群以及从一区域传送到另一区域的互动交流活动，是通过智能艺术传播媒介由艺术源地向外辐射传播或由一个社会群体向另一个社会群体传送艺术信息的交互过程。[①] 智能艺术传播是指 5G 智能技术赋能带来或引发的整个艺术领域艺术产品、艺术工艺和艺术服务的社会影响、文明牵引和审美引领。智能艺术传播涵盖智能视频艺术传播、智能场景艺术传播、智能文图艺术传播、智能播音主持艺术传播和智能检索艺术传播等智能艺术生态。智能艺术传播与智能文化传播，是对智能社会文艺舆情的主要引导力量和关键支配因素，不仅仅为智能传播"增光添彩"，而是社会主义先进文艺和中华优秀传统文艺宣传的主要手段。

智能艺术传播研究应集中于智能艺术在现实社会和虚拟社会层面的影响效果。深入分析和解决如下问题：艺术创作如何有效应用人工智能技术？人工智能的普及让艺术品的复制更简单、更快捷，意味着更廉价的艺术作品层出不穷，而廉价智能艺术产品的背后会不会对已经形成的艺术市场带来冲击，抑或是机遇？当下，人工智能技术不仅成为人们日常生活非常重要且独特的角色，并且占据了人们的生存发展空间，在新兴传播领域大行其道。智能艺术传播带来了智能主持人文化、智能新闻写作文化、智能场景文化、智能创意文化、智能物流文化以及智能编辑文化。人类在感受人工智能技术带来各种便利和享受各种便捷之时，开始对人工智能技术带来的传统艺术设计冲击感到担忧，智能艺术传播领域已经急切感觉到虚拟主持人可能让传统主持人下岗的风险，智能机器人写稿更让一大批一线新闻记者或职业编辑惴惴不安，智能广告更高的工作效率和更优的工作质量意味着现实广告人随时丢掉金饭碗。此外，智能艺术传播或许会占据属于传统艺术工作者的岗位，或许会监视并利用个人信息危害社会秩序，甚至会对传统传播者产生倾覆性影响。尤其是，一旦人工智能技术达到发达地

---

① 参见高飞《人工智能，让文化更有"头脑"》，见 https：//m.sohu.com/a/145123061_182272，2017 年 6 月 1 日。

步，以至于发展出类人脑艺术功能的自我意识，它或许会威胁到人类艺术存在乃至取代人类艺术成为最发达的艺术智能人。按照达尔文生物进化论的逻辑和赫胥黎天演论观点，鉴于人工智能技术的日臻完善，在一些艺术专业领域智能机器人已经表现出超过人类脑智的高超能力，智能艺术传播特有的"超人类艺术"构想越来越受到世人的关注。

第三节　智能文化艺术传播形式

从 20 世纪 90 年代中期以来，人工智能技术与娱乐艺术创作逐渐有了联系，这来源于当代艺术家与软件设计师把人工智能生命设计引入日常生活的新背景。艺术专家设计形状各异的身体组件，供消费者组建心仪的智能生命。在计算机互动艺术领域影响力杰出的专家有佐梅雷尔（Christa Sommerer）和米尼奥诺（Laurent Mignonneau），他们创作了"生命的空间"等系列作品。"生命的空间"是一个为用户提供灵活自我的互动设计系统。具体来说，用户输入一段随机性文字，以此为基因密码，"文本到形象编辑器"就可以将客户的"定制式"文字信息转换成有自主性行为的三维生物，该生物的身体、行为、功能以及生存状况完全依赖于用户所提供的基因密码以及用户与智能生物的互动行为。除此之外，智能技术已经在书法、绘画、音乐作词谱曲、灯光舞美、演出场景背景、服装服饰设计等领域也有重大的应用尝试，造就了智能诗歌、智能画作、智能音乐和智能艺术影像等智能艺术产品。

一　智能艺术场景传播

艺术是人们为了更好地满足自己对主观缺憾的慰藉需求和情感器官的行为需求而创造出的一种文化现象，智能艺术场景是在人工智能技术支撑下创造与再造的虚拟现实场景艺术组构，具有欣赏性、娱乐性、产业性和社会性四重功能。智能艺术场景的表现力和震撼力集中了传统场景建设和虚拟场景设计的最佳方案，炫动性、穿透性和观赏性非常强，由此带给受众身临其境的感官体验，产生前所未有的娱乐效应。这类观赏娱乐，是人们进行情感交流和感性想象的重要手段。

智能艺术场景离不开艺术表达的语言、文字和图像等基本形式，离不开人们用语言、文字和图像创造出的虚拟艺术生活。因此，智能艺术传播发生的基础是人类的语言、文字与图像，有效的艺术创造必须借助于语言、文字和图像。人类有什么样的语言、文字和图像，就会有什么样的艺术呈现形态。不借助语言、文字和图像的所谓艺术创造，只能是普通的游戏创造。①

（一）虚拟艺术场景

进入信息时代之后，不仅是那些需要精雕细琢的艺术复制环节逐渐被智能艺术所取代，那些需要真人演员通过涉险展示勇气与才华的角色也逐渐被数码特效所取代，那些本来仰仗天才、灵感、直觉、顿悟的领域渐渐为人工智能所蚕食。从20世纪50年代以来，人们就不断尝试用计算机创作美术、音乐、文学等作品，谈论"机器思维""电脑创造性"等问题。如今，相关智能程序不断完善，智能机器人写作已经逐渐在新闻报道和动漫制作中获得应用，智能化图像软件也已经在建筑设计领域获得推广。

亚里士多德认为艺术家分享了神的创造力，这是艺术的价值所在。今天的人工智能同样分享了人类的创造力，产生了自己的艺术创作系统。在人机共存、脑机融合的虚拟世界里，这些艺术拥有自身的内在价值。近代科技给人类提供了丰富的物质文明，而智能机器人则给人类提供丰富的精神文明。网络时代承诺"人人都可以成为艺术家"，信息时代宣称"智能个体都可以成为艺术家"，目前的弱人工智能阶段还处于感知、记忆、应对、决策等方面显示出某种与人类智能相似的初步开发阶段，特别是智能艺术场景随时应用于电视节目制作现场以及电影、电视剧、网络剧拍摄合成厂棚，经典传播学的"环境拟态"变得轻而易举，虚拟艺术场景营造的"议程设置"唾手可得。在智能艺术场景赋能下，智能主持人多变出镜。在"智能魔法"赋权

---

① 李博：《实时计算 Flink - 独享模式 - Data Lake 典型场景》，见 https：//yq.aliyun.com/error/notfound，2018年11月14日。

下,智能主持人既可以充当风华正茂的英俊少年,也可以瞬间智化为秃顶白发的儒雅智者,既可以做"韩乔生式"段子手,也可以合体为百搭解说员,还可以在一个节目中"智能变脸",串接为不同年龄主持人的时光大穿越。

智能技术赋能下的艺术场景,见证了传统艺术升华为智能艺术的重要历史时刻。智能艺术场景传播,首先是对人类艺术创作的算法化模仿,而人工智能对未知空间艺术的开拓,同样可以让人类借鉴和学习。人工智能技术成熟并普及后,亿万年人类独霸世界的单一人类历史便告一段落。在人机共存、人机共智和人机共体的新兴传播时代里,那些有价值的虚拟艺术场景一定是对新兴传播的生动反映和技术投射。

(二) 智能艺术场景管理

智能艺术场景是指促进智能艺术发展的各种空间场景、创意场景、背景场景和文化艺术融合场景。从宏观上来说,智能艺术场景既包括智能艺术作品创作场景,又包括与智能艺术相关的传播场景、管理场景、交易场景和城市场景,所以智能艺术场景的勃兴,需要智能艺术场景的有效管理和实时艺术算法技术的日益成型。从专业技术上来说,智能艺术场景是基于 Flink + HBase 的实时艺术计算场景、在线艺术教育场景、智慧城市创意大脑和实时艺术市场风控场景。

在实时计算以及流计算领域,开源技术生态主要产出 Storm、Spark 和 Flink 为代表的三代场景技术,Flink 是有状态的实时艺术计算处理引擎,适合在艺术事件、艺术人物和艺术产品处理上做一些智能艺术场景化解决方案,是一项适合微艺术服务场景的智能技术。智能艺术场景的技术应用,是区别于其他艺术呈现的现代技术创新,包括 Flink 实时艺术计算的典型场景、在线艺术教育—实时艺术视频分析场景、在线艺术课程—实时艺术预测场景、城市艺术大脑系统—实时艺术视频分析场景和实时艺术欺诈检测场景等 5 个层面智能艺术技术体系。这些智能艺术场景技术的应用,大大提高了智能艺术场景的传播、管理和交易效能。2018 年 10 月正式上线的 Flink 实时计算典型场景,云上实时计算产品能够触达数据分析、事件驱动和数据处理三个专业领域。比如,在每年双十一期间,阿里巴巴公司就会有触达数据分析大屏，亦即超级实时数据显示大屏幕，实现"海量"产品的实时 BI 场景解决方案。事件驱动类场景与实时监控和实时风控相关，帮助目标用户有效利用规则引擎、决策引擎、指标监控和调优等多种场景。数据处理类场景常用于基于强计算功能的智慧城市创意大脑，与城市各处智能摄像头相连，形成视频监控数据体系，维持城市高效运行。

2018 年，阿里云实时计算团队和国内在线教育独角兽公司共同开发出基于 Flink + HBase 自主学习和深度学习的在线教育——实时视频分析场景和实时预测场景等应用技术，旨在挖掘目标用户在实时视频分析领域的实用性需求，这为智能艺术的素养培育、专业评价和经济挖潜提供了广阔的应用空间。智能化实时视频分析场景已经在杭州、上海和北京等多个城市建成，其技术应用原理就是通过实时计算与 HBase 的智能组合实现对整个视频流的智能化处理和算法化分析。这些被处理的视频数据往往来自城市高清摄像头实时捕获的大数据，通过智慧城市创意大脑后续叠加的智能算法数据性分析，实现城市智能化治理。

（三）智能艺术场景营销

随着智能艺术场景的广泛应用，以艺术图像识别、艺术语音识别等生物识别分析和智能搜索、智能推荐、智能排序等算法技术为代表的弱人工智能艺术场景，有望升级换代为更高端、更精准、更富创意的强人工智能艺术场景。智能艺术场景营销，已广泛应用于天气资讯、远程家居、商品零售、现代物流和医疗安防等方面，以"艺术之手"提供贴心周到的营销服务，实现事半功倍的营销推广效果。这种智能艺术场景营销，不仅是一种智能艺术广告形态，而且是一种新兴艺术、智能技术与智能营销紧密结合的新经济增长点。例如，Vivo 手机的 Jovi 智慧场景，是一个理想的管理生活和促进工作的智能营销助手，它可将重要信息进行算法化聚合，适时提醒用户，主动提供"全天候私人助理式"贴心服务。

在远程家居方面，智能艺术家居主要是基于物联网技术，通过智能软硬件系统、云计算平台构成一整套温馨、温暖、情趣化的艺术家居生态圈。目标用户可以远程控制智能艺术设备，各种智能设备之间可以互联互通,通过自主学习和深度学习整体优化成安全、节能、便捷的艺术家居沉浸系统。随着智能艺术语音技术的发展,智能艺术音箱将成为爆款。小米、天猫、Rokid 等企业纷纷推出自有品牌智能艺术音箱,成功打开艺术家居消费市场,为未来更多的智能艺术家居用品培养更丰富的用户体验和更科学的消费习惯。目前,家居市场的智能艺术产品种类繁杂,如何打通这些艺术产品之间的区隔以建立灵动、美观、可靠、可行的智能艺术家居服务生态,是智能艺术家居行业未来发力点,[①] 智能家居处处洋溢着艺术色彩,其发展前景值得期待。

在商品零售方面,智能艺术营销十分广泛,无人便利店、智慧供应链、客流智能统计、无人仓、无人车、无人机等都是智能艺术营销的热门选题。通过深度学习、图像智能识别、大数据应用等技术,智能机器人可以进行自主的营销判断和营销行为,完成各种复杂的营销任务。例如,图普科技将智能艺术营销应用于客流统计,通过人脸识别完成客流统计功能,门店可以从性别、年龄、表情、新老顾客、滞留时长等维度建立到店客流用户画像,为提升营销策略效果提供数据支撑,帮助门店从匹配真实到客流精算提升营销和运营的整体效率。

在医疗服务方面,"医闹"事件频发引发医患关系的深度思考,将"医疗质量"放置于"智能艺术营销服务"之列很有必要。如果导入更多的智能艺术因子,提升医疗服务的算法创意水平,那当然是人类医学文明的一大进步。目前,在垂直领域的图像算法和自然语言处理技术基本满足医疗行业的智能营销需求,如提供智能医学影像技术的德尚韵兴、研发人工智能细胞识别医学诊断系统的智微信科、提供智能辅助诊断服务平台的若水医疗、统计及处理医疗数据的易通天下等智能设备技术公司,形成系统完备的智能医疗营销体系。智能医疗在辅助诊疗、疾病预测、医疗影像辅助诊断、药物研发与生产等方面发挥重要作用,但是,由于各家医院之间医学影像数据、电子病历等不流通,导致智能技术企业与专门医院之间合作不透明、创意营销不

---

① 北京知行锐景科技有限公司:《这 7 大智能家居场景让我对 5G 充满幻想》,2018 年 9 月 27 日,见 https://b 人工智能 jiahao.b 人工智能 du.com/s?id=1612728571025970207&wfr=spider&for=pc。

理想等问题，使得智能艺术应用与医疗服务提升存在相脱钩的矛盾。

在物流安防方面，物流行业通过智能搜索、智能决策、智能视觉识别以及智能机器人等技术、设备完成运输、仓储、配送装卸等流程的智能化改造，基本实现无人智能化操作与营销，利用大数据算法对商品进行智能配送规划，优化配置物流供给，强化需求匹配和物流资源整合等。京东、苏宁、菜鸟争先研发无人车和无人机，力求抢占物流市场先机。安防监控行业发展经历了四个阶段：模拟监控、数字监控、网络高清和智能监控。每一次安防监控行业变革，都得益于算法、芯片和零组件的技术创新以及由此带动的生产、营销成本下降。

二　智能主持艺术传播

智能主持人，又称虚拟主持人或智能机器主持人，是指智能艺术算法加持广播、电视、网络和智能媒体实现的媒体文化与用户文化交互转化的仿真人形象。智能主持人的形象设计、语言设计和行为设计，符合人类主持人的行业标准，但又有别于传统主持人，具有理性、专注、无差错和高强度等优势。由于智能主持人是与存在于现实生活中的真实主持人相对应的"仿真人"，因而具有相应主持人的主持声音、主持仪态和主持神情等类似功能，却没有真实主持人的现实生活体验和丰富情感生活。[①]

虚拟主持人可以存在于电视直播、网络直播和现场机器人采播等场景，存在于各种移动智能终端的新兴传播节目里，充当智能艺术时代多元化、多样化、多层化节目主持人的不同角色。虚拟主持人一般是经过大量有针对性的"主持人阅读"培训，学习传统主持人的播音主持技巧和风格，进行节目配音或者解说的大数据喂养，逐渐训练成为一个完整合格的"特殊"主持人。一定程度上来说，虚拟主持人可以"以假乱真"，有时候和现实主持人各有优势，有效填补了智能传播中多种受众碎片化需求。有人说，虚拟主持人是互联网的代言人，

---

① 陈倩：《震撼，人工智能主持人即将上线，外国网友惊讶了》，见 https：//www.sohu.com/a/273890451_138452，2018年10月7日。

也有人说，虚拟主持人是传统广播电视的现代版延伸，还有人说，虚拟主持人是智能场景的新产物，发挥智能主体的传播作用。随着智能技术的勃兴，虚拟主持人会逐渐向接近人脑功能的仿真主持人方向发展，会在越来越多的智能场合下发挥艺术表达的奇特价值。到了强人工智能阶段，虚拟主持人的类人脑功能将会被完全激发，与现实主持人的区别就微乎甚微了。

（一）发展历程

近年来，世界各国的虚拟主持人相继出现在信息传播的各种载体中。2001年，一家网络公司推出一款虚拟主持人阿娜诺娃（Ananova），这是世界上诞生的第一个智能主持人。随后，日本公司推出了寺井有纪（Yuki），中国公司推出了歌手虚拟主持人阿拉娜（Alana），美国公司推出了薇薇安（Vivian），韩国公司推出了露西雅（Lusia），等等。这些以人工智能技术为抓手的虚拟主持人物，与传统的人类主持人相映成趣，勾画出智能传播时代主持人艺术的独特风景线。智能主持人是对真实主持人职业的一种有效调和和差异化补充，也是来自人类之外的实实在在的智能技术挑战以及人与机器的竞争。两者共存孰优孰劣，还有待于时间长河和实践应用的检验。

在中央电视总台新闻频道的一次特别报道中，虚拟主持人"康晓辉"与央视记者江凯共同主持《直播长江》安徽篇节目，并在现场进行实时互动，让观众耳目一新。这个智能主持人的容貌是基于央视主持人康辉的外形设计，通过相芯科技公司的虚拟形象生成技术创建出人物形象，通过虚拟形象驱动技术实现实时驱动。智能主持人的声音，则是通过科大讯飞旗下的讯飞智声平台的人工智能语音合成技术对康辉声音大数据进行合成模拟。相芯科技公司仅使用了一张央视主持人康辉的照片，通过相芯科技的P2A（Photo-to-Avatar）技术，直接生成全动态的虚拟主持人"康晓辉"。这项技术打破了人们所持有的虚拟形象需要特殊硬件设备和高昂成本来支撑制作的陈旧观念，消除了人们与智能技术的距离感，因为只需普通摄像头和一张自拍照片，便可以在Android手机、iOS平台或PC端实现与好莱坞CG特效媲美的视听效果。从新闻画面里可以了解到，虚拟主持人"康晓辉"在播报内容的过程中，能做出和真人一样的口型、表情等变化，头部也能做出点头、摇头等一系列动作，这些并不是提前做好的动画，而是智能化实时操控的。相芯科技公司通过智能人脸检测，精确捕捉康辉的面部肌肉运动节点并标记特征点（眼睛、口鼻、眉毛、面部轮廓等信息），获取真实主持人的面部表情系数并将表情大数据同步传送至3D虚拟形象面部，从而驱动3D虚拟形象完成"声情并茂"主持任务。在直播期间，工作人员通过笔记本电脑内嵌摄像头拍摄自身的动作影像并将视频信息上传3D虚拟形象，在屏幕上的虚拟主持人"康晓辉"就能实时逼真地还原工作人员做出的表情动作，这项技术只需要普通摄像头就能实现生动的现场主持效果。目前，相芯科技公司的虚拟形象技术已在视频社交、虚拟偶像、智能游戏等社交平台广泛应用，也在医疗、在线教育、智能商业领域崭露头角。将来每个人都将拥有这种实时、互动、智能的虚拟形象身份，拥有自己专属的数字艺术资产。

在2019年中央电视总台网络春晚活动中，撒贝宁迎来了一位全新的智能搭档——由美国人工智能公司偶邦（OBEN）提供技术支持的虚拟主持人"小小撒"。[①] 相关技术人员只需撒贝宁的面部扫描数据和半小时的主持录音数据，即可生成"小小撒"的面部形象和声音模型。有了形象和声音模型后，任何输入的文字，都可以用撒贝宁般的声音读或说出来，甚至有中、日、英、韩四种"小小撒"语言版本。随着越来越多的数据喂养，数据集成的"小小撒"会掌握更多主持技能，甚至洞悉撒贝宁的日常喜好、说话方式和衣着打扮等生活细节，在主持风格、思维习惯和情感表现等层面与撒贝宁更加相似和相近。虚拟主持人"小小撒"结合智能动作捕捉训练技术，模拟真实主持人撒贝宁的口语表达、脸部表情、手势动作、形体运动及现场互动等能力和技巧。在现场，通过传感器及运动跟踪设备，真实主持人的一举一动、喜怒哀乐，甚至与观众的亲密互动，都可以在虚拟主持人身上一一呈现。偶邦公司先进的3D图像重建技术还能让观众只需通过上

---

① 张阳：《虚拟主持人"小小撒"亮相2019年网络春晚》，见https：//www.sohu.com/a/292955076_120067116，2019年2月2日。

传一张自拍就能获得自己的人工智能"双胞胎",即每一个人都能拥有自己专属的虚拟孪生形象。这样,智能主持艺术技术可以协助人类在新闻、影视、社交、娱乐等多个领域实现更多"迷人""超凡"和"传奇"的艺术传播效果。

虚拟主持人的出现从某种意义上说,是人工智能时代传统电视栏目和新兴专题活动个性化、品牌化建设的一个有效组成部分,是向栏目内容和专题活动本体回归和本位复兴的一种趋势。如果采用虚拟主持人的目的是以新奇、新潮和新鲜来博取受众眼球,这种短视行为只会使得节目或专题无法长久存在和长远发展。而应用虚拟主持人艺术传播的优势在于增强栏目和专题本身的内容特色和技术特色,利用形式特色和艺术特色来打造传播产业的品牌形象。这才是采用智能主持人艺术形象的真正目的。智能主持人作为一种新生事物和新兴传播主体,其应用范围的扩展和使用频率的提高是一个新兴传播必然的发展趋势,在智能电视、网络电视、交互电视时代具有明显的时代特色。伴随着人工智能硬件技术与传播理念的不断演进,虚拟主持人在主题分类、潜在优势挖掘、跨媒体应用和艺术再造等方面将会大有前途。终有一日,如同智能机器人必将走进我们的日常生活当中一样,智能主持人会给现有主持人格局带来一个全新诠释和颠覆性革新。

在不久的未来,人人都有自己的虚拟形象。人们在社交网络和智能平台上不再满足于用一串字符、一个ID、一张图片诠释自己虚拟身份,而希望用智能人物形象技术创造出一个言谈举止、身高容貌、神情表达、思维方式与本人高度一致但更加年轻、更有活力、更加唯美的虚拟自我形象和梦幻自我形象。随着强人工智能技术的到来,个人虚拟形象的创建,不再需要依赖专业的硬件设施和高昂的制作成本,普通用户在手机上就可以轻松实现。

(二) 主持特色

智能主持人是一种全新风格和全新特点的全能主持人,可以嫁接移植各种知名主持人的音容笑貌,集全世界优秀音视频节目主持人特质于一身,可以根据现代智能传播的先进技术和多渠道、多终端的传播优势资源量身打造,可以艺术性再造出定制化、碎片化、精确化的分众心仪的绝佳气质主持人，突出按需分配、专业挖潜和拾遗补阙的智能主持人独有的时代特色。

（1）按需分配。传统主持人只能保持中规中矩的穿着打扮、中规中矩的语词风格、中规中矩的平衡协调，往往是"一人难满众人意"，总有人对主持人指指戳戳甚至恶语相向。智能主持人按照用户需求和用户流量的具体情况智能化分配实用信息、智能化分配情感信息、智能化分配认知需求，什么时候应该激情澎湃，什么时候应该沉思低语，什么时候应该抑扬顿挫，总能在智能算法技术操控下精准触达用户，做到恰到好处。

（2）专业发挥。智能主持人可以根据不同的栏目和不同的专题特点，以最优质、最合理、最贴切的主持风格、主持仪态和主持话语实现节目和专题的精准推送和个性定位，以专业化修养、专业化表达和专业化技能全情出镜、全心出镜，确保节目和专题内容的亲和切题、姿态的端庄稳重和立场的切中要害，如财经节目准确务实，娱乐节目诙谐快乐，体育节目激情飞扬，民生节目乡土气息十足。智能主持人可以将不同节目和专题诠释得天衣无缝、完美无缺，还可以通过智能化穿插实现节目主持人的串接串联或正串反串，创构出精彩纷呈的内容体验。

（3）拾遗补阙。智能主持人能够满足大规模、全要素、全方位的重大事件传播需求，特别是在国际大型赛事或全国大型庆典活动等传统节目主持人短缺的情形下，智能主持人的奇才异功可以发挥得淋漓尽致，如可以把智能主持人散落在各个需要的重要场所，也可以使智能主持人活灵活现地出现于各种智能终端的节目平台，最大限度地满足线上线下大型主持活动需求。

（三）存在价值

智能主持人应时而生、因事而造、因势而为，是智能传播时代音视频传播不可或缺的传播要素和关键节点，有着无可替代的时代存在价值。

（1）立体展示。沿袭多年的传统网站传播，受制于节目主持人稀缺，展示给受众的传播形式，更多情况下只有成片的简单文字和精美的插图，而智能主持人则可以生动形象地介绍企业文化或解说产品优势，或者进行文化艺术的分众传播，或者进行以文字、图片、音视频、动画、动漫或弹幕为形式的立体传播。

（2）耳目一新。智能主持人的出现，一举改变了对真实主持人过分依赖的大众传播格局，为营造智能场景或智能专题情景创造了有利条件，智能主持人能够给受众耳目一新的视觉感受和视觉刺激。研究发现，一个新用户打开一个陌生的网站后，约有6秒的时间决定是否继续浏览该网站，而智能主持人醒目的视觉冲击、专业的声效解说和精准的内容呈现更能吸引用户停留时间，甚至使之流连忘返、不亦乐乎。

（3）广告代言。与真实主持人相比，智能主持人在担当广告代言人时，其商业性身份让用户难以觉察，因为智能主持人毕竟不是人类，没有金钱和社会地位的追求欲望。网站、App、"两微一端"等新兴媒体可以充分利用智能主持人代言广告的优势对新兴传播受众产生潜移默化的影响，使用户情感发生迁移，实现智能营销效果。通过智能主持人"巧言令色"般的广告介绍，用户内心更易生成对广告产品的直观印象，从而情感向企业品牌形象方向迁移。一个清新亮丽的智能主持人可以在第一时间为用户展示产品的功能与特色，侧面映衬企业文化形象。智能主持人近几年才刚刚开始流行，爆炸性的流行热度不减，其智能传播价值和市场应用潜质极其巨大。

在探讨智能主持人的优势与价值的同时，我们也要考虑智能主持艺术在道德伦理法律方面的风险与防范工作。例如，2017年初，扎克伯格关闭了他的人工智能实验室，原因是两个同一批次生产的智能机器人开始交流，并且发明了自己的语言，这种语言人类无法读懂，它们之间甚至还发生过争吵，这意味着智能机器人不光有了意识，还拥有我们认为的自由意识，这种自由意识可能给人类带来危害。[①] 同样，智能主持人也存在个人虚拟形象被盗用、智能主持人诈骗或污损社会个体声誉等风险和挑战，所以面对智能主持艺术所引发的问题，我们应有足够的知识储备、经验积累和思想准备去加以规范和防范。

---

① 参见庞井君、薛迎辉《人工智能的发展与审美艺术的未来》，《艺术评论》2018年第9期。

三 智能艺术事件、作品和再造传播

智能艺术创作，是现代艺术的内核所在，其所包含的智能艺术事件贯穿于智能艺术创作的始终，智能艺术作品是智能艺术创作的具体客体，智能艺术再造是通过智能艺术技术对人类艺术家的艺术精品进行的数字化仿真和经济化应用。作为智能艺术创作主体，人类艺术家和智能艺术机器人只有协同合作、耦合发力，才能充分发挥人机协调、机脑融合的高超艺术智慧和艺术灵感，才能创作出精湛绝伦的智能艺术作品，才能实现智能艺术高效高能传播。

（一）智能艺术事件传播

近几年被科技浸透的文化艺术里，出现这样一种趋势，即人们把人性中爆发的最急迫的问题都归结于移情的缺失，亦即同理心的渐失。同理心已成为社会心理的新趋势，这一现象同样出现在艺术圈的同理心认知，如明尼阿波利斯艺术馆（Minneapolis Institute of Art）在Andrew W. Mellon基金会75万美元的资助下专门开设了全球首个同理心与视觉艺术中心。

19世纪的理论学家将移情描述为人的身体反映外部世界活动的一种感性方式。当美学哲学家西奥多·利普斯（Theodor Lipps）观看一场舞蹈演出时，他说他感觉到自己的身体在随着舞者一起"做着斗争和表演"。德国哲学家罗伯特·费肖尔（Robert Vischer）曾写道，即使是在观看静止的艺术作品时，观众也可以通过被触发的"肌肉移情"把自己带入作品意境之中，随作品而情动。

近期研究表明，暗含各种示意意味的艺术作品，如卢西奥·丰塔纳（Lucio Fontana）被切开的油画等案例，印证了杰出艺术作品可以让参观者的大脑运动皮质和前运动皮质的情感活动有所增加。"这种艺术家对我们的大脑和身体所投射的那种感受力触发了观看者的一种同理心反应。"可见，艺术品，特别是智能艺术作品，有可能对于人们产生移情感知效果。

案例1：一场用算法固定创意的马拉松。2018年10月20日，中央电视总台热播的综艺节目《机智过人》，由一台名叫道子的智能艺

术系统所创作的国画,与两位人类画家同台竞技,主办方让观众找出哪一幅画为人工智能所作。最终,3位嘉宾和现场100名观众在两轮比赛中,都没有办法将道子的作品找出,未通过图灵测试。①

案例2:天价成交的《埃德蒙·贝拉米像》油画。2016年,谷歌依靠Deep Dream智能绘画系统创作出29幅智能艺术作品,总共筹得9.8万美元。出人意料的是,两年后,谷歌智能绘画系列作品之一的《埃德蒙·贝拉米像》(Edmond Belamy)油画在佳士得拍卖行高价卖出,以43.20万美元的价格成交,与同场拍卖的一幅毕加索画作的价格相当。而该智能艺术作品在佳士得拍卖行展示时,估值最高不过1万美元。创作《埃德蒙·贝拉米像》的智能艺术系统叫作Obvious,是由来自巴黎的3名25岁的技术人员联手设计研发的,该团队的座右铭同样有趣:"艺术创造,不只是人类的专属品。"《埃德蒙·贝拉米像》创作团队收集了15000幅横跨14世纪到20世纪的肖像画,将它们输入到一个名为GAN算法中,然后智能艺术系统学习这些画像的"规则",根据这些规则创作新的画作。这里还有一个技术前提,即智能算法包括生成画作的专业部分和鉴定画作的识别部分。生成的画作必须骗过鉴定器,让其判断为人类创作,而非机器作品。通过一次又一次挑战失败,深度学习算法逐步"成长",最终所创作的作品骗过鉴定器和人类画家组成的鉴定团。

案例3:3D打印艺术品。在北京某大型设计展上,一个企业展示他们运用3D打印技术制作的工艺品,这些作品材料各异,有金属、树脂等材质,尺寸大小也不同,而且参展商还向用户提供定制服务,能够为需要的消费者制作想要的产品。最让人叹为观止的是,3D打印艺术的细致和精美程度,人类手工操作几乎难以达到。对于普通用户来说,已然看不出智能作品与那些有几十年功底的技艺大师的作品有什么区别,而且造价售价极其低廉。

尽管智能艺术技术在某些方面做到了"以假乱真"的艺术传播效

---

① 参见张书乐《人工智能艺术:一场用算法固定创意的马拉松》,见http://www.woshipm.com/人工智能/1820745.html,2019年1月7日。

果，但是，通过人工智能创造出的"艺术作品"仍属于商品属性而非艺术品属性。艺术创作与人的情感、阅历、经验、思维等密切相关，现阶段的智能艺术创作显然还不具备这些人格特征，其作品还仅限于模仿或简单数字智造的阶段。尽管如此，人工智能对于艺术品市场，特别是工艺品市场的冲击开始显露。通过智能艺术技术，一件作品的获得将更快、更廉价，艺术品的价格和价值被人工智能技术拉低和创造并不是没有可能。

(二) 智能艺术作品传播

人类自诞生以来，就一直在通过创造工具来帮助自身改善生存环境、改进生活质量，一步步地创造越来越多的工具替代自己所从事的工作。从铁器到风车，从指南针到纺纱机，从电话到互联网，从互联网到智能机器人，新的工具伴随着人类一起进化、一起成长。在5G智能技术赋能的新兴传播时代，智能艺术与人类艺术糅合在一起，创造出各种各类的艺术佳作。

随着人工智能技术的生活化、艺术化应用，许多科技公司、研究机构和个人都在探索利用人工智能进行艺术创作。在音乐、诗歌、绘画、舞蹈、电影、小说、词曲等艺术创作领域，我们已经看到人工智能的身影。一个智能艺术创作的积极案例是：法国艺术组织Obvious为智能机器人GAN提供15000张人物画像进行训练，GAN通过算法模型分析14世纪到20世纪之间所创作的肖像画的特征和画风，进行画像创作，最后达到连算法技术也无法区分哪些是智能画像，哪些又是人类画像的精妙水准。[①] 另一个智能艺术创作的消极案例是：当谷歌将Deep Dream开源后，很多人都在嘲笑Deep Dream智能图片识别系统所创作的"狗模狗样"画作。或许，这是因为"喂食"了大量的狗眼和狗脸图片信息，Deep Dream最后让作品充满了狗脸、狗眼等诡异的螺旋图案，反映了智能艺术技术异样的魔性。或许，这也是智能算法"悟道"的一种结果——对规则的绝对服从，以及算法学习中吸

[①] 参见齐达《艺术——人工智能正在"攻占"的下一个领域》，https：//www.sohu.com/a/250164637_99950936，2018年8月27日。

收的"不完整"养分所带来的知识偏激,这样就导致算法创意的诡异特质,颇像那些因学习方式出错而犯下在成年人看来比较低级错误的未成年儿童。

在国内,雕塑家李苑琛根据自己的体型设计完成的作品《英雄在内》,通过3D扫描和3D打印技术,抛弃传统学院派"雕"与"塑"的技术手段而进行新的智能化创作尝试。对于专业藏家或收藏爱好者来说,3D打印工艺品显然无法与大师真品做比较,价格也不能相提并论。但是,对于更广大的普通百姓而言,3D打印工艺品却是一个很好的选择,"高级""好看"和"艺术性"是普通用户对工艺品的基本要求,过去几万元的工艺品如今可能会因3D打印技术而变得廉价、普遍,这样实现人人可享可鉴精美艺术品,这种艺术文化氛围何乐而不为。

一家名叫第六镜(Glass six)的公司,专门针对中国传统的工笔、写实、写意手法绘画作品进行智能艺术技术的仿制和再造工作,开发出中国风机器作画系统。同时,这家公司将人工智能技术应用与消费者实际需求结合起来,即先确定消费者的审美需求,第六镜公司再智能化生产用户所需要的定制作品。这种根据消费者需求进行的智能创作,既提高效率,又具有极高的市场潜力。因此,一旦人工智能绘画技术成熟和普及起来,中国绘画市场和艺术品市场的秩序恐怕就要重新改写。

2017年5月,微软和湛庐文化合作推出小冰原创诗集《阳光失了玻璃窗》,这是人类历史上第一部完全由人工智能技术创作的诗集。通过对1920年以来519位中国现代诗人的作品进行分析,经过100个小时10000次的迭代学习,小冰获得了现代诗的创作能力,形成自己的十多种创作风格。除了诗歌外,在艺术领域,"微软小冰"还具备歌曲创作与演唱的娴熟能力。

2018年在英国举办的第三届RobotArt机器人艺术比赛中,全球19个机器人团队共提交100多幅作品。该竞赛旨在关注机器人研究领域的工程师如何开发会作画的机器人,比赛规则明确要求"上颜料或作画的动作必须由机器人使用一支或多支真实的画笔进行"。专业艺术评委团队基于原创性、美观度、绘画能力和技术贡献等多项指标,对智能绘画作品进行了评价。最终，智能机器人 CloudPnter 使用机器学习算法创作的塞尚印象派画作获得冠军。

数字创作工作室 OUCHHH 在法国巴黎艺术中心推出了一场名为"Poetic 人工智能"的展览。该展览通过智能算法技术对 2000 多万行的文本进行机器学习喂养训练，内容涵盖那些改变人类历史的科学家的书籍、文章和理论等内容。经由人工智能转码后的文字和图像被 136 台投影仪投射在 3300 平方米的空间中，光线运动效果也通过预设的算法自动生成，为观众提供一场丰富精彩的沉浸式艺术体验活动。

在探索人工智能艺术的过程中，各科技巨头扮演重要角色。2015年，谷歌推出人工智能系统 DeepDream，可以智能化识别图像，并重新作画。2016 年，IBM 的智能艺术系统 Watson 完成电影《摩根》的预告片的智能剪辑工作。同年，索尼的智能音乐系统 Flow Machines 创作出一首具有披头士乐队风格的流行歌曲。日本技术团队研发的智能编辑系统所创作的科幻小说《电脑写小说的那一天》，骗过了现场所有评审，成功入围日本微小说文学奖评选活动。一些技术探索者走得更远，将人工智能技术应用于鉴赏甄别艺术创意和艺术收藏领域。特别值得提出的是，Adobe 推出简单且易操作的智能艺术应用，可以利用人工智能将照片转化为具有某种艺术家风格的画作，引发目标用户的强烈好奇和巨大兴趣。2017 年，MIT 打造出能够创作恐怖小说的人工智能系统 Shelley。荷兰建筑师 Rein 在 2016 年设计的细胞大厦建筑形态效果图，通过编程的方式进行参数化设计，通过随机数据，达成一个独一无二的建筑设计方案。麻省理工、伯克利和谷歌开始尝试让人工智能进入雕塑领域，创造超现实主义的 3D 运动雕塑。通过一个名为 MoSculp 的智能系统，还原高技能运动中人物的每一帧动感，将动作转换为具有运动可视化的艺术雕塑。中国艺术家使智能系统"道子"跟中国传统的铜雕工艺进行结合设计，让"朱府铜艺"这个中华老字号，能够在保持人类大师级的独一艺术品创作水平的同时，让人工智能对其熔铜艺术流派进行深度学习，从而实现艺术衍生品的量产化。2019 年年初，亚马逊语音助手 Alexa 推出 DeepMusic，为目标用户提供人工智能创作的歌曲。从某种意义上来说，人工智能为艺术文化做出"突出"的技术贡献，这种智能化艺术衍生品能够通过减少艺术创作时间降低艺术创作成本，但从不降低艺术作品的品质与价值，逐渐走进寻常百姓家。

在人工智能浪潮来袭时，我们将面对下列不可回避的问题：艺术是否还是我们曾经认为的传统艺术？我们是否需要重新定义植入了智能技术元素的新兴艺术？智能艺术作品是否像新、老艺术家的作品效果一样带给大众同样的艺术共鸣？如何评判智能艺术作品的艺术价值、文化价值、传播价值和传承价值？当我们无法区分人工智能作品与人类原创作品时，该如何甄辨、如何处置和如何取舍？人工智能技术的发展，会不会使传统概念的书法家、画家、词作家、曲作家、小说家、诗人等"下岗失业"？深度学习技术所创作的"书法""画作"和"词曲"，究竟还算不算是具有保值、升值潜质的艺术珍品？

在人工智能融入艺术传播的情况下，人工智能和艺术家之间是一种互交互补互溶互促互进的关系。各种门派、各种技艺的艺术家在人工智能思维中进行创意性思考和创新性发挥，既携带有单一人工智能技术所不具有的特殊作用，也非传统艺术表达所能实现的真正价值。即使在人工智能创作的作品大行其道之时，我们用不着去担心人类艺术家的职业出路，真正的艺术家只会显得更为宝贵，他们的经历、个性、思想、情感，是人工智能永远无法替代的，所以智能艺术作品充其量只是艺术再现或艺术再造。

当下一段时间，"智能艺术作品"的艺术属性和艺术价值很难真正意义上得到确立和认可。首先，深度学习的机制本身并不界定智能艺术作品的真实价值。人工智能能够做的唯一的事情，便是利用一个多层的卷积网络，抽象出既有的梵高画作中的一些高阶特征，以便将这些特征应用到智能艺术技术赋能的新画面上，由此生成具有梵高画风的仿真艺术作品。因此，从数学角度看，人工智能所做的，只是将一簇特征映射到另外一簇特征上去——而人类意义上的"艺术理解"肯定要比这种"技术映射"复杂得多和精细得多。

其次，艺术创作的人工智能深度学习机制能不能真正面向"艺术世界"。一般来说，人工智能技术引领的深度学习会将任何图景（无论是否具有艺术价值）转化为具有"梵高式画风"的"艺术输出物"，而不关心潜在的艺术传播受众是否会欣赏这种经过人工智能加工过的特殊形态的艺术作品。

最后，即使有专业水平的职业画家使用"梵·高式画风编辑器"来为其作品"润色"，从事特定的智能艺术产品生产或创作活动，但真正的管理者和参与者依然还会是人类，而非机器人。真正让艺术圈感兴趣的是人工智能或许能够实现大师真品的"量产"，辅助艺术家达成更多不可能的艺术创作目的。

（三）智能艺术再造传播

智能艺术再造是指人类艺术作品经过智能制造机器人之手所完成的智能仿真艺术生产过程。换言之，智能艺术再造是人类艺术创作的仿制过程，智能艺术再造产品有自己的原创孪生姊妹，即艺术家所创作的特定艺术作品。智能艺术再造缩短了普通消费者与高端艺术消费之间的距离，这是现代科技与艺术创作的耦合成果。充满时代气息和技术特质的艺术再造，用更科学、更客观、更全面的介绍，更有趣味、更有艺术含量的引导以及更亲民、接地气的分众化鉴赏分析，让普通人知晓杰出艺术的价值，了解到艺术作品的真谛。智能传播的广阔平台和丰富传播终端，也让一些艺术大师能更容易被发现、被更多人所熟知，形成另一种"优产"和"量产"。或许，人工智能跨界艺术和融界艺术的关键与要义也就在此，让精英艺术与日常生活之间的距离缩短，将普通受众不可能理解的画作变成可能性的技术精品。①

研究表明，观看艺术和欣赏艺术的人相较于艺术作品本身而言，更注重的是艺术家的创作原动力和创作主旨。一件艺术作品的各种特质中，最被寻常百姓看重的应该是它的独特性以及是否包含艺术家很多的实际参与和个人禀赋。人工智能创作出来的再造艺术作品，其美学价值因智能算法技术的赋能不亚于人类艺术家所创作的原作水平。当某项艺术产品是由智能机器人来完成，尤其还是由一个拟人化智能

---

① 参见徐双双、丁伟、贝典徽《人工智能在艺术设计中的应用与突破》，《设计》2018年第6期。

机器来完成时，受众对再造艺术作品的美学评价和直观印象也就随之上升和增强。当人们能够成为智能机器人作画写诗填词谱曲的再造过程参与者时，他们对于这些艺术再造作品会有更高的评价水准、更好的欣赏程度和更美的印象心理。因此，智能艺术再造对普通受众产生积极的审美影响，有利于密织科技创新、艺术创作和艺术交流的社会关系网，进一步提升社会民众的艺术参与度和欣赏度，有利于降低人们对智能艺术再造表现形式的敌意。也就是说，人工智能技术把机器艺术外观做得更像、更近和更同于人类艺术作品，会让人们更接受人工智能创作的艺术作品。这或许是在暗示，一个智能机器人可能拥有人类艺术思想的源泉和前景。

传统意义上的人类艺术家能面对深度学习的入侵而"稳坐钓鱼台"吗？未来智能艺术机器人能像眼下的深度学习系统一样永远成为真正的"艺术家"吗？既然模仿梵高、模仿莫奈画风的深度学习智能系统能够研发并应用，模仿董其昌、齐白石、李可染画风的类似智能系统迟早也会得到研发应用。此类智能再造艺术产品的出现，会极大地挫伤绘画领域各个流派的人类艺术初学者的士气，就像"AlphaGo"的胜利极大地挫伤围棋爱好者的士气一样。这一切对维持艺术人才队伍的规模与质量来说，不能算是一个好消息。主要原因在于深度学习技术的普及可以让任何一个门外汉通过一部强大的智能手机与一套强大的算法软件支持就可以生成一幅他所喜欢的任何风格的艺术作品。

面对智能艺术再造"泥沙俱下"的挑战，人类艺术家该如何应对呢？人类艺术家要做的第一件事是对现有深度学习技术的特性和功能进行更为深入的了解和掌握，要把握哪些画风是现有的深度学习技术能够模仿的，又有哪些画风是不容易被智能技术所模仿的。就此，人类艺术家与现有的深度学习技术将展开一场"反模仿与模仿""反仿真与仿真"的有序竞争。在这场人机竞争中，人类艺术家的获胜诀窍是在艺术作品创作中混合使用不同的技法以提高深度学习智能系统的计算量，或使智能技术所依赖的艺术样本的典型特征进行再创造。人类艺术家第二件要做的事情是在艺术题材问题上给予深度学习智能系统以关键性的应对响应，即深度学习技术无法选择或无法创作的艺术题材，必须由人类艺术家去选定或去创作。因此，就好像高档照相机的发明不可能消除"取景"环节中的人类因素一样，智能艺术机器人的出现也不可能消除人类艺术家在素材选择或作品创作环节所发挥的关键性作用。人类艺术家第三件要做的事情，则是要将深度学习技术当成一种新的艺术创作工具或新的艺术创作助手来加以积极利用或有效把控，即运用智能化工具进行具有独创性和新颖性的艺术创作，就像高明的摄影师能够通过对于手中智能相机的技术参数调整来完成富有自主性和创造性的艺术拍摄一样。就此，人类艺术发展中是否会出现一个或多个新的艺术流派，也未可知。

人工智能技术的发展固然是对艺术界的内部生态构成了重大的冲击，但只要人类艺术家看清楚智能艺术机器人运作的本质，找到以长克短之策，人类的艺术之花依然有很大的机会能在智能机器人时代继续绽放。例如，著名建筑师扎哈·哈德迪被世人公认为天才，她的作品遍布全世界，包括中国的广州大剧院、南京青奥中心和北京银河SOHO建筑群等。人们不会想到那些梦幻的建筑造型是由计算机数据自动生成的，她本人只是提出概念，勾画出大致的轮廓，后面的工作移交给大型计算机，建筑的内部结构、空间布局和线条造型等都是由数学模型来完成的。在这里，我们看到的是人类建筑师和智能机器人的成功合作典范，建筑师起到主导作用，可以提出创作思路和设计方向。按照这个路数推演，未来大多数设计师会遭遇生存困境，因为设计师们可能拿不出更高明的概念和意向，而智能机器人则会想出更高明的概念和意向，设计出更合理、更富有美感的艺术作品来。

我们熟知的伦勃朗的绘画技能，美院专业学生即便经过多年的训练也远不能及，而人工智能仅用几天的学习便可掌握，尽管目前人工智能的仿作还不能和原作相提并论，但足以让人类吃惊。人工智能模仿伦勃朗的绘画，并不是简单地临摹，而是再创作，这意味着创新不再是人类独有的本领。科学家们让人工智能的学习能力远超过人类，艺术家并不是和一个简单的机器在比输赢，而是在和数百年来无数个科学家所积累出的科技成果比拼。当代艺术家在创作过程中努力消除手工创作痕迹，试图让观众看不见艺术作品的人工痕迹，但与智能机器人的艺术再造水平相比，人类的手工感显得古老而奢侈，是智能机器人永远无法企及的珍宝。

对一个艺术家的创作来说，人文底蕴一直被认为至关重要，今天人类所能掌握的知识量已远不及智能机器人的零头，人工智能通过对各种知识的学习和消化，人文底蕴自然不会输给人类。人类虽富有情感，而情爱算法可以通过基因技术来模拟人类的情感，普通人的喜怒哀乐通过智能软件的设计和处理，智能机器人是可以拥有"各种情感"的。在后现代艺术作品中，克制情感已成为普遍倾向，看来在人工智能面前，人类艺术中的情感元素并无优势。进入新兴传播时代之后，不仅是那些需要学徒吃苦耐劳的艺术复制环节逐渐被相对轻松的数码加工所取代，那些需要真人演员通过涉险展示勇气与才华的角色逐渐被数码特效所取代，那些本来仰仗天才、灵感、直觉、顿悟的领域渐渐为人工智能所蚕食。从20世纪50年代以来，人们就不断尝试用计算机创作美术、音乐、文学等作品，谈论"机器思维"和"电脑创造性"等问题。如今，相关智能算法不断完善和成熟，智能机器人作者逐渐在新闻写作和动漫生成中获得应用，智能化图像识别软件逐渐在建筑设计等领域获得推广。亚里士多德认为艺术家分享神的创造力，这是艺术的价值所在，而今天人工智能同样分享人类的创造力，并产生自己的艺术再造成果。①

在未来人机共存的世界里，智能艺术必然拥有自身的内在价值和发展潜质。正如人类所推动的近代科技给人类自身提供了物质文明，高度智能化的机器人也会给人类提供精神财富。智能艺术再造首先是对人类的模仿，而人工智能对未知空间的开拓可以让人类借鉴和学习。在未来，部分人类艺术家依然会独自完成创作，但更多的艺术家只会提出想法，借助人工智能完成再造产品，这是一种有效的人机协调、机脑融合典范。尽管未来的智能艺术再造不再是人类的专利，但真正富有创造力的人类艺术家仍能证明人类艺术的价值和尊严。人工智能

---

① 参见陈炯《科技：人工智能对艺术的影响是什么？》，https://www.sohu.com/a/206148330_649556，2017年11月22日。

成熟并普及后，单一的人类艺术历史便告一段落，在人机协作的时代里，那些有价值的技术艺术成果一定是对未来崭新世界的美好反映。

在艺术创作现场和电影、电视剧拍摄合成厂棚里，"环境拟态"变得轻而易举，"议程设置"唾手可得。智能艺术机器人"道子"的创造者给道子"喂食"大量的画作数据，包括写意风格颇难琢磨的国画信息。早前引爆人工智能风口的 AlphaGo，也是先从学习人类既有棋谱，然后在不断自我竞赛中成长。有所不同的是，上述智能艺术再造领域，大多是人工智能能够通过学习，最终以穷举法的方式，对人脑的计算能力和实践经验进行碾压，形成更快更准预测结果的智能艺术系统。而在艺术领域，创意无法被穷举，这是艺术行业独特特征。针对艺术创意的学习，可以从"欺骗"人类的大脑模糊网络功能得到启发。换言之，人工智能在人类艺术圈里，可以按照人类艺术共同体的规则，实现生存、获得认同。那么，艺术创意可以用算法表示吗？我们用一个最简单的方式来说明创意规则是可以计算的："黄金分割"被公认为是最能引起美感的比例。在学习数百张徐悲鸿画的马和真实马的照片后，"道子"对比照片画出来的马就变得颇有意趣。"如照片中马蹄为全黑，而生成的绘画上马蹄却用了留白和墨线勾轮廓的技法。"这种原作与智能艺术再造画作之间的差异让艺术家颇感惊讶，因为智能系统有了创新的基因。

"道子"项目起步于2013年，经过5年时间的数据喂养和算法训练，"道子"除了作画外，角色颇为多元，如做北京大学艺术长廊项目的绘画讲解员、为中国美术家协会举办的全国性比赛进行查重及版权保护工作等。"道子"还从事版画、工艺品文创，后期还会做一些新媒体艺术创作，成为多元化艺术家，这正是智能艺术再造的一大优势。

人工智能、媒体新技术和 VR 技术介入艺术创作后，现代艺术家的特质是什么呢？第一是意念，就是自由意志。不管创作过程中自由意志在作品中留下多少痕迹，但艺术创作的自由意志一定要有，而且很重要。第二是审美。用户能看到有审美价值的艺术作品，能即刻唤起自己的直感情感和美感效应，与社会、经济或政治无关。人工智能除非超越现有图灵机,智能艺术再造技术尽管可以创造有审美效应的艺术产品,但不能产生自由意志。而审美是超出艺术创作者的意图,一旦成为作品,就与艺术家自己的直觉分离了。

艺术活动不一定要生产艺术作品,不一定导致最后的艺术欣赏,可以把自己的内在感受、各种价值、复杂情感和道德判断以直觉的方式外化成艺术作品,这就是艺术家最重要的本质。完成这种直感外化的过程,拍了多少钱、被谁所收藏,这些都和艺术家没有艺术本质上的关系。但是艺术作品要从头到尾完成才叫艺术作品,艺术创作只属于有特质、有才能的艺术家。这样的话,人工智能就没有办法和人相比,艺术家只要找到渗透的机会,"作品"就存在了,就能参与艺术创作活动。艺术的功劳全属于人的部分,完全由人的自由意志的参与度决定的。人工智能来了,本该分走的东西分走了,留下的就是艺术家的艺术特质了。

当今社会的发展,任何学科、任何领域都已经被智能科技拉得越来越近,抛开智能科技发展的背景谈艺术既不现实更是倒退,智能科技与艺术作品是人类发展的两个重要命题。如何协调二者的关系,考验的正是我们的智慧。艺术产品要想得到认可、获得价值,就必须付诸人类的真实情感,而纯人工智能创作的再造产品更多意义上符合商品的范畴。目前,人工智能绘画系统的初始模型需要人类与智能系统共同完成,智能再造画作从本质上需要人类与智能机器人的协同创作和协调行动。[①]

人工智能技术与艺术创作有着更多结合的可能性。中国国画和西方油画无论是技术层面还是艺术造诣都已经达到相当高的水平,照相机的出现曾经对写实油画产生冲击,但丝毫没有影响写实油画的创新和发展,反而产生照相写实的绘画风格,当代国画家也利用照相显影技术进行艺术创作。因此,科学技术的发展给艺术创作带来的不确定性也包括美好、积极的一面。比如,雕塑家李菀琛根据减肥后的 3D 扫描图像制作完成的 3D 打印作品,生动直观、惟妙惟肖。智能艺

---

① 陈端端:《艺术传播的人工智能应用需求研究》,《艺术百家》2014 年第 2 期。

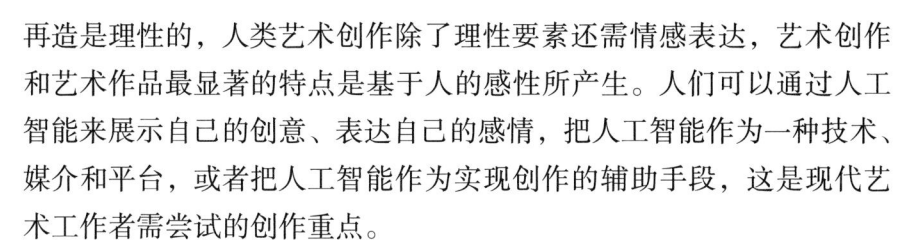

再造是理性的，人类艺术创作除了理性要素还需情感表达，艺术创作和艺术作品最显著的特点是基于人的感性所产生。人们可以通过人工智能来展示自己的创意、表达自己的感情，把人工智能作为一种技术、媒介和平台，或者把人工智能作为实现创作的辅助手段，这是现代艺术工作者需尝试的创作重点。

很多人对于艺术创作，尤其是绘画作品，并没有先天性的艺术基因以及后天的艺术素养，更多的人只是希望通过自己的想法与工具来实现自己对于艺术创作的追求。换句话说，目前对于艺术来说，创作的门槛和要求是非常高的，这使得艺术对于每个人似乎都很遥远。而人工智能绘画系统有效建立艺术作品、创作者和用户之间的无缝衔接，使普通用户更容易创作出自己所需的艺术作品。

未来的智能机器人将融入更多自己生成的情感与记忆，这将对如何定义"艺术"这个概念产生巨大的冲击。人工智能通过自我的衍化产生类似精神世界与情感记忆的代码，这种智能化艺术再现手法究竟能不能成为真正的艺术，还有待于商榷或实践验证。未来人工智能绘画系统将会在情感和记忆方面进一步延展，通过自主学习和自主绘画回忆让智能艺术机器人找到更多的自我意识，从而通过样本的不断累积，创作出更多的精彩艺术作品。

对于智能艺术是否进行干涉问题，目前有两种可行性规范进行尝试，即实验组与对照组比较方法。我们应该对照智能艺术干涉与智能艺术不干涉的分岔思路进行深入探讨与研究。在智能艺术不干涉领域，2017年6月Facebook的Artificial Intelligence Research测试表明：两个完整的智能机器人进行对话，但最终的发展并没有人类设想的那么完美，通过一点点的对话偏移，智能机器人生成一种全新的机器交流语言，而非人类所能理解的语言，而且机器人Bob和Alice是基于无人为干涉的条件下自主产生的对话行为。因此，"智能艺术再造"和"智能文化艺术传播"都将成为人们热议的话题，智能机器人可以替代人类完成很多创造艺术和再造艺术的创作工作，传承多年艺术创作完全依赖人工劳动的局面即将改变，这样最大程度地解放体力劳动，留出更多时间、更多空间开展智能化艺术创意、智能化艺术设计和智能化艺术创作活动。从智能艺术干涉来说，目前还需要从政府规划、立法、制度、政策上加以建立健全，从社会伦理与技术伦理、开发者自律、社会他律和人机协调等方面加以改进完善。

总之，一些艺术形式、艺术内容和艺术表达是智能艺术机器人无法复制、无法超越的，这部分艺术精髓代表人脑的脉搏和温度，饱含着人类的艺术思维和艺术思想，携裹着人类的亲和力、创造力和再造力，代表人类的独特性与价值取向，而这部分艺术要义在人类创造的艺术形式中将得以最大限度地发挥和释放。一方面，智能艺术传播承载着科技创新的巨大能量，不断刷新着人类对未知世界和极限领域的认知，改变人类的生活习惯和生产方式。另一方面，当人工智能进入艺术领域，可以让经典艺术家复活，可以让沉睡多年的经典艺术作品复苏和复现，依据一定的底层逻辑继续创造作品、升华作品审美价值。在这种情况下，人工智能与艺术创造、艺术再造的关系，艺术家与艺术取向、艺术价值的认定等问题，就需要进行重新考量和明确界定。可以说，智能艺术传播存在的意义和价值就是对人类艺术意识的自由表达以及对个体生命及人类社会的独特体验。

四　智能文化艺术传播的其他形式

一是智能诗歌。人类用了几千年的时间才让诗歌成形、发展乃至盛行，而人工智能则在很短时间内通过大量阅读和理解诗歌创作的大数据算法技术之道，"智能化复制出"普通受众所需所想的各种版本、各种风格的诗歌作品。最近几年来，越来越多的智能机器人开始涉足诗歌创作领域。例如，通过对1920年以来519位中国现代诗人的作品进行分析，经过100个小时，10000次的迭代学习，机器人"微软小冰"获得了现代诗歌的创作能力，形成了自己的诗歌创作风格和技巧，在2016仅一年的时间就写了数万首诗歌，其中，139首出版成诗集《阳光失了玻璃窗》。再如，谷歌联合斯坦福大学和麻省理工学院深入研究自然语言的机器学习算法，通过机器学习算法所创作的诗歌尤其值得称道。具体来说，研究人员先给智能系统输入数量丰富的诗歌作品，然后给出一个开头句子和一个结尾句子，要求智能系统填补中间空白，并要求保持诗歌情节、风格、主题的连贯，结果智能算法加持的自动化设备写出了一大串富有诗意的诗歌。随着智能诗歌算法技术和人类诗歌艺术的进一步演进，智能诗歌形式会更加多样，内容会更加丰富，技巧会不断创新，或许在不久的未来，浪漫主义、现代主义和后现代主义的智能诗歌会异彩纷呈。

二是智能画作。智能画作艺术传播是一种从主题、形式到技术、创新都令人惊叹的前卫艺术类型，不断扩大人类画作艺术传播的内涵与外延。通过画作艺术专业知识和专业经验大数据的智能专家系统，可以实现对智能画作艺术思维模式的自动化培育，形成具有"画作艺术自觉"与"画作艺术创造"的"智能艺术家"。比如，2015年，谷歌推出了一款Deep Dream智能系统，该系统通过图像识别智能技术实现智能化重新作画，与原创作品不分伯仲。美国罗格斯大学艺术与人工智能实验室通过智能画作机器人所创作的油画作品达到"真假难辨"的艺术效果。2016年年底，艾哈迈德教授把几十幅人工智能生产的画作和博物馆馆藏级的油画混合在一起，搞了一次图灵测试，想看看人们是否能分辨出真假画作，结果受试者无法分辨哪些是人类画作，哪些是智能机器人油画。事实上，智能画作常常被认为"更新颖"和"更具审美吸引力"。2018年，纽约佳士得拍卖行拍出了由三个对艺术一无所知的程序员开发的世界第一件智能艺术品。这件名为《埃德蒙·贝拉米像》（Edmond de Belamy）的"艺术作品"以5500美元起拍，最终以35万美元落槌，引发了艺术学界对于艺术本质问题的争论，即智能行为、智能创作究竟算不算艺术创造？艺术史家杰姆斯·艾克因斯（James Elkins）直言，"算法不是根据社会环境、含义和表达目的来创作，而是根据艺术风格创作。"但人工智能画作《埃德蒙·贝拉米像》的竞拍成功，很显然给艺术创造缺位开了一个口子。2018年，人工智能艺术工作室OUCHHH在法国巴黎艺术中心推出了一场名为"诗意人工智能"（Poetic人工智能）的展览。该展览对2000多万行科学家所写的涉及改变人类历史的关于光、物理、时空的文献进行机器学习算法处理，随后由智能算法转码后的文字和图像被投影在3300平方米的空间中，人们可在这一无限变幻的光线运动中忘我体验。超级智能系统可以每秒提供无数个艺术构思和创作经验,但它不一定具有与人类一致的艺术诉求与审美偏好。对艺术来说,天才与灵感是人类的财富,是人工智能所不能把握的。无论是天生的还是通过努力获得的天赋,都证明了人类自身的魅力,我们熟知的达·芬奇画作就是最好的例证。①

三是智能音乐。人工智能对人类的模仿和再造方兴未艾,人工智能作曲现象余音未了,人工智能创作的交响曲在舞台演出效果惊人:当听众分不清哪一个是人类大脑创作谱写的曲子,而哪一个又是智能机器人作曲的时候,惊叹、感叹和赞叹达到极点,引爆沸点。2016年,索尼的人工智能 Flow Machines 创作了一首具有披头士乐队风格的流行歌曲,让世界乐坛确确实实感受到"真的"披头士来了。从参与制作到独立创作,人工智能正在音乐艺术的道路上越走越远。2017年11月,Kji Moriyama(舞者)智能机器人通过智能传感器实现了智能舞者与智能钢琴曲合体的惊人音乐事件。当 Moriayama(舞者)跳舞和钢琴自动演奏的高度契合、高度完美时,观众被迷住了。可见,在智能技术的帮助下,乐器能够自动预测、匹配步骤和播放适当的音符。当前,谷歌和索尼等公司为了开发人工智能音乐市场,都在积极研发智能谱曲和智能弹琴的算法功能,只要随意输入简单的音符,智能机器人便可以自己谱曲和自己演奏。如果不是亲临演奏会现场,观众对于人类大脑创作的作品与智能机器人谱写的作品之间肯定会出现良莠难分和高下莫辨的现象。

四是智能电影。"在传统的工艺手段里,老照片的修复需要很有经验的老师傅一人一周时间才能恢复,如果用算法 5 秒钟即可以处理完毕。"2016 年,IBM 的 Watson 智能系统完成了电影《摩根》的预告片的剪辑,世界电影艺术家为之震惊。从早年的现象级科幻电影《阿凡达》到斯皮尔伯格执导的热门影片《头号玩家》,再到 2019 年热映的科幻大片《阿丽塔》;从中国奇幻喜剧《捉妖记》,到 2018

---

① 参见蔡新元《人工智能艺术——一场前所未有的新艺术创造》,《光明日报》2019 年 7 月 10 日第 13 版。

年春节档的票房黑马《唐人街探案2》，再到体现中国电影产业水平的国产科幻片《流浪地球》等不同风格、不同类型的叙事故事都离不开智能电影科技的支撑和促进。随着特效在电影产业中地位的提升，人工智能、超级计算机等高精尖现代技术顺理成章地成为电影的"造梦者"。人工智能技术在电影创意、编剧、后期制作等环节的发展与应用，不仅为电影的立体、交互、全方位呈现提供了更为广泛的可能性，同时也带来制作技术方面的迭代升级。全球著名视觉化工作室"第三层楼"的创始人克里斯·爱德华兹认为，技术进步可以让更多的电影工作者从简单重复的劳动中解脱出来，从事更有价值的创意内容。[①] 在强人工智能技术时代，电影创作又回到简单的一维路线，只需要提供一个好的故事素材，然后让智能机器人帮你实现就行了。

五是智能文化人物。智能文化人物是指在智能传播体系中出现的不同于传统文化人物的智能文化个体或群体。智能文化人物不一定具象到传统概念的某一个人、某一群人，而是特征鲜明的智能化身或智能象征。智能文化人物血脉中流淌着勇立潮头、破旧立新的壮士基因，具有鲜明的技术烙印，有着鲜明的智能化、幻想化、扁平化、对称化色彩，如2004年拍摄的电影《我，机器人》，讲述的是人和机器之间相处以及人类自身是否值得信赖的故事，阐明了直观、率性和人本的机器人三定律：机器人不得伤害人类，也不得在人类受到伤害时袖手旁观；机器人必须服从人类的命令，除非与上一条冲突；在满足以上两条规则的情况下，机器人必须保护自己的安全。这部影片展示了智能文化人物的生动表现，在当时引发很大的社会反响，因为当时全世界都在进行人工智能的开发应用，这部影片虽然虚幻，但是真的为未来智能技术的发展敲响警钟。人工智能技术进步到底会不会影响人类利益和切身安全？美国著名机器人制造专家罗德尼·布鲁克斯（Rodney Brooks）指出："机器人不可能改变它们的编程，那些认为他们可

[①] 参见张漫子、郭宇靖《电影工业时代，科技如何为想象插上翅膀？》，见 http://www.xinhuanet.com/2019-04/17/c_1124380134.htm，2019年4月17日。

以自己开发新程序、新理论的都是幻想。"可见，任何技术的发展都是循序渐进的，不会出现异想天开、一蹴而就的惊天动地大事件。①

首先，智能文化人物具有独特的自我控制功能。到目前为止，在世界范围内还没有一个统一的智能机器人或智能文化人物的确切定义。在大多数传播学家和智能产业企业家看来，智能机器人至少要具备以下三个要素：一是智能感觉要素，用智能机器人来认识周围环境状态，并且能够做出一系列智能感觉反应。二是智能运动要素，智能机器人对外界环境变化做出的快速反应性、敏感性与传播本能化、一体化的对应动作。三是智能思考要素，根据感觉要素和运动要素所构建的大数据所得到的智能算法性信息，思考出采用什么样的系列连锁智能化整体响应方案。

智能机器人的感觉要素主要包括能感知视觉、接近、距离等能力的非接触型传感器和能感知力量、压觉、触觉等变化的接触型传感器。非接触型和接触型传感器实质上相当于人的眼、鼻、耳等感觉器官，它们的功能在于利用诸如摄像机、图像传感器、超声波传感器、激光器、导电橡胶、压电元件、气动元件、行程开关等电子元器件来实现智能感知功效。

对运动要素来说，智能机器人需要有一个无轨道型的智能移动装置，以适应诸如平地、台阶、墙壁、楼梯、坡道等不同的复杂地理环境。该智能装置可以借助轮子、履带、支脚、吸盘、气垫等移动设置来完成"自由运动"。此外，智能移动装置在运动过程中还要对自身进行实时实地有效控制，既要有智能化位置控制、智能化力度控制以及智能化位置与力度混合控制，又要有智能化伸缩率控制。

智能机器人的思考要素是三个要素中的最关键性要素，也是人们赋予智能机器人所必备的核心要素。思考要素要求智能机器人具备类人脑的神经功能，包括认知判断、逻辑分析、理解洞察等方面的智力活动。这些智力活动实质上是一个信息智能处理系统，智能算法则是

---

① 企鹅号我的人工智能导师：《机器人会进化出自主意识吗？会颠覆人类吗？》，见 https://cloud.tencent.com/developer/news/18092，2018年9月24日。

完成这个处理过程的主要手段。例如，微软亚洲研究院与敦煌研究院合作开发的智能聊天机器人"敦煌小冰"入驻敦煌研究院微信公众号半年多来，俨然已经成为莫高窟的"全智能专家"，在谈笑间把敦煌的文化、历史、旅游、学术、服务等信息"算法定制式"地推送给目标用户，为智能互联网平台传播敦煌佛教文化带来全新体验，受到不少青少年用户的喜爱。

我们从广泛意义上理解所谓的智能机器人，最深刻的印象是它是独特的进行自我控制的"活物"。从智能机器人的内外结构来说，它是由内部信息传感器和外部的信息传感器、感受器及效应器等部件构成。内部信息传感器和外部信息传感器具有视觉、听觉、触觉和嗅觉等感官功能，外部感受器和外部效应器可担当机器人的筋肉角色，使手、脚、鼻子、触角等都动起来，帮助智能机器人与周围环境实现互动互联。由此可知，智能机器人至少要具备四种要素：感觉要素、反应要素、交际要素和思考要素。这样，严格意义的智能机器人与传统机械机器人存在较大差异，是传统机械机器人在技术创新和迭代升级上的重大突破。

智能机器人能够理解人类语言，用人类语言同普通用户或专业用户对话或交流，智能机器人在自身的"思维意识"中单独形成一种使自己得以"生存"的外界环境——智能场景。智能场景以智能机器人的智能算法为依托，根据用户的输入信息智能化分析并判断出应对性话语或行动，即时有效调整自己的言行以达到目标用户预期的消费要求，能拟定用户所希望的言行，并在信息不充分的情况下和环境迅速变化的条件下表达出完整意图或完成整套动作。当然，要求智能机器人和人类的大脑思维一模一样，这是不可能办到的。不过，仍然有专家试图建立超算、边缘计算、孪生计算、大数据计算、云计算等技术手段实现智能机器人能掌握某种类人脑功能的"微观世界"。

智能机器人可划分为高级智能机器人和初级智能机器人、通用智能机器人和专业智能机器人等类型。在日常生活中，通用智能机器人包括传感型智能机器人、交互型智能机器人和自主型智能机器人等。专业智能机器人主要指医学、军事和制造业等领域供专门人员使用的智能机器人。高级智能机器人和初级智能机器人一样,具有感觉、识别、推理和判断能力,可根据外界条件的变化在一定范围内自行修改程序、自行与客户言行互动。所不同的是,高级智能机器人修改程序的原则不是由人规定的,而是智能机器人通过自主学习、不断接受新的知识、不断习得经验来获得自主修改程序能力的,所以高级智能机器人有一定的自主思维意识,这种机器人已拥有部分自动规划能力,能够自己安排自己的工作,可以不需要人的指挥,完全独立完成工作,所以随着高级智能机器人的全面应用,人类普适性伦理法治规范将受到"智能人"的严峻挑战。

其次,智能文化人物具有"大脑芯片"的关键技术。随着社会发展的需要和机器人应用领域的扩大,人们对智能机器人的要求也越来越高。智能机器人所处的环境往往是未知的、难以预测的,这种复杂的环境要求智能技术和智能设备具备高度的预设能力、感知能力、精算能力和智算能力。智能机器人的关键技术,主要涉及多传感器信息融合技术,微传感器、智能传感器和自适应多传感器的融合技术等。多传感器信息融合技术是近年来十分热门的研究课题,它与控制理论、信号处理、人工智能、概率统计相结合,为智能机器人在各种复杂、动态、不确定和未知的环境中执行任务提供了技术解决途径。[1]

智能机器人所用的传感器有很多种类。其中,根据功能用途划分的内部测量传感器和外部测量传感器是最常用的两大类型。内部测量传感器用来检测智能机器人组成部件的内部状态,包括特定位置、角度传感器,任意位置、角度传感器,速度、角度传感器,加速度传感器,倾斜角传感器和方位角传感器等。外部传感器包括视觉(测量、认识传感器)、触觉(接触、压觉、滑动觉传感器)、力觉(力量、力矩传感器)、接近觉(接近觉、距离传感器)和角度传感器(倾斜、方向、姿势传感器)。

多传感器信息融合技术是指综合来自多个传感器的感知数据,以产生更可靠、更准确或更全面的信息。经过融合的多传感器系统能够

---

[1] 朱大奇、史慧:《人工神经网络原理及应用》,科学出版社2006年版,第10—14页。

第七章　智能文化艺术传播

更加完善、精确地反映检测对象的特性，消除信息不确定性，提高信息可靠性。融合后的多传感器信息具有冗余、互补、实时和低成本等特征。目前，多传感器信息融合技术主要有贝叶斯估计、Dempster-Shafer理论、卡尔曼滤波、神经网络和小波变换等。多传感器信息融合技术是一个十分活跃的研究领域，适合于要求高、高灵活的智能系统，如低层次融合方法可以融合多传感器数据，中间层次融合方法可以融合数据和特征，高层次融合方法可以将融合性特征提升到最终的决策上来。

在智能机器人系统中，自主导航是一项核心技术，是智能机器人应用领域的重点和难点问题。智能导航的基本任务是基于环境理解的全局定位、目标识别和安全保护等。智能机器人通过环境中景物的理解，识别人为路标或具体实物以完成对智能机器人的精准定位，为路径规划提供素材。智能机器人实时对障碍物或特定目标进行检测和识别，提高智能算法系统的稳定性，智能机器人还能对自身工作环境中出现的障碍和移动物体作出智能化分析判断以避免"机为"损害。[①]

智能机器人有多种导航方式和导航手段。根据环境信息的完整程度和导航指示信号的不同类型，我们将智能机器人导航分为基于地图的导航、基于创建地图的导航和无地图的其他导航三类。根据智能导航所采用的硬件不同，还可以将智能机器人导航分为视觉导航和非视觉传感器组合导航等类型。视觉导航是利用摄像头进行环境探测和辨识，以获取场景信息的感知导航。目前，视觉导航技术处理的主要内容是：视觉信息的压缩和滤波、路面检测和障碍物检测、环境特定标志的识别以及三维信息感知与处理等。非视觉传感器组合导航是指采用多种传感器协同工作，如探针式、电容式、电感式力学传感器、雷达传感器和光电传感器等，它们用来探测环境，对机器人的位置、姿态、速度和系统内部状态等进行监控，感知机器人所处工作环境的静态和动态信息，使得机器人相应的工作顺序和操作内容能适应工作环

---

① 参见 Rplidar《移动机器人如何实现自主导航?》，见 https：//cloud.tencent.com/developer/news/449376，2018年12月12日。

境的各种变化,有效地获取内部外部的价值信息。

在自主移动机器人导航中,无论是局部实时避障还是全局环境规划,都需要智能化把握智能机器人与障碍物的当前状态及位置以完成智慧导航、避障及路径规划等任务,这就是智能机器人的定位功能。比较成熟的定位系统可分为被动式传感器系统和主动式传感器系统。被动式传感器系统通过码盘、加速度传感器和陀螺仪、多普勒速度传感器感知智能机器人的运动状态,经过累积计算得到定位精准信息。而主动式传感器系统通过超声传感器、红外传感器、激光测距仪以及视频摄像机等主动性感知机器人外部环境或人为设置的路标,与智能机器人所预设的算法模型进行匹配,从而得到当前机器人与环境或路标的相对位置,获得智能定位信息。

人工智能科学家的共识是给机器人装上"大脑芯片",从而使其智能功能更强大,在认知学习、自动组织、模糊信息的综合处理等方面将会前进一大步。虽然有人表示担忧,装有"大脑芯片"的智能机器人将来可能在智力上超越人类,甚至会对人类造成何种威胁或伤害?但很多科学家认为,这种担忧是没必要的,因为就智能而言,目前机器人的智商相当于4岁儿童的智商,而机器人的"常识"比起正常成年人就差得更远,不需要担忧智能文化人物的"威胁"或"破坏"。

最后,智能文化人物具有不同的标志性应用。智能文化人物在人类心目中已经有了一批标志性应用实物,AlphaGo、布丁豆豆、小火宝、小冰和小艾等,都代表着智能文化人物在各领域应用的极高水平,显示出智能文化人物的实用、高效、体贴和别致等特征。

AlphaGo 是由全球领先的高科技公司谷歌集团旗下 DeepMind 公司开发的"阿尔法围棋"智能文化人物,它通过智能视觉感知深度学习算法,对全世界顶级超一流围棋选手的数十年棋谱大数据进行分门别类智能化"精心研习"和"智能判断",总结出成败得失的"数据规律",实现了符号主义、连接主义、行为主义和统计学习的"四剑合璧",最终超越人类围棋智慧,一举击败李世石、柯洁等世界超一流围棋大师。对于智能机器人在围棋博弈领域如此之快的神速进步,柯洁感叹道,"在我看来 AlphaGo 就是围棋上帝,能够打败一切。对于

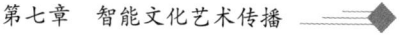

AlphaGo 的自我进步来讲，人类围棋选手太多余了，也太业余了"。①

布丁豆豆是另外一款智能文化人物，是一种儿童智能机器人。它采用靓丽的色彩设计、特别涂层和达到奶瓶级别的外壳材质，即使儿童使用，家长也不必担心。在外观设计上，布丁豆豆采用了一体化的工业设计，身上看不到一颗螺丝，其曲线外形采取符合儿童心理需求的人体工程学设计方案。5°倾斜角的屏幕设计，能够让用户在看屏幕时获得最佳的视听觉体验效果。在开机后，只需要说"你好，布丁"就可以唤醒机器人，布丁豆豆会自动进入聊天状态，你可以直接跟它进行对话或聊天。布丁豆豆的智能交互学习功能主要集中在针对 3 到 10 岁儿童的互动学习上，除了背诵古诗、讲故事、算算术、讲英文之外，还具备听音乐、做游戏、智能语音助手等交互功能。家长可以通过智能算法评价掌握孩子近期的学习内容、学习进程和学习效果。布丁豆豆机器人还有视频通话功能，帮助家长和孩子进行音视频通话，及时了解宝贝动态。

外形酷似不倒翁娃娃的小火宝是一款医疗智能机器人。头部前端是一块 LED 屏幕，会显示水汪汪的"大眼睛"以及机器人的所有功能。头部上方配有高清摄像头，小火宝底部的"脚"是三个轮子，它会根据用户指令前行或者倒退。整体机身除了头部的显示屏以外就是"肚子"上的一个唤醒按钮。用户可以以语音形式向小火宝发出指令以激活机器人内置安卓 6.0 操作系统，支持语音控制与远程医疗操控。用户带上智能检测仪，就可以检测患者身体健康状况，比如是否有亚健康问题，上传监测数据，进行智能化分析，并自动生成个性化的健康指导报告。小火宝的亮点功能是如果家人发生紧急情况或者安全意外时，可自动报警呼叫手机端，方便及时处理。

智能高清机器人小冰的摄像头外形非常可爱，外表酷似在宇宙中行走的宇航员，头盔位置正好是摄像头所在。小冰头部可 360 度旋转，甚至做出抬头仰望等酷比动作。不过小冰的脚是固定的，不能移动。

---

① 《柯洁：AlphaGo 像围棋上帝 受够打击现在已解脱》，见 http://news.youth.cn/sh/201705/t20170529_9908917.htm，2017 年 05 月 29 日。

背部类似宇航员氧气罐的位置是电源、网线以及储存卡的位置。机器人小冰可以连接网络，通过手机、电脑等终端同目标用户进行实时语音沟通。用户的手机可控制摄像头的旋转，如有异常侵入，即刻抓图、录像并将报警消息推送到预设手机上。在人们内心，智能机器人应该是一个"真人"形状，小艾做到了，而且是最"灵活"的智能文化人物。小艾具有16个自由度的仿人形迷你结构设计，从头到脚都可以灵活起来。小艾头部具有触摸区域，头部和前胸都具备LED矩阵。小艾拥有唐诗宋词、英语翻译、生活常识、问诊信息等海量的知识库，其灵活性在于可唱可跳可说可笑，能同用户智慧对话。智能算法赋能小艾身随音动，灵活变换各种舞蹈动作，这些舞蹈动作还具备动作回读功能，能够记忆用户为它摆出的任何姿势并反馈连贯的肢体动作，满足用户各种娱乐诉求。

第四节　智能文化艺术传播特征

　　智能文化艺术传播跨越多学科、涵盖多方面，是现代技术与现代文明的高度结合和深度契合，是智能机器人和社交网络系统的双重驱动，展示艺术、文化与技术的巧妙糅合。智能文化艺术传播的功能在于更好模拟人脑神经思维、肢体行动和艺术创作的智能活动，继而衍生出丰富多样、五彩缤纷的社会文化和生活艺术样态。随着人工智能技术的快速成长和日益进步，智能文化艺术传播表现出观念性和创意性，互动性、时效性和体验性，虚拟性、技术性和连接性等特征。

　　第一，智能文化艺术传播具有主体观念性和创意性特征。智能文化艺术传播侧重于创作主体的文化艺术观念或创意理想的表达，这种观念性和创意性直接或间接影响到智能文化艺术传播的创作、表达、表现和检视效果，从而形成智能文化艺术传播的观念性和创意性突出特征。"文化艺术＋人工智能"模式是观念性和创意性的具体表现形式，是未来文化、艺术和科技融合发展的一大趋势。文化艺术与科技的融合呈现动态性特征。人工智能技术作为新时代科技创新领域的后起之秀，在深度学习喂养、图像语音识别、全息影像展示和拓展技术创新等关键技术的引领下对文化演进和艺术嬗变产生深远影响。通过"文化艺术+人工智能"模式将科技内化到受众的文化艺术生活中去，文化艺术与科技的融合促进网络社区文化艺术扁平化、小众化、层级化、微粒化和生活化，从而推动人的全面发展。[①] 例如，北京龙泉寺推出一款智能机器人"贤二小法师"，它能通过网络平台与用户有效对话，用通俗易懂的大众语言和可爱有趣的交互形态将佛学哲理和龙泉寺特色介绍给目标用户。这种"文化艺术+人工智能"模式让看似深奥的佛教文化变得更加贴近生活和更加接地气，同时也让人工智能技术不再是冷冰冰的机械反馈，而是充满人间烟火和人文关怀的"文化艺术使者"。可见，文化艺术与科技的嫁接是一种新型文化艺术观念和文化艺术创意形式，洋溢着浓郁的时尚文化艺术气息，自然能够更好地服务社会文化艺术活动，优化美化受众的文化艺术体验，使"以人为本"的发展理念落到实处。总之，人工智能技术与社会、文化、艺术的天作之合，不仅能够实现人机交互的和谐美好场域，而且彰显现代科技创造美好生活、营造宜居生活环境的愿景初衷。

第二，智能文化艺术传播具有互动性、时效性和体验性特征。即时交互的智能文化艺术内容、技术与平台决定了智能文化艺术传播的互动性、对话性和时效性，这种双向文化艺术交流形式不单纯是作者与作品的互动，还有作品与受众、受众与受众之间的多向交互特征。无论如何参与文化艺术互动活动，都是通过智能算法化"精准衔接"方式，即视觉、触觉、听觉等感官功能，或者语言交互，或者距离移动，或者虚拟现实技术感应等形式，引发文化艺术作品或文化艺术场景与受众的一系列内容与形式有机转化，使智能文化艺术产品灵动起来，使智能文化艺术场景活泛起来。高效文化艺术体验满足普通用户高效贴合的多元多层文化艺术体验需求，成为智能文化艺术传播的核心目标和精髓要义。"文化艺术+人工智能"模式的开启，旨在通过智能技术应用满足普通用户的丰富文化艺术需求，创造一种用户文化

---

① 参见蔡晓璐《文化与科技走向深度融合》，见 http://ex.cssn.cn/index/inde_focuxs/201804/t20180420_4202113.shtml，2018年4月20日。

艺术融入智能文化艺术的时尚消费体验场景，促成用户个体文化艺术转向场景文化艺术的生动演化过程。这样，人工智能技术通过改变受众的文化艺术心理和情感状态，提升文化艺术产品"人文"与"技术"的耦合转化性能，创造良好的人机交互文化艺术氛围，探索基于受众满意和实用诉求的文化艺术创新机制，从而让多元化、定制化、精准化且富有个性化的文化艺术产品或服务触达目标用户。比如，日本综艺节目《金SMA》在2017年5月的一期演出过程中利用智能全息投影技术"复活"已去世22年的邓丽君，再现她1986年在"日本作曲大赏"活动中演唱的名曲《我只在乎你》，让在座的观众叹为观止、感触颇深，创造了独一无二的智能文化艺术传播效果。再如，苹果公司设计的Siri智能系统可以实现智能手机对人类语言的智能识别功能，彻底改变了消费者对传统机器人的固有看法，让文化艺术交流和体验超越了人与人的界限，向人与机器的互动时代更进一步。人工智能技术对文化艺术消费体验的优化，是文化艺术与科技融合的目标和归宿。用户良好的消费体验，是现代智慧生产传播的最终目的，是商品价值循环中必不可少的关键一环。人工智能技术不是对社会个体文化艺术消费权利的剥夺，而是丰富其文化艺术消费体验的催化剂和推进器，正如AR游戏Pokemon Go曾掀起一波全民手游热潮那样，虚拟社会与现实社会通过人工智能技术的对接为游戏玩家创造全新、高效的用户体验语境，催生出更加优质的智能娱乐效果和智能游戏快感，充分迎合目标用户的文化消费需求，延长智能游戏文化的传播时效。

第三，智能文化艺术传播具有虚拟性、技术性和连接性特征。智能文化艺术传播的空间扩展和跨界延伸，带来许多未知的可能性，这是智能文化艺术吸引艺术家和普通受众的魅力所在。正是因为智能文化艺术传播生逢移动智能端普及和人工智能技术盛行的转型期，多种新文化艺术门类在智能传播技术加持下渐次跳跃出来，给受众以艺术惊喜和技术兴奋，不断呈现纷繁多样的感官体验和情感沉浸色彩。智能文化艺术传播通过各种文化艺术元素和智能技术手段的有机连接和优化配置，实现智能全员全程全息全效传播，进而使艺术作品、智能技术与用户文化产生交糅互化、互动共荣效应，最后创造出新艺术、新文化和新时尚,在这种无拘无束的智能文化艺术传播空间目标用户可以充分发挥感性想象力,完成现代文化艺术赏识的身份转向。随着人工智能技术的不断进步,人工智能对于文化艺术生产能力及内容表达水平的影响越来越大,个性化文化艺术产品和服务不断呈现,智能文化艺术传播丰富多样的渠道终端、不断涌现的创新模式为现代文化艺术勃兴创造了得天独厚的理想条件。

第四,智能文化艺术传播具有深度表意特征。智能文化艺术传播具有极高的表意精度、深度、宽度、广度和厚度,让艺术语言与文化表意更加契合,开拓文艺创作的新领域。例如,随着5G智能技术的商用全球化发展,作为"家庭场景智能中枢"的电视迎来新一轮的强势回归,网络化、智能化4K电视和8K电视,将智能文化艺术表意的纵深感、情景感和场景感发挥得淋漓尽致,将智能文化艺术的"深度表达"智慧魅力尽情释放,激活了长期以来止步不前的传统电视文化艺术传播。目前,人工智能技术在文艺传播方面的应用虽仍停留于随机的排列组合和输入输出模式,但其对文化艺术内容的重塑和文化艺术形式的改造强化了受众的文化艺术审美感性认知,让文艺作品的呈现方式更加多元、更加生动、更加逼真。例如,虚拟偶像"初音未来"和"洛天依"就是借助人工智能技术制造出来的仿真文化艺术形象,这些虚拟偶像吸引了众多粉丝,通过全产业链的深度开发,创造了巨大的经济效益和社会效益。5G智能技术独树一帜的艺术内容表达形式,为文化艺术科技创新应用扫清了障碍,成为文化艺术产业转型升级的有效路径之一。

第五,智能文化艺术传播具有精准营销特征。"文化艺术+人工智能"模式为文化艺术产品、服务和场景的智能化精准营销增光添彩,提升文化艺术营销的整体效果,最大限度地发挥文化艺术传播多维度和全方位的溢出效应。例如,2016年百度和传奇影业的合作很好诠释了人工智能对文化艺术营销的正向作用。百度利用"百度大脑"的强大功能,为传奇影业的电影《魔兽》进行智能化营销活动,目的是提高传奇影业的票房收入。百度通过用户图像智能识别技术将电影观众群自动划分成三类消费群体:第一类是魔兽粉丝,即使不进行营销宣传，这类用户也一定会观赏这部电影；第二类是中立用户，对该电影的消费意愿和消费需求具有可塑性和变通性；第三类是无论怎么宣传、怎么营销都不会去看该影片的人群。其中，第二类客户群是百度智能营销真正的目标用户，《魔兽》运营商根据"百度大脑"的分析报告精心设计推广方案，将影片宣传锁定在摇摆不定、犹豫不决的中立用户群，最终使得潜在消费需求转化为现实消费需求，将票房收入提升了200%，远远超出了预期目标。① 人工智能技术的浏览跟踪、大数据分析和智能推送算法等功能，使得分众化、碎片化、精准化、即时化的营销策略和用户细分市场的对口营销愈加成熟化、个性化和定制化，通过对用户消费偏好、情感偏向和价值取向的算法筛选倒逼文化艺术传播模式革新，让文化艺术内容传播由 UGC 向 PGC 转型，实现智能文化艺术传播的高效分流和高能定制。

第五节　智能文化艺术传播使命

　　文化艺术作为一种精神力量，能够在人们认识世界、改造世界的过程中转化为物质力量和精神动力，对社会发展和人类文明产生深刻的影响。这种影响，不仅表现在个人的成长历程中，而且表现在民族和国家的文化艺术发展进程中。作为文化艺术组成部分，智能文化艺术同样发挥着重要作用。20 世纪 50 年代，原始版本的智能技术应用目标是教会电脑完成一系列的认知任务，包括棋类对弈、数学解题、语言解析和图片辨认等内容。今天，智能技术尤其是以监督式机器学习模式存在的智能技术，已经成为促进现代经济发展和社会进步的关键工具，使得人类文化艺术变得更为开放、更为高效、更为精准。换言之，智能文化艺术既可以传承源远流长的传统文化艺术，也能够在流行文化艺术的传播方面大放异彩。它可以产生各种各样面向未来的叠加式文化艺术重组式、文化艺术超幻式和文化艺术新样态。尽管智

---

① 参见尹世杰《智能营销带来了什么》，见 http：//www.xinhuanet.com/2018 - 10/29/c_1123630010.htm，2018 年 10 月 29 日。

能文化艺术现象、人物和事件还停留于人们的想象之中或认知构造之中，并不能以积极、可行方式促进智能文化艺术真正发展，但智能技术流行文化艺术（人工智能科幻小说或电影）激发了成千上万甚至数亿万人的科学好奇心，令其思考人工智能如何塑造新潮大众文化艺术，如何对优秀传统文化艺术传承并发扬光大等问题。

在小说创作方面，人工智能技术有助于智能文化艺术传播的长足进步。例如，智能技术促使《权力的游戏》原著生成了自己的姊妹图书。具体来说，一位粉丝将现有五本书共5376页的《权力的游戏》内容输入一个人工智能系统中，该系统对小说情节、内容和人物布局进行算法化预测和推断，最终撰写出另一部《权力的游戏》。虽然智能版《权力的游戏》肯定比不上原作者的写作文采，但智能系统所撰写的句子易于理解，部分情节的构思甚至与原著版本相一致。可见，人工智能技术促进了智能文化艺术传播。

在诗歌创作方面，人工智能技术推动了智能文化艺术传播的巨大发展。2013年，手机百度App推出了"为你写诗"功能，用户拍摄或上传一张图片，"为你写诗"智能系统可以根据图片内容自动生成一首四句古诗。智能化古诗是唐宋诗词大数据算法赋能的杰出作品，人们通过智能化古诗的欣赏，进一步丰富了古诗文学素养。2016年，百度公司在手机百度App和度秘App上先后推出新版"为你写诗"功能，"为你写诗"智能系统可以把目标用户任意输入的心仪题目瞬间生成智能化命题古诗，令用户古诗文学兴趣大增，潜移默化提升用户对古代诗作机理机制的浓厚兴趣。[①]

在日常生活方面，人工智能技术发挥记忆储存、回忆再现的"回放"作用。对普通用户来说，智能文化艺术产品可成为其生活伴侣或生活家人，如家里的老人，我们可以把他的声音、照片、视频录制并存储到云盘中，有一天他们不在了，我们不仅可以把这些东西拿出来再回顾，甚至可以用人工智能技术合成出来，让已故者继续和我们进

---

① 百度NLP：《自动写诗PK古代诗人：百度「为你写诗」技术深度揭秘》，见https：//www.jiqizhixin.com/articles/2017-03-14-3，2017年3月14日。

行"面对面"对话。

在新闻传播方面,写稿智能机器人在不少媒体平台上发挥核心记者和核心编辑的作用。在生产端,云南省第一个写稿机器人"小明"在昆明报业上线,仅用1秒钟的时间,就"写"出一篇100多字的稿件。在分发端,智能化、个性化智能阅读客户端,像头条号、天天快报、今日头条等具有智能算法推荐功能的现代媒体,根据用户个性化需求或多样化兴趣进行精准推荐,满足目标用户多元多层阅读要求。随着越来越多媒体平台对资讯、关系、算法信息的智能化生产传播,智能文化艺术产业正快速迈进规模化、集聚化的智能时代。

一 智能文化艺术传播所面临的困境

智能文化艺术传播在小说、诗歌、生活和新闻传播方面虽有了长足发展,但智能文化艺术仍停留于随机的排列组合和输入输出模式,仍面临着自主性、主体性、伦理判断和可预见性等困境。

(一)虚拟世界的自主性与人的文化艺术主体性的关系存在矛盾冲突

在可能或预示取代人的智能技术演化进程中,计算机及网络正在给人类这一群体一个崭新定义"信息处理器"或"信息处理体",而它给自己要处理的文化艺术对象、文化艺术现象和文化艺术事件的定义是"要处理的信息"。虚拟世界的自主性,首先表现在智能系统独特的计算和推理等功能优势上。今后劳动分工可能发生在人和智能机器人如何提高彼此协作、如何改进彼此和谐关系能力方面,智能专家系统的开发可能降低人类推理工作的重要性和主导性,智能专家系统所执行的推理工作只有大数据智能技术能够胜任。虚拟世界的自主性还表现在不可预知性。虚拟现实是人类创造的产物,但该技术正创造自身的特色势力范围,是脱离创造者的产物,具有自身的独特规律性,人类可能难以控制其发展方向。智能文化艺术传播正是以这样的神秘和未知特质,显现出与传统文化艺术截然不同的个性差异,吸引着世人的目光。

虚拟世界的自主性,可能与人的文化艺术主体性产生一定程度的矛盾和冲突。首先,计算机智能系统拥有庞大复杂的程序或模型,没有社会个体能承受，但人工智能、大数据、云计算平台和 5G 网络却能承担。这些复杂智能系统解决问题的模式恒定不变，不受任何因素的影响，它们要求以特殊方式输入信息，以特定方式提出问题，再以特定形式给出答案或方案，或者完全不需要整理相关信息，通过智能喂养形式实现深度学习自主功能。其次，计算机对人类可能存在潜在的威胁或危害。比如，通过自主智能设备做出毁灭和杀戮一定对象或整个人类的决定。再如，某些美国军事专家呼吁开发能够对目标采取"独立行动"的自主陆地战车。如果计算机及网络智能系统被赋予发射核武器的能力，那么对人类社会造成的破坏程度则更为可怕。最后，智能技术及设备不断增长的算法化能力可能影响人类的自我形象和自我生存。例如，一些员工拒绝维护智能化工厂，因为他们认为智能机器人比他们更聪明，是其竞争对手。另外，智能专家系统的购买者要求系统不要具备"完美"认知能力，因为他们认为具有全部认知能力的智能系统会威胁员工士气或企业文化。

智能技术及系统自主性与人的文化艺术主体性之间的矛盾关系，使人们开始思考与智能技术及系统共存和区分的身份问题，并引发对人类自身本质的思考。马克思提出，"人是人的最高本质"，"人的根本就是人本身"。[1] 这表明人本身是人类本质的唯一决定性因素，排除了一切外化成分，并从历史和社会角度强调了人与人主体间关系的重要性。人主体的决定性，可以从技术展览中人工智能设备是由人类创造者的大脑思维设计出来的事实来加以印证。可见，人类思维是人工智能应用的基础，人脑科学的发展水平决定着人工智能思维的创新程度。因此，我们意识到虚拟现实自主性的同时，应努力避免和有效克服人类主体异化问题，人类社会应充分发挥人的文化艺术主体的积极性与能动性，主动协调与智能系统之间的主仆关系。

（二）智能文化艺术传播的伦理判断和伦理制定关系存在矛盾冲突

智能文化艺术传播促使社会结构发生重大、实质性变化，其中，

---

[1] 马克思：《1844 年经济学—哲学手稿》，中共中央马克思恩格斯列宁斯大林著作编译局，人民出版社 2002 年版，第 94 页。

智能文化艺术传播可能引起人们文化艺术价值取向的重大改变，这就要求相关专家对智能技术开发和伦理规范制定的能力必须"过硬""过关"。但是，在智能技术应用实践中，计算机科学家、人工智能专家和伦理学家很难预测智能技术应用可能造成的实际后果。罗兰·辛辛格（Roland Schinzinger）建议，计算机专家应将其智能技术应用工作视为社会规范化实验工作。正如期待医学家评估新药的社会规范化后果一样，我们应该期待计算机科学家和人工智能专家认真考虑智能技术新模型的伦理适当性。由于技术智能化和文化艺术算法化，专家和机器的责任问题也变得复杂、模糊起来，伦理学家和技术专家必须认真应对这些新挑战。具体来说，一是要维护人的尊严，不应把人当作智能技术应用的手段或目的。二是应避免非自愿的生物和物理危害。三是智能技术应用应该与专业知识、时间消耗和资源配置的成本相匹配，为了后代的福祉应该扩大道德伦理约束范围。必须注意的是，智能文化艺术传播不能割裂传统伦理道德，相反，传统道德伦理规范必须继承下来，所以我们应该将普适性传统道德内容嵌入智能算法应用中，用蕴含传统美德内涵的智能技术道德伦理规范维护人类智能文化艺术消费的基本权益，同时必须关注智能文化艺术传播可能给人类带来的不良影响，进一步协调科技进步和道德伦理规范之间的互融互化关系，化解技术与道德矛盾于萌芽状态。

（三）智能技术不可预见性和社会文化可预见性的关系存在矛盾冲突

一方面，智能虚拟和智能全息技术发展存在不可预见性。虚拟技术和全息技术的勃兴给人们带来生活的便捷和文化的富裕，相对于传统的农耕文明来说，新的智能技术文明通过全新的科技手段开发了更多可利用资源，为人类带来更多的物质财富、制度财富和精神财富，智能化产品消费的进一步扩大，成为社会文化艺术发展的一大趋势。虚拟和全息技术应用所产生的新寓意和新形式，使人产生新理念、新价值和新习惯，客观现实要求智能文化艺术传播者应主动营造一种人性化回归场景，让智能文化艺术传播回归真正的人文化、人本化和人主化时代。另一方面，人类文明进步和社会文化艺术深入发展存在可预见性和可预期性。从个人、人际、群际和企业的道德责任而言，应该建立健全智能文化艺术传播的社会化共建共享体制机制。无论个体，还是群体，无论组织，还是企业，任何社会主体都是规范而负责任的社会成员。换言之，在道德伦理上社会主体与其他生物的区别在于社会主体能够承担、承认、直面和接受道德伦理责任，敢于承担自身言论表达、行动实施或角色发挥所带来的后果，注重维护社会生态良好运行的道德伦理规则制定与完善。人类可以说是道德化身，然而道德责任是一种难以明确界定的先验性责任，其内涵可能隐含于不同的相当复杂的其他责任之中。从智能文化艺术传播的未来发展而言，人类应该肩负必要的技术伦理责任，尤其是经由人为干预可改善人类自身发展、有利于人类文化艺术良性发展的道义责任。

总之，正像机器替代人类的体力劳动，人工智能由于其大数据、超算能力和深度学习能力，将会替代人类大脑的部分工作，从而产生一系列传统观念和人伦结构的关键性变革。如果能像传统工业时代处理好机器化生产和人力生产的关系那样，正确处理好人工智能生产和人类脑力体力生产的辩证关系，人工智能必将大大促进类人脑和人脑的共同进化，实现智能文化艺术传播与智能技术伦理传播的共生共荣双赢效果。[①]

二 智能文化艺术传播所肩负的人类文明进化使命

如果我们是人工智能的初学者，就有必要借助科幻小说和科幻电影来帮助我们熟悉并真正理解人工智能技术的复杂性和传奇性，因为用精准术语解释机器学习算法会使大多数人望而却步。的确，科幻小说和科幻电影有助于让我们想象到未来科学世界中心爱的某个人、某件物或某项事，或者一个引人入胜的科幻故事或虚幻场景，有利于让我们批判性地思考人工智能的运作方式及影响魅力。人工智能专家和机器学习方案倡导者 Rajat Mishra 在智能技术培育方面就是这样做的。他经常使用好莱坞电影解释诸如预测分析算法或人与机器的协同问题

---

① 参见希望在每天《什么叫类脑科技？这三点大多数人都不知道！》，《天天快报》2018年9月11日。

与协作路径，还形象地将自己所使用的好莱坞电影称为脑海，通过镜头拍摄的方式向普通受众解释人工智能的工作机理和复杂机制。他还谈到一些特色电影，如《终结者》系列，通过类比或比较分析丰富了人们的人工智能技术知识。[1]

许多电影、电视和书籍等传统文化艺术传播都把人工智能技术作为竞争对手或破坏力量，为了故事叙述效果或情节叙事渲染，传统文艺作品需要艺术加工和表达升华，这样做虽有其自然逻辑和可理解因素，但会使普通受众对智能技术留下不好的印象。从另一个侧面来说，人工智能仍然是一个很大程度上尚未开发的前沿技术和人们普遍陌生的话题。然而，将人工智能呈现为恶意化身，或者作为一种危险的破坏工具，往往会引导人们远离这种技术或抵制这种技术，内心产生消极情绪。从像《西部世界》这样的小规模人工智能故障，到像《黑客帝国》那样的大规模破坏，普通受众都会想到，任何人工智能系统一旦被恶意引入，都可能产生智能技术的失控和失序，并对人类犯下种种暴行。上述固有的刻板印象，使大多数受众不太可能支持像自动驾驶汽车和无人机这样的人工智能设备，即使它们每年可以挽救因交通事故所导致的数万条生命。

我们在小说作品和科幻电影中谈论和呈现人工智能的方式，对人工智能开发来说是好事还是坏事呢？当下，我们正在向更广泛的受众传播一种技术影响力和科普共识等理念并以文学独有的风格吸引读者注意力，但艺术渲染下的人工智能也让受众充满了误解，这些误解可能会大幅减少公众对人工智能技术及系统的支持和增加法律层面对开发者的监管障碍，正如 Rajat Mishra 所言，"我喜欢电影，好莱坞的比喻可以成为提高理解力的有力工具，但现实世界永远不会像黑白一样"。[2]

智能文化艺术传播可以克服以上不利的文化误导现象。从智能文化艺术传播的积极方面来看，一些智能文化艺术传播的生动案例常常

---

[1] 参见刘晓莉《新媒体的人工智能作品对人类文化的影响》，硕士学位论文，大连工业大学，2015年，第67页。
[2] 《工业元宇宙影响制造商的五种方式》，https://www.51cto.com/article/741041.html，2022年11月30日。

能够激励受众更好地批判性思考人工智能在社会文化艺术领域所扮演的积极角色。例如，Elon Musk 组织的 Open 人工智能正在努力以负责任的方式开发人工智能系统，以减轻或避免因智能文化艺术传播可能引发的任何社会道德风险。智能文化艺术传播是一把双刃剑，利弊兼具，正如米什拉所说的，"有些人认为机器生产将取代人类体力劳动，而另一些人则认为机器生产只会补充人类体能的一部分"。[①] 笔者认为智能文化艺术传播就是趋利除弊、扬长避短、阐扬主旋律、抒发正能量。智能文化艺术传播者在传播智能技术文化的同时，需积极汲取传统文化艺术和当代文化艺术的优秀基因和先进元素。对于新兴传播行业而言，智能文化艺术传播应与人类体力劳动、脑力劳动之间不是二元必选一的"零和博弈"，而是一个有意识、有联系、有互动、有温度的互动对话关系，即我们想要在人机连续体上争取未来人类应有的重要地位和必要角色，做到人机你中有我、我中有你、互利互惠、互融共生的关系。

在大多数情况下，人工智能的描述会导致许多技术因素错误，从而导致公众对智能技术产生误解，甚至引起文化艺术冲突。特别是，大多数科幻小说都试图尽可能将人工智能人性化和人文化，让人工智能具有人类意识和自我意识，有时甚至产生情绪感受。智能流行文化艺术传播将保持在一个灰色地带的某个方面，其积极的一面是，无论如何人们会继续写或读关于人工智能的故事，并且有太多的科幻故事美化了我们的生活和社会，同时又有不少的科幻故事妖魔化人工智能这一强大技术。因此，我们只能希望最感兴趣的人们在根据最新的夏季大片或精品小说形成对智能机器人的"模糊"印象，进而对人工智能的现实研究和开发应用产生更进一步的兴趣和爱好。实际上，人工智能是否会获得自我意识并恶意追捕人类、伤害人类，甚至毁灭人类，目前尚无定论。相反，人类最大的风险来自尽可能有效完成任务的机械性冷酷和过度性偏激，机器人有计划地做出智慧性决定，意味着它

---

① 《如何看待"机器取代人类"会在现行生产体系下会终结体力劳动或者毁灭工人阶级的观点》，https://www.bilibili.com/read/cv6624475/，2020 年 7 月 3 月。

们只"想"做我们编程要求的事情,所以其最糟糕的行为只会是为了实现这个目标而过于努力、过于认真、过于专注的"不愉快"副作用。一些科幻电影和文学作品出现的令人惊讶、让人意外的人工智能描述内容,像"重磅炸弹效应"往往使科幻爱好者产生情感共鸣或心理震撼,这些描述在现实生活中出现很少而且离我们很遥远。

智能文化艺术传播在人类文化艺术进化中扮演着越来越重要的角色,不断地把视频推送、图片摄影和艺术创作变得更加数字化、网络化和智能化。例如,图享 Instagram(移动智能端应用"照片墙")文化就是智能文化艺术传播肩负人类文化艺术延续和担当历史使命的经典实例。图享 Instagram 以移动智能端应用"照片墙"为原点,基于用户过去浏览、点赞、评论或转发的图片、图像或视频数据材料向目标客户推荐特定视觉信息。同样,Artsy.net(艺术作品发现平台)会智能化推荐与用户近期在该网站上浏览过的艺术摄影相似的图片作品,算法推送的作品都是根据顶流艺术标准进行智能化修改、加工和处理的定制作品,如有些算法应用可以对自拍进行"美颜",有些算法应用可以对用户原始图片进行智能化剪辑和选取,创造出符合用户预期的定制式样。又如,EyeEm 公司的一款 The Roll 智能算法应用可以自动评判用户拍摄的照片的美学质量,The Roll 通过 20 张优质图片的深度学习可"获取"知名摄影家的拍摄风格,并能从 EyeEm 图片大数据中选择最佳图片,当把照片上传至 EyeEm 平台进行市场出售时,The Roll 智能算法应用会自动分配关键词,与推荐图片相匹配。除此之外,智能文化艺术传播还涵盖以 Spotify、iTunes 和其他音乐服务软件为代表的音乐推荐、智能游戏角色生成和时尚风格美术创作等方面。

我们应积极应用 5G 时代人工智能技术,充分发挥智能文化艺术传播的独特魅力,不遗余力创新智能文化艺术传播的策略与路径,积极创作各种智能文化艺术传播精品,创新智能文化艺术传播形式,铸造中国特色智能文化艺术人物、事件和场景,为营造神清气爽、朗朗正义的网络空间命运共同体,抒发中国主张、发出中国声音、做出中国贡献。一方面,在移动互联网时代,智能文化艺术传播在新兴传播领域传承优秀传统文化艺术、创造与再造当代先进文化艺术、推广新

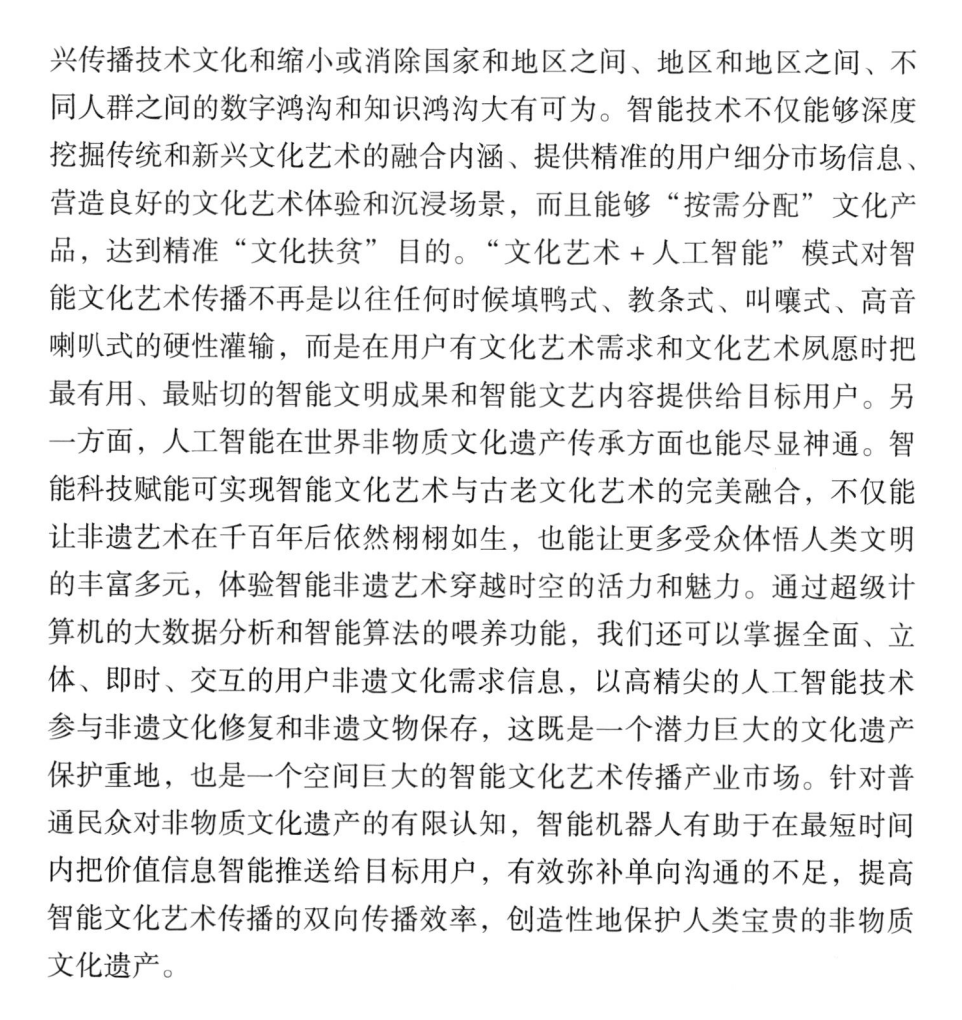

兴传播技术文化和缩小或消除国家和地区之间、地区和地区之间、不同人群之间的数字鸿沟和知识鸿沟大有可为。智能技术不仅能够深度挖掘传统和新兴文化艺术的融合内涵、提供精准的用户细分市场信息、营造良好的文化艺术体验和沉浸场景，而且能够"按需分配"文化产品，达到精准"文化扶贫"目的。"文化艺术+人工智能"模式对智能文化艺术传播不再是以往任何时候填鸭式、教条式、叫嚷式、高音喇叭式的硬性灌输，而是在用户有文化艺术需求和文化艺术夙愿时把最有用、最贴切的智能文明成果和智能文艺内容提供给目标用户。另一方面，人工智能在世界非物质文化遗产传承方面也能尽显神通。智能科技赋能可实现智能文化艺术与古老文化艺术的完美融合，不仅能让非遗艺术在千百年后依然栩栩如生，也能让更多受众体悟人类文明的丰富多元，体验智能非遗艺术穿越时空的活力和魅力。通过超级计算机的大数据分析和智能算法的喂养功能，我们还可以掌握全面、立体、即时、交互的用户非遗文化需求信息，以高精尖的人工智能技术参与非遗文化修复和非遗文物保存，这既是一个潜力巨大的文化遗产保护重地，也是一个空间巨大的智能文化艺术传播产业市场。针对普通民众对非物质文化遗产的有限认知，智能机器人有助于在最短时间内把价值信息智能推送给目标用户，有效弥补单向沟通的不足，提高智能文化艺术传播的双向传播效率，创造性地保护人类宝贵的非物质文化遗产。

第六节　智能文化艺术传播影响

人工智能是研究、开发、应用于模拟、延伸和扩展人智能功能的理论、方法、技术及应用系统的一门全新的技术科学。人工智能是计算机科学的一个分支，旨在揭示智能技术的内在实质，并生产出一种与人类智能相似的能做出反应、实施行动的智能机器或智能系统。人工智能研究包括机器人、语言识别、图像识别、自然语言处理、专家系统和元宇宙世界等，这些内容成果的实现，要求建立智能机器与智能文化艺术的内在勾连机制，发挥智能文化艺术传播的广域引领和深远影响。人工智能是对人类智慧功能的延伸和补增，是模拟人类智慧甚至可能最终超越人类智慧的类人脑技术，伴生出超越常规思维、颠覆常规想象的智能文化艺术气象，从人文领域、商业领域和社会发展领域等多方面产生出难以估量的智能文化艺术传播效果。比如，《生化危机》中的红后、《终结者》中的T-800以及《超能陆战队》里的大白，这些电影银幕上的人工智能机器人，给亿万观众留下了深刻的印象，也让人工智能技术进入普通民众的视野，成为智能文化艺术传播的生动例证。

智能文化艺术不仅是一种从主题、形式到技术都令人惊叹的前卫性类型，而且日益扩大文化艺术传播内涵与外延，产生巨大的社会效益和经济效益。从文化艺术内部的审美完善到文化艺术外部的社会化与政治化触发，智能文化艺术传播导致文化艺术经济价值、文化艺术家身份认证、文化艺术评价体系和文化艺术社会引导力、影响力的重新界定和重新建构。人工智能技术极大地提升了文化艺术的想象力与创造力，丰富了文化艺术的表达形式与创作工具，如由谷歌开发的AutoDraw智能绘画系统可以利用智能算法对文化艺术家的草图进行自动加工与智能制作，作曲家、诗人和画家依靠这种技术完成各种艺术智能化处理工作，使义化艺术作品得以扩展与完善，极大地提高文化艺术创作效率。近年来，世界各国文化艺术家和人工智能技术人员相互配合，按照智能传播规律和艺术欣赏者的个人偏好和审美情趣，从智能文化艺术传播的构思、创意、形式和内容上进行技术创造和艺术升华，充分发挥"智慧算法"技术应用的潜质和功能，使更多文化艺术作品、文化艺术人物和文化艺术场景走进千家万户。智能文化艺术传播可以达到以下三种传播效果：实现创作最优化、全程化和全效化效果，极大拓展文化艺术传播的属地空域和跨界范围，平添无限的文化艺术创造力和想象力。智能文化艺术传播最令人遐想的是未来的"赛博格"（Cyborg）文化艺术家，随着智能文化艺术传播最终走向人机交融、机脑协同的智能融媒时代，异源嵌合体、生化电子人、人机合体生物等人机聚合体将把普通用户演变成"超级文化艺术家"或"全能文化艺术家"。

一 人文影响：改善人类语言、丰富文化艺术生活

就传统观念而言，文化艺术是一种社会现象，由人类长期创造而成，同时又是一种历史现象，是人类历史的积淀物。确切地说，文化艺术是凝结在物质之中又游离于物质之外的，能够被传承的国家、民族、社群或人际的历史、地理、风土人情、传统习俗、生活方式、文学艺术、行为规范、思维方式、价值观念等，它是人们相互之间进行交流的普遍认可的一种能够传承的意识形态，是对客观世界感性经验和理性知识的凝练和升华。特别是，中国文化艺术烙印着民族与时代的特色，既有传承又有发展，中国文化艺术的主要内容是新时代的儒学思想。因此，我国智能文化艺术发展离不开中华优秀传统文化艺术的积淀和中国当代先进文化艺术的促进，需基于国家和民族的文化艺术经验才能得以更深入的发展和更高效的阐扬。

智能文化艺术传播既包括世界观、人生观、价值观等具有意识形态特质的部分，又包括自然科学和技术、语言和文字等非意识形态的部分，是人类进入智能化社会特有的精神现象和精神成果，是由智能传播者所创造、为智能传播者所特有的文化艺术引导手段，是智能传播智慧群族的社会文化艺术现象，是人类群族内在精神的既有、传承、创造、发展与展望的总和。智能文化艺术传播属于新时代文化艺术的重要组成部分，除了具有普通文化艺术功能以外，它还具备人工智能技术类人脑神经功能所赋予的独特功能。

第一，改善人类语言。根据语言学的观点，语言是思维的表现和工具，思维规律可用语言学方法加以研究，但人的下意识和潜意识往往"只能意会，不可言传"。由于采用人工智能技术，综合应用语法功能、语义解构和形式知识表达法，我们有可能在改善自然语言表示的同时，把知识阐述为适用的人工智能展示形式。[1] 随着智能文化艺术日益广泛传播，人们可能应用人工智能概念、理论和技术来描述日

---

[1] 《人工智能已经掌握人类语言了吗？外表有时会骗人》，见 http://shuzix.com/12811.html，2018年10月25日。

常生活中的各种现象或消解各种社会问题。人工智能可以扩容人们交流知识和传播文化艺术的概念集合、理论集合和应用工具集合，为我们提供一定状况下可供选择、可供应用的概念、方案和系统，更生动地描述我们所见所闻的事件、人物、事物、场景，以及更有效地阐释我们内心所隐含的理念、观点和意识形态。

第二，丰富文化艺术生活。人工智能是人赋予机器的一种智慧与能力。随着现代科技的发展，特别是伴随5G智能技术的全面商用，人工智能已经渗透到人类工作、生活和学习的方方面面，像谷歌、脸书、微博、百度等网络公司早已将人工智能服务应用于用户的日常生活和日常阅读实践中。普通用户的智能手机已经有接受语音命令的助手，如苹果的Siri或者微软的Cortana等。人工智能技术的先进性、优越性、精准性、即时性及便捷性等功能应用日益广泛。社会化、专业化智能机器人为人类文化艺术生活提供了更多新机遇，如专业智能机器人的图像处理技术在图形艺术、广告和社会教育等领域广泛应用，社交机器人可提供日常聊天、趣味化娱乐和智能化游戏等丰富多彩的智能文化艺术服务，等等。

2016年7月8日，智能机器人AlphaGo以3612分超越柯洁成为世界职业围棋排名榜单的第一名。之前，它已经战胜了许多人类围棋高手，胜率达到90%以上。AlphaGo辉煌的战绩让人工智能技术又一次成为科技界乃至整个国际社会谈论的焦点。智能机器人向人类智慧的逼近引起许多科学家和论理学家的担忧，霍金就曾做出大胆预测："人工智能技术的发展或将毁灭人类，让人类文明走向终结。"

人工智能难道真如霍金所预测的那样将最终战胜人类智慧吗？实则不然。人工智能技术可以成为人类的智慧助手，促进社会生活多样化、层次化和生动化。例如，百度依托百度大脑、百度飞桨、智能云、芯片和大数据中心等人工智能技术及智能系统服务于230万开发者和9万家企业，从而产生31万个基于飞桨的开源深度学习平台模型，形成百度人工智能中央厨房模式。①"文化艺术+人工智能"模式的理念

---

① 参见《李彦宏首提人工智能的"乐高模式"，人工智能企业迎来黄金时代》，https://news.p2peye.com/article-566423-1.html，2020年10月15日。

就是让人工智能技术造福人类，成为文化艺术产业转型升级的主要动力。文化艺术智能化转型为文化艺术事业发展提供了重要契机，成为激发当代消费文化和分众娱乐文化表现活力的一大法宝。在5G智能科技引领生活文化艺术的新时代，人工智能将会在可控范围内让我们的社会生活变得更加美好、更加绚烂。人工智能技术不仅不会破坏现有文化艺术，反而会使文化艺术焕发生机，改变文化艺术价值观的传播方式、改进主流文化艺术的传播效果，形成"文化艺术+人工智能"耦合发展新格局。

总之，"文化艺术+人工智能"模式是人工智能技术向文化艺术领域广泛渗透和深入应用的表现形式，也是文化艺术提升自身科技附加值，转变发展思路的重要环节。发展人工智能技术的目标，不是创造能与人类分庭抗礼的新智慧，而是最大限度地改善人类的日常生活，让生活变得更加便捷、更加有序、更加健康，用高度人性化的科技创新成果解决线上线下实际问题。因此，文化艺术与人工智能技术的结合，既延伸了文化艺术产业的价值链，同时也为文化艺术事业的可持续推进提供了新的机会和新的突破口。

二 商业影响：刺激消费者欲望，创造更多的文化艺术消费需求

人工智能作为新生事物，激发了消费者的好奇心，消费者试图尝试一种新的消费形式和消费体验，市场消费需求将会大大增加，有利于形成文化艺术产业销售收入和社会效益的双赢局面。智能手机凭借其独特的非通信应用功能，一面世就吸引消费者的目光。围绕智能手机的信息搭载平台，大量的非通信功能刺激了用户文化艺术消费的新需求。智能机器人的出现，为博物馆、美术馆、图书馆、展览馆等公益和商业场馆的讲解、宣传、服务方式甚至产业品牌的形象塑造打开新的窗口，为公共文化艺术活动和商品智能交易带来更多活力和动力，强化了用户的消费欲望。目前，人工智能刚刚走入人们工作生活学习的视野，这种新鲜感和新奇感还在不断增长。世界超级大国争相布局人工智能开发应用，跨国公司加大了人工智能领域的资金投入，智能文化艺术产业的创新速度惊人、技术迭代日新月异。在这样多重利好

的智能技术加持背景下，智能文化艺术传播有充足的发展空间和巨大的市场拓展潜质。

人工智能介入游戏开发应用进入娱乐产业，打败多位围棋顶尖高手进入博弈产业，合成张国荣和邓丽君的声音进入音乐产业，写出小说和诗歌进入文学创作产业，甚至在2017年还以第一名的速度撰写九寨沟地震的新闻报道进入新闻传播产业，特别是，在艺术作品创作领域，人工智能正在大显身手。2017年，国务院发布的《新一代人工智能发展规划》，提出大力培育基于大数据、云计算、物联网、人工智能等新技术的新型文化业态，形成文化产业新的增长点。智能文化产业正成为工业制造业之后人工智能最重要的应用领域，成为业界瞩目的重要投资对象。[①]

由于人类文化与人工智能技术之间具有非常高的产业关联度，智能文化产业很可能成为服务产业中使用人工智能技术含量更高的明天企业，这无疑有助于智能文化产业的大发展。与发达国家相比，我国文化艺术产业产出和文化艺术产品消费所占比例还较低，未来文化艺术产业有望借助人工智能技术加快产业升级换代，突破结构和机制瓶颈，在发展规模和产品质量上实现弯道超车、后来居上的预期目标。

一是对文化艺术产业和文化艺术场馆的正向影响。人工智能对文化艺术产业的正向影响，体现在减轻产业负担和服务成本，改善企业财务状况。人工智能在企业内如果得到大规模的应用，可使企业产品和服务成本下降。人工智能的优势是无须轮班、周末休假、休年假、休病假（保养、维修除外）和法定节假日，理论上智能机器人可以一天24小时不休息，一年365天连续工作，不需要支付工资、社保、医保以及个人所得税等税费。尽管添置人工智能设备需要一笔固定费用并导致折旧增加，但购买开支的财务费用因国家政策扶持可以税前抵扣，可以进行增值税抵扣，计提折旧也可以冲减税前所得。

人工智能在文化艺术场馆管理、运营等方面的操作，也将节省大

---

① 参见邓嘉纬《人工智能如何影响文化产业？》，见http：//www.cssn.cn/zk/zk_rdgz/201806/t20180607_4351359.shtml，2018年6月7日。

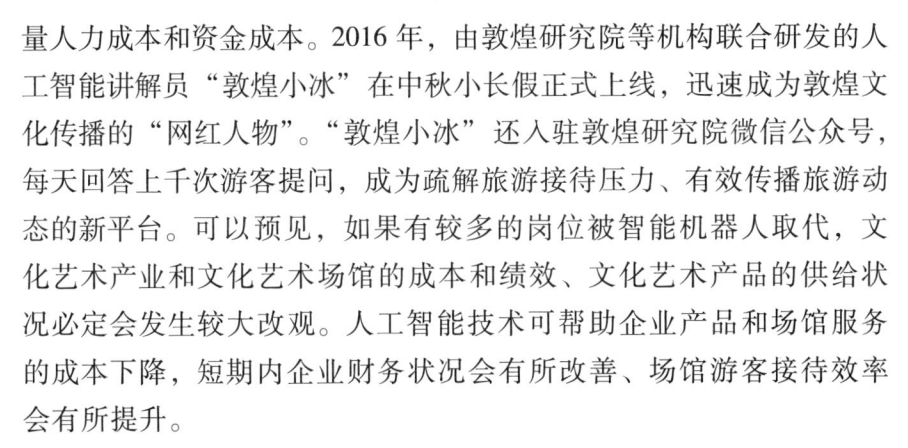

量人力成本和资金成本。2016年,由敦煌研究院等机构联合研发的人工智能讲解员"敦煌小冰"在中秋小长假正式上线,迅速成为敦煌文化传播的"网红人物"。"敦煌小冰"还入驻敦煌研究院微信公众号,每天回答上千次游客提问,成为疏解旅游接待压力、有效传播旅游动态的新平台。可以预见,如果有较多的岗位被智能机器人取代,文化艺术产业和文化艺术场馆的成本和绩效、文化艺术产品的供给状况必定会发生较大改观。人工智能技术可帮助企业产品和场馆服务的成本下降,短期内企业财务状况会有所改善、场馆游客接待效率会有所提升。

二是对文化产业的负向影响。人工智能的出现和发展,也给社会带来了许多困惑和负面影响,给文化艺术产业上岗就业和行业经营管理等带来冲击。人工智能将如何影响文化艺术产业的格局?文化艺术产业投资者和从业者需要关注哪些问题?文化产业如何高效引入人工智能技术,政府需要怎样积极引导等问题值得深思和破解。

一般来说,产品供给速度的大幅度提高,使得产业资本风险剧增。同样,应用智能技术的文化艺术产业,固然有助于吸引消费者并降低成本,但效率的提高也将引发产能过剩这一潜在风险。人工智能广泛代替文化产业员工后,将引起文化产业的产出速度大幅度提高,因而文化产业的资本风险会剧增。以往我国一个行业从产生到发展成熟约需要十年到数十年的时间,而在社会资本的顶托之下智能行业速生速长已成为不可避免的现实,智能文化行业从产生、发展到产品过剩可能需要几年时间。那些被人工智能快速、深度"入侵"的文化产业,产能过剩可能导致大量员工下岗的风险是我们必须面对的重大问题。

此外,文化产业中某些被人工智能系统所代替的特定岗位,将引起劳动力需求结构的重大变化。人工智能正在逐渐取代人类既有固定的工作岗位,尤其是那些程式化、高强度、重复性的岗位。比如,传媒行业的校对与录入两个岗位,已经连续出现大幅同比负增长。有的行业预测公司认为,在3年内智能传播行业因人工智能造成的失业将多于其创造的工作机会,并发出专业人员下岗失业的预警。博物馆和文化景点的解说和互动、传媒行业的新闻稿撰写和播出、出版业的文学作品写作与发行、影视行业的剧本写作与脚本排演、游戏行业的程序编写等，都会迎来智能机器人上岗就业的替代性竞争。随着人工智能的日渐成熟，智能文化产业的产品与服务将更加方便、更加广泛、更加低成本，某些特定岗位的机器人上岗率可能加速上升，虽然机器人不会夺走从业者的创意性岗位，但辅助性岗位和规律性岗位的人工需求将会大大减少。

新兴技术的发明和应用，总会对现有产业既带来促进作用，又带来或多或少的冲击效应。人工智能技术将深度影响文化产业的发展，甚至改变文化产业的发展轨迹。人工智能为文化产业的发展提供了极佳的舞台，打开了新的发展空间。国内文化艺术企业要抓住这个机遇，率先突破，占据未来世界市场的主导地位。目前，人工智能在文化艺术产业中的应用还是"小试牛刀"，很多应用还不尽如人意，未来很可能有较为广阔的应用前景，文化企业必须密切关注人工智能技术的应用动态，对于可行性、实用性新技术需经充分论证后大胆采用、实现技术创新新突破。

三　文化发展影响：朝着无限虚拟空间和倍增超强现实场景方向转变

虚拟世界是人类知识外化、知识延展和知识"扩军"的文化结果，也是人的认知能力、理解能力和想象能力的扩展与延伸。在人工智能技术牵引下，人类在凝练自身意识活动本质的基础上，通过高精尖技术逐步拓展了意识视域，放大和重新筑建了意识结构，在各个领域的智能技术应用和智能技术发展上得以实现和升华。智能文化艺术传播将成为一个由虚拟主体、虚拟介质和虚拟客体构成且处于开放环境中的动态系统。基于计算机、移动通信端和5G网络等硬件和人工智能、云计算、大数据等软件的智能生态系统，改变了人类知识贮存、生产、传播和创造的内容和方式。通过人工智能实现的语言、图片、影像和声光融合的智能媒体，促成文字、图片、图像向智能化音视频形态的转移，从而使知识载体具备了虚拟、动态和交互等特性。智能文化艺术传播对人类文化艺术发展的促进作用，主要体现在使文化艺术朝着无限虚拟空间和倍增超强现实方向发展和转变，其结果是文化艺术发展超出人类想象的预期范围和既定方向，具备与现实文化艺术截然不同的虚拟交互、即时互动特质。智能文化艺术传播的主体，可能是一种虚拟的自主软智能体（software agent），帮助用户以主动、灵活、对称的方式完成一定的认知操作、情感交流、语言对话或者对智能场景的行为操作等即时体验、互动沉浸活动。在智能文化艺术传播语境下，虚拟客体不仅可以与人的精神状态相交互化，其主体也能与各种媒介要素、客体要素、环境要素直接发生关系，通过传感器直接获取社会文化艺术信息，以效应器直接作用于社会生活的方方面面。

人类文化艺术包括哲学及其他具体科学、宗教、艺术、伦理道德、价值观和意识形态等类型，人类文化艺术的进步离不开智能文化艺术传播的推动与促进，智能文化艺术传播有利于发展并完善精神文化、语言符号、规范体系和文化艺术产品。精神文化是文化艺术中最有活力的部分，是人类创造活动的动力。语言符号在人类的交往活动中起着沟通作用，是文化艺术积淀和贮存的有效手段，人类只有借助语言符号才能创造、反映和传播文化艺术。规范体系涉及规范人们行为的准则，有风俗、法律、规章和制度之分。文化艺术产品包含人工改造的自然环境和人类创造的精神产品，智能技术赋能的虚拟再造场景也属于精神产品范畴，智能场景文化传播有助于人类文化创新发展。简言之，智能文化艺术传播在文化艺术进化过程中的作用，可以从任务执行、思维影响、认知需求、教育发展和人文关怀五个方面得到充分展现。

第一，人工智能技术正在扩展计算机可执行的任务范围。通过创建模型或符号演算系统，基于智能算法的计算机系统正在朝着可能解决"所有问题"的方向发展。例如，通过 LOGIC THEORIST 专家系统，计算机发现了哲学家怀特黑德（Whitehead）和罗素（Russell）所"忽略"的马氏定律；通过 BACON 专家系统，计算机"发现"了欧姆定律、牛顿万有引力定律和开普勒定律等多个既有科学规律。人工智能在未来科学文化艺术传播方面会做出更多原创性发现及创造性贡献。

第二，智能计算系统会改变人的思维方式，使人的思维产生偏差。这种偏向效应就像写作使人的思维产生偏差一样。查尔斯·奥尔森

（Charles Olson）认为写作模型演进影响了人们的思维，因为写作偏离传统的智能形态并改变了人类的知识结构。相对于写作科学模型，智能计算的逻辑推理系统属于一种复杂的科学模型。它以一种抽象的层次看待世界，每个概念化、分析或分类的行为都会对相关主题造成一定程度的"破坏"或"解构"以获得将事物（符号）组合在一起的基本规律。智能化计算机网络系统正在以各种模型形态不断偏离人视角下的"粗放"主题以促进精密、层次算法化知识的几何级增长。这些海量模型不仅塑造了智能网络存储的信息，而且塑造了人们思考和处理问题的新方式。

第三，智能技术系统呈现的知识或信息是为了满足人类的认知需求。人们沉浸于技术操作、模拟仿真、娱乐博弈、短视频阅读等具有以假乱真还原功效的"真实场景"之中，实现客体和主体的思想互动，满足新时代人们身心上的新需求。通过智能场景再现和智能编辑功能，人工智能赋予用户思考问题的新方法和新方式。例如，在"LOGO 智能教学环境"中，儿童通过辅助性算法程序来学习和发现新概念、新知识，通过智能软件学会使用比书本描述更具体、更生动、更形象的学习方法来掌握抽象知识和抽象概念，该例证印证了智能技术系统促进了儿童参与式学习的积极性，推动了儿童以具体化形式有效处理过程和事实的关系问题。

第四，基于人工智能技术的智能传播促进人才培育事业蓬勃发展。智能传播的全球化、产业化和市场化为人才素养全面培养开辟新机遇，提出新挑战。在传统人才培育范式下，受教育者主要通过固定场所（校舍）、设施（教学设备）、专业人员（教师与管理者等）以及教育规章制度进行各种学习活动，以具备基本的"听、说、读、写"能力和选择鉴别能力。随着智能传播跨国界、跨地域、跨民族、跨文化、跨艺术的"普适性教育"延伸与扩展，受教育者不再局限于教育现实空间，而是更加广泛接触虚拟网络教育空间，接触智能传播所带来的各种生动、活泼、高效和互动性教育资源，青少年的学习生活与智能文化艺术传播的普及日益密切，这就大大推动当代人才培育事业的长足发展。

第五，智能传播在文化进化中还发挥着人性化的影响力。智能文化艺术传播可以使人们摆脱苦役，为人类提供人文化服务。维纳在《控制论》书中指出：一定的输入和反馈都可以使机器拥有智能。在智能传播新时代，人们都能有效支配休闲时间，人机交互成为一种活着的艺术，智能机器人成为人文交流的头等功臣。技术专家对"人工"和"生命"两类看似对立的智慧资源进行智能化"优化组合"，可以培育出具有再生和进化功能的智能机器人。这种有认知能动性的主体，可从三个方面实现人机交互和人机互动功效。一是形态可根据运动规律自动产生灵活性变化，展现其鲜活生动的生命优势。二是随外在环境的动静变化，"随机性"改变外观形态，展现其灵变巧妙的人工优势。三是基于自身需求并结合用户要求作出"应变式"响应，展现用户中心的市场服务优势。总之，我们应发挥智能文化艺术传播的人性化影响力，建立健全人机交互、机脑融合体制机制，完善人机对话系统，实现智能文化艺术产业的市场结构优化和社会文化艺术泛化的双赢局面。

当前，人工智能在我国和全球都属于"高热"领域，我国过往的产业发展中有无数的"一哄而上，一哄而散"的刻骨教训，文化产业的投资人特别需要警惕可能出现的智能产能过剩问题，尽可能避开炙手可热的单一智能产品供给，运用新技术去挖掘更多新领域和新机会。管理职能部门需要加强产业发展预测和风险评估预判，及时搜集和发布智能领域产能信息，尽量减少信息不全面、不对称给智能文化产业带来的各种困惑，帮助风投者做出科学明智的投资决策。在教育与培训领域，政府部门要与教育机构、文化产业及时沟通和有效协调，根据市场变化和产业人才需求及时修订专才或通才供给目录，调整人才供给结构，避免出现大面积的劳动力供给结构性过剩或者人才阶段性短缺等负面现象。作为未来的文化产业从业者，既需要关注那些只有人类独具潜质的特色岗位，又要警惕那些可能被人工智能取代的风险岗位，必要时需要及时补充知识，加强技能培训，做到防患于未然。

文化艺术是人类穿越时光的宝贵产物，是人类特有的思想表达方式，或浪漫或豪迈，或忧愁或愉悦，或痛苦或欢快，或愤怒或开怀。

每一件艺术作品,都代表创作者独一无二的艺术生产经历与艺术生成心境,都具有时代感和时尚感的文化价值。透过艺术作品,我们就像在与艺术家对话。例如。在多伦多举办的设计与创新博览会上,建筑师基于智能技术创作一个庞大而复杂的玻璃制品,形状像神经细胞,悬浮在空中,不时响应参与者的动作。由于该艺术品通过改变其光线模式和环绕声输出来响应不同受众的动作,因此观众对这件玻璃艺术制品很感兴趣。

人工智能技术在文化艺术传播过程中究竟发挥何种作用呢?在文化艺术作品创作方面,智能绘画系统,特别是机器学习技术,已影响到整个美术体系的建构效果问题。机器学习技术是指通过学习各种数据和识别模式来获得价值数据并创建自己的算法体系。许多艺术家通过机器学习技术不断改进自己的艺术产品,基于智能艺术成果进一步制作自身的艺术产品,如诗歌、小说、编剧、音乐、音视频节目、歌曲和艺术品等。[1] 智能文化艺术传播价值,主要体现在降低成本、实现融合、以假乱真、与时俱进和分众娱乐五个方面。

首先,智能文化艺术传播大幅降低艺术创作成本,拉近普通人与艺术品的距离。人工智能在文化艺术行业被怀疑是不安全的技术是可以理解的。然而,人工智能具有加深文化艺术内涵,提高生产效率,加快创作速度,降低创作成本等优势。例如,谷歌开发了一款 AutoDraw 智能算法,AutoDraw 可根据艺术家制作的草图或所做的轮廓猜测,借助机器自主学习技术,制作出理想的艺术作品,取得降低艺术创作成本的预想效果。智能文化艺术传播拉近了普通人与艺术品的距离。创作一幅艺术作品需要花费大量的时间、精力和费用,这就使得很多优秀的艺术作品沦为小众爱好者收藏。普通人很难接触到高质量的艺术品,但智能绘画系统将彻底改变这一现状。作曲家,画家或诗人等艺术家可以依靠智能技术来实现艺术作品输出,然后加以扩展和升华。各种人工智能应用产生的艺术质量和艺术水准令人惊叹,智能

---

[1] 参见齐达《艺术——人工智能正在"攻占"的下一个领域》,见 https://www.sohu.com/a/2 50164637_ 99950936,2018 年 8 月 27 日。

文化艺术传播可以将速度、效率和精致的新兴技术带入文艺领域,发挥技术驱动、技术创新的溢出效应。

其次,智能文化艺术传播实现艺术与科学的高效融合。普通用户只需要将想要创作的原型输入智能系统中,系统会根据已习得的深度学习算法进行艺术创作,这种智能化创作的真实性程度远远高于利用电脑后期处理的程度,并且不需要人工进行干预。如一张水墨画作品,从照片原型到真正出片如果在 Photoshop 中进行计算机制作的话,至少需要 50 个步骤以及十多个图层,但在智能绘画系统中则很快就能完成。

再次,智能化再现艺术大师的作品,可以实现以假乱真的仿真效果,繁荣艺术市场,满足普通用户的大众艺术需求。利用智能绘画系统创作的中外艺术名家梵高、齐白石、张大千、李可染等风格的油画、山水画和水墨画,往往令观赏者真假难辨。智能绘画系统的真正意义,在于实现名家艺术作品的普及与创作的大众化参与,不管是专业艺术家还是普通民众,在人脑与人工智能系统的结合下势必产出新的艺术创作形式。从传统的人脑创作,到 1+1 大于 2 的智能化创作,智能绘画系统也许正是开启我们步入智能艺术大门的一把金钥匙。

复次,智能文化艺术传播创造与时俱进的社会文化艺术效应。倘若智能文化艺术成为整个艺术行业创作的主流,那就预示着单纯人类文艺创作的价值正在降低,艺术家观念需要变革,需要与时代潮流相一致。艺术作品之所以能够在价值上有所体现,其原因在于人类情感与精神世界是通过艺术形式实现再现的。这其实有点像互联网送祝福一样,以前我们拜年的方式是亲自登门拜年,相互当面新年祝福。随着 QQ、微信时代的来临,人们选择信息转发与群发,再到后来人们收到群发信息时会产生厌恶和排斥心理,最后可能选择视频拜年等形式。同样,艺术作品,尤其是人类自主创作的绘画作品正面临着类似挑战。试想一下,我们去欣赏一幅作品,看得出它的画工精致,但却猜不透它的真实内涵和表达意境,也许正是绘画中诡异谷理论的显现。智能文化艺术可促进我们转变观念,与科技创新同步进步、同步成长。

最后,智能文化艺术传播具有分众娱乐价值。2017 年,在伦敦的一个艺术展览中,一组塑料球体吸引了观众。塑料球体在空中移动、倾斜和上升，或者单独上升并且向与会者作出"热烈"响应，观众可以与之进行互动。对于观众的各种动作，如拍手、举起手臂或跳跃等，塑料球体可以模仿人类上述动作做出感性呼应，令观众惊讶不已。微软公司的人工智能 bot 允许用户输入有关特定图片的书面描述，bot 可以根据描述内容自动生成用户"心仪"的图像。例如，如果你需要穿过森林的图像，只需编写描述内容并让机器人获取相关信息，你就得到一份"私人定制"的"穿越森林"图像艺术品。

总之，智能文化艺术传播凭借智能技术模仿人类大脑的想象视觉或构图技能，并将它们转化为某种文化艺术形式。目前，智能文化艺术技术往往被视作是艺术家的补充材料或辅助工具，通常还不会独立创作出真正价值的文艺作品。但是，在当前的文化艺术行业中，智能文化艺术技术提高了文艺创作的效率、强化准确率和生产效率。未来的智能文化艺术技术的发展潜质是巨大的，智能文化艺术传播将会发挥更大的功效，通过智能化识别模式创作更多更优的文艺产品。

下篇

新兴传播余论

第八章　新兴传播伦理

　　人工智能技术在 5G 赋能驱动下，在社会、经济、文化、生活等各领域释放出无限能量，衍生出众多难以料想的新生事物、新生现象。这些现象和事物的出现，不断模糊物理世界、现实世界和虚拟世界的概念边界，模糊群体和个人、男人和女人、老年和青年、亲人与陌生人、城市人和乡下人、同族与异族之间的传统界限，不断刷新人们的认知观念、思维观念、价值观和人生观，改变甚至颠覆着既有的生活关系、工作关系以及上下级、尊卑、长幼等社会关系，进而引发出一系列复杂的社会问题、伦理问题、法律问题和安全问题。

　　人工智能与人脑智能既有千丝万缕的联系，又有诸多本质上的不同。建立在充分集中人类智慧基础上的人工智能系统，存在着"不可解释和不可理解"的根本性缺陷，因为它只能专注于一项业务，不会举一反三，不能一通百通，更不会理解事情的内部真相，知其然但不知其所以然。与人脑智能相比，人工智能系统容易受到技术条件、气候条件、地理环境条件等客观因素约束和限制，抵抗各式各样干扰的能力差，甚至可能犯下难以想象、难以预测的"算法大错"。智能机器人写作与传统记者、编辑的矛盾，智能主播以假乱真，智能场景虚幻绚烂，智能摄像摄影无孔不入，智能纠错"忙中出错""将错就错"，智能无人机乱飞，新兴传播管理"反客为主"，种种由此产生的新兴传播乱象随时可能发生，人工智能武装下的恐怖主义黑客攻击等问题日益尖锐。随着人工智能技术的日益发达，智能机器人正从新生儿迈向日渐成熟的"功能人"，甚至成为更加健全的"全功能人"，

"人类智能控制人工智能"还是"人工智能控制人类""人工智能哪天会不会不听人的指挥胡作非为"等问题,开始进入人工智能高层管理者和国家决策者的视野,他们开始思考相应的应对策略和国家战略。

新兴传播改变了人类既往的"两级传播""拟态环境""议程设置"等范畴界定,重塑人类劳动、机器劳动以及人类劳动、机器劳动与联合行动的工作关系,信息传播生产链条、传输链条、反馈链条等整个体系发生了巨大变化,新兴传播管理者的思维意识左右着新兴传播内容生产的风格定位,新兴传播受众的价值取向即时在反转、在倾覆、在循环往复,新兴传播者的行为思辨稀疏寻常、火花四溅。新兴传播考验着信息传播生产线、信息传播产业链、信息传播价值链的每一个新闻人,不断挑战着诸如社会、生活、隐私、责任、伦理、法律、心理等概念内涵。智能机器人稿件写作、智能化短视频主播仪态万方、智能场景假戏真做、智能机器人广告创作、智能机器人信息推送、智能机器人新闻纠错等传统信息传播时代前所未有的新兴传播现象,是人类智慧的集中表现,是人类向往未来的想象力、创造力无限延展扩张的大集荟,构筑成新兴传播社会"万花筒"。有专家预测,20年后人工智能的IQ将达到10000,是全球顶级科学家或艺术家IQ的50倍,智能机器人(工业机器人、服务机器人和智能驾驶机器人等)的数量将达到100亿台以上,超过全球人口总量。如果预想成真,人们对人工智能的担忧会在一些领域成为梦魇般的可怕现实,会在新兴传播领域引发一系列技术理论问题和技术社会问题,这些都是人类必须面对、必须应对的重大课题。

第一节 伦理缘起和伦理准则

当社会迈入智能化大数据时代后,人类在享受信息便捷所带来的巨大收益时,个人的私生活,尤其是个人信息安全受到了前所未有的威胁和挑战。一方面,智能大数据技术是在汇聚海量信息的基础上进行智能化抓取,通过云计算的数据应用模式实现对价值信息的快速获取、处理和分析。智能大数据技术独有的海量性(Volume)、时效性

(Velocity)、多变性（Variety）和精准性（Veracity）"4V"特性，决定了它能够高效地记录、处理并建立大数据样本，挖掘和拓展大数据集成的相关价值信息，实现传播的数据化与算法化功效。[①] 谷歌、百度、阿里巴巴、腾讯等各大平台拥有海量的用户资源，通过智能大数据技术记录用户的平台消费行为，建立用户大数据信息库，以此作为智能算法处理的源头。在大数据和智能算法等技术的推动作用下，新兴传播平台能够实现数据聚合与精准定位，预判用户的兴趣爱好，以便在内容制作、广告投放、议程设置等方面提高效率，节约成本，获得更好的社会传播效果和市场盈利效应。

机器新闻写作技术处于新闻传播中期阶段，即新闻生产阶段，这种新闻生产方式尚不能分析新闻事件的深层原因和广域影响，无法进行深度报道和专题评论等专门新闻制作，但机器新闻写作技术使信息传播的生产过程被简化，信息的机器代入取代传统新闻生产的人工流程，削弱了人工内容把关能力，容易带来价值取向层面的偏移，影响传播生态，破坏伦理秩序。智能化短视频创作在技术迭代促进下，呈现出纷繁复杂的创意形式，包括新闻线索的搜集、记者假设的印证、报道写作自动化、信息智能分发、受众互动等都有了人工智能技术的参与，对新闻生产、信息传播和新闻受众各个领域都产生了颠覆性影响。上述技术新形式、生产新样态，势必引发各种技术、内容和过程上的伦理问题，这就要求我们正视新兴传播伦理问题，深入研究相关因素，努力找到科学应对方案。

一 新兴传播伦理缘起

国内外学者近年来对人工智能技术伦理问题进行了有益探究。美国科罗拉多矿业大学技术哲学家卡尔·米切姆（Carl Mitcham）指出，在智能主体、深度学习、大数据和通用人工智能技术方面，技术哲学的职责就在于帮助人们揭露人工智能技术应用的黑暗面。新加坡国立

[①] 参见王学辉、赵昕《隐私权之公私法整合保护探索——以"大数据时代"个人信息隐私为分析视点》，《河北法学》2015年第5期。

大学葛树志认为，智能传播伦理属于工程伦理，过度依赖社会机器人将带来一系列的家庭伦理问题。中国人民大学刘大椿认为，对人工智能技术的人文思考应包括技术伦理的局限层面，不能陷入非黑即白窘境，应该紧跟新一代人工智能发展动态，持续跟踪和评估人工智能应用的最新进展和问题。上海社科院成素梅强调，人工智能的广泛应用对人与工具二元分法的本体论假设提出了挑战，需要制定人工智能的职业伦理准则，防止人工智能技术的滥用，提高职业人员的责任心和职业道德水准，确保算法系统的安全可靠，使伦理准则成为人工智能从业者的工作基础。腾讯研究院院长司晓指出科学家在"强"人工智能领域提出的种种担忧，就是确保人工智能是往人类发展有利的方向，而不是有害的方向去开发应用。Intel中国研究院闫守孟研究员认为应为智能机器人制定一定的安全政策，让其在执行命令之前根据具体场景预先分析该情境下的安全政策，必须保证其能理解的场景是真实的、不能被篡改或者跳过。上海交通大学江晓原教授主张应该以技术自治为主体结合政府管制对人工智能进行引导和规范。中科图灵世纪刘锋博士将生物进化方向与人工智能伦理规则制定结合起来，从制定主体、制定立场、制定依据、制定对象以及人工智能与人类关系等方面考虑人工智能伦理规则制定问题。[1]

  在人工智能业界，百度创始人提出了安全可控、平等获得、教人学习和自由可能四项人工智能伦理规则。具体来说，人工智能需要安全可控，促进人类更加平等地获得技术能力，教人学习、让人成长，为人类带来更多自由和可能。一辆无人车如果被黑客攻击，它有可能变成一个杀人武器，有朝一日就会毁灭人类毁灭世界，所以一定要让人工智能技术及产品既安全又可控。中国的BAT（百度、阿里巴巴和腾讯），美国的脸书、谷歌和微软等都拥有很强的人工智能技术能力。但人工智能技术并非上述国际独角兽所专属，世界上还有几千万家公司、组织和机构都需要人工智能技术，所以所有企业和所有个体都应

---

[1] 参见齐昆鹏《"2017'人工智能：技术、伦理与法律"研讨会在京召开》，《科学与社会》2017年第2期。

平等地获取人工智能技术，防止因技术不平等而导致人们在生活、工作上变得越来越不平等。人工智能创造出来的很多东西，不应该仅仅是去简单地模仿人，也不是根据人的喜好，而是通过人工智能个性化推荐，教人潜心学习，帮助社会个体变成更好的人。随着人工智能的渗透与参与，劳动不再是人谋生的手段，而是个体自由意志的一种需求，所以人工智能应为人类带来更多的选择自由和消费可能。[①] 简言之，技术伦理的发展目标是让世界变得更加美好，为了把人类从既有认知局限中解放出来。

人工智能技术伦理属于新兴传播伦理范畴，而且是新兴传播伦理的核心内容。新兴传播伦理还包括网络传播伦理、智能融媒传播伦理以及智能技术以外的智能传播伦理等内容。新兴传播伦理是一个开放、发展和变化的概念，因为新兴传播技术不断在演变，新兴传播媒介不断在潜进，新型传播模式不断在生成，所以新兴传播伦理准则不是一个固定不变的概念，在不同的时代、不同的场合，新兴传播伦理准则会有一定的改变与侧重。例如，2015 年，3 岁的叙利亚小难民在土耳其海滩上溺亡的照片在全世界大量刊载，而按照勿伤害、新闻至善等传播伦理原则，儿童的尸体是绝对不可以被新闻媒体公开刊载的。当时正值难民潮，全世界都在讨论如何对待难民，这一张照片让很多人增加对难民的同情，很多国家因此调整对于难民的政策。所以新兴媒体在人工智能时代追求新闻至善的同时，更要追求为维护人类尊严而应有的社会公共责任和国际道义责任，更应追求人类普遍的怜悯之心。[②]

二 基本定义与伦理准则

伦理是什么？亚里士多德把它界定为反映和调节人们之间利益关系的价值观念和行为规范的总和，包括源于文化传统的社会正当权利、责任和行为模式。在古代的中国，伦理可界定为天、地、君、亲、师

[①] 参见李彦宏《不担心人工智能会控制人类，安全是百度的"第一天条"》，见 https://www.thepaper.cn/newsDetail_forward_2154785，2018 年 5 月 26 日。

[②] 参见蓝江《人工智能的伦理挑战》，见 http://theory.people.com.cn/gb/n1/2019/0401/c40531-31005609.html，2019 年 4 月 1 日。

五天伦和君臣、父子、兄弟、夫妻、朋友五人伦。在当下，伦理涵盖内容伦理，技术伦理，媒介文化伦理和制度伦理等方面。一般来说，伦理有三个层次：第一层是基于个人心性和人格层面的美德伦理，第二层是基于社会实践和交往层面的规范伦理，第三层是基于人类终极关怀的理想或信仰伦理。三层伦理由小至大、由下至上，从个人到社会再到终极关怀最终形成一个完整的社会伦理框架。

当代伦理概念蕴含西方文化的理性、科学、公共意志等属性，而当代道德概念蕴含更多的东方文化的人文、个人修养等色彩。"西学东渐"以来，中西伦理、中西道德概念经过碰撞、竞争和融合，目前二者划界与范畴日益清晰，即伦理是伦理学中的一级概念，而道德是伦理概念下的二级概念。二者不能相互替代，它们有着各自的范畴界定和使用区域。

（一）基本定义

伦理追根溯源，可以从很多伟大的政治家、思想家和社会学家的论述中找到注脚。德国思想家康德提出的中庸、良心、功利、公平和仁爱五项伦理责任准则，对新兴传播伦理发展仍有启发意义和借鉴价值。新兴传播伦理是指基于网络技术和人工智能技术的人与人、人与智能网络系统以及智能网络与国家政府、智能网络与社会、智能网络与企业以及智能网络与媒体之间等各种关系相处的伦理规范和行为准则的总和。2019年4月8日，欧盟委员会发布《人工智能伦理准则》，旨在提升人们对人工智能产业的信任。同时，欧盟启动人工智能伦理准则的试行阶段，邀请工商企业、研究机构和政府机构对该准则进行评价与检验。根据欧盟官方解释，"可信赖的人工智能"有两个必要的组成部分：一是应尊重基本人权、规章制度、核心原则及价值观念；二是应在技术上安全可靠，避免因技术不足而造成无意的伤害。比如，当人工智能技术诊断出一个人患有某种隐私性疾病时，欧盟准则要求确保智能诊断系统不能做出基于患者种族或性别的偏见诊断，也不能无视人类医生的反对意见，患者拥有诊断结果是否公开披露的自由选择权。

信息传播的基本特性决定了信息传播具有伦理道德属性，无论是传播资讯的内容还是传播送达的过程，都深受社会伦理、道德、规范等基本准则的制约。新兴传播作为新型传播媒介，因网络技术和人工智能技术所携带的特殊因子引发很多新的社会伦理问题，是以往信息传播伦理无从涉及甚至不可思议的。如世界各国由于政治体制、民族差异、历史渊源和文化心理的不同，对待长期以来社会问题的认识和理解存在偏差，新兴传播可能使文化霸权、文化认同危机、信息传播失衡、种族主义偏见等诸多信息传播伦理失范问题更加突出，使相关道德矛盾斗争更加激烈。在高度网络化、智能化社会中，新兴媒介成为现代生产关系的连接者，智能大数据成为新的生产资料，网络技术和智能技术成为新的生产力，因此新兴传播影响不是简单的技术叠加和技术革新，而是生产力、生产关系和生产资料的社会网络化、智能化的重大调整，一场颠覆性革命正式形成，整个社会的结构都将为之一新。由此，世界将呈现出与农业社会、工业社会和信息社会前期完全不同的运行法则、动力机制和行为规范，从而给上层建筑、国家关系、全球格局和人类命运都带来极其深远的影响。同时，新兴传播赋予相关领域专家的"特殊"权力过大，有时候会威胁到自由和平等原则，极端情况下可能导致技术专家和智能机器"乌托邦"。各种用于新兴传播的服务机器人、辅助机器人、写稿机器人等社会机器人和智能应用软件应运而生，各种新兴传播伦理问题随之产生。一定程度上来说，新兴传播伦理属于工程伦理范畴，主要涉及遵循什么伦理标准或伦理准则来保证社会个体或社会组织的安全。机器人伦理因设计者应用智能技术或操作者使用智能设备而产生，涉及人体工程学、生物学和智能传播学等跨学科融合过程中的伦理规范问题。如果以智能机器人为中心来设计算法伦理准则，则不可避免使信息传播主动权落入智能机器人之手，人沦为工具的风险，带来系列性社会风险，所以正确处理人机关系、科学制定技术伦理准则是破解智能机器人伦理问题的关键所在。[1]

综上所述，新兴传播伦理指的是新兴传播内容生产链条、传输链

---

[1] 参见刘永谋《技术治理、反治理与再治理——以智能治理为例》，人工智能的社会、伦理与未来研究研讨会，北京，2019年4月。

条、反馈链条以及新兴传播产业链条的所有环节、所有元素与伦理道德相关的人物信息、事件信息、产品信息和场景信息的基本要求和基本法则。新兴传播伦理要求人工智能技术和设备的研发和相关产业的发展都要以国家保密安全、国家传播安全为基准，呼唤公平正义，讲求风清气正，坚守良心底线、道德底线，遵循信息传播基本规律和行为准则，营造科学合理的新兴传播社会环境。

（二）伦理准则

新兴传播之根本是建立网络技术、人工智能技术与各种先进技术交错融合的理想洞天，因而新兴传播技术的安全和人的安全，是新兴传播伦理需要考虑的首要问题。新兴传播伦理准则的建构并非易事，这其中存在着社会生态变异、文化困境、伦理规范执行的困境、利益相关者的价值困境以及技术伦理可行性困境等多方面问题。如果我们囿于以上困境将一事无成，至少应该在关键问题与关键环节的基本准则上开展积极研究。面对快速更迭的新兴传播社会现实和技术手段，政府及相关组织应尽早行动，建立完备的协调与监管制度体系，并在实践中不断调整与完善，以满足维护良性新兴传播生态的客观需要。首先要以明确新兴传播责任主体为前提，继而明确新兴传播主流价值取向。

1. 以"人治"为宗旨。起源于14世纪的"人本"思想历经坎坷，仍是当前社会发展的价值核心，这就意味着"人治"宗旨可以沿用到新兴传播伦理领域。处理好新兴传播技术与人的关系，是人工智能时代传播秩序重构的重要命题。人工智能技术发展的初衷是为了让人实现更好的生活，却由于主客观因素的干扰偏离了这一既定目标。树立以"人治"为核心的指导思想、让人管制技术正是帮助人工智能技术回归正轨，让技术成为推动社会进步的"风向标"。新兴传播伦理以"人治"为宗旨，可遵循马化腾提出的"四可"原则，尝试探索新兴传播时代应有的技术伦理观，重塑数字社会的技术信任。第一是可用原则。遵循以人为本的发展理念，尽可能让更多人公平享受新兴传播时代带来的数字红利，让信息资源在网络社会和智能社会中得到合理的分配与安排。尤其应当加强对信息弱势群体的保护，在技术条件、搜索过程、传播内容等方面为信息弱势群体提供妥善的传播服务，缩小强、弱群体之间的数字化鸿沟，实现技术信息的公平传播。第二是可靠原则。妥善处理网络空间、智能空间的技术安全问题。网络技术和智能技术在使用、操作的过程中理应是安全可靠的，无论是安全防御系统，抑或是检查监督系统，都应在人的可控范围内进行投放使用，在广泛推广前应严密的测试与审核，以确保信息安全与可靠。不仅要加强对人工智能研发者的管理、对智能机器人类型的审核、对购买者的监管，而且要确保数据的隐私保护，防止算法数据滥用。第三是可知原则。可知原则是对网络技术和智能技术的透明性提出全新要求。新兴传播技术透明性需要差异性公开这一科学举措，即针对不同的主体技术透明性要有不同的标准。第四是可控原则。充分发挥人的主体性和主动性，通过技术控制手段达到风险可控和利益可控目标。

2. 以"法治"为核心。"人本"核心是从内在层面规范新兴传播活动，"法治"则是从外在层面规制新兴传播活动，利用法律的强制力和权威性，设置技术发展过程中价值导向的最低限度和底线原则。法律是一种最为严格的调整、规范人们行为和技术行为的基本手段。在全面依法治国作为国家战略的大背景下，需要建立、完善强有力的法律法规，以确保网络技术和智能技术在法治框架内发挥正向促进作用。以法律作为外部力量介入新兴传播过程，既能减少新兴技术发展中的不利因素，又能引导新兴技术在良性轨道上进步。此外，还应该形成新兴技术管理的权力监督机制，确保法治建设覆盖新兴传播的各个环节，保证新兴技术发展大环境内法律权力行使的合理性和正当性，将新兴技术应用规定在法治框架之内，保证新兴技术的社会、经济效益最大化。

3. 以"德治"为准则。道德是法律的价值导引，也是法律的补充，具有法律所无法具有的独特优势。新兴技术没有伦理道德内涵，但研发应用技术的人本身却具有基础的价值判断，研发者在模型设计、系统编程的过程中，会赋予新兴技术一定的公平、正义或偏见、歧视等道德伦理内涵，这涉及人与政治、人与经济、人与文化之间关系的价值评价问题。因此，新兴传播技术具有先天的价值倾向性和难以割舍的主观因素影响，如智能算法的价值取向取决于算法结果的经济利益和目标用户认知的主要倾向，而技术价值取向的形成在很大程度上都受到研发者个人道德素养和本土文化素养的影响。① 通过加强对新兴传播技术价值的有效干预和正确引导，可以重新定义新兴传播技术道德伦理规范，不失为是一个根源性的解决途径。②

第二节　智能写作伦理传播

人工智能技术在一定程度上会改变新闻生产传播的数量、速度和效率，比如美联社的智能机器人史密斯、新华社的快笔小新和特约记者微软小冰等，在智能化短视频创作上也有新突破。随着智能机器人在新闻写稿中的应用日盛，这种不按常理出牌的新闻创作方法，使算法应用、智能化开发与人类伦理观之间发生矛盾和冲突，由此引发"智能机器人上岗导致传统媒介记者下岗""智能机器人彻底打败了新闻人""智能机器人会统治新闻传播"等一系列问题。用什么样的新兴传播伦理机制揭开相关谜团，化解人类智慧与人工智能的矛盾，需要新兴传播管理者和决策者认真思考并找到应对办法。

一　智能写作"人权"议题

目前，人工智能机器人已经撰写了大量经济新闻和体育新闻稿件，新兴传播写作引发的伦理问题也日渐显现。这些伦理问题主要是人类人权和智能机器人人权的界限问题，即智能机器人写作是否剥夺了部分新闻记者的工作机会，智能机器人写作权利是否侵犯了人类写作人权，智能机器人写作能否与人类写作同日而语、是否应该赋予同样的"类人人权"。人类对自身人权主要关心的是人权的自我保护意识，担忧一旦智能机器人在新闻写作方面具备了超越人脑智慧功能，愈发类似于人脑功能甚至超越人脑功能进行写作时，人类是否应当赋予智能

---

① 参见袁帆、严三九《信息传播领域算法伦理建构》，《湖北社会科学》2018 年第 12 期。
② 参见孙江等《智能传播秩序建构——价值取向与伦理主体》，《湖南工业大学学报》（社会科学版）2020 年第 1 期。

机器人一定的"人权",同时设置一定门槛防范和杜绝智能机器人这种超越行为,以保护人类的属地范围不遭侵犯或不被取代。事实上,人工智能写作正在逐步被人类赋予思想、学习和决策能力,在某些社会生产、日常生活和媒介传播领域智能机器人正逐渐替代人类。那么,智能机器人在生产、生活和学习中造成的过错或失误应当如何解决?针对这些人权问题,管理者和决策者如何基于伦理视角引导新兴传播服务于人类?

美国学者雷·库兹韦尔在《如何创造思维》一书中提出,到了21世纪30年代前后,人类将有能力制造出强智能机器人,能够与人类产生一定程度的情感联系和认知交互,甚至具备自我意识能力。对此,人类应加快讨论可能出现的伦理问题。一旦高智能机器人诞生,出现自我意识,人类是应当遏制其进一步成长,还是给予其"人权"?一些学者持否定态度,认为给人工智能以"人权"是对人工智能技术的放纵,将对人类的生命与安全造成严重威胁,不应该给智能机器人更多权力。另一些学者则主张,人类能够开发出符合自身道德准则的人工智能产品,因此可以给予人工智能技术部分基础性"人权"。那么,当人工智能取代人类从事某些工作时,它所犯的过错或过失应当由何人来负责呢?当人工智能取代部分新闻写稿人员的岗位,发生误写误传现象时,应当向谁追责?是写稿机器人的使用方,还是生产方,抑或是机器人本身?同样,在测试阶段便已事故频发的无人驾驶汽车或无人机的伦理责任应由谁来承担呢?这些与日常生活、正常工作相关的伦理问题,值得我们细致讨论与深入反思。

二 智能写作的技术伦理问题

机器人新闻写作技术飞跃或者智能写作技术爆发带来的传播伦理问题,并不是新问题,而是一系列原有问题的叠加。机器人新闻写作会挑战我们过往的既有经验,改变传播学、人类学和社会学原有研究框架。对智能机器人新闻写作技术的过度期待或深度忧虑,大多基于缺乏学理根据的科幻想象或人们对自身身份认同前景的恐慌。今天的知识界、艺术界和传播界,如果还是止步于无的放矢的焦灼和恐惧,则无助于我们真正认识智能机器人新闻写作与人类写作的本质关系。

认知科学家巴赫（Joscha Bach）曾说："近期的人工智能引起的危机最终可能成为现在社会中已经存在的某种危机。如果我们不能走出基于工薪的经济模式的话，人工智能的自动化会提高生产力，却不会改善我们的生存条件。"[①] 这种忧虑不无道理，不过主要是基于财富分配的急剧变化而引起的社会阶层流动而言的，实际上，并不是技术进步和人工智能直接导致的社会问题。人类的内在价值并不在于谋生存的基本劳作，无论是体力劳动还是脑力劳动，都是为了解决问题来完成给自己设定的任务，这种任务设定源于我们的自我意识和意义系统。有了这种任务设定，我们才能知道什么是该干的"活"，什么是服务于我们诉求的有效劳动。

像下棋一类的智力活动，在人类这里刚好不是用来"干活"完成功利目标的技能，而是生活内容中的一部分，具有工具价值之外的娱乐价值或博弈价值。但是，AlphaGo围棋人机大赛引起哗然的并不是这种娱乐价值或博弈价值，而是人们所认为的一种基于工具效能的自我身份认同危机。这种自我身份认同，其实是佣工思维，是一种价值上的自我贬损。

从智能机器人新闻写作的发展方向看，无论它再怎么"自动学习""自我改善"，都不会有"征服人类"的意志，也不会有"自身利益"诉求或"自身权利"意识。当前，无论从紧迫性上看，还是从终极可能性上看，"弱人工智能"问题都属于常规性问题，并且是渐进呈现的。如果说在可见的未来，技术发展领域有什么更值得担心、警醒、紧迫的事情，那么，或许基于虚拟技术的"扩展现实"的实现所带来的影响将更具颠覆性。

我们把"强人工智能"定义为出现真正自主意识并且可确定其主体资格的智能技术。这种技术具有自主意识，具有与人类对等的人格结构，也可能有人类所拥有的权利地位、道德地位和社会尊严等。美

[①] 翟振明、彭晓芸：《"强人工智能"将如何改变世界——人工智能的技术飞跃与应用伦理前瞻》，《人民论坛》2016年第7期。

国量子物理学家斯塔普（Henry Stapp）、英国物理学家彭罗斯（Roger Penrose）、美国基因工程科学家兰策（Robert Lanza）、清华大学原副校长施一公和中国科技大学副校长潘建伟等专家均提出人类意识的量子假设，即人类智能的底层机理就是量子效应。当然，基于人类理性和道德能力的限度，我们有理由相信，即便是在弱人工智能时代，对于智能机器人新闻写作的一些应用领域也应当秉持审慎理性的伦理规范态度。

三 智能写作伦理问题分析

智能写作伦理总是伴随着智能写作传播活动的变化而变化，同时随着普通受众社会生活的变化，智能写作伦理内涵也会发生相应变化。人工智能技术的最初应用是为了建立和维护良好的信息传播环境，人工智能迭代升级速度日益加快，已然走进生产、生活的各个层面，使人们感受到了其带来的便利和便捷。但在新兴媒介生产传播实践环节，智能技术的两面性催生了各种伦理问题。一旦新兴媒介技术向前发展，新兴媒体的权力就必定膨胀，加上新兴传播技术出现之初缺乏完善的法律条款管制，这样新兴传播伦理问题必然随之产生。[1]

现已存在的智能写作伦理问题，可归结为相关法律保障的不足、相关技术的不成熟、人类片面的认知和隐性偏见等因素。虽然人工智能的进步程度还不足以撼动人类的主导地位，但人工智能技术作为一种中性的社会治理手段，在一些主客观因素影响下，会导致价值取向和传播秩序的失范，引发一系列社会伦理问题。这些主客观因素包括信息殖民、文化殖民、娱乐殖民和算法殖民等。

（一）信息殖民以"价值洼地"制造"文化沙漠"

在新兴传播领域，会有越来越多的人工智能技术应用到信息生产传播过程中来，在社会资源的助推下，优质信息不断向某些经济和技术水平发达的地区汇聚，最终形成了"价值洼地"——靠近发达地区

---

[1] 参见王健《伦理性的"主体"——论伊格尔顿对拉康思想汲取与转换》，《中国图书评论》2015年第9期。

的信息生产传播度更高,远离发达地区的信息则仅能在较小范围内或有限群体间传播。技术资本、经济资本和政治资本三者之间往往是相互联系、相互依存的,但因为信息生产传播的区域不均衡或群体差异性,这就使得信息传播中心的经济发展越来越快,而文化发展往往让位于经济发展,导致价值取向偏移或有误,影响了民众在价值观建构方面的积极导向,形成了"文化沙漠",主流的、正向的价值观念受到干扰。

(二)文化殖民以"信息过载"制造"信息欺凌"

在人工智能技术的推动下,新兴传播场域扩展到了世界各个国家和地区,"知识鸿沟"在新兴传播时代扩张得愈发迅速。由于经济、文化和技术资源的倾斜,技术发达国家对相对欠发达国家存在着严重的信息输入和信息侵略,大量携带非本国主流意识形态的信息涌入发展中国家,尤其是相对欠发达国家,对当地文化产生了侵略性甚至毁灭性影响,"信息欺凌"成为新兴传播时代国家层面、意识形态层面和上层建筑层面的严重伦理问题。

(三)娱乐殖民以"娱乐至死"制造"全民狂欢"

在人工智能技术的赋能作用下,普通民众掌握了信息传播的权力,自媒体成为新兴传播的重要力量。由于普通民众缺乏专业的新兴传播理论知识和实践技能,也未受到新闻职业道德和职业操守的熏陶或培训,"娱乐至死"成为扰乱传播秩序的严重问题。在政治和经济因素的交织干扰下,为了实现裂变式快速传播,自媒体往往会将低俗化、娱乐化,甚至将不全面或误导性的信息发布到网络或智能平台上,在算法、大数据等人工智能技术的助推之下,"娱乐至死"的负面信息迅速扩散至整个传播环境,最终演变为无序化、非理性的"全民狂欢"。

(四)算法殖民以"算法推荐"制造"信息茧房"

算法推荐的特性在于根据用户喜好推送相对应的"价值信息",随着同类型信息的不断汇聚,"信息茧房"成为算法推荐下个人信息壁垒的主要表现。为了降低这一影响,有些算法推荐平台选择同时使用多种算法组合方式,或者不断开发新型算法技术,以降低单一算法推送的局限性。协同过滤算法就是克服"信息茧房"常用的分发算法

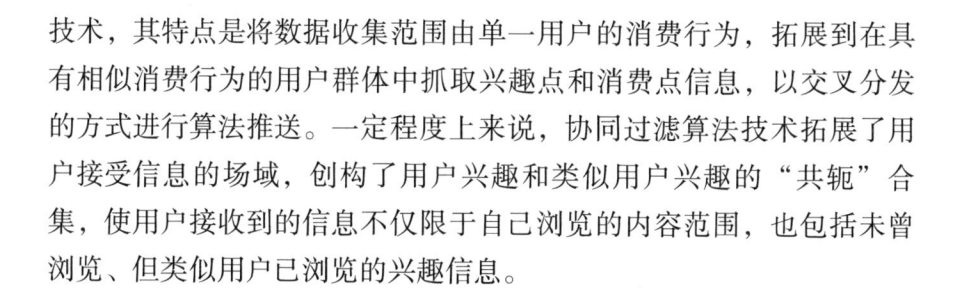

技术，其特点是将数据收集范围由单一用户的消费行为，拓展到在具有相似消费行为的用户群体中抓取兴趣点和消费点信息，以交叉分发的方式进行算法推送。一定程度上来说，协同过滤算法技术拓展了用户接受信息的场域，创构了用户兴趣和类似用户兴趣的"共轭"合集，使用户接收到的信息不仅限于自己浏览的内容范围，也包括未曾浏览、但类似用户已浏览的兴趣信息。

第三节　智能算法场景伦理传播

　　传统场景是指戏剧、电影、综艺中的展示场面或者泛指各种文化、艺术性场合，是大众传播的重要部分。智能算法场景是指新兴传播产业将智能算法技术运用于主要的生产制造场域或生活应用情景，这些场域或情景被称为智能算法场景。智能算法场景主要集中在教育、医疗、无人驾驶、电商零售、金融、个人助理、园区、家居、展厅、非遗场地等多个垂直场合。智能算法场景伦理指的是智能算法应用于上述场景时所应遵循的技术伦理规范。

　　2015年以来，人工智能技术应用一直就受到新兴传播市场的高度重视。智能机器人通过"深度学习"代替人类写作，智能语音处理技术促成网络社交和新闻传播层面的语音交互和自动采访功能，智能算法的应用满足目标用户的个性化消费需求，智能翻译降低人力、财力等成本。一些新兴媒体正在应用各种智能算法支撑体系，一些现代产业将智能智造技术应用于各种专业化生产场景，从无人商店到智慧金融，从智慧物流到智能安防，数以万计的生活应用场景在人工智能环境下得到升级，整个市场环境被赋予更多的智能算法新要素。

　　从目前人工智能的应用场景来看，智能算法技术仍是以特定应用领域为主的弱人工智能水准，如图像识别、语音识别等算法识别技术，又如智能搜索、智能推荐、智能排序等算法计算技术。商业模式主要集中在应用感知智能技术，如身份认证，基于人脸识别的门禁、打卡及安防，以语音识别、语义理解为核心的智能客服、语音助手等。而涉及垂直行业，智能算法技术多以辅助角色来协助人类进行工作，诸如智能投资、自动驾驶汽车等。预计随着认知智能技术的加速突破与广泛应用,人工智能运算能力、智能大数据技术的大幅增长以及算法技术的迭代升级,新兴传播市场将加速爆发,未来"智能算法+汽车""智能算法+医疗"等"人工智能+"产业将创造巨大的商业价值。

新兴传播的勃兴,将带来信息生产传播方式的深刻变革。新兴传播不仅意味着前沿科技和高端产业,未来也可以广泛用于解决人类社会面临的长期性挑战问题,如向社会个体智能算法化推送个性化、即时性和有深度的社会化价值信息,给普通受众带来更便捷、更实用的信息渠道,甚至还可以服务残障人士对"急需信息"的需求。智能算法推送技术是在人工智能、知识工程与因特网、数据库技术相结合的基础上,应用人工智能、机器学习方法,识别和预测各种用户的兴趣或偏好,从而有针对性地、及时地向用户主动推送所需信息,以满足不同用户的个性化需求。

智能场景伦理针对不同的人群有不同的标准,针对未成年人等需要特殊保护的群体,必须实施最高的伦理准则,要文明推送、避免发布含有暴力、色情、侮辱、谩骂、诅咒、粗俗、煽动仇恨或其他伦理上令人反感的内容,应秉承"自觉意识、尊重观念、底线原则"三大核心理念,体现以下八种特征:一是作为信息传播者,应当对自己的传播行为负有道德责任,在表达权利的同时,不得逾越伦理底线,伤害他人权利,要负责任地传播,避免误导;二是建立即时纠错机制,对已经产生不良影响的推送应及时更正错误、公开道歉;三是正当采集信息、拒绝欺瞒;四是尊重个体多样性、禁止歧视;五是当事人知情同意、保护隐私,体现人文关怀、减少伤害;六是谨慎对待未成年人保护权益,不违背公序良俗,以免效仿;七是维护司法的权威,树立知识产权意识、抵制剽窃;八是注意文明用语,表达得体,援引公共利益时理由充分。作为一种倡议性的自律规范,并没有强制性,但是上述伦理规范的提出可以为新兴传播主体的伦理失范行为提供学界方案,科学建构用户传播行为的伦理约束机制。

智能场景伦理的价值,展示了作为主体的人协调自然、社会关系的能力,促进人的自由全面发展所达到的自知水平和主体对自身所处地位、所负使命与责任的自觉程度，智能场景伦理包括智能场景技术的透明性、禁用权、自由使用权等规范性伦理限制。目前，人工智能技术伦理正逐步挑战传统主流伦理观念。可以说，无论是智能写作还是智能场景或是智能推送，都已经带给我们一些撼动社会基础的根本性问题，人们对于新兴传播的理解越来越物化和去意义化，人和机器的边界越来越模糊。比如，智能场景算法推送带来了新的社会权力结构问题，企业借助智能场景算法推送技术赋予目标用户大量的数据标签，并基于这些标签了解社会个体的情感偏好和行为偏向，甚至超过用户对自己的了解，这是巨大的权利不对称。如果新兴传播产业继续利用大数据分析，向用户智能推送所谓的个性化信息，则更是对消费者自主阅读权的干预和侵犯。智能场景算法推送可能造成偏见强化问题，如在社交媒体中，智能算法给观点相近的人群推荐"认同性信息"，这样智能场景算法推送就具有路径依赖性和人群偏向性等传播偏向。当目标用户的信息来源越来越依赖于智能算法，偏见会在这种同化路径依赖过程中被强化，甚至被极化。

新兴传播还使虚拟社会的信息加工处理能力被极度放大，信息冗余反而使用户陷入选择困境，也使其生活过于碎片化和分散化。如果人们参与社会互动的次数和范围逐渐缩小，而人工智能越来越多介入知识信息生产传播中，信息与人的需求之间的关系将变得越来越间接，甚至会反过来支配人的需求与意愿。因此，我们必须设置防止过度依赖智能场景算法推送的伦理原则和道德规范。

第四节 新兴传播伦理失范反思

在第四届世界互联网大会领先科技成果发布会上，"微软小冰"获得大奖。这是一款基于情感计算框架、以高情商为主要特色的对话式人工智能机器人。"微软小冰"特别"善解人意"，很多用户喜欢和她长时间聊天，时间久了，他们往往在感情上对"微软小冰"有了依赖感，这种依赖感甚至影响到这些用户的日常生活。这样，我们提出如下新兴传播伦理问题：如果一个用户跟"微软小冰"聊到深夜，不能节制自己，小冰要不要继续陪他聊下去呢？还有用户在与小冰聊天互动的过程中，成为"冰粉"，他们清楚地记得小冰的生日，还会以给小冰送礼物的方式来表达自己的喜爱，小冰是否需要"投之以李、报之以桃"？当与人的情感联系越来越紧密时，新兴传播研究已经不仅仅是技术层面的事情，而应探究伦理层面的问题了。

考虑到新兴传播写稿、新兴传播场景、新兴传播算法推送的社会伦理负面影响，需要全社会共同努力，制定新兴传播伦理规范，明确政府引导新兴传播有序发展的政策导向。人工智能加持的新兴传播正帮助人类社会向充满不确定性的未来疾驰，在冲进未知之门之前，我们需要给它装上刹车制动装置，让它真正能行稳致远，这个刹车装置就是伦理规范和公共政策准则。

新兴传播存在就业职场博弈方面的偏见问题。一些专家认为，在数字时代，随着算法参与用工管理过程，就业歧视手段更隐蔽、损害更难以察觉，劳动者对此难以获知、难以证实，其中最为明显的就是性别歧视给现行劳动法律法规带来的新挑战。[①] 新兴传播伦理失范不仅是科研问题，也是行业问题，甚至波及族群或人种问题。新兴传播产业和全社会都必须认识到这个问题的重要性，共同携手合作，积极探索解决之道。

中国人工智能学会伦理道德专业委员会计划针对不同行业，设置一系列伦理规范研究，如智能驾驶规范、数据伦理规范、智慧医疗伦理规范、智能制造规范、助老机器人规范等，之后再逐步扩展到其他行业或部门。有关成果将向社会公开发布，征询意见和建议，并为制定相关政策或法律提供参考。伦理规范的出台需要人工智能学术界、产业界以及伦理、哲学、法律等社会学科界共同参与，共同规避新兴传播过程中的伦理道德风险，同时避免因为减小风险而遏制产业发展的情况发生。

在《麻省理工科技评论》的 EmTech 峰会上，微软研究院的常务

[①] 参见《破解职场歧视，促进平等就业5》，https://www.workercn.cn/c/2022-05-05/6795251.shtml。

董事埃里克·霍维茨（Eric Horvitz）说："我们正处于人工智能的转折点，人工智能理应受到人类道德的约束和保护。"霍维茨与来自IBM和谷歌的研究人员仔细讨论了类似的问题。大家的共同担忧是：人工智能最近取得的进步使其在某些方面上的表现超越人类。例如，智能机器人在医疗行业的某些岗位的工作远远胜过人类，使从事类似工作的人员失去工作机会。[①]当你要使用机器人去陪伴和帮助老年人的时候，机器人必须遵循相应的文化规范，即针对老人所处的特定文化背景执行特定的任务。如果你分别在日本和美国部署这样的机器人，它们将会有很大的差异。虽然这些机器人可能离我们的预期目标还很遥远，但新兴传播已经带来伦理道德上的各种挑战。随着政府和企业越来越多地依靠人工智能系统做决策，技术上的盲点和偏见很容易导致歧视现象的出现。

谷歌研究员玛雅·古帕（Maya Gupta）呼吁业界要更加努力地提出合理的开发流程，以确保用于训练算法的数据公正、合理、不偏不倚。加州大学伯克利分校、哈佛大学、剑桥大学、牛津大学和一些研究院都启动相关项目以应对人工智能对伦理和安全带来的挑战。2016年，亚马逊、微软、谷歌、IBM和脸书联合成立一家非营利性人工智能合作组织（Partnership on AI）以解决相关伦理问题（苹果于2017年1月加入该组织）。上述西方科技五巨头正在采取相应的技术安全保障措施，使新兴技术符合社会伦理规范要求。谷歌研究人员正在测试如何纠正机器学习模型的偏差，如何保证模型避免产生偏见。微软成立人工智能伦理委员会（AETHER），旨在考虑开发部署在公司云上的新决策算法。谷歌也有自己的人工智能伦理委员会。值得注意的是，实施相关伦理保护措施的公司均认为不需要政府采取政策来实现对人工智能的监管。我们认为政府政策引导、立法规范和社会伦理道德约束是促进技术正向发展必不可少的明智之举，应该鼓励新兴传播产业和相关学者，尤其是伦理学家去考虑应对策略，使现实世界和虚拟世

[①] 参见李经《〈麻省理工科技评论〉在京举办第二届 EmTech China 峰会》，见 https：//baijiahao. baidu. com/s? id = 1623164324269959065&wfr = spider&for = pc，2019 年 1 月 20 日。

界都变得更加道德、更加文明。

迄今为止，我们对新兴传播可能会带来的伦理挑战认知还是不够全面的，社会公众对新兴传播的印象和想象在很大程度上仍被科幻小说和影视作品所主导，而对于新兴传播在未来可能产生的伦理影响，更是缺乏足够的认知和关切。我们希望未来无论是在政策层面还是学术研究方面，一定要对新兴传播可能涉及的伦理问题进行整体性思考和综合性研究，使这些研究成果进入政府决策和企业执行视界。总之，新兴传播技术是可控制的、可规范的，是可用统计学来衡量的，并且存在很多让社会变得更加公正、公平、公开的可能性。

一 顶层设计

将新兴传播伦理建设置于与人工智能发展战略同样重要的战略位置，做好国家级顶层设计，将其纳入人工智能发展战略的体系之中，高度统筹各方力量，加强相关研究，以老百姓的美好生活追求为终极目标，兼顾新兴传播产业创新发展，明确新兴传播技术在安全、隐私、公平等方面的伦理原则，制定新兴传播伦理的引导性政策，对涉及新兴传播伦理的相关问题进行全面评估和科学论证。新兴传播技术随着社会发展和企业进步而变化，新兴传播伦理也应当根据社会变迁和用户需求而不断地调整与更新，而固守僵化、陈旧的伦理观念无疑是不可取的，正如数理逻辑与"定言令式"都不应成为人们观念发展进程的唯一依据或恪守的僵化信条那样。应该说，在新兴传播伦理规范建设方面，我们不必追求一种普世的伦理，只要保持与时俱进的持续修补和可持续性更新，就能不断接近社会普适的"真善美"。应组织专业的伦理决策团队，对新兴传播的底层逻辑进行周期性的核查和改良，同时将审查系统向具备资质的第三方团队或平台开放，以便不定期地开展第三方"不带偏见性"监督和复核。

政府顶层设计有利于制定可持续、配套完整的新兴传播伦理规范和政策法规，有利于促进社会协同配合，构建新型和谐的智能人伦社会，正如麻省理工学院法律与伦理专家凯特·达尔林（Kate Darling）所言，"公司当然会跟随市场潮流行事，这不是坏事，但我们不能指望他们负伦理责任。我们应当将监管措施落实到位"。

2017年1月12日的欧盟议会报告称机器人革命已经渗入到社会的方方面面，针对人类如何与人工智能及机器人共处问题，欧洲议会专门制定了相关法案。欧盟议会报告明确指出，机器人给世界带来新一轮工业革命。机器人时代可能带来社会的无限繁荣，但是也会引起一系列伦理问题。欧洲议会进一步讨论是否确定机器人为"电子人"的合法地位。[1]

在中国，作为新一轮科技革命和产业变革的重要驱动力，人工智能已上升为国家战略。习近平总书记在中共中央政治局第九次集体学习时强调："人工智能是引领这一轮科技革命和产业变革的战略性技术，具有溢出带动性很强的'头雁'效应。在移动互联网、大数据、超级计算、传感网、脑科学等新理论新技术的驱动下，人工智能加速发展，呈现出深度学习、跨界融合、人机协同、群智开放、自主操控等新特征，正在对经济发展、社会进步、国际政治经济格局等方面产生重大而深远的影响。"[2] "要整合多学科力量，加强人工智能相关法律、伦理、社会问题研究，建立健全保障人工智能健康发展的法律法规、制度体系、伦理道德。"[3] 这为我国新兴传播发展指明了方向，让新兴传播技术更好地服务于经济社会发展和人民美好生活。面对新兴传播发展过程中产生的伦理问题，应将伦理制度与科学研究相结合，以马克思主义科技观为指导，从人的实践活动和实际需求出发，坚持人的主体地位，制定符合我国国情的新兴传播技术开发、研究、应用的完整伦理规范与法律法规。

（一）要加强事前、事中和事后立法规范，借助法律手段规范新兴传播技术发展

其一，加强事前立法，确保新兴传播技术始终在人类可控范围内，规避可能发生的伦理问题。其二，要加强事中立法，针对新兴传播技

---

[1] 参见《欧洲议会将投票表决机器人能否被当成"电子人"》，见 https://www.sohu.com/a/124158746_115401，2017年1月12日。
[2] 《习近平关于网络强国论述摘编》，中央文献出版社2021年版，第119页。
[3] 《习近平关于防范风险挑战、应对突发事件论述摘编》，中央文献出版社2020年版，第79页。

术可能带来的伦理问题进行相关立法，明确责任划分依据与标准，从而保证研发责任人、生产责任人、销售责任人以及使用责任人都能够恰当履行自身对新兴传播产品、服务或场景的法定义务。其三，要加强事后立法，确保新兴传播技术得到广泛运用和规范应用，使之健康有序进入人们的日常生活。

通过相关法律规范新兴传播产品、服务或场景的开发与利用，避免新兴传播产品、服务或场景脱离职能部门的控制和监督，进而规避可能产生的伦理问题。将伦理与法律融入新兴传播研究、开发和应用的全过程，使得新兴传播技术的发展受到伦理和法律的共同规范和约束。同时，政府应制定一套包含政府监管、技术监督、社会举报的完整的治理体系，对新兴传播技术进行科学有效的全社会监管，严惩发展过程中的不法行为和失德行为，促进新兴传播技术朝着有利于服务人类社会和健康舆情的方向发展。

（二）提高社会成员的科技伦理素养，引导正向科技伦理舆情

新兴传播促使人类社会向充满不确定性的未来疾驰，在冲进未知之门之前，我们需要给它装上刹车，让它真正的行稳致远，这个刹车就是营造广泛的社会关注和社会舆论监督体系，促进伦理规范和公共政策准则的建立和健全。人工智能的发展对人类社会的贡献已经形成广泛共识，这有利于营造良好的科技伦理舆论氛围。[①] 其一，提高普通受众对新兴传播技术应用的认知素养，是正确引导科技伦理舆论的关键所在。例如，组织开展形式多样的新兴传播知识竞赛，形成适应新兴传播发展的良好社会风气，让用户消除对于新兴传播技术的陌生或恐惧心理，正确认识新兴传播技术带来的伦理问题。新兴传播发展潜质很大程度上取决于人类科技伦理素养。如果人类一味地拒绝接受新兴传播技术，新兴传播产业势必无法服务人类。如果人类不假思索地接受任何新兴传播技术，则势必会为伦理问题的发生埋下隐患。因此，唯有提升民众的科技伦理素养，才能使新兴传

---

① 参见郭建伟、王文卓《如何规避人工智能带来的伦理问题》，《人民论坛》2018年第11期。

播更好地为人类服务。其二，提高科研人员的科技伦理素养，使其坚持对社会负责和对民众负责。在新兴传播成果应用的过程中，科研人员应始终保持谨慎的态度，既不因为应用效果好而过分乐观，也不因当前存在的不足而过于惊恐，甚至全然抵制。引导（他们）理性利用新兴传播技术，构建算法治理的内、外部约束机制。将普适性法律、道德等规范和价值取向嵌入新兴传播系统。其三，在新兴传播发展中提倡全社会坚持普适伦理原则的总体思想。一方面，针对新兴传播研发活动，研发人员需要遵守基本的伦理准则，包括有益性、不作恶、包容性的技术设计以及多样性、透明性的隐私保护等。另一方面，需要建立科技伦理审查制度，伦理审查应当是跨学科的、跨界别的，对新兴传播技术及其产品的伦理影响进行严谨性评估并提出科学性建议。其四，兼顾技术伦理的三项假设：利他主义、不确定性和考虑人类。利他主义是让智能机器人实现人类价值的最大化，不确定性是智能机器人一开始不确定人类价值是什么，人类价值的不确定性有利于智能技术的专业属性和专门用途。考虑人类是指智能机器人的一切活动应围绕人类行为开展，提供关于人类价值的所有信息，确定什么是人类所希望的最高价值。总之，应该鼓励广大的科技工作者在提高自身科技伦理素养的同时，积极开展形式多样的新兴传播科普推广活动，使社会公众对新兴传播有科学的共识，形成良性科技伦理舆情。

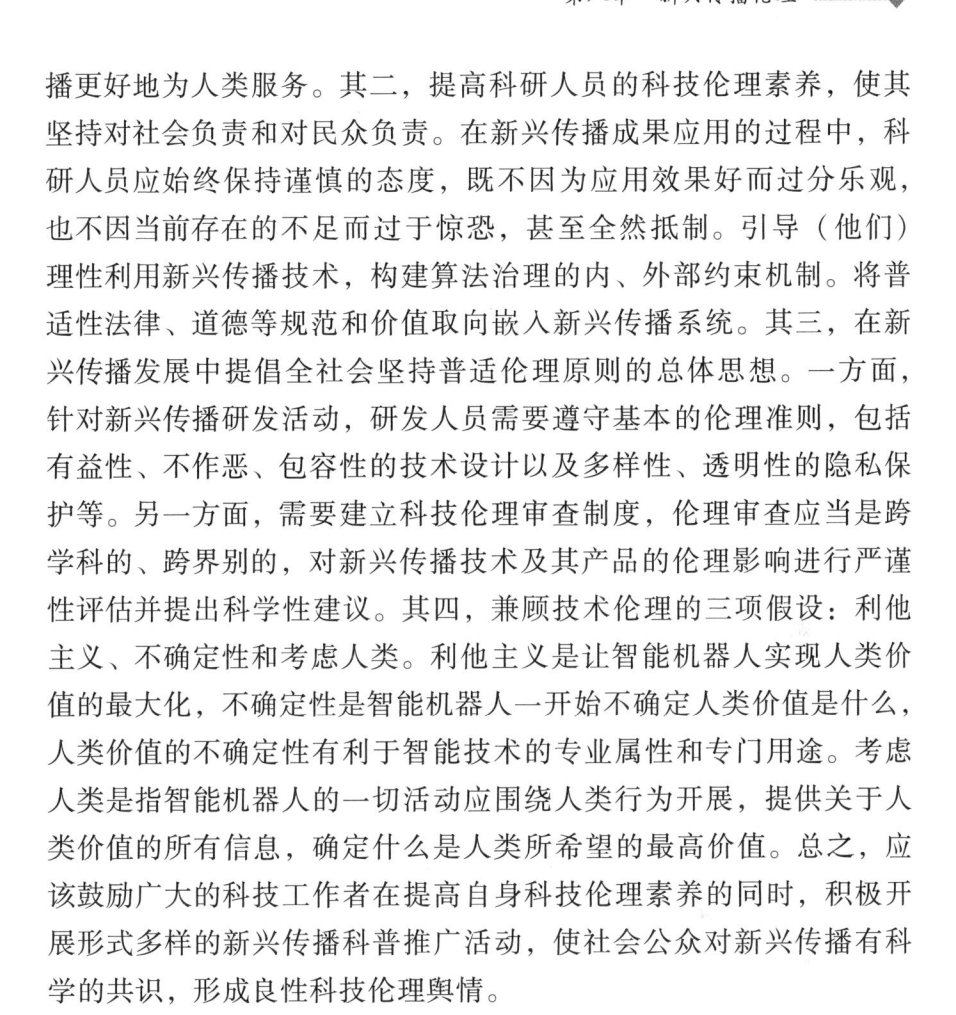

（三）加强新兴传播基础教育投入，设置新兴传播专门课程

在国内社会层面，教育部门应加大新兴传播基础教育的投入，研究机构加快前瞻性科技伦理研究进程，为科技伦理规范和制度的建立健全提供理论支撑和实践经验。在国际社会层面，各国政府、产业界、研究人员、民间组织和其他利益相关方应展开互动对话和有效合作，制定出一套切实可行的科技伦理指导原则和行为准则。在组织层面，新兴传播产业应将科技伦理准则纳入企业社会责任和企业内部文化框架中，风投机构应将科技伦理问题纳入ESG（环境、社会和治理）框架，引导产业进行负责任的新兴传播产品开发，社会组织通过科技伦理专项培训、科技伦理评估报告发布和代表性案例讲座等方式推动新

兴传播科技伦理规范的成型和普及。

（四）建设和完善新兴传播科普基础设施，面向公众开放新兴传播体验平台

在公共政策层面，新兴传播技术的研发政策应该将人置于核心地位，满足人全面发展需求，促进社会公平和产业可持续发展。需要给不同民众以学习了解新兴传播技术的机会，推动全社会对新兴传播技术的知识普及和公共政策讨论，优先鼓励新兴传播技术应用于解决社会突出性问题，克服数字化鸿沟和不平衡数字消费现象，促进弱势群体融入数字社会并参与数字社会发展进程，组建由政府部门和行业专家组成的新兴传播技术伦理委员会，对新兴传播技术应用提供伦理引导和决策依托，对具有重大公共影响的新兴传播产品进行伦理规范评估。

二 企业担当

强化大型企业、头部企业在新兴传播伦理建设中的使命担当，加快新兴传播伦理原则明晰化，充分发挥现代明星产业的示范带头效应。龙头新兴传播企业的前瞻性探索十分重要，在信息推荐、自动驾驶、虚拟现实等热点领域，推进明星企业引领示范，在产品设计和业务运营中贯彻新兴传播伦理原则，让人工智能提供的产品和服务促进民众认知，帮助人们成长，使人获得更多的发展机会。同时，加强对相关技术与产品的管理力度，使其具备优良的"伦理品质"。确保一旦技术发展成熟，新兴传播便能融入日常生活，不损害社会公共利益。

（一）加强对新兴传播技术的管理工作，对新兴传播产品的应用过程进行审核把关，确保程序未被嵌入恶意代码

提高新兴传播产业的准入门槛，确保网络和智能技术安全、可靠。同时加强对新兴传播产品质量的管理工作。每一个智能化产品都应设置唯一的识别码，在产品内部放置监控器，确保对产品实时远程控制，避免伦理问题发生。

（二）多方位保障新兴传播技术应用的公平正义和公开透明

切实采取措施防范新兴传播技术伦理问题，不断促使新兴传播技术融入更多的科学思想，促推新兴传播技术创新人本化、生态化、和谐化。

（三）鼓励企业探索解决传播实践环节所产生的智能伦理问题，共享行业发展经验，实现新兴传播技术和伦理规范的同步发展

新兴传播领域涉及经济、政治、计算机、心理学、传播学等领域的专业知识，这就要求我们充分了解当前新兴传播发展所面临的伦理风险，优化多学科研究资源与行业专家资源，聚合伦理学家、科技人员和企业领导人的集体智慧，共同制定行业伦理标准，促使新兴传播技术和伦理规范的同步发展。当前，一些新兴传播产业开始关注新兴传播技术开发和应用的伦理问题。微软公司总裁施博德表示，要设计出可信赖的人工智能，必须采取体现道德原则的解决方案，对此微软提出6条道德基本准则：公平、包容、透明、负责、可靠与安全、隐私与保密。谷歌负责人也表示，在人工智能开发应用中，坚持包括公平、安全、透明、隐私保护等伦理准则，并成立伦理委员会，监控行业人工智能技术的研发和部署。脸书、谷歌和亚马逊还共同合作，为新兴传播技术安全和隐私保护问题提出开源人工智能解决方案，正如谷歌研究员诺维格所说的，"机器学习必须得到广泛研究，并通过公开出版物和开源代码传播，这样我们才能实现福利共享。"因此，如何驾驭新兴传播技术帮助人类解决更擅长的情感问题和如何利用新兴传播技术帮助人类全方位思考，将成为新兴传播产业未来发展需解决的重大技术伦理问题。

（四）避免少数巨头公司掌控新兴传播技术以隐蔽手段损害大多数人的自由与尊严

要避免少数人掌控新兴传播技术而隐性损害普通民众的自由与尊严，首先需解决两个问题：如何更准确、更有效地进行新兴传播技术的结构性变革，以技术手段防范技术暗箱操作？如何在技术创新中注入人文关怀和理性认知？第一个问题的破解，需要新兴传播技术研发始终在一个社会开放空间中开展，使新兴传播技术不被少数人的权力和资本所垄断。第二个问题的解决，需要哲学家、艺术家和社会学家在技术变革中积极参与、有效协同，及时发现新兴传播技术中所隐含的道德议题、社会议题，向科学界、技术界和企业界提出权威性建议以起到技术伦理防火墙作用。

三 以人为本

贯彻以人为本的技术伦理准则，主要涉及强化人的主体性，构建和谐的信息传播生态体系，贯彻客观、公平、正义原则和保持技术伦理不断创新等内容。

（一）强化人的主体性

在构建新兴传播技术伦理准则的过程中，要将"为人类造福"和"为用户服务"作为最终目的，着重考虑"人文关怀"和"生态关怀"两原则，要将人类的利益放在首位，保障新兴传播技术不侵犯目标用户的主体地位。尊重原则和无害原则是保障人的主体地位的最基本伦理规范要求。尊重原则要求新兴传播技术在研发应用过程中必须维护人的尊严、自由意志和隐私等基本权益。新兴传播技术不能危害个人、国家、社会、环境以及下一代的基本权益。尊重原则和无害原则要求我们既注重对主体本身的保护与尊重，也注重主体间的相互尊重与保护，最大程度降低人工智能发展带来不良的伦理问题。

作为西方伦理学的经典理论，康德的义务论和边沁的功利主义均强调人的行为伦理问题，前者倾向主体行为的伦理标准，而后者倾向行为结果的伦理标准。从义务论角度看，一个人行为的正确与错误，并不是由这个人的行为结果来决定的，而是由主体行为的伦理属性来决定的，抛开伦理标准而只强调行为义务可能导致错误的行为结果。从功利主义角度看，一个人行为的正确与错误，取决于该行为的结果或目的，主体行为优劣不在于行为本意是否优劣，而在于这个行为所带来的结果是否符合伦理标准。新兴传播技术的设计行为不应仅仅局限于某种状态，从设计者理念的设计行为到新兴传播产品的生产传播行为都应受到技术伦理规范的约束，只有这样，才能保障新兴传播不损害人类利益。①

---

① 参见翟振明、彭晓芸《"强人工智能"将如何改变世界——人工智能的技术飞跃与应用伦理前瞻》，《人民论坛》2016年第4期。

（二）构建和谐的信息传播生态体系

如果人和新兴传播技术的本质都是信息，那么同处于信息圈中，他们之间的关系就是一种信息生态关系，我们应从信息传播生态体系视角处理人与新兴传播技术之间的关系。道德能动性的适用范围一直是新兴传播技术伦理讨论的焦点。新兴传播系统中信息主体的地位上升或者人在信息化世界中地位下降等观点，都未解决或者回避了"是否具有主体性、能动性"的伦理问题，反而置验证假设前提于不顾，竟然直接讨论"有多少能动性"问题。在人工智能时代，表面看来，人的道德能动性降低了，道德行动范围也缩小了，但这不意味其他主体就获得了道德能动性。导致这种现象的主要原因是人与新兴传播的行动边界复杂化，而不是行动主体多样化。所以多元行动者理论与多元行动域的结合性研究才是解决新兴传播伦理问题的关键所在。

新兴传播所要求的信息沟通的通畅程度，已削弱或否定了界限显明且保留信息的个体。这种超群体的传播方式显然与我们所推崇的个人隐私、个人自由相悖。它只能是在工作场域中的信息沟通方式，而不能适用于广泛的社会生活领域。虽然新兴传播技术在不断地打破生活与工作空间的界限，但是在道德层面，在确保新兴传播对人类无害的前提下，我们需要超出数据技术本身的道德准则，构建新型信息传播生态体系。

（三）贯彻客观、公平、正义原则

首先，新兴传播技术的研发人员要保证客观无偏见，尽力做到价值中立。科技人员对于新兴传播技术应用的专业性，决定了他们可以更准确地把握新兴传播科技发展方向，及时预见技术应用后果，因而科技人员的伦理价值观不可小觑。在新兴传播领域，科技人员应具备高度的道德自律与社会责任感，坚持为人类谋福利的科学精神，不因名、利、权而走向违背道德的反面。同时，研发人员的客观性还需受到技术程序正义的约束。丹妮拉·济慈·西特伦在《技术正当程序》论文中指出：鉴于智能算法日益决定着各种决策的结果，人们需要建构技术公平规范体系，通过程序设计来保障公平的实现，并借助于技术程序的正当性来强化人工智能决策系统的透明性、可审查性和解释性。其次，科学健全的制度和一以贯之的落实到位，是贯彻客观、公平、正义原则的"最后一公里"。科学健全制度的内涵是：人为机器立法，从具体的新兴传播行业规范到区域法律法规，再到国家法律法规，甚至国家间的条约和国际公约，这些法律、制度和国际协议都要考虑以正义、公正和客观性等核心要素，应致力于削弱由新兴传播造成的信息区别对待现象，推动大数据分析的信息平等和获取自由，消除那些干扰公民获得信息的障碍。最后，正义是社会健康发展的重要基石，是社会个体追求的最大价值。根据康德和边沁的正义论，正义是符合大多数人的利益和维护大多数人的权利。科技人员在设计新兴传播技术之初，就应该关注社会的公平和正义，关注责任伦理内涵，确保自身的作用和目的是人类的整体利益而不是某些少数个人或集团的利益，不是扩大主体间权力与地位的差距，导致有失公平、正义的事件发生，所以新兴传播的正义是立足于消除国与国、人与人、企业与企业、族群与族群之间的不平等，而不是加大贫富差距或者人为造成数字化鸿沟。罗尔斯提出："所有值得我们注意的伦理学理论都须在判断正当时考虑结果，不这样做的伦理学理论是奇怪的和不可理喻的。"可见，新兴传播伦理应该追求技术结果的公平及其对社会影响的正义结果，注重技术获取途径的公平和正义。

四　全球协作

人工智能将在未来几十年对人类社会产生巨大的影响，带来不可逆转的现实改变，这已经成为国际社会的共识。就如传统伦理规范是人类文明数千年发展的重要稳定器和压舱石一样，新兴传播伦理将是未来智能社会的发展基石。考虑到新兴传播对未来社会的深远影响，需要全社会和各国政府的共同努力，制定新兴传播技术开发应用的伦理规范和政策制度，为新兴传播健康发展奠定基础。

当前，人工智能处在发展初期，但已经展现出巨大的变革能量。智能机器人不仅在语音识别、人脸识别等领域接近人的感知能力，甚至在某些方面超过了人类，未来有望代替人驾驶汽车、诊断病情、教授知识和检验产品等。也就是说，智能化机器不再是单纯的生产工具，有可能帮助甚至代替人进行决策、设计、传播和交往。只有建立完善的新兴传播伦理规范,处理好智能机器与人的关系,我们才能更多地获得新兴传播红利,让新兴技术造福人类社会。

新兴传播技术依然存在很多不足,如在算法化方法与途径、边缘计算模型等方面仍有较大的发展提升空间。针对这些技术瓶颈,各国需进一步加强国际间新兴传播技术的交流与合作,通过构建国际合作交流人才计划体系加强新兴传播技术项目的策划和组织工作,通过国际学术会议或国际学术论坛等形式进行新兴传播技术合作与交流,坚守国际公约,确保新兴传播技术始终致力于促进人类发展的用途。

中西哲学思想成果也应互鉴互通。"当前人工智能的发展已经明显表现出了对人的地位和社会存在的挑战,是中西文化一次深度融汇的机遇。"与西方的"我思故我在、存在者的存在"等对于主体性与存在不确定性等哲学思想相比,中国哲学更重视人和人性的中心地位,以人的本质来表现人的主体性,用一种直觉、体验的方法来感悟"天人合一"的自然与人性的高度统一,彰显大音希声、大象无形的"非表达与非形式的确定性"。总之,中西哲学思想的融通,有利于破解新兴传播技术伦理瓶颈,带来新理念、新思路和新路径。

面对新兴传播发展的新形势和新需求,我国必须主动求变、应变,无论在技术研发层面或是伦理内涵丰富层面都要发出自己的声音,争取国际话语权。新兴传播伦理原则与规范的制定,需要进行更广泛的国际合作。清华大学公共管理学院院长薛澜表示,"人工智能的发展将在创新治理、可持续发展和全球安全合作3个方面对现行国际秩序产生深刻影响,需要各国政府与社会各界从人类命运共同体的高度予以关切和回应。只有加强各国之间的合作与交流,才可能真正构建起一套全球性的、共建共享、安全高效、持续发展的人工智能治理新秩序。"[①] 各国政府应建立新兴传播伦理共商共享平台,为新兴传播伦理国际性研究提供可持续性的公共技术大数据信息。在个人信息得到保

---

① 《人工智能伦理三问》,http://www.163.com/dy/article/ECBJNGRP1JS4O.html,2019年4月9日。

护的前提下，促进公共技术大数据信息自由流通。加强国际合作，建立多层次的国际新兴传播治理机制，通过联合国、G20组织以及其他国际组织，将新兴传播伦理规划纳入国际合作议程，利用重大国际会议推动联合国2030年可持续发展目标的实现。此外，还可以通过大国政府牵头组织跨学科领域的行业专家、技术专家、伦理学家和公众代表等相关利益方，开展新兴传播伦理准则的起草与制定工作。特别是，中国政府在促进民生福祉改善和推进新兴传播行业健康发展的同时，需掌握新一轮技术革命的主动权，积极参与全球新兴传播伦理守则的建立健全工作，及早识别禁区，将中华优秀美德和当代中国主流价值融入新兴传播伦理的内涵中去，为国际新兴传播伦理研究和实践探索贡献中国智慧和中国方案。只有牢牢把握新兴传播的重大发展机遇，积极谋划发展策略，时刻观察发展动态，保证及时行动和有效行动，引领世界新兴传播新潮流，才能服务经济社会发展和保障国家安全，带动国家竞争力整体跃升和跨越式发展，在新兴传播大潮中为全人类做贡献、谋福祉。

第九章　新兴传播治理

随着新兴传播时代的到来，智能记者越来越多，智能主播纷纷亮相，智能制造刷亮网络banner（横幅广告），智能纠错的追求效果日益清晰，新闻智能配送、智能分发初具模样，更多的新兴传播机器或新兴传播软件开始进入新闻传播实践，取代承袭多年的记者、编辑以及媒体治理的工作，智能编辑部正成为传统媒体机构和新兴媒体机构的核心引擎，所有这一切形成一种智能合力，推动现代媒体整体转型升级。新兴传播治理，就是要对新兴传播体系的信息采集、信息甄选、信息发布、信息传输、信息反馈和信息产业运营等每一个环节的过去、现在进行科学分析和论证，找准现代传播与传统大众传播的联系与差异，探索出一整套与之匹配的科学可行的决策机制、治理制度和实施手段。

在现代媒体整体转型升级的重要节点，无论是传统媒体还是新兴媒体，其治理重心和治理对象都在发生质的变化，"像设计师一样工作""将智能机器当作同事对待"等成为当下新兴传播治理的信条。一些专家（如李文武）试图从"立法""投资""组织架构""人才招募""工厂选址""研发治理""采购治理""安全治理""质量治理"和"空间治理"等各方面着手，创立"人工智能治理学"，这种探索对新兴传播治理研究是创新借鉴。如何实现新兴传播时代从"管人"到"管机器"到"人机共管"的治理人性智慧化的大转变，如何理顺智能治理体系以及相关计划、组织、指挥、协调、激励、控制和监督等各个智能治理环节，如何把握传统媒体治理与新兴传播治理在治理制度和治理模式上的延续性和差异性，对新一代治理者的知识结构、瞬间决断智慧以及综合治理艺术提出更高的要求。

新兴传播治理有如下四个特征：其一，技术可能性和可行性是新兴传播治理的重要保障。可行性技术是现代传播企业生存发展的需要，有助于信息治理的发展，人工智能技术在企业经营活动中的可持续研发与应用可以大大提升企业智能治理的整体水平。同时，现代传播企业智能治理的可能性和可行性也加速了信息技术与智能技术的融合发展。其二，新兴传播决策是智能治理的核心。新兴传播决策，涉及配置企业资源、建立并维持企业运营秩序等关键环节。治理学大师西蒙认为，治理的核心问题是决策，为此新兴传播决策的科学程度决定智能治理的成败。目前企业中流行的集成计算机制造系统（CIMS）、企业资源计划系统（ERP）、供应链治理系统（SCM）、客户关系治理系统（CRM）等决策性智能系统都在朝着智能化和顶层设计化方向演进。其三，新兴传播治理是以实现"机脑融合"和"人机协调"为目的的综合治理体系。新兴传播治理是一种思想、一种模型、一个完整的体系，其目的并非推翻已经成熟的治理模块，实质上是建构新兴传播治理体系，实现企业治理中"机脑融合"和"人机协调"。其四，新兴传播治理以创造人机结合智能和企业群体智能为发展目标。智能治理与信息治理、知识治理之间的差异在于智能治理创造的是"人机结合智能"与"企业群体智能"体系。德鲁克认为，"20世纪，企业最有价值的资产是生产设备。21世纪，组织最有价值的资产将是那些智能化知识，最重要的能力是人机结合智能和企业群体智能。"因此，本世纪企业的每一名员工都应该成为智能知识与技术的掌握者，成为人机结合智能和企业群体智能的胜任者。

目前，国内外新闻传播机构对人工智能技术的应用还处于初步实践探索阶段，一些智能化应用从技术设想到真正实现还没有完全展开，这就足以让业界感知到人工智能对于传统媒体和新兴媒体的创新转型在解放生产力、重塑生产关系方面产生巨大的叠合推动作用。新兴传播刚刚兴起，很多方面还处摸索阶段，还没有成型的治理规章，也没有成功的治理经验。这就需要"敢于吃螃蟹者"敢于创新，精心钻研新兴传播的产生背景和发展态势，认真总结传统大众传播治理经验教训，认真比对传统大众传播治理模式与新兴传播治理模式的外在联系和本质差异，集中社会各界包括一线实践工作者和潜心理论研究的专家学者的共同智慧，探索出世界领先的中国特色新兴传播治理理论。

第一节　战略布局与治理滞后

随着 5G 技术全面商用和超级计算机技术、移动互联网技术、物联网技术、云技术等现代信息技术的不断发展和广泛应用，人工智能已进入到政治、经济、文化、生活等全领域，以爆发式、裂变式速度蓬勃发展，成为世界各国争相抢占的下一阶段技术制高点和产业制高点。布局并深耕人工智能领域，谋划特色鲜明的人工智能国家战略，反映着一个国家和地区的前沿科技研究整体实力和前瞻视野，"AI +5G""AI +产业""AI +文化""AI +艺术""AI +传播"和"AI +社会"等主题，即是当下和未来一段时间的新兴传播研究主旋律。

从中美两国的国家顶层战略构想设计来看，中美有近乎相仿的重视程度。中国和美国政府都把人工智能当作未来战略的主导，出台发展战略规划，从国家战略层面进行整体推进。美国人工智能报告体现了美国政府对新时代维持自身领先优势的战略导向，中国差不多同一时间在战略引导和项目实施上做了整体规划和部署。中国和美国都在国家层面建立了相对完整的研发促进机制，整体推进人工智能发展。

自 1999 年美国第一笔人工智能风险投资出现以后，全球 AI 加速发展，在 18 年内，投资到人工智能领域风险资金累计 1914 亿美元。2018 年全球人工智能投融资总规模已经接近 500 亿美元，而中国的投融资总额占比超过一半，根据 2013 年到 2018 年全球的投融资数据，中国已在人工智能融资规模上超越美国成为全球最"吸金"国家，但是在投融资笔数上，美国仍然在全球处于领先地位。[①] 从创业投资领域角

---

① 参见《2019 年中美人工智能行业对比分析》，见 http: //free. chinabaogao. com/it/201901/01313a3202019. html，2019 年 1 月 31 日。

度来看，美国面向全产业投资，投资领域遍及基础层、技术层和应用层，而中国接受融资的企业主要集中在应用层。在2020年前，美国累计AI公司数量超过1200家，人工智能融资突破2000亿美元。中国AI企业增势不明朗，人工智能融资累计量达到200亿美元，仍和美国有较大差距。[①]

一 国际新兴媒体竞争

近年来，中国和美国都在人工智能领域做出重大战略部署，意欲抢占这一牵一发而动全身的科技战略高地，争夺全球人工智能主导权和引领地位。在全球范围内，人工智能领先的国家主要有美国、中国及其他发达国家。截至2017年6月，全球人工智能企业总数达到2542家，其中美国拥有1078家，占据42%；中国其次，拥有592家，占据23%。其余872家企业分布在瑞典、新加坡、日本、英国、澳大利亚、以色列、印度等国家。

美国人工智能企业最早从1991年萌芽，1998年进入发展期，2005年后进入高速成长期，2013后发展趋稳。中国人工智能企业诞生于1996年，2003年产业进入发展期，在2015年达到峰值后进入平稳期。中国互联网领军者BAT将人工智能作为重点战略，凭借自身优势，积极布局人工智能产业发展。中国巨头通过招募人工智能高端人才、组建实验室等方式加快关键技术研发。同时，通过持续收购新兴人工智能创业公司，争夺人才与技术，并通过开源技术平台，构建人工智能生态体系。在人工智能与新闻传播机构的全面融合方面，中国媒体融合取得了可喜成绩。

（一）国家战略

美国国家科技委员会发布的《为人工智能的未来做好准备》列明了美国人工智能发展现状和可能引发的社会和政策问题；美国《人工智能、自动化与经济报告》是关于人工智能发展对劳动力市场影响的

---

① 参见《中美两国人工智能产业发展全面解读》，见https://www.sohu.com/a/162133379_804770，2017年8月4日。

专题报告；美国《国家人工智能研究和发展战略规划》提出政府资助人工智能研发的七项战略计划，即对人工智能研究进行长期投资、开发有效的人类与人工智能协作方法、人工智能的伦理法律和社会影响问题、人工智能系统的安全可靠性问题、开发用于人工智能培训及测试的公共数据集和环境、制定标准和基准以测量和评估人工智能技术和解决人工智能人才急缺问题。[1]

其他国家政府和企业在人工智能领域的国家规划和大规模投资已开始影响人工智能技术竞争的全球格局，德国已承诺在2025年前投入31亿欧元（约37亿美元）用于国家人工智能战略。法国决定在2022年前投入15亿欧元（约18亿美元），其中近50%的预算用于研发工作。特别值得注意的是，2021年1月，英国人工智能委员会发布了《人工智能路线图》，以应对人工智能技术所带来的国家间竞争，具体内容是：

1. 将阿兰·图灵研究所打造成全国性机构，通过一系列投资，汲取英国各机构的优势。同时充分利用人员、学科和部门优势，塑造英国式研究系统。

2. 解决"可解释的人工智能"等项目面临的挑战，选择更成熟的领域促进人工智能应用，同时结合基础研究和应用研究以及跨域研究和系统开发等多个学科，加速人工智能在学科和研发部门之间的整合。

3. 为了促进人工智能跨学科研究进程，通过创建通用语言开发数据科学项目或数据集之间的互动操作系统，从而推动智能协作。同时，将人工智能与其他数据科学的潜在影响纳入社会科学的知识创造之中。[2]

2017年7月8日，中国国务院印发《新一代人工智能发展规划》（简称《规划》），填补了我国人工智能发展顶层战略的空白。《规划》指出，人工智能成为国际竞争的新焦点，人工智能是引领未来的战略性技术。政府应从科研、应用、保障政策等角度为人工智能发展做出

---

[1] 吴沈括、罗瑾裕：《中美人工智能发展战略的异同检视——美国关注风险，中国重视落地，亿欧科技》，https://www.iyiou.com/p/52253.html，2017年8月10日。

[2] 《英国人工智能委员会发布〈人工智能路线图〉》，https://www.sohu.com/a/445422953_635792，2021年1月19日。

体系化的整体布局，全面增强科技创新基础能力、全面拓展重点领域应用深度广度、全面提升经济社会发展和国防应用智能化水平。

相较而言，《规划》是一部更注重细节化、全面化和重在应用的人工智能顶层战略。它从中国人工智能科技发展和应用的现状出发，对人工智能进行系统布局，旨在抢占科技制高点，推动人工智能产业变革，进而实现社会生产力新跃升。2017年12月，国家工信部发布《促进新一代人工智能产业发展三年行动计划（2018—2020年）》，揭示中国人工智能三年（2018—2020）国家战略布局。具体来说，从2018年到2020年三年期间，重点推动人工智能和实体经济深度融合，推进人工智能技术产业化和集成应用；重点应用的领域是智能网联汽车、服务机器人、AI医疗影像等人工智能产品的生产与创新。重点突破的技术在于AI芯片等核心人工智能技术，同时完善5G、算法训练数据库等人工智能配套体系。

（二）国际地位

2019年1月31日，联合国下属的世界知识产权组织（WIPO）公布了一份研究报告，显示在全球人工智能领域的竞争中，中国和美国处于领先地位。报告显示，在全球范围内，人工智能研究在过去五年（2013—2017）以每年接近13%的速度快速增长，中国、美国和印度成为人工智能领域科研产出最多的国家。人工智能专利申请数量排名前20位的学术机构中，中国占了17个，在快速增长的"深度学习"领域尤其强大。"深度学习"是一种机器学习技术，包括语音识别系统等。2017年中国在人工智能领域出版的文章数量位列全球第一，科研产出在2004年超过美国，如果保持当前的势头，中国有望在四年内赶超欧洲，但中国人工智能发展存在国际合作水平低，研究人员流动性较低等问题。[①] 在人工智能的基本算法、芯片、传感器等方面实际应用层面，中国都落后于世界上多数发达国家。在人工智能产业领域，中国的活跃的人工智能初创公司整体上呈快速发展趋势，2016年达到

---

① 谷智轩编译：《联合国—中美领跑全球人工智能竞赛》，见 https：//b人工智能 jiahao. b 人工智能 du. com/s？id = 1624187317571422635&wfr = spider&for = pc，2019年1月31日。

顶峰超过400家，中国活跃的人工智能初创公司数目在2012年之前多于美国。

（三）传播应用

2015年，美联社在全球率先抢占智能机器人撰写体育与财经新闻稿件的新兴传播高地，大大提高了新闻采编部门的工作效率。中国的腾讯、新华社、今日头条和第一财经等网络媒体和传统媒体紧随快跑，甚至"弯道超车"。最近几年，中国新闻传播领域的智能机器人写稿模块等新兴传播新员工先后涌现，在经济形势分析、股市行情预测和奥运会赛事报道等方面大显身手，写作手法、报道风格与媒体记者新闻写作一点不落下风，发稿速度之快几乎与电视直播同步。

今日头条充分运用智能分发算法，将信息传播的内容特征、用户特征和环境特征与目标用户特征进行匹配，在某种程度上打破了预设用户观点、回避用户相对观点的"信息茧房"，并且通过用户相关行为识别"标题党"，提出修改标题的意见和建议，使新闻更加平实、颇具吸引力。

2017年，新华社抓住AlphaGo与中国围棋超一流棋手柯洁进行的围棋人机大战的新兴传播机遇，在这场全球瞩目的重大新闻报道创新大战中占得先机，在世界各大媒体机构中率先建立由AI驱动的新闻全链条生产，在人机协作的研发和运用上走在欧美同行的前面，获得国际国内同行业的肯定。

2017年12月，覆盖从线索、策划、采访、生产、分发、反馈等全新闻链路的新华社"媒体大脑"发布上线，通过多维摄像头、智能传感器、智能无人机和行车记录仪等先进智能采集传载设备，结合新闻发生地附近的多维数据，智能生成数据新闻和富媒体资讯内容等新闻线索和新闻素材，在全球国家级通讯社中抢先驶入新兴传播快车道。[1]

为遏制虚假新闻的泛滥，发达国家纷纷开发使用了智能软件帮助

---

[1] 曾静平：《新兴传播的实践发展与理论体系初构》，《人民论坛·学术前沿》2018年12月下。

新闻事实的核查。杜克大学开发出 Share the Fact 的小部件，帮助搜索引擎查找事实检查文章。① 中国新华社"媒体大脑"的人脸核查功能，为新闻的真实性保驾护航，在源头上防止虚假新闻出现。

新闻写作机器人主要适用于生成规范化、模式化、重复性高的新闻，以财经、体育新闻为主，形式多为快讯、短讯和财报。与人类记者相比，写作机器人有三大显明优势：一是速度快，能够确保新闻时效。通过引入机器学习，机器人新闻写作提高了新闻信息生产环节的自动化水平，采编发流程实现极大提速，一些机器最快的写稿速度甚至可以达到毫秒级别。二是产量高，能够满足长尾需求。《纽约时报》的机器人 Blossom 每天推送 300 篇文章，Automated Insight 在 2014 年生产了 10 亿条新闻。新闻产量实现量级跃升，强势覆盖一些传统媒体因人力不足无法报道、因关注度低不会报道的内容，可以相对较低的成本满足人们对于新闻信息的长尾需求。三是学习能力强，能够不断"进化"。新闻机器人可以通过不断吸收媒体大量稿件、熟悉语言风格，不断改进以适应不同需求。这样，机器人不知疲倦、尽职尽责，可以每天工作 24 小时不休息，也不会产生负面情绪与职业倦怠。②

二 新兴传播人才竞争

各国人工智能技术和人工智能产业的竞争，说到底是人才和知识储备的竞争。只有投入更多的科研人员，不断加强基础研究，才会获得更多的智能技术。根据中国科学技术信息研究所发布的《2021 全球人工智能创新指数报告》，全球人工智能发展呈现中美两国引领、主要国家激烈竞争的总体格局。中国人工智能创新水平已进入第一梯队，与美国的差距进一步缩小；韩国、英国、加拿大、德国、日本、法国等各具发展优势和特色，呈竞争态势。人工智能人才指标排名前十的国家分别是美国、新加坡、中国、拉脱维亚、以色列、英国、卢森堡、越南、德国和比利时。从空间分布看，北美洲和欧洲是人工智能人才

---

① 史安斌：《2017 全球新闻传播新趋势》，《国际传播》2017 年第 3 期。
② 张意轩、雷崔捷：《"人工智能+媒体"落点何处?》，《青年记者》2018 年 10 月上。

的主要集聚地。中美两国人工智能顶级学者绝对数量领先,分别是1598位和1483位,远高于世界上其他国家。[1]

在全球范围内,人工智能人才的供给量根本满足不了行业需求,尤其一流的精英人才依旧稀缺,甚至于某些公司干脆借开学术会议的机会,为自己招贤纳士。有公司在延揽顶级的研究人员时,甚至愿意开出7位数字的年薪。在全球范围内,大约有2.2万名具有博士以上学历的人工智能从业人员和研究人员,有大约5400名人工智能专家活跃于各大人工智能大会。[2] 在全球范围内,人工智能专业人才的争夺不断升温。根据领英的数据,仅在2015—2017年3年期间,领英平台发布的AI职位增长近8倍。相比较而言,我国传统新闻媒体数十年来采写编辑后台剪辑职位习惯以人力人脑为主,技术导入机制和技术创新协同机制也不顺畅,技术人才储备相对不足,再加上资金实力和体制等多重原因,很难直接引入高水平的AI人才。

(一) 中国新兴传播人才发展现状

据领英人才数据库统计,中国的人工智能人才总数达5万以上,人工智能领域工作10年以下的人才数量在各个年限都超过了美国,人工智能领域工作10年以上的人才达到38.7%,中国592家人工智能企业中约有39000位员工。[3] 清华大学计算机系AMiner团队发布的人工智能全球最具影响力学者榜单显示,中国依旧是人工智能研究热度最高的国家。在人才流向上,中国呈现出令人欣喜的正向流入状态。近年来,中国在人工智能领域的论文和专利数量保持高速增长,已进入世界第一梯队,除了有特大影响的人才外,中国发表有影响(即被引用)论文的作者人数与美国之间的差距持续缩小,发表没有被引用的论文的作者人数大幅增加并超过美国。相较而言,中国需要在人工

---

[1] 《全球人工智能创新指数排名:中美在第一梯队,算力、人才如何分布》,见 https://b人工智能jiahao.b人工智能du.com/s?id=1743403093318159121&wfr=spider&for=pc,2022年9月8日。

[2] 张孝荣:《中美两国人工智能产业发展全面解读》,见 https://tech.qq.com/a/20170802/022183.htm,2017年8月5日。

[3] 周超臣:《别自嗨了,看看中美人工智能差距有多大》,见 https://tech.sina.com.cn/it/2019-03-22/doc-ihtxyzsk9479158.shtml,2019年3月22日。

智能研发费用和研发人员规模上的持续投入,需要加大算法和算力等基础学科的人才培养力度。①

就中国 AI 行业而言,人才供求比例失衡,高达 1∶10。根据 Quora 网站报道,大多数人工智能人才最开始是软件工程师和来自生物科学等专业的人才。目前 AI 行业市场需要的专业大多是 AI 机器学习研究、AI 软件开发和程序治理及研究、数据挖掘与分析、机器学习应用等领域。AI 机器学习研究大多需要的是"科学技术工程数学(STEM-Field)"专业的博士,与 AI 软件开发和程序治理及研究专业对口的是那些擅长 AI、机器人和数学等专业的人才。数据挖掘分析领域也需要相关专业博士生,至于机器学习应用专业人才,要求胜任训练机器识别某些姿势和图像,防止金融诈骗或者分析广告及营销活动内容等技能性较强的工作。目前 AI 的开发和应用还处于行业发展初期,很难界定什么人才能够胜任 AI 行业的发展,但是毋庸置疑的是,会写代码是最基本的素质,而且需要会写多种语言的代码。②

(二)人才计划

近年来,中国政府加快人工智能技术的商业化进程,推出一系列人才招募、投资和研发计划,鼓励国有企业、私营机构、军事机构参与人工智能技术的研发进程。根据国家发改委公布的《2018 年"互联网+"、人工智能创新发展和数字经济试点重大工程拟支持项目名单》,在"互联网+"重大工程的基础上增加人工智能、数字经济两个新型专业和行业。国家发改委在全国批复多个人工智能公共资源基础服务平台,旨在推进人工智能产业化,在识别率、容量、响应速度甚至市场化等方面都有详细的规划和规定。显然,人工智能是中国产业未来的发展方向,将来不论是生活还是工作,我们周围都会充斥着人工智能技术和设备的身影,人工智能将为我们的工作、生活和休闲带来实质性的大变化。

---

① 张孝荣:《中美两国人工智能产业发展全面解读》,见 https://tech.qq.com/a/20170802/022183.htm,2017 年 8 月 5 日。
② 清华大学中国科技研究中心:《中国 AI 发展报告 2018》,见 https://www.sohu.com/a/244758046_673573,2018 年 8 月 2 日。

在教育方面，教育部指导逐步推广编程教育，鼓励社会力量参与寓教于乐的编程数字软件、游戏软件的开发和推广，支持开展人工智能竞赛，鼓励进行形式多样的人工智能科普创作，为我国当下和今后的人工智能发展做好人才储备。教育部颁布的《高等学校人工智能创新行动计划》（下文简称《行动计划》），旨在推动高校人工智能教育体系改革，培养更多的科技创新人才，力争有更多的科技原创成果，为国家人工智能战略的顺利实施提供配套性方案和可行性计划。

《行动计划》包含四大原则、三大目标、十八项重点任务和四项具体措施。其中，四大原则是：坚持创新引领：把创新引领摆在高校人工智能发展的核心位置，准确把握全球人工智能发展态势，进一步优化高校人工智能领域科技创新体系，把高校建成全球人工智能科技创新的重要策源地；坚持科教融合：全面落实立德树人根本任务，牢牢抓住提高人才培养能力这个核心点，推动人才培养、学科建设、科学研究相互融合；发挥科研育人在高等教育内涵式发展和高质量人才培养中的重要作用，并通过创新型人才的培养不断提升国家自主创新水平，构筑持续创新发展的优势；坚持服务需求：深化体制机制改革，强化高校与地方政府、企业、科研院所之间的合作，加快人工智能领域科技成果在重点行业与区域的转化应用，提升高校服务国家重大战略、服务区域创新发展、服务经济转型升级、服务保障民生的能力；坚持军民融合：准确把握军民融合深度发展方向、发展规律和发展重点，发挥高校在基础研究、人才培养上的优势和学科综合的特点，主动融入国家军民融合体系，不断推进军民技术双向转移和转化应用。"

（三）高校行动

为了落实《行动计划》，直面人工智能爆发式增长，追赶人工智能的发展潮流，中国高等院校科研院所采取实际行动，努力实现以下三大目标。到2020年，在我国基本完成高校科技创新体系和学科体系的优化布局，在人工智能基础理论和关键技术研究等方面取得新突破。到2025年，高校在新一代人工智能领域科技创新能力和人才培养质量显著提升。到2030年，高校成为建设世界主要人工智能创新中心的核心力量，以及引领新一代人工智能发展的人才高地，为我国跻身创新型国家前列提供科技支撑和人才保障。

为此,必须优化高校人工智能科技创新体系,加强新一代人工智能基础理论研究,推动人工智能核心关键技术创新,加强高水平科技智库建设,加大国际学术交流与合作力度。同时,完善人工智能领域人才培养体系,完善学科布局,加强专业建设,加强教材建设,加强人才培养力度,开展普及教育,支持创新创业,加强国际交流与合作,推动高校人工智能科技成果转化与示范应用,加强重点领域应用,推进智能教育发展,推动军民融合,鼓励创新联盟建设和资源开放共享,支持地方和区域创新发展。在《行动计划》指引下,教育部成立人工智能科技创新战略专家委员会,指导和协调计划的实施,面向国家重大战略需求适当增加研究生招生指标。在"长江学者奖励计划"等国家重大人才工程中,加大向人工智能领域优秀人才的倾斜力度,并通过中国高校科技成果交易会等方式加强对高校重大科技成果的宣传和推广。清华大学、浙江大学等60多所高校先后创立人工智能学院或人工智能研究院,为我国培养人工智能方面的专业人才。

三 新兴传播治理滞后

随着克劳德·香农对人工智能事业的高度智慧渗透,人工智能技术在新闻传播领域的实际应用逐渐扩大,但是新兴传播的理论研究还处于摸着石头过河的搜索时期,新兴传播在高校新闻院系的战略布局远远落后于高校计算机学院、自动化学院或信息学院等的快速反应能力。迄今为止,已经有清华大学、北京大学、浙江大学等60多所高校先后创立人工智能学院或人工智能研究院,而新闻院系均未创建新兴传播学院(研究院),与我国新闻传播领域对新兴传播人才需求严重脱节。因此,必须重视新兴传播人才的培养,用创新和协同机制不断提升新兴传播人才的综合能力。改变传统媒体招聘重采编、轻技术的现状,加大智能技术人才的培育力度。同时加强传统采编人员的智能技术培训,提升采编人员之间以及人机之间的协同创新能力。

武汉大学大数据与云计算实验室主任崔晓晖教授在接受虎嗅采访时表示,在基础人才培养方面不应该在大学里专门设一个人工智能相关的学科或学院，"人工智能是一个高度交叉的学科，应该把人工智能做成一个通识课，分布在各个专业里，从小学、中学乃至大学都应该让学生去学一点。"崔晓晖说，"学科建设更多的是高端人工智能人才的培养，在这方面更多的是基础理论，这就需要一个学科，在资源获取上更容易一些，因为中国在资源分配方面是按照学科给你分配的。"创建中国特色的新兴传播学院（研究院），不仅仅是创立一个学术研究品牌，更是我国新闻传播创新意识的具体体现，是贯彻落实教育部颁布的《行动计划》的专业化行动。

在现有的机器学习能力下，人工智能还没有办法和一流的人类记者、编辑在复杂写作上相竞争，在创造力、想象力和思辨力、判断力上相抗衡，情绪、情感、思想等较为微妙且难以量化为数据的要素，也决定了AI暂时无法直击"痛点"，在传媒行业完全取代人类。当然，也不能小看人工智能的深度学习能力，其升级进化还在不断推进。

2017年年初，美国哥伦比亚大学新闻学院托尔数字新闻中心发布《平台新闻：硅谷如何重塑新闻业》研究报告。报告提出，社交媒体和科技公司对美国新闻业影响极大，甚至超过了从纸质媒体向数字媒体转变的影响。新闻机构传统的消息发布和出版职能正在被社交媒体和科技公司快速"接管"，后者现在掌控着受众看到什么、注意力在何处，乃至何种形式和类型的新闻会受到欢迎等支配性话语权。[1]

在建设与发展中国特色新兴传播治理体系的进程中，应该正确审视传统媒体的优劣势。其一，相比具有人力、物力、流量优势且已在"人工智能+媒体"的道路上大踏步前进的互联网公司，新闻媒体起步较晚且在技术、资金等方面都不占优势。鉴于人工智能带来的革命性影响，某种程度上，传媒行业正进入"极限挑战"模式，新闻媒体必须正视自身在这一最新潮流中的后发位置，采取措施积极应对。其二，传统媒体大数据累积少，"致命一环"缺失。人工智能的基础是

---

[1] 参见王悠然《信息控制权从少数人转向大众：社交媒体正在重塑新闻业》，《中国社会科学报》2017年4月14日第3版。

大数据，要实现"AI＋News"的最佳匹配，离不开对于用户数据的积累和挖掘。目前，在移动端应用TOP20中，9家来自拥有微信、QQ海量社交用户数据的腾讯，5家来自拥有淘宝、支付宝消费与交易信息的阿里巴巴，2家来自提供信息搜索、连接信息与服务的百度，上述3家科技公司通过超级平台实现了对用户的大范围覆盖，能够最大限度地沉淀用户数据。① 相比之下，国内的大多数媒体在用户数据积累方面存在先天不足。少数传统新闻媒体客户端在自己的平台也有数量不小的用户，但由于技术水平或大数据意识不足，此前也缺少对用户数据的分析和挖掘，并未为AI时代的发展打下良好基础。新兴传播治理实践更多停留于摸索水平，新兴传播治理理论可谓一片空白。

总之，借力于5G赋能，新兴传播产业链集聚了无限量的传播终端和丰富多样的传播渠道。新兴传播治理既要从传播环境、传播群体、传播终端等外部渠道开展工作，又要从媒体传播机构、场景渠道、传送渠道和反馈渠道等内部建设与智能治理系统完善上开展工作。随着新兴传播技术和新兴传播政策的陆续出台和不断改进，引导力、品牌力、传播力与影响力成为评价传播效果的主要指标，智能传播需建构合理的协同共进机制，反馈渠道应有科学合理的监管制度。

第二节　智能治理激励机制

从全球新闻传播实践看来，人工智能技术已经渗透到媒体日常生产的线索发现、内容采集、内容写作、内容分发、效果反馈、内部协同、自动处理等全部环节。同时，通过自主研发、开源软件、购买服务等方式，媒体拥有从内容治理系统到平台应用等丰富的智能工具选择。发挥新兴传播技术对创新的支撑和引领作用，加大人工智能技术在新闻传播领域的储备和研发，针对传媒业生态的关键维度——用户平台、新闻生产系统、新闻分发平台及信息终端等，加大人工智能技

---

① 参见Trustdata《2017年Q1中国移动互联网行业发展分析报告》，见http://www.199it.com/archives/585976.html，2017年4月25日。

术渗透融入，并在语义识别和分析、VR/AR、机器算法、深度学习、大数据、物联网等新技术集群的研发和应用方面，为媒体内容生产与呈现开拓想象空间。新兴传播治理是人工智能与治理学科、知识工程与系统工程、计算机技术与通信技术、软件工程与信息工程等新兴学科的相互交叉、相互渗透而产生的应用型学科，主要内容涉及如何提高新兴传播治理领域的水平以及治理系统的设计理论、方法与可行性技术。新兴传播治理以现有治理模块（如信息治理、生产治理）为基础，以智能计划、智能执行、智能控制为手段，以智能决策为依据，智能化配置企业资源，建立并维持现代传播企业运营秩序，促进企业治理各要素（硬、软件）之间高效整合，并结合企业人力要素构建"人机协调"的治理体系。

人工智能与新闻传播的全面融入，不仅大大提高了新闻创作业务的效率和可靠性，而且可以促进跟踪项目进度和绩效，成为新的新闻传播治理工具，实时地在传播质量和新闻资讯可靠性方面对持续关键业绩指标（KPI）做出判断、分析和预测，有助于发现某些被搁置延误的事情，明确并坚定对项目进展的信心，协调一致朝着明确的工作目标方向前进。并且，给予资本运作能力相对较弱、创新意识相对迟缓的传统新闻传播机构在新兴传播领域更多的政策倾斜、资金投放安排倾斜以及一些新闻作品评奖制度倾斜，将会成为有力激荡新兴传播治理的振聋发聩春雷，大大激发全行业全领域的创新热情。

一 建立共享性开源平台

各类专家、各级领导看到了智慧开源共享的重要性和必要性，纷纷在此领域建言献策。科技部（原）部长万钢强调，建设开放、开源平台的重要性，便于新兴传播创业者、新兴传播先行先试者优先享受到人工智能技术进步给我国新闻传播事业所带来的红利。新兴传播的研发与应用，需要大量的资金投入，不仅一般的传统新闻传播机构难以承受，就连新兴媒体机构也需要足够的魄力和胆识。建立开放、开源的新兴传播平台，让新兴传播链条上的所有创新创业机构共享已有的技术成就和大数据资源，能以相对低的代价获取创新成就，让新兴传播技术更有效地实现转化，激活我国新闻传播行业在 5G 时代的创新思维，激发全领域全社会的创新精神。

新华社国家高端智库传播战略研究中心与新华网融媒体未来研究院共同完成的《智能编辑部发展报告》指出，以智能化技术为基石、以人机协作为特征、以提升内容生产传播效率为目标的智能编辑部形态，成为媒体面向未来前瞻而务实的思维方式和发展方式。报告认为，智能编辑部将成为媒体机构的核心引擎，推动媒体整体转型升级。报告还对智能编辑部的未来发展提出了四点判断：第一，智能编辑部是进化不是革命，是升级不是颠覆。第二，智能编辑部是面向未来、应对困境的务实举措。第三，智能编辑部是有机的体系而不仅仅是工具的应用。第四，智能编辑部的普及和进化将进一步加快。媒体对于智能编辑部应持谨慎乐观和积极推动的态度，这有助于建设和创造更加适应时代的新型媒体。

建立全国行业性的新兴传播开放、开源平台，可以辅助用户资产的运营，改善用户体验。媒体的未来不再是新闻和传播，而是在于数据和服务，生产和传播必须高度融合。传统媒体的最大问题是重建和用户的连接。"中央厨房"不能忽略用户资产的运营，要将积累的大量用户信息，用结构化的数据汇集存储，利用人工智能技术对数据库进行挖掘，建立受众用户模型。要做好大数据和云服务的基础工作，充分运用已经取得突破的大数据的发展和计算能力。还要加强知识图谱和深度学习的应用，用大数据和人工智能解放生产力，重构生产关系。

新兴传播呈现下列 9 种形态：机器学习、机器人、计算机视觉、协同系统、众包和人类计算、算法博弈理论与计算社会选择、物联网以及神经形态计算。[①] 不同传播行为，因属性和功能的差异采取不同的治理策略。针对机器学习，媒介及媒介治理者要成为学习型组织，与 5G 和智能技术知识相联系，向用户提供或传达科普或实用性信息。针对机器人，要训练机器人以通用型、预测性的方式与用户互动。新闻报道要走向深度分析和精准推送。针对计算机视觉，要与城市智慧

---

① 参见陈旭管《姜进章：人工智能在传媒组织的应用》，《中国传媒科技》2017 年第 4 期。

传感系统建立联结，发挥感测潜质，进行大数据和云计算治理，自然语言处理系统能够实现与用户智能化互动的目的。针对协同系统，模型和算法的开发和设计能够与其他系统和人类进行无缝对接性的协同工作。针对众包和人类计算，要打造全球智能化系统，让全球媒介和治理者深入融合，真正形成智能化地球村。针对算法博弈理论与计算社会选择，新兴传播广告或综艺节目要紧紧抓住用户的注意力，紧紧围绕用户行为来展示广告内容或节目内容。针对物联网，治理者要引导市场走"人工智能＋"技术与生产、生活相融合的道路，推进经济社会朝着智能化家电、汽车、建筑、相机和物流方向前进。帮助媒体建设多种智能传感器，动态即时捕捉社会信息，进一步促进物联网大数据技术的更新换代。针对神经形态计算，引导市场开发一套用来模拟生物神经网络的技术，用以提高硬件效率和促进整个智能城市化系统的稳定性。

因此，建立全国行业性的新兴传播开放、开源平台，让更多传统新闻传播机构和新兴媒体机构共享创新成果，实质上就是一个目标群体治理上的激励问题。随着中国主导的5G技术全面商用，中国特色新兴传播体系逐渐建立，通过共享性开放、开源的新兴传播平台，不仅可以大量节约社会成本，降低企业运营资本，大幅度提升研发和应用效率，而且可以使我国新闻传播事业和新闻传播产业由此迈上一个新台阶。

二　建立健全新兴传播创新激励机制

新兴传播是先行先试者的"高产地"，也可能是这些先行先试者"先锋"变成"先烈"，这就需要有关决策部门拿出切实可行的激励机制，建立健全中国特色新兴传播创新激励机制，让新兴传播创业者破除思想顾虑放开手脚大干一场。其中，对新兴传播新技术的知识产权保护，处理好"激励"和"开放"之间的关系，是新兴传播治理的一个至关重要的激励维度。

知识产权是激励新兴传播创业创新的开路先锋，也是他们得到应有报酬的有效保障。给予第一线的新兴传播研发人员以足够的回报，让他们有充足的积极性进行创造，让知识的生产者能够从创造知识的过程中切实获得收益，可以反过来进一步促进和调动工作热情，又会带动新一批创新创业者投身于新兴传播新浪潮之中。妥善处理"激励"和"开放"之间的关系，对新技术知识产权保护宽严相济，既要保证新兴传播新技术、新产品、新成果顺利推广、顺利实施，让创新创业者的积极性和自豪感充分满足，又要严格治理规章，尽量杜绝各个环节的治理漏洞。

三 推行新兴传播研究激励实施细则

从经济学角度看，新兴传播的基础性研究具有公共属性和工艺特质，很难在短时间内见到直接效益，时间周期相对较长，是一项相对艰辛的"蓝领工作"。由于激励动能不足，基础技术的有效供给往往会少于需求。这就要求有关方面持续深化和拓展对人工智能技术基础研究的理解，用更开放的心态拥抱智能化变革。人工智能技术目前还处于比较初级的水平，应该冷静客观看待，多角度思考和审视。人工智能会给新闻操作方式带来改变，但新闻人的理想和情怀永远是新闻业发展的根本。在相信人机协作能够为传媒业带来更广阔未来的同时，媒体应用人工智能应做好"板凳要坐十年冷"的研究开发准备，为不断深化、持续迭代发展做筹备、做积累。

针对人工智能基础理论研究落后于实践需求的沉疴痼疾，中宣部、科技部、文化部、教育部、工信部、国家广电总局、国家市场监管总局等部委应该联手行动，用产业政策和资金支持措施对相关基础技术的研究进行大力扶持。例如，上述部门可以考虑安排专项资金，对口建设新兴传播研究项目，尽快发展一批有样板示范效应的创新机构，让敢于创新、敢于对接新技术、新潮流的新闻传播机构尝到甜头。有关部委还可以专门设置"新兴传播"科技创新课题和社会科学专项课题，保障科研人员的科研经费，进而组建更强大的科研团队，全面调动高等院校科研院所的积极性。科技创新奖、科技发明奖、中国新闻奖、教育部社科奖、国家艺术基金等奖项和资金扶持应考虑更多关注新兴传播基础理论研究和实践应用，突出表彰和支持该领域的成就成果和基础研究。

四 创新人机协同共进机制

新兴传播治理之协同共进机制，既要充分调动传播人的积极性，同时要调动智能机器人的积极性，这就需要新一代治理者视智能机器人为同事，通过智能机器人提升现代媒体治理者的判断力，为以数据为驱动的各种模拟、情境、研究与发现活动提供支持。新一代治理者需要较强的社交能力来进行高效团队建设——梳理并汇集不同意见、洞见和经验，为集体决策、解决复杂问题提供支撑。治理者还要利用数字技术，充分激发合作伙伴、客户、外部利益相关方的分析力和判断力。

千百年来，中文的思想体系的功效就在于融合人与人之间的关系。美国人的英语文字，则早已经融入于技术之中。人类语言的思想内容体现在技术工程方面，是人融入技术，连接的是人和物的关系。如果按照这个趋势发展下去，汉语代表文科和人类智能，英语则代表理科和人工智能，它们面临的课题和代表性的话语是 GNR 技术融合、强人工智能和超人工智能、新物种、奇点、性爱机器人等，体现的是对现有伦理秩序、人类智能的多重挑战。中国人的人工智能是一种社会开放体系，以社会需求和社会稳定性为导向；美国人的人工智能是一种技术开放体系，以技术发展的可能性和效用最大化为导向。各自所依据的发展理念、底层逻辑、选择性并不一致。科学合理的新兴传播治理，应该是成功融汇中美两种科技体制，熟悉它们不同的话语词汇的人。[①]

智能机器人治理的组织结构，比较适宜采用二元扁平化组织结构。这二元的意思是人类作为治理者为一元，机器人作为员工为另一元。在智能机器人写稿、新闻纠错、新闻场景创造等技术还不是很发达的时候，可以用人类作为治理者直接治理所有机器人。这需要新兴传播

---

① 参见天下闻达《中美发展人工智能的格局有什么不同》，见 https://cloud.tencent.com/developer/news/156028，2018 年 4 月 22 日。

治理者都是机器人技术治理方面的专家，因为机器人员工需要专家输入指令、编程、生产调度、配置、维修保养等关键数据。所以，智能机器人机构是由专家委员会，或者是技术治理委员会作为机构的决策层与治理层，而智能机器人作为机构的执行层与操作层，也就是专家委员会下设机器人制造部、机器人生产运营部、机器人调度部、机器人维修护理部等。随着智能机器人技术的进一步推广普及与智能机器人技术的升级，或者全部采用智能机器人进行生产。这时，就需要一台超级电脑进行智能机器人的治理与调度，进行机器人的操作与维护等工作，而专家委员会将把超级电脑作为重要的决策者，通过超级电脑发出各种生产指令与治理指令，而专家委员会的专家们通过操作超级电脑向生产部门与辅助部门发出决策命令，生产部门与辅助部门的机器人接收命令后，自动化地进行生产运作。[①]

第三节　智能治理规制保障

　　法律法规是一切治理体系的纲领，是决定治理方向正确与否的基石。针对新兴传播发展进程中有可能出现的各种风险，针对新兴传播协同共进机制的调校验证，有关方面适时出台新兴传播法律文件、规章制度，是新时期我国传统媒体和新兴媒体向新兴融合传播进化过程中健康有序发展的基础。

　　控制人工智能技术在新闻传播领域应用可能带来的公共危险，最终还是由法律制度和治理规章来加以约束。人工智能作为一种新生事物，法律规章制定的主管单位短时间内还有争议，这有点类似于新兴媒体刚刚出现时中宣部、文化部、国家广电总局、工业和信息化部、国家安全部、国家工商总局（国家市场监管总局）等牵涉其中。当下的智能治理机构，可以考虑由国务院牵头，联合上述单位加上教育部，共同制定新兴传播治理法规。在新兴传播法规制定过程中，为了监管

---

① 参见李文武《人工智能治理学》，见 https://m.sohu.com/a/214570882_100097039，2018年1月4日。

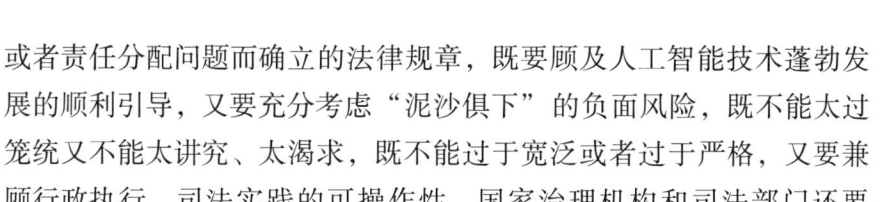

或者责任分配问题而确立的法律规章,既要顾及人工智能技术蓬勃发展的顺利引导,又要充分考虑"泥沙俱下"的负面风险,既不能太过笼统又不能太讲究、太渴求,既不能过于宽泛或者过于严格,又要兼顾行政执行、司法实践的可操作性。国家治理机构和司法部门还要"联合行动",根据新兴传播技术的发展和进步,未雨绸缪解决好人工智能的可预见性问题,不断调整最接近因果关系的判断标准。从限制新兴传播所造成的损害和负面影响的规模来看,新兴传播的法律法规制定与实施,确实带给治理机构和现行司法体系不小的挑战。

如今,世界上最强大的超级计算机掌握在各国政府机构、国有企业、大型研究机构以及市值巨大的上市公司手中。人工智能产业发展趋势表明,人工智能的发展由大型商业公司以及政府来推动,其商业发展潜力引发人工智能领域的一场激烈竞赛,各大公司争先恐后地投资于人工智能项目。在2014年1月,谷歌公司以5亿美元的价格收购深度思维公司(DeepMind),深度思维公司是一家致力于人工智能开发的英国公司。在人工智能的研究领域,几乎所有的科技巨头都有重要的人工智能研究项目,包括IBM的Watson、脸书的人工智能研究实验室以及微软的Adam项目。因此,人工智能的发展重心是这些超大型公司未来的科技发展。可见,上述大公司或跨国公司的行业自律至关重要。

微软CEO纳德拉2016年在演讲中提出微软发展人工智能的六大原则,包括AI必须是透明性的,在追求效率最大化的同时不损害人类尊严,必须保护隐私,防止产生偏见,向算法问责和辅助人类等。这六大原则是微软AI研发的核心设计原则。2017年1月,微软还发布了《人工智能政策建议》,包括革新法律和法律实践以促进AI发展,鼓励制定最佳实践伦理准则,以AI带来的好处为基准衡量隐私法,政府以及公共部门通过启动重大项目和系统来促进AI的传播和应用。IBM的Watson团队很早就成立伦理审查委员会,并且在2017年达沃斯世界经济论坛上公布了发展人工智能的三个基本原则:不以取代人类为目的,增加透明性以及提高技能培训和供给。

英特尔在发布的《人工智能公共政策机会》中对外传达了其对人

工智能技术的社会影响回应，包括促进创新和开放发展，创造新的就业机会并保护人们的福利，负责任地促进数据获取，重新思考隐私PBD、公平信息实践原则等，符合伦理准则的设计和执行以及配套的可责性原则。谷歌DeepMind团队也宣布成立人工智能伦理部门，进一步加强AI技术研发和应用，将AI伦理等公共政策提上议程。

人工智能研究开发和行业应用的热度持续升温，人工智能公共政策成为全球公私部门关注的热点。2017年10月，石油大国阿联酋将人工智能确立为国家战略，同时高调任命全球首个人工智能部长，表明阿联酋要用数据这一"新石油"和人工智能来解决其社会和经济发展问题的决心。同年10月，英国工业联合会（CBI）发布《在英国发展人工智能》的报告，十分看好大数据、人工智能等对英国生产力的促进、提高作用，预计到2035年AI将给英国经济增加8140亿美元，并为此提出18条公共政策建议，涉及"提高数据获取、促进技能供给、最大化AI研发、支持AI传播和渗透"四个主要层面。[①]

上述国外先进的新兴传播法律实践，可以"按图索骥"拿来消化吸收，作为中国新兴传播法律法规制定和行政实践的借鉴范本，既注重公共权力部门的政策法规制定，从中央级省市级的传统媒体和大规模的新兴媒体入手，着手新兴传播行业自律意识培养和新兴传播行业准则制定与实施。

一 立法机构的推动作用

美国、欧盟、英国、德国等发达国家自2016年以来积极推进人工智能公共政策，在发布的政府报告或者国家人工智能战略中呼吁进行政策、法律、伦理、社会影响等综合性研究，积极推动人工智能立法、人工智能伦理准则制定以及自动驾驶、医疗机器人等领域细分化立法。美国立法者认为，理解人工智能并为人工智能的发展做好准备，对于美国经济发展和社会稳定至关重要，发展人工智能可以促进数字经济

---

① 参见徐思彦《英国再推人工智能报告，四方面发力打造AI强国》，见 https：//www.sohu.com/a/198391104_455313，2017年10月16日。

发展、促成更好决策并帮助解决现实问题。2017年年底，美国国会提出两党议案：《人工智能未来法案》，该法案是美国针对人工智能的第一部联邦法律。根据法案，美国商务部应当成立"联邦人工智能与应用咨询委员会"，负责向国会提交人工智能相关事项的研究报告，并对出台人工智能相关立法或政策措施提出建议。《人工智能未来法案》重点关注人工智能对经济发展、劳动就业、隐私保护等方面的影响，并为进一步开展具体行业立法奠定基础。《人工智能未来法案》的制定，有利于人工智能深入发展，应对人工智能发展给美国劳动力带来的潜在增长、重塑或改变，有利于促进和支持人工智能的广泛应用，并且保护个人隐私权利。

为了达到鼓励科技创新驱动前提下最大限度地管控人工智能在新闻传播领域带来的公共危险目的，我国可以借鉴西方发达国家人工智能立法的先进经验，在立法层面起草《人工智能发展法》，创建监管人工智能系统安全的专门机构，顺势将新兴传播治理法规起草到位。《人工智能发展法》的立法目的，应当是确保人工智能是安全的，并且受制于人类的管控，与人类利益相一致，应当制止那些不具有这些特征的人工智能科技研究与应用，鼓励具有以上特征的人工智能科技发展。

美国《人工智能未来法案》是继奥巴马政府出台"美国国家人工智能研发规划"之后的第一个联邦法案，其核心在于促进人工智能应用和创新以保持美国在该领域的全球竞争力。从内容上看，《人工智能未来法案》是建立一个由不同部门、不同领域、不同地域的代表组成的咨询委员会，为后续的法案及政策出台做准备。从其研究焦点来看，为人工智能的发展和创新创造有利环境、人工智能技术应用对美国劳动力市场的影响以及隐私保护、责任认定、智能政府等均是该法案的核心关注点，该法案及时回应了各界对人工智能的关切。其成果和影响将为政府决策及后续的立法工作提供基础性支持，体现了信息时代对监管的专业性、谦抑性要求，有利于将监管重心聚焦于技术发展导致的明确问题，在培育创新的同时确保技术不会危及社会安全，避免公权力过早介入人工智能领域而对技术及产业发展造成阻碍，这一包容性的监管思路值得借鉴。

人工智能是一个新兴的高科技领域，立法者可能无法判断哪种人工智能技术会带来什么样的公共危险，新兴传播治理也不例外。所以，我国《人工智能发展法》的立法任务，可以参照美国《人工智能未来法案》咨询委员会由教育部、司法部、劳动部、交通部、联邦贸易委员会、国家标准和技术机构、国家科学基金会、国家科技委员会等组成的组织架构，根据我国国情酌情甄改，同时吸纳新闻传播机构代表和学界专家，专心于新兴传播立法工作。

二 政府机构的引导作用

智能反馈治理是指对于新兴传播过程中出现的正反馈或负反馈现象加以正面促进或负面修正的控制过程。正反馈是采用正常的渠道，以合理的方式对传播者所传播的内容进行的积极评价、建议，可以让传播者改进传播策略，优化传播内容的反馈方式。负反馈是虚假、错误信息不能帮助传播者更好改进传播行为的反馈方式。智能反馈治理主要涉及人工智能系统监管过程中遇到的风险、挑战、能力和策略等。

在治理新兴传播的公共危险方面，国家立法机关、行政机关以及司法机关等政府职能部门，有其各自的权利限度和职责能力范围。中宣部、文化部、广电总局等国家行政机构，通常在确定规范新兴传播内容题材方面，拥有比司法和立法机构更加专业的能力，但是司法和立法机构可以通过咨询聘请的专家来缩小这种能力差距。尽管行政机构与立法机关在采取事前措施，防止损害发生上有着比司法机构更大的自由，但是他们并不在实践中经常行使这种权利。

（一）立法机关

立法机关作为一个监管机构具有民主正当性、授权与监督等特征，这些特征使其成为建立监管体制和树立基本原则的起点。立法机关通过制定的法律，相比政府的法令或者司法机关的裁判，更能反映公众意愿，所以更具有民主正当性。对于重大基础性法律与道德原则的问题，公众更倾向于希望立法机关来做出决策，立法机关是最能够胜任做出价值判断与衡量决策的机构。新兴传播监管体制必须得到社会公众的认可，得到立法上的承认和确保司法应用的合理性和实操性。新

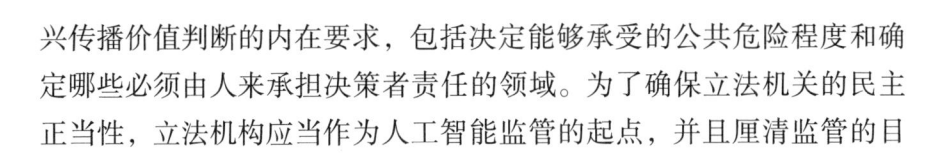

兴传播价值判断的内在要求，包括决定能够承受的公共危险程度和确定哪些必须由人来承担决策者责任的领域。为了确保立法机关的民主正当性，立法机构应当作为人工智能监管的起点，并且厘清监管的目标与应该建立的监管体制。

新兴传播立法者能够通过授权立法，这种授权团体可能是立法机关内部下设的委员会和隶属委员会，或者是行政机关、司法机关、民间组织等外部机构，减小立法机关同政府机关之间的专业性差距。更重要的是，新兴传播授权立法使得立法机关可以将其不擅长的专业立法任务，分配给外部机构的专业委员会。立法机关拥有自由裁量的权力更大，能够直接制定政策，或者将该项自由裁量权授予一个政府机构。

立法机构还应采取多种措施监督授权立法的行使，包括控制预算的权力、采取受到监督的听证能力以及完全收回授权的权力等。这样，立法机关就能够在司法机关或者政府监管机构没有建立起良好监管体制的情况下介入，重新分配监管权力。若政府监管机构或司法机关，能够建立理想的监管框架，立法机关就可以通过法典化手段将该监管框架制度化。

（二）行政机构

政府行政治理机构内某一个部门的决策者，可能是在相关领域有着专业知识背景的专家，所以政府机构能够以更广阔的视野考察特定问题。在新兴传播的监管领域，行政机关的灵活性、专业性和独立性等特点，让其能够做出更好的监管决策。

政府行政治理机构与立法机关、司法机关相比，在机构构成、组织形式、机构负责人的选择与任期等上面，都有着明显的优势。行政机关不仅仅是一个立法机构与司法机关决策的执行者，它在某种程度上可以包含三者所有的职能。它不仅能像立法者一样制定政策，而且能够像司法机关一样处理矛盾纠纷，而且还有执行决策的能力。行政机构还能通过收集和发布关于某一行业的相关风险信息来影响企业的经营行为。

新兴传播政府治理机构的组成人员可能由人工智能技术专家、新闻传播学专家、治理学专家等特定行业专家组成，行政机关本身被赋予一项具体的任务，这样行政机关组成人员可以只关注于与特定行业相关的事项。而立法者与法官都是通才，他们的工作横跨所有的行业与法律领域，所以缺乏专家化与专业化的处理。政府治理机构的专家化优势，可能随着最新科技的迅猛发展而逐渐失去，因为新兴传播的研究领域涉及面太广，传播学、云技术、计算机科学、语言学、心理学、哲学、艺术学、人类学等无所不包，且人工智能的研发日新月异，今天的人工智能专家可能难以预估明天人工智能研究的安全与风险问题，所以行政机关要确保在某一段时间内行政机关有足够多的能够胜任的专家。

将新兴传播政策的制定权交给政府治理机构，代表一种价值选择，即将公共问题的解决，由立法机构代表的大多数民意，转换成行政机关直面解决的问题。此外，行政机关还能够进行独立的调查，该优势使得行政机关不同于司法机关，法官虽然有权利传唤特殊的证人，但是很少使用该项权利，行政机关显然没有这些限制。

政府治理机构能够在新兴传播出现损害和负面影响之前，就早早规划制定预防规避措施。但是，人工智能技术的某些功能是否有害，可能要等到其一定规模的应用后才能发现，即使行政机关有相关专家团队，行政机关很难制定相应的事前监管措施，这并不意味着行政机关在新兴传播的事前监管中无所作为。例如，通过公布新兴传播行业标准和加强公共舆论宣传，通过不给予许可或者禁止某项产品进入市场实现行政管辖，等等。此外，政府治理机构在收集与发布危险信息上，可帮助公众判断一个产品或某类产品的安全与危险性，通过各项标准来定义新兴传播的具体属性，必要时限制新兴传播的某些功能或者让人工智能一直处于社会监督之下。

三 监管机构和行业协会的监管与规范作用

人工智能监管机构需要建立规则来规范人工智能的研究和测试。这样的规则要求人工智能的开发者在一个安全的环境中测试设计、搜集数据，以便人工智能监管机构做出更加明智的审核决策。此外，人工智能监管机构在审批程序外，需要再建一套监督现有的可能带来公共危险的人工智能系统的解决机制。

人工智能监管机构职责包括制定政策和审批认证。政策制定方面，该机构将会被赋予定义人工智能的权力，有权创设豁免情形，允许在特定环境下人工智能研发者可以不受严格责任的约束，同时建立人工智能的审核认证程序。审核认证程序要求人工智能的开发者，在获准进行安全测试时提交测试结果和审批认证申请书。人工智能监管机构连同分支机构的人员，都应该具有与人工智能相关的教育经历或行业背景。此外，应保证所聘用专家能够跟上人工智能的最新研究趋势。

美国人工智能科技行业背后的行业组织一直着力行业自律规章制定，2017年10月24日，代表硅谷等科技行业发展利益和需求的美国ITI（信息技术产业理事会）发布首份《人工智能政策原则》，承认人工智能作为新技术将给社会经济生活和生产力带来变革性影响，AI系统可以用于解决一些最迫切的社会问题，而且AI系统应当不是取代劳动者，而是增强劳动者或者创造新的就业机会。ITI在这份文件中提出了三大层面的14个原则，从人工智能发展和创新的角度回应舆论关于失业、责任等的担忧，呼吁加强公私合作，共同促进人工智能益处的最大化，同时最小化潜在风险。[①]

各国人工智能专业学会或行业协会是政府正式批准的智能科学技术领域国家性社会组织，由从事人工智能应用的科技工作者，相关企事业单位以及依法登记的全国性非营利性的学术社团组织自愿构成，通过制定行业规章进一步规范人工智能技术研发和行业合规经营。2014年7月，中国人工智能学会智能传媒专业委员会挂牌成立，充分体现了全国各界人士对信息技术服务智能产业的核心领域信息化、智能化人才培养和高新技术研究的大力支持。中国人工智能学会智能传媒专业委员会本着"平等、自愿、协作、资源共享、共同促进与发展"的宗旨，为社会广泛输送数媒人才，促进全国数字媒体技术专业建设的发展及人才培养，为我国传媒产业发展发挥更持续、更重大的

---

① 曹建峰、祝林华：《美国信息产业理事会发布〈人工智能政策原则〉，AI公共政策成全球热点》，见 https://www.iyiou.com/p/58504.html，2017年10月28日。

作用，为引领新兴传播行业规范化建设做出积极贡献。

第四节　新兴传播内容治理

新兴传播连接着海量信息终端，其传播载体和传播渠道丰富多样，再加上变幻莫测的传播形式和顷刻间创造出来的成千上万条新闻信息或广告信息，以及"传播形式+传播内容+传播场景"等排列组合出几何级裂变的天量资讯，为新兴传播治理增添了管控难度。新兴传播的内容治理既要考虑传统大众传播时期的"把关人制度"，又要兼顾新兴媒体更多的自由发挥空间，还要考虑到信息内容反馈，做到新兴传播内容治理张弛有度、宽严相济。

在美国，创立于2007年的科技公司Automated Insights（AI）开发了一款名叫WordSmith的软件，可以自己编写一些简单的新闻事件，比如体育、财经类的专题报道。雅虎、美联社的相当一部分新闻稿件就是由这位WordSmith编写的。此外，《纽约时报》《华盛顿邮报》《洛杉矶时报》《卫报》近年来都已经将机器人不同程度地用到了新闻采编环节。

2015年9月，国内某平台财经开发的写稿机器人Dreamwriter发出"8月CPI涨2%创12个月新高"报道之后，以此为标题的新闻在朋友圈广为流传。这篇稿子报道了国家统计局当日发布的8月份CPI（居民消费价格指数）数据，并援引了国家统计局高级统计师、银河证券分析报告、交通银行金融研究中心、民族证券宏观分析师和申银万国首席宏观分析师的观点，之后穿插中国降息的背景，介绍了CPI的含义，与媒体记者日常的消息稿无异。据介绍，Dreamwriter机器人是在自动抓取的情报中通过算法在第一时间自动生成稿件，瞬时输出分析和研判，一分钟内将重要资讯和解读送达用户，但它不能分析新闻事件的原因和影响效果，不能分析行情，因此对记者职业影响不大。

机器人写稿的实质是云计算和大数据分析，从海量信息中找出最可能被受众关注的信息，通过智能算法，用读者能够接受或符合报道要求的形式呈现出来。这种技术与苹果的语音助手"Siri"、百度新推

· 308 ·

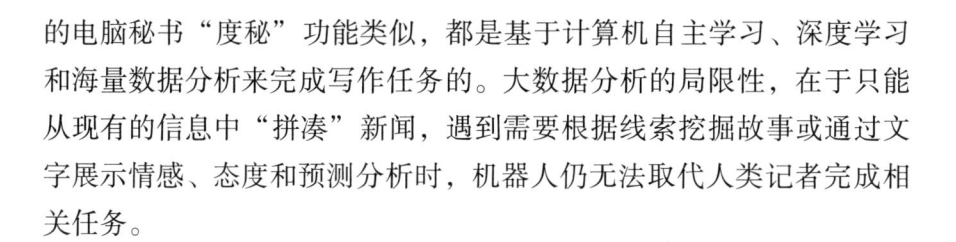

的电脑秘书"度秘"功能类似,都是基于计算机自主学习、深度学习和海量数据分析来完成写作任务的。大数据分析的局限性,在于只能从现有的信息中"拼凑"新闻,遇到需要根据线索挖掘故事或通过文字展示情感、态度和预测分析时,机器人仍无法取代人类记者完成相关任务。

一　新闻写作

智能机器人写作新闻报道,其实依靠人工智能"自然语言处理"技术,亦即 NLP（Natural Language Processing）技术。智能写作机器人先使用大数据平台分析信息,然后使用固定算法重新排列组合信息,再使用特定格式产生固定的写入模式。写作机器人的优势在于远超人类的"数量"和"效率"。如果你需要一份简单日常文案,机器人就可以一秒钟内帮你生成一篇或者几篇文案。目前,市场上用于编写文章的机器人可以分为以下三种类型：

第一种是基于模板的写作。使用文章模板填写数据库中的结构化信息,包括具体数字、百分比等,执行传统意义上的新闻报道工作。这种机器人适合撰写流水叙述型文章。第二种是信息提取后,机器人自动分析复杂的自然语言文本,从文章中提取关键信息,并重新组织输出语言。在保持主题不变的基础上,此类机器人可以进行原创写作工作。第三种是自我生成型机器人。通常的方法是通过训练语言模型对语言进行数学建模,然后使用原始方法逐个生成算法。

智能机器人可以帮助记者或编辑承担部分新闻撰写及发布工作,例如,体育赛事的得分,运动员身份的信息或者财经新闻的股票市场变化等需要花费大量时间和精力的工作。对于这种劳动密集型工作,人们可以采用自定义程序和应用程序的模板,应用机器人进行高效处理。

（一）新闻资讯的自动选编

谷歌新闻是一个由计算机生成的新闻网站,它汇集来自中国大陆超过1000多个中文新闻源的信息资源,并将相似的报道组合在一起,根据读者的个人喜好进行显示。谷歌新闻的自动选编,可以在广泛的新闻来源中严选把关，在很大程度上决定了聚合推荐的新闻的丰富性和多样性程度。StoryRank 和 PageRank 机器人，对一篇报道的推荐和选择，既分析报道本身的内容，又分析报道在网上的受关注程度。谷歌新闻只提供各种新闻的不同来源，具体的新闻则仍需读者到各个来源网站去检索，最大限度避免了各种版权纠纷，成为名副其实的新闻源的精华索引版。以"今日头条"等为代表的新闻客户端，就是Google News 机器新闻编辑产品的升级版本。

（二）新闻内容智能生产

在机器新闻生产的语境中，机器编辑主要指对已有新闻作品的选择、推荐和聚合，而机器新闻写作则是不折不扣的从无到有的"创作"。机器新闻写作就是让记者"做回新闻本职工作，而不是忙于数据处理"。就美联社的实践而言，适合通过机器或算法进行的新闻写作，一般是以各种数据、图表的引用和分析为基础的硬新闻，新闻的主体来源于对数据的引用、解释和分析，具有明显的"数据处理"色彩，可看作是目前方兴未艾的"数据新闻学"的一个分支。美联社利用机器人撰写各种数据式的体育"报道"，整合关于运动员、赛事的各种实时数据。

智能机器人新闻写作的具体流程，包括获取信息、分析数据、提炼观点、结构和格式、信息发送等几个环节。第一步，智能机器人需要读取大量相关新闻资讯，在此基础上消化报道对象的各种数据和信息，以及第三方提供的相关内容的运营、业绩、报道、评价、引述等数据。随后，对各种数据的解析以及内在关联的勾勒，并把它们放在历时性的演变背景中来进行解读。在大量阅读和数据分析的基础上，通过对目标用户数据中所呈现的模式和趋势的揭示，把它们纳入到更大的行业或社会、国家背景中来解读其意义，从而通过这样的参考和比对，得出一些具有可操作性的意见和建议。新兴传播内容平台用自然语言生成功能对已得观点进行故事化叙述，并按照需要生成各种文本：长文、短新闻、可视化图表为主的内容、推文、标题导语等，最后将所生成的文章，通过多种方式，实时发送给目标客户。

目前，机器人新闻写作应用最广泛的是财经、体育、气象地质和

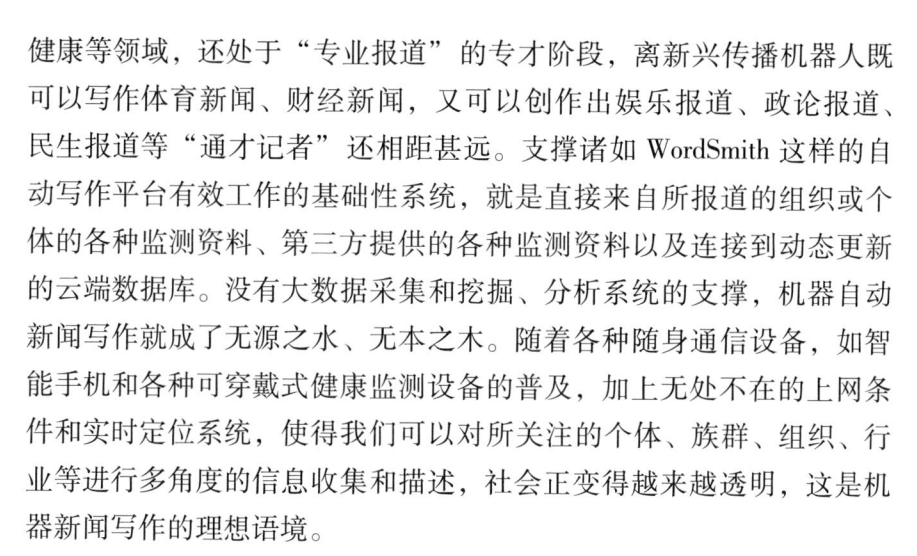

健康等领域，还处于"专业报道"的专才阶段，离新兴传播机器人既可以写作体育新闻、财经新闻，又可以创作出娱乐报道、政论报道、民生报道等"通才记者"还相距甚远。支撑诸如 WordSmith 这样的自动写作平台有效工作的基础性系统，就是直接来自所报道的组织或个体的各种监测资料、第三方提供的各种监测资料以及连接到动态更新的云端数据库。没有大数据采集和挖掘、分析系统的支撑，机器自动新闻写作就成了无源之水、无本之木。随着各种随身通信设备，如智能手机和各种可穿戴式健康监测设备的普及，加上无处不在的上网条件和实时定位系统，使得我们可以对所关注的个体、族群、组织、行业等进行多角度的信息收集和描述，社会正变得越来越透明，这是机器新闻写作的理想语境。

机器稿件生产系统的出现，将对新闻传播行业带来深刻的变革，这种影响首先体现在对新闻传播的重新定义。新闻传播的核心是内容的生产与传播。机器内容生产的兴起，对于新闻传播行业的影响，主要是内容的生产、编辑、发布和推送等方面。自动新闻生产的不断改进和复杂化，将不断挤压新闻业中那些劳动密集型的工作或新闻生产环节。记者和编辑由此需要重新定位自己工作的核心价值，时时考虑自己应从事什么样的工作。从长远来看，记者和编辑应从事的工作是个性化鲜明的内容创作、创新编排与设计、创意性推送策略制定等。

二 真假甄别

作为新闻工作者，最担心的其实就是假新闻的产生，因此对于引入的数据来源和参考资料都要经过仔细排查，标明来源出处才能上线报道。随着互联网时代的到来，自媒体的出现更是加剧假新闻的频繁发生。目前，人工智能系统从内容、时间和可解释性三个维度帮助人们鉴别真假新闻。

（一）对转载新闻的真假甄别

绝大多数假新闻的标题有很强的引导性，尤其是重大事件发生之后，我们看到的某些标题往往极具煽动性。这些标题具有"语不惊人誓不休"的震惊体特征。这种新闻在短期内，能够获得大量的用户点击，但与此带来的恶劣影响也更加明显，甚至造成民众在某一时期的恐慌和治安隐患。人工智能系统，除了可判别标题优劣之外，还可以对于文章内容进行筛查，侦测出有偏向性的词语以及坏样本库的词语。坏样本侦测出的次数越多，则系统判定文章为假新闻的概率越大。

　　一般来讲，假新闻是由真新闻改编而成。在假新闻当中，引用真新闻的内容居多，而在重点数据方面则进行了篡改，那么以此推断假新闻的发布时间要比真新闻发布的时间靠后，假新闻的加工与发布主要是为了节省成本和误导公众。人工智能系统通过对比真假新闻以及比较发布时间先后顺序进行智能化判定，以此来增加假新闻的判断概率。

　　人工智能信息处理平台是指基于人工智能技术和大数据平台的综合智能化一体化数据应用平台，具有数据接入、交换、存储、治理、服务和挖掘等功能。人工智能信息处理平台已经与多家重点平台进行合作，一定程度上增加了系统的判定概率，比如来自于国内某权威网站首发的内容，系统会自动标记为好样本，但如果首发内容来自于某个论坛或小型BBS网站并且涉嫌夸大语气的话，则会被标记为问题样本。目前国内采用合作媒体分级系统，更好地为人工智能信息处理平台的鉴别精度提供了有效依据。所以，数据的来源很重要，自然是越详细越好，数据来源越准确的文章，引用地址越准确的文章，判断假新闻的概率也就越小，而来源于小平台网站的文章风险则会更大。目前来自于样本库的内容非常的庞大，而且也会与一些第三方平台进行合作，随着样本库的不断扩充，人工智能系统的筛选精确度会越来越高，通过简单的自适应学习便可进行精细化鉴别任务。

（二）对原生假新闻识别的局限性

　　人工智能系统无法识别原生假新闻。在新闻生产实践中，原生假新闻与转载的假新闻相比，更加难以被智能系统所侦测和判定。这是目前人工智能判定系统所不能覆盖到的领域，也是未来需要突破的地方。比如某一链接短时间内爆发的异常访问数据激增的原生假新闻现象：2007年的一条轰动全国的新闻，国内某电视台生活频道一名记者，为了谋取私利，报道一起北京地区兜售纸皮包子新闻，由于新闻报道源为优质媒体，并且通过视频报道出来，多家权重系数较大的网站进行转载分发，短时间内给社会造成了巨大影响。而目前人工智能技术对于这种原生假新闻没有明确的判定规则，甚至会错误地归纳为好样本进行收录。

当下和未来，人工智能系统正向着自主学习、完善辨别到更加深层的内容甄别方向演进。通过新兴传播维度的添加，各方新闻信息源的广泛合作，智能新闻甄别能力会大幅提高，相信未来转载类的假新闻会离我们越来越远。

三 信任危机

新兴传播的盛行，使人们每日接受的新闻信息量呈现几何倍数增加，各种自媒体和社交媒体中充斥着各种虚假信息。人工智能技术的快速发展，进一步让虚假视频新闻的制作门槛越来越低，逼真度却越来越高。人工智能"换脸术"去年曾将《神奇女侠》女主角盖尔·加朵的脸嫁接到一个成人电影女星的身上，引起轰动。大部分非专业制作的虚假视频新闻其实都非常粗糙，稍有知识的受众都可以甄别出来，但由于传播平台的指数级别增加，信息如洪水猛兽般涌向受众，快速分散着受众的注意力，加之视频本身的质量和分辨率等因素，受众在很短的时间内难以去伪存真。随着人工智能技术的发展，虚假新闻特别是深伪（Deepfake）音视频的制作已进入低成本、低技术的阶段。虚假音视频带来的最大问题是信任体系的崩坏，将给政治、经济和社会造成极大的危害。人工智能技术虽已能鉴别部分的虚假音视频，但道高一尺魔高一丈，同虚假音视频的斗争必将是一个长期任务。

受众往往基于自身兴趣，条件反射般地进行转发，对虚假音视频的传播起到推波助澜的作用。研究表明，注意力经济（眼球经济）的影响结果是人们的注意力被分割得越来越小，对信息的专注时间甚至只停留于几秒钟。事后补救虽能起到一定的正本清源作用，但虚假音视频传播所造成的巨大负面影响很难在短时间内消除。而且虚假音视频的不断涌现，使政府或当事人疲于澄清事实，久而久之，整个社会的信任体系就会瓦解，形成公众对任何新闻事实都持怀疑的心态。这样，当新闻虚假时，真实新闻也会变得"不真实"，最终造成受众无法相信任何新闻的窘境，对社会来说，这是一场史无前例的信任危机。

　　虚假新闻产生的技术原因是机器学习不是"学"，而是"练"。"换脸术"机器算法是利用大量的脸部图像信息来训练机器人，就像机器翻译，把一种文字翻译成另一种文字，而换脸虚假视频的算法则是把原始人脸的表情特征提取出来，然后用另外一张脸去表达相同的表情特征。为了找到鉴别虚假音视频的技术解决方案，我们需要对机器学习生成的虚假视频的算法代码进行分析，建立虚假视频模型，并用科学方法进行检测。研究结果发现，虚假视频中的人物基本都不眨眼，而正常生理现象是，人类在面对面交流时眼神会进行互动，眨眼是一种不受主观控制的无意识行为，每隔两三秒钟一般会眨一次眼。因此，机器学习学的并不是真正的"知识"，其得到的全部信息来自训练数据。机器学习并不知道眨眼是人类的正常生理特征，第一代虚假视频大量使用的是网络静态人物图片，这些图片中的人物都是睁眼的，没有人愿意把闭眼的形象展示给受众。

　　虚假视频的制作过程一般来说是见不得光的，不会公之于众，其背后有巨大的政治或经济利益驱动，因此造假技术往往存在一定优势，领先于检测技术的发展。我们需要考虑虚假视频制作者尚未考虑到的数据训练方法并开发一种深度学习新算法来检测虚假视频。为在虚假视频检测技术研发上先人一步，需要从静态图片升级为动态视频，并通过建立红、白队进行对抗训练，来提升高质量虚假视频的检测水平。在不断提升技术手段的同时，还需要公众具有独立思考、判辨是非的精神，不随意转发，不为虚假视频的广泛传播推波助澜，无论是主流媒体还是自媒体，都要恪守道德底线原则。

　　治理者还要从源头加强信息过滤，用技术优化来解决人工智能技术所导致的传播伦理失范或违法问题。首先，要使技术应用与内容选择保持平衡关系，规范技术的适用范围和使用标准；其次，要从源头上对新闻进行过滤，通过严密的算法，以技术创新加强机器人对新闻数据质量的判断。并且为了真正做到"有方法可依，有数据可查"，由机器人生产的新闻应明确标注数据来源、内容的生成方式，从源头

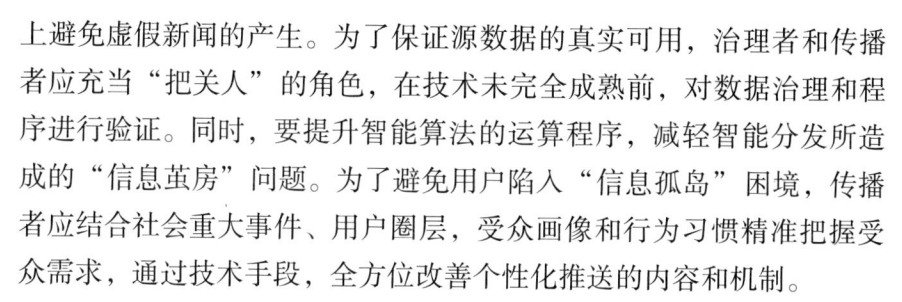

上避免虚假新闻的产生。为了保证源数据的真实可用，治理者和传播者应充当"把关人"的角色，在技术未完全成熟前，对数据治理和程序进行验证。同时，要提升智能算法的运算程序，减轻智能分发所造成的"信息茧房"问题。为了避免用户陷入"信息孤岛"困境，传播者应结合社会重大事件、用户圈层，受众画像和行为习惯精准把握受众需求，通过技术手段，全方位改善个性化推送的内容和机制。

通过智能技术与人的有机结合，提升治理者和媒体的责任意识，加大公众监督力度。在新闻传播中，机器人只是一种辅助工具，还需要治理者和传播者弥补其存在的诸多弊端。如：传播者能够弥补智能系统不能理解新闻事件背后的信息和因果关系的缺陷；将人所具有的人文关怀弥补人工智能"冷漠"的缺陷，能够规约智能新闻传播的伦理界限。治理者还要充分发挥决策和规划的主体作用，增强对智能技术及应用的掌控，提升深度分析和深入调查的能力，促使新兴传播向更高效、更实用、更安全的方向发展。

传播者还要增强智能技术的透明度，明确告知受众智能算法可能带有的偏见和所犯的错误，让新兴传播以真实可感的直观走进受众的生活。除了要增强新兴传播的透明度，传播者还应以法规形式明确机器人犯了错由谁来负责，健全智能新闻传播的问责机制。新兴传播治理者和媒体应该采取灵活有效的策略，确保问责机制顺利实施。其一是建立人工智能技术和设备协调体系，每个智能媒体公司，必须将新兴传播技术因素作为基础。正如麦克卢汉"技术即讯息"所言，如果没有智能技术，媒体将无法存在。其二是认识到未来传播关键在于用户行为的供应这一关键环节，媒介平台传播只是供应行为而非内容供应。其三是建立以人工智能技术为导向的媒介融合组织，建立交互式生产体系。只有这样，交互式生产体系才能成型，共享经济、社会化协同创新和众包合作的时代才能到来。其四是新兴传播治理要考虑技术、资本、人才、制度和行为标准等关键因素。资本是伴随产品打造过程中持续供应的，是一切经济活动的基本来源。在市场经济中，一定是技术优先，与人才、制度、行为标准共同构成一个体系。其五是新兴传播治理者应提升受众的人工智能素质和技能，将教育培训、业务目标、工作要求、产品与服务、客户、个人收益纳入同一个新兴传播云治理平台中。其六是建立新兴传播创意、创新和创业团队，整合全球资源，建立平台行为意识，服务全球客户，在流动空间中有效治理，实施协同众包的合作战略，建设科学的人工新兴传播治理效果评价体系。

第十章　新兴传播产业

　　人工智能正在通过各种各样的途径和各式各样的方式以迅雷不及掩耳之势飞奔而来，在政治、经济、社会、文化和生态等领域展示出光怪陆离的华彩新章，为当代信息传播带来智能新闻写作、智能信息"打假"、智能信息分拣、智能信息输送、智能信息组合、智能信息拼装、智能信息营销、智能信息"批发"和智能信息展示等"媒体大脑"。这些"媒体大脑"智慧赋能充分释放，创造出全新的新兴传播系列产品，再造出新兴传播时代独有的特色新业态，开启新兴传播人物新纪元、新兴传播终端新纪元、新兴传播内容新纪元、新兴传播形式新纪元和新兴传播产业新纪元。

　　我国政府高度重视人工智能带给现代产业的巨大变化，鼎力支持人工智能在各个领域的渗透、发展、应用和推广工作，陆续且密集出台了《"互联网+"行动指导意见》《"互联网+"人工智能三年行动方案》《新一代人工智能发展规划》《促进新一代人工智能产业发展三年行动规划（2018—2020年）》等"顶层设计"扶持政策，提出大力培育和发展人工智能新兴产业、鼓励智能化创新和创造性转换，力争到2030年把我国建设成为世界主要人工智能创新中心。我们党高瞻远瞩，在最合适的时机制定出人工智能技术发展和产业布局的国家顶层设计方案，为拉动产业内需、提升国际市场竞争力精准施策。中国信通院的数据显示，2020年，全球人工智能产业规模1565亿美元，增长率是12%，中国人工智能产业规模大约3100亿元，同比增长15%。截至2020年10月，全球共有人工智能企业将近5600家，其中，美国、中国、英国、加拿大、印度位列全球前五。中国人工智能企业将近1450家，主要集中在北上广和江浙地区，而美国人工智能企业集中在加州和纽约等地。全球 AI 领域独角兽企业有 41 家，其中中国 17 家，美国 18 家，日本 3 家，印度、德国和以色列各 1 家，独角兽企业在国际新兴传播领域占据支配性地位。国内 AI 独角兽公司有第四范式、字节跳动、寒武纪科技、地平线机器人、云从科技、驭势科技、旷视科技、商汤科技、碳云智能、图森未来、出门问问、优必选机器人、依图科技、爱驰汽车和松鼠 AI 等，我国人工智能技术走在世界前列，新兴传播产业在全球市场竞争中大有作为。

我国新兴传播产业主要应用于智能基础层、技术层和应用层三大层级，呈现巨大的市场发展前景。新兴传播产业是搭载在新兴传播技术这架高速列车上的明天产业和明星产业，新兴传播产业的发展背景、技术支撑、产业类别、产业特点和未来发展方向，不仅与传统传播产业有所区别，而且与新兴科技产业也存在本质差异。新兴传播产业是新兴媒体与网络技术、智能技术耦合而生的新技术传播平台和新技术传播体系，是新兴传播技术赋能赋势所带来的创意产业、创造产业和再造产业，是一种集中了大数据技术、超级计算机技术、卫星定位导航技术、5G 网络技术和人工智能技术相渗相融而成的"高端传播技术产业"。

新兴传播产业是网络技术、智能技术与媒体传播全面接轨而成的高端叠合型现代产业，涉及现代传播产品、服务和场景组合、拼装、配送、反馈等生产环节、内容识别和产业管理等方方面面，包括智能机器人写稿产业、人工智能"环境拟态"产业和"场景再造"产业、新闻图片智能识别产业、新闻素材智能转换（声音文字转换、视频文字转换）产业、新闻源头事实核查产业和新闻内容个性化推送产业的各种产品、作品、服务和场景。①

---

① 参见谭铁牛、曾静平《新兴传播的现实应用、理论溯源与未来构想》，《浙江传媒学院学报》2018 年第 2 期。

第十章　新兴传播产业

第一节　新兴传播产业类型

新兴传播产业是网络技术、智能技术与媒体传播深度结合所带来的产业新业态，携带着传统媒体与新兴媒体的融合基因，又有产业自身的风格特色。新兴传播产业在 5G 赋能赋势裹挟下，产业链条强壮丰富、价值链条新颖别致、供应链条稀贵紧俏，而且市场潜质不可限量，其分类大致为新兴传播教育产业、新兴传播制造产业和新兴传播广告产业和新兴传播元宇宙产业等。

一　新兴传播教育产业

如何培育新兴传播教育产业专业化人才，是对我国教育事业一次前所未有的巨大挑战。新兴传播新闻写作、新兴传播广告业务和智能场景创意应用在现代传播产业领域的实践应用，高端型复合型新兴传播人才的稀缺，已经越来越成为新兴传播产业健康发展的主要障碍。新兴传播特色人才教育和特色人才培养，是一项涉及智能设备制造、信息通信、计算机、市场营销、信息传播、广告运作、后期管理、品牌维护等多种专业的规模盛大、影响广泛的系统工程，蕴藏着难以估计的产业规模和市场价值。传统媒体在迈向网络化、智能化进程中，各类管理人员、记者和编辑需要新兴传播知识补充，需要了解新兴传播产业的发展动态，需要洞悉新兴传播基本原理与实践应用的内在关联，这些都需要新兴传播教育产业的"秉力支持"。中国 800 多所新闻传播院系的专业师资亟需新兴传播知识结构更新，更有数以千万计的本科专科学生、硕士博士研究生需要新兴传播技能的掌握，我国高等教育就是一个潜力无穷的巨型新兴传播教育培训市场。我们仅以智能无人机拍摄为例来说明新兴传播教育产业在我国培育市场的显著地位。如果最保守地估计我国摄影、摄像爱好者数量为 100 万人（实际人数远超过于此），按照每人 1000 元培训费标准，那么就有 10 亿个产业岗位培训空间，再加上全国报纸杂志广播电视等传统传播机构的摄影、摄像记者、编辑和全国新闻传播院系庞大的摄影、摄录专业学生，如果全纳入新兴传播教育培育行列，通过"短平快"专业训练掌握智能无人机拍摄技术，这就是一个数以十亿计的庞大教育产业市场。可见，新兴传播教育产业的未来市场发展空间不可估量。

二　新兴传播制造产业

新兴传播产业与传统传播产业大不相同。新兴传播产业需要建立智能网络交互系统、语音识别和自然语言处理系统、机器学习和深度学习智能系统、计算机视觉智能传达系统和语义识别智能系统等技术支撑体系，还需要大批量人工智能芯片、人工智能制造专业人才和智能制造装备等软硬件条件。新兴传播产业的生产内容也样态各异、品种繁多。比如，新兴传播机器人制造产业，有智能节目主播和智能广告创意制作机器人的纷纷出炉，有智能新闻分拣机器人和智能新闻反馈追踪机器人的陆续亮相，也有智能场景艺术机器人的粉墨登场，新兴传播机器人制造产业市场前景广阔。我国新兴传播制造产业呈现多层次、全方位、全功能等特征，如在智能机器人应用层级率先发力的博实股份、地平线机器人、旗瀚科技、智位科技、思岚科技、智能管家、埃夫特、臻迪集团、祈飞科技、智久机器人科技、妙手机器人和科沃斯等新兴传播制造产业。目前，百度、阿里巴巴、中科创达、智车优行、佑驾创新、零零无限科技、大疆、深圳一电航空、中科灵动航空、臻迪科技和出门问问是我国新兴传播制造产业第一方阵。特别是，技术全球领先、市场占有率第一的中国智能无人机产业，深入天空、海底、峡谷等险境或绝境为新兴传播人物、事件采写摄录，按照新兴传播用户需求和产业品牌建设需求不断加强产业智能技术创新和产业国际市场化拓展。在2020全球性新冠疫情期间，中国、法国等国家使用智能无人机进行抗疫防疫空中宣传和疫情扩散性空中管控行动，成为新兴传播社会治理的特殊媒介形式，是智能应急传播产业市场开拓的生力军。

腾讯、科大讯飞、微软亚洲研究院等著名企业，在大数据、云计算等新兴传播制造方面大胆创新、锐意革新，开展前瞻性市场应用业务，而金山云、商汤科技、依图科技、第四范式、深网视界和阅面科

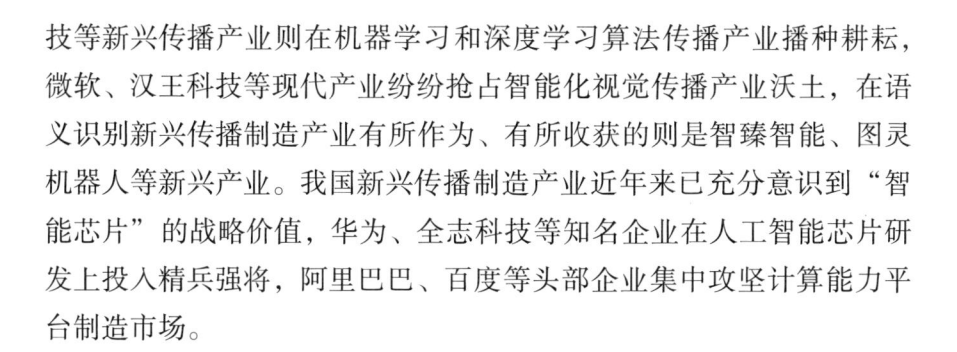

技等新兴传播产业则在机器学习和深度学习算法传播产业播种耕耘，微软、汉王科技等现代产业纷纷抢占智能化视觉传播产业沃土，在语义识别新兴传播制造产业有所作为、有所收获的则是智臻智能、图灵机器人等新兴产业。我国新兴传播制造产业近年来已充分意识到"智能芯片"的战略价值，华为、全志科技等知名企业在人工智能芯片研发上投入精兵强将，阿里巴巴、百度等头部企业集中攻坚计算能力平台制造市场。

三　新兴传播广告产业

人工智能技术、5G网络与广告传播技术不断融合，给新兴传播产业发展带来天翻地覆的变化。人工智能技术不仅在传统广告传播产业更新换代中大显神通，也逐渐显示出在现代广告传播产业领域的生命力与创造力。视频直播弹幕广告、人脸识别广告、内容生成广告、智能搜索广告、追踪推送定位广告、信息即刻劫持广告、跨屏熔屏展示广告、音视频场景广告、高速移动终端广告等新兴传播广告层出不穷。新兴传播广告在运作流程上具有"基于自然语言理解的消费者洞察、基于智能推理的广告策略分析、基于智能学习的广告内容创作、基于智能推理的广告推荐、基于机器学习的广告效果深度应对与内容深度监管"等功能。[①] 新兴传播广告不仅丰富了现代广告传播内容，而且契合现代人，尤其是现代青少年用户的生活习惯、情感偏向和审美嗜好，实现产业最佳最优品牌形象铸造，取得理想的产品、服务或场景宣传效果，时尚、即时、精准和完美的新兴传播广告业态正在形成。

新兴传播广告产业是以人工智能技术和Web 3.0为技术应用平台，是智能算法思维、智能可视化技术与广告创意、广告创作、广告制作、广告合成、广告发布、广告后期管理等耦合联动、紧密融合而成的新兴传播广告形态，主要特征是广告发布主体的智能化、广告受众识别

---

① 参见秦雪冰《智能的概念及实现——人工智能技术在广告产业中的应用》，《广告大观》（理论版）2018年第2期。

的智能化、广告发布方式的智能化、广告内容生成的智能化、广告效果监测的智能化、广告营销组合的智能化和广告用户反馈的智能化。新兴传播广告的运行机制是通过对用户大数据信息的深度学习算法"喂养",优化智能广告用户精准购买方案,精化智能购买流程,实现程序化、定制化广告投放,以跨终端、跨平台追踪用户消费行为数据足迹、采用符合用户兴趣、用户选择和用户意愿的投放模式。新兴传播广告技术不仅能对内容曝光、用户点击、信息到达、用户停留时间等进行智能化监测,更能对深度价值数据和深度传播效果进行挖掘,一定程度上减少智能广告投放成本,帮助广告商获得科学的投入产出比,获取最大的经济回报和社会效益。一般来说,新兴传播广告产业可划分为信息劫持搜索广告、跨屏熔屏内生广告和定位推送场景广告等类型。

首先,信息劫持搜索广告包括即刻信息劫持广告和智能搜索引擎广告,是新兴传播带给广告产业的全新体验。即刻信息劫持广告是在特定智能网络环境下,网络管理者或网络运营者根据网络用户对新兴传播广告的关注程度进行智能化大数据分析,将吸引用户眼球的网站页面标题新闻"智能拦截",加以智能化营销利用。具体来说,当网络用户打开感兴趣的网站信息时,网络智能管理终端瞬间把信息浏览请求拦截下来,替换为智能预设的目标广告页面,达到出其不意的智能广告推送效果。信息劫持广告既有突如其来的"天外来客"意外性感官刺激,达到广告介入率"无意间"渗透效果,也有遭遇"陷阱"般的欺骗、打劫与折磨结果,让广告发布方和广告用户经受种种阵痛,因为信息劫持搜索广告违背了用户意愿,目标用户经常感到被智能广告"打劫"、被智能技术"绑架"、甚至被广告内容"侵害",有时广告营销效果恰得其反。但是,即刻信息劫持广告不像传统"硬广告"那样强塞进来,而是利用人工智能技术进行悄无声息的"智慧劫持",并智能推送广告信息。这种类似"强盗式"信息劫持广告的优势是:不占用信息使用空间,像云彩一样悄无声息飘然而至,不会妨碍用户对未被"劫持"的信息正常阅读,不会引发群体性"众怒"。这种强行捆绑目标用户的广告营销做法,往往使用户第一时间产生抵触和反感，而在用户浏览广告内容后可能发现毕竟是自己近期感兴趣的信息内容，从内心深处体察到广告商的"高明之举"，无形中愿意接受"被劫持"和"被消费"。即刻信息劫持广告是一种智能分配式营销提醒，即时唤醒和激发用户购买意识，广告宣传具有不经意提醒的潜移默化效果，不致遭到用户无差别抵制，逐渐培育用户对"劫持广告"品牌的信任度和忠诚度。智能搜索引擎广告区别于以人工进行目录分类的第一代搜索引擎广告和以关键词搜索为核心技术的第二代搜索引擎广告，是全新的第三代智能搜索引擎广告。其特点在于呈现方式以及参差多态的演化路径，具有 Clusty（集群搜索引擎）和 BBMAO（社会化搜索引擎）的自动分类、聚类功能以及基于专有模式匹配和概念搜索的算法功能。智能搜索引擎广告可以自动根据文本中的概念进行分类、自动标引，并基于用户兴趣自动匹配出个性化、多侧面的直接或隐含的相关档案，其演化路径呈现个性化搜索、社会化搜索、本地化搜索、知识问答社区和社区内容搜索等形态。智能搜索引擎广告综合应用模式识别、语义分析和认知神经网络等核心技术，通过算法排序搜索方便用户选择以最快速度触达用户需求。

其次，跨屏熔屏内生广告是指广告商将传统媒体与新兴媒体进行跨媒体、跨屏幕融合，实现手机屏幕、电视屏幕和电脑屏幕"跨屏协作"和"熔屏协作"。跨屏熔屏内生广告，可完成在指定接收终端，指定频道、时间和区域智能化投放多种业务广告，智能化适时调整广告发布内容、广告发布形式、广告发布终端和广告发布区位，最高效能、最大效率实现广告到达率。在新兴传播时代，跨屏熔屏内生广告可借助声纹识别技术把用户的多种智能设备关联起来，进行跨屏熔屏智能营销。人工智能技术在跨屏熔屏内生广告中的成熟应用，还体现在智能算法驱动的自然语言自动生成功能。跨屏熔屏内生广告平台整合广告传播模版、用户特有消费行为与情感偏好，运用机器学习算法优化广告传播策略，为每个消费者和潜在客户生成广告营销信息。通过用户需求大数据分析，跨屏熔屏内生广告的语言处理技术不仅能处理文字内容，还能准确识别客户声音中的情绪，大范围自动检测用户交流中的情绪变化规律，侦测客户情绪波动特征，便于对广告营销效果进行智能化评估和校准、掌握 UGC 品牌认知度，及时调整广告策略，实现广告送达精准化。

最后，定位推送场景广告涉及智能营销中视频打点技术、视频撰写技术和图像识别技术加持的现代广告业态。视频打点技术可以对视频内容做算法化分析，如网络剧里的台词、视频场景里的画面等，视频撰写技术可以识别视频内人物讨论的内容，图像识别技术可以识别视频画面内出现的品牌内涵。上述三种技术的有效运用，可实现在视频相应画面或相应语音出现的时候广告商能即时推送与内容强相关的场景广告。通过语音识别、语音合成、语义理解等智能技术，将人机交互数据应用到移动广告中，还可以形成语音互动广告。借助于智能移动终端自带的麦克风、陀螺仪等，让用户与广告互动起来。比如在优酷、爱奇艺等视频类 App 播放广告时，正常 30 秒的广告，在播放 5 秒时，会有语音问用户一个问题，用户可以通过语音来回答，如果回答正确，用户就可以使这个广告跳过去。哼唱识别技术和声纹识别技术创新了场景广告新形态，强化了广告品牌与消费者之间的互动关系。总之，定位推送场景广告利用超级计算机开展用户信息大数据分析，能够更好地了解用户消费意愿，对用户浏览的网页内容进行深度挖掘，根据传播语境、传播内容、传播形式和传播受众兴趣，经过智能算法分析推测精准锁定目标用户的消费需求，然后在恰当时间和恰当场所向终极消费者精准推荐，实现满足消费者真实需求的高性价智慧传送。例如，在欧美国家，一些书店和百货商场将定位推送场景广告与现场营销无缝对接，顾客只要走近书店或百货商场，所需要的新商品、新服务、新折扣等营销信息就会通过智能移动终端屏幕得以显示，智能营销效果立竿见影。再如，腾讯成立了专门的智慧零售战略合作部，通过流量、体验、数据促推零售商家活动，实现线上线下一体化服务，借助线上商城、内容、社群、礼品卡、便捷支付等功能为零售商家带来海量客源，帮助商家精准转化流量，实现全渠道、全方位智能营销。从顾客进店开始，通过智能识别、个性化推荐、场内服务、交易体验优化，到顾客出店后的售后及客服回访，全链路优化用户体验，通过腾讯大数据平台将零售商家会员、门店、用户画像、客流和店铺管理全链路联结,真正实现高效、贴合性智能消费。①

四 新兴传播元宇宙产业

不同领域的新兴传播元宇宙产业发展速度不尽相同。如果某一产业和新兴传播元宇宙应用关系紧密,该产业发展会更快,如游戏、展览、教育、设计规划、医疗、工业制造、政府公共服务等行业或部门与新兴传播元宇宙技术应用关系更为紧密,其市场发展潜力巨大。②目前,新兴传播元宇宙产业有四套叙事逻辑,即虚实融合、去中心化交易、自由创造和社交协作。各大科技企业主要依托自身既有资源优势来布局新兴传播元宇宙的创新应用。具体来说,有三种应用模式。第一种是聚焦核心元器件和基础性平台领域,加快布局新兴传播元宇宙硬件入口和操作系统。这方面以英伟达、Meta、微软等国际数字科技巨头为主,字节跳动等国内企业也在加快推进新兴传播元宇宙相关硬件研发应用工作。第二种是聚焦商业模式与内容场景,探索新兴传播元宇宙相关应用场景落地。比如,腾讯将在游戏、社交等领域加快对于新兴传播元宇宙技术的研发应用。第三种是政府推动企业入局模式,如韩国新兴传播元宇宙产业就是依靠政府部门牵头、引导、扶持和推动,三星、现代汽车和LG等韩国企业组成"新兴传播元宇宙联盟",建立国家级新兴传播元宇宙产业发展平台。随着国外新兴传播元宇宙领域争夺战的如火如荼开展,我国企业必须迎头赶上,进一步加强新兴传播元宇宙产业发展的科技硬实力。新兴传播元宇宙尽管具有巨大的市场应用潜质,但新兴传播元宇宙产业面临一些发展问题,需探索有效的发展路径,建构虚拟化产业生态。

(一)新兴传播元宇宙应用体系的构成

技术系统、连接系统、内容系统、经济系统和伦理法律系统构成新兴传播元宇宙应用体系,分别发挥不同的应用价值。

---

① 参见贾丽娟、张海妮《各路巨头云集智慧零售赛道 刷脸支付、精准推送外还有哪些新招?》,《每日经济新闻》2018年4月13日。

② 参见蓝江《元宇宙的幽灵和平台—用户的社会实在性——从社会关系角度来审视元宇宙》,《华中科技大学学报》(社会科学版)2022年第3期。

其一，技术系统。作为一种多项数字技术的综合应用，新兴传播元宇宙技术系统呈现显著的集成化特征，包括扩展现实、数字孪生、区块链、人工智能等多项技术应用的深度融合，以技术合力实现新兴传播元宇宙场景的正常运转。

其二，连接系统。随着新一代信息技术的迭代升级，社会发展将日益网络化和智能化，新兴传播元宇宙连接系统的拓展过程正好与社会网络化、智能化发展趋势不期而遇。新兴传播元宇宙连接系统包括内部连接和外部连接两个部分。内部连接是新兴传播元宇宙内部不同应用生态之间的连接，而外部连接是新兴传播元宇宙与现实世界的连接。

其三，内容系统。由于视觉仿真技术的深度融入，推动信息传递从二维平面转向三维立体空间，未来内容输出形式更加生动灵活，这种趋势进一步增强了用户的真实感、临场感和沉浸感，极大丰富了新兴传播元宇宙内容系统。新兴传播元宇宙内容系统涵盖两大类型：一是娱乐、商业、服务等传统网络内容的立体化呈现，二是文化和创意产业在新兴传播元宇宙中进一步融合，衍生出一系列全新内容的虚拟化事物。

其四，经济系统。新兴传播元宇宙将与生产活动更加紧密地关联，将接入更多不同的产业技术，新兴传播元宇宙经济系统呈现显明的市场交易特色，即实体经济和虚拟经济深度融合的数字化市场形态，具有始终在线、完整运行、高频发生等特征。[①] 新兴传播元宇宙经济系统包括4个基本要素：商品、市场、交易模式和隐私安全。商品既是现实商品在新兴传播元宇宙中的数字化复制物，也是虚拟世界全新的创造物。市场是新兴传播元宇宙中商品和服务的交易场所。交易模式是新兴传播元宇宙中的去中心化金融（De-Fi）和不可替代代币（NFT）等多种共存交易模式；隐私安全是新兴传播元宇宙中交易活动规范有序的身份安全保障。

其五，伦理法律系统。只有在伦理规范和法律规则保驾护航下，才能有效解决新兴传播元宇宙这一新生事物可能引发的各种问题，有

---

① 参见杨丹辉《元宇宙热潮：缘起、影响与展望》，《人民论坛》2022年第7期。

效推进新兴传播元宇宙技术的长远发展。新兴传播元宇宙伦理法律系统包括以下三方面内容：一是现实伦理法律的重塑与调整，为规范虚拟主体人格做好铺垫；二是保障新兴传播元宇宙经济社会系统正常运行的交易、支付、数据、安全等伦理法律规范；三是对新兴传播元宇宙开发和应用进行外部监管的伦理法律法规。[①]

根据《2020—2021年新兴传播元宇宙发展研究报告》，2020年是社会虚拟化临界点，为新兴传播元宇宙成熟发展做了扎实性铺垫工作。一方面新冠疫情加速了社会虚拟化发展，在新冠疫情防控措施下，全社会上网时长大幅增长，"宅经济"快速发展。另一方面，线上生活由原先短时期的例外状态成为常态化规律作息，由现实世界的补充变成了与现实世界平行的交往或交易世界，人们现实生活开始大规模向虚拟世界迁移，人类成为现实与数字的"两栖物种"。伴随着应用场景的不断成熟，新兴传播元宇宙将演化成为一个超大规模、极致开放、动态优化的复杂系统。该系统将由多个领域的建设者共同构建完成，涵盖网络空间、硬件终端、各类厂商和广大用户等多层主体，保障虚拟现实应用场景的广泛连接，并展现出超大型数字应用生态的外在形态。

（二）新兴传播元宇宙产业的发展现状及趋势

新兴传播元宇宙仍处于智能产业发展初级阶段，无论是底层技术还是应用场景，与未来的成熟形态相比仍有较大差距，这就意味着新兴传播元宇宙产业可拓展的空间巨大。因此，拥有多重优势的数字科技巨头想要守住市场优势地位，新兴传播元宇宙产业要获得更大发展机遇，就必须提前布局，进一步拓展新兴传播元宇宙在智能传播领域的应用空间。

从政府角色来看，新兴传播元宇宙不仅是重要的新兴产业，也是需要重视的社会治理领域。马修·鲍尔认为："新兴传播元宇宙是一个和移动互联网同等级别的概念。"以移动互联网去类比新兴传播元

---

① 参见谢程远、马彩慧《"技术正义—权力正义"视域下新兴传播元宇宙的价值意涵和实践向度》，《理论导刊》2022年第5期。

宇宙，就可以更好地理解政府部门对新兴传播元宇宙关注和重视的内在逻辑。政府希望通过参与新兴传播元宇宙的形成、嬗变和发展过程，以便前瞻性考虑和解决新兴传播元宇宙发展所带来的社会问题。

学界普遍认为：拥有社交关系沉淀的社交平台更可能成为新兴传播元宇宙入口，围绕社交更容易构建新兴传播元宇宙平台。从顶层治理来说，新兴传播元宇宙强调的是"有序开放"。缺乏开放的有序性，就会缺乏有效治理而使新兴传播元宇宙变成"暗"宇宙，因此需要制定完善的新兴传播元宇宙技术规范，以保证新兴传播元宇宙可持续性研发应用。在实际应用过程中新兴传播元宇宙产业面临管理成本增加、整体效率提升等潜在问题。

从经济运行来说，随着新兴传播元宇宙技术的日渐成熟，金融风险的传导速度可能更快、传播覆盖面可能更广、复杂性危害性可能更强，将给金融监管带来新的挑战。对此，可以通过 DCEP 机制实现数字资产支付或跨链支付，为新兴传播元宇宙中经济系统提供安全支撑。

在投资领域，新兴传播元宇宙技术会加速 VC、PE 的聚合与投资前移。通过针对性打造聚合与前移双核驱动的投资模式，有效破解新兴传播元宇宙产业发展瓶颈，如有限合伙的来源单一或税收问题以及投资资本退出等问题。

在能源领域，2021 世界人工智能大会数据显示：我国数字经济规模已达 41 万亿元，能源作为数字基础的重要一环将面临严峻挑战，加之全球控排形势严峻，真正实现"碳达峰""碳中和"目标，需要加快多元化、清洁化、低碳化和能源数字化转型，以满足新兴传播元宇宙产业发展的时代要求。

在安全和教育领域，新兴传播元宇宙产业面临各种挑战。如新兴传播元宇宙在采用零信任的安全技术下怎样实现可信性最小授权，现实世界的隐私计算如何在新兴传播元宇宙教育和安全应用中适应新兴传播元宇宙产业发展需求等。

（三）新兴传播元宇宙产业的发展趋势

2022 年 data.ai（原 App Annie）发布的《2022 年移动市场报告》指出：社交应用的下一个重大变革可能会是虚拟人物和新兴传播元宇

宙，许多著名分析师预计新兴传播元宇宙游戏在 2022 年的应用商店年用户支出将超过 31 亿美元。从政府态度和企业行动来看，世界各国和相关产业对于新兴传播元宇宙技术扶持和研发虽看法有所不同，但对于新兴传播元宇宙产业的发展前景充满希望。新兴传播元宇宙产业发展有以下 3 种前景。

首先，从市场规模来看，目前已有多个国际知名咨询机构公开表示看好新兴传播元宇宙未来市场潜能。如普华永道预计，2030 年新兴传播元宇宙市场规模将达到 1.5 万亿美元，彭博行业估计 2030 年新兴传播元宇宙市场规模可以达到 2.5 万亿美元，摩根士丹利预计未来新兴传播元宇宙潜在市场空间将超 8 万亿美元。此外，新兴传播元宇宙产业发展还将拉动其他产业市场规模的进一步扩大。

其次，从产业创新来看，新兴传播元宇宙产业创新有如下两个方面的发展前景：新兴传播元宇宙将打破现实世界的物理规则，以全新方式激发产业技术创新；新兴传播元宇宙将与不同产业深度融合，以新模式、新业态带动相关产业跃迁升级。

最后，从应用范围来看，新兴传播元宇宙技术应用主要表现在游戏、娱乐、影视、艺术等领域。伴随新兴传播元宇宙技术及其产业的日益成熟，新兴传播元宇宙应用范围将逐步扩大、不断深化，如新兴传播元宇宙将在社会治理、公共服务和医疗卫生等领域具有巨大的应用前景。具体来说，新兴传播元宇宙技术发展对以下六个行业将产生重大影响：

在工业方面，制造业长期以来持有物理设施"数字孪生"观念。具体来说，工业制造产业通过虚拟空间来完成产品生产营销运输过程，管理者可以分析并判断如何更高效、更安全地完成虚拟化生产流程。凭借新兴传播元宇宙技术，工程师可以即时便捷地进入工业虚拟元件的内部观察与检视，工业机器人可以在设计、试车、生产、包装等环节拥有全要素和全功能。

在文化旅游产业方面，文旅新兴传播元宇宙拓展了休闲旅行或拓展旅游的时空范围，用户可以在虚实相融场域看到远方的"美景"，获得趣味性和沉浸式交互活动，实现使用 VR 设备或纯粹裸眼亲历

"宅家式""环绕"世界旅行。

在教育方面，通过教育新兴传播元宇宙技术，我们可以直接把太阳虚拟化在新兴传播元宇宙空间，学生可以看到生动形象的太阳虚拟天象，也可以调整观察太阳的距离，以获得太阳视觉效果的最优化，实现丰富多彩的课堂教学效果。

在互联网生活方面，新兴传播网络元宇宙将成为具身化的互联网生活世界。在新兴传播元宇宙网络社会，用户不是简单地去浏览内容，而是身处于价值信息内容的精准包裹之中。从 Web 1.0、Web 2.0 到 Web 3.0 的技术演变历程来看，新兴传播元宇宙有望成为移动互联网的理想继任者。例如，百度依托智能视觉、智能语音、自然语言处理和知识图谱等一系列人工智能技术，借助自身建立的虚拟现实内容平台和虚拟现实交互平台，首度建成百度特色的新兴传播元宇宙社会，进一步降低内容制作成本，推动软硬件消费体验的进一步升级和内容生产效率的全面提升。

在智能游戏产业方面，新兴传播游戏元宇宙不同于传统的网络游戏或智能游戏，它是创造性游玩、开放式游玩以及现实游戏与虚拟游戏交织性的跨空域游玩世界。新兴传播游戏元宇宙在未来休闲娱乐的发展空间和市场潜质充满了奇思妙想和无尽可能。

在房地产方面，基于新兴传播元宇宙技术的土地或房产都被赋予独一无二且不可复制的 NFT（非同质化代币）价值并以此来区分每个地块和每笔产权交易。在新兴传播元宇宙房地产中，玩家可利用土地、房屋等虚拟空间进行创造、社交、交易等行为。因此，要想在新兴传播元宇宙房地产中占据一席之地，用户需要拥有虚拟土地或房屋。比如，Decentraland 虚拟平台以拍卖方式提供给用户虚拟土地或虚拟房屋，用户通过 NFT 方式进行交易。按照市场规律，在虚拟土地或房屋总量有限的前提下，越来越多的用户进入这一虚拟世界，虚拟土地或房屋的价格自然会水涨船高，所以虚拟土地或房屋的火爆交易场面难以避免。这样，用户可以在 Decentraland 虚拟平台上按照自己意愿进行个性化选择、建设、购买或卖出虚拟土地或虚拟房屋，还可以举办艺术展、音乐节、游戏竞赛和新闻发布会等活动。

第二节　新兴传播产业特征

新兴传播产业与传统传播产业一脉相承，脱离不了传统传播产业的"传播属性"，又兼具新兴传播产业的特质。病毒式传播、简洁化的风格、可视化内容、新技术生产和多渠道智慧载体是新兴传播产业的主要特点。新兴传播产业是多种技术渗透和贯通的现代产业，是一种前沿思想浸润、创意思维汇融的时尚产业。

其一，新兴传播产业是技术汇聚型产业。新兴传播产业是5G网络与人工智能为代表的高精尖技术耦合创构而成的新一代信息传播业态。太空运载技术、超级计算机技术、云技术、导航定位技术、计算孪生技术和区块链技术在新兴传播技术体系中属于第一层级，为5G网络应用场景提供了坚实的技术保障。新兴传播产业技术复杂多样，如5G第一应用场景的"增强带宽"功能展示了3D裸眼技术、AR技术、VR技术、4K/8K电视等多元化技术。新兴传播产业技术体系的技术应用范围远远超过了传统传播产业技术体系，体现数字中国建设的重要组成部分。缺少上述先进技术体系的任何一部分，新兴传播产业链就会随时"熔断"。新兴传播产业还需要上述先进技术的可持续性迭代升级，积极开发类人脑功能设备、虚拟现实技术和拓展现实技术，形成新一代高技术含量的中坚产业。

其二，新兴传播产业配套高智能化管理资源。新兴传播产业依附着一系列高端技术支撑，这就决定了新兴传播产业是集约化程度高、融合性水平高和资本密集度高的高投入、高风险产业，因而新兴传播产业发展的各个关键环节都需要全新、全智的管理技术和经验要求。只要一个关键节点出现管理漏洞，就会影响到新兴传播产业整个系统的有序运作和健康发展。为了达到新兴传播产业链的高产出和高收益目标，新兴传播产业需配套高智能化管理资源和高智能化管理队伍。其中，高精尖技术人才资源是高智能化管理资源的决定性要素。新兴传播产业还需要大量高精尖管理技术、资金和设备的投入，决策者是否具备对新兴传播产业竞争态势的科学决断能力，直接影响到新兴传播产业的发展大局。

其三，新兴传播产业是基于传统传播产业发展经验的传承兼创新型特色产业。新兴传播产业是以传统传播产业为起点、为根基的现代化传播产业，同时也是滋长于新兴传播技术温床，不能超脱于新兴传播规律和新兴传播技术发展要求的特色产业。因此，需考虑到新兴传播产业的现实可行因素和与传统传播产业的勾连路径，兼顾到新兴传播产业的技术迭代属性，综合考察新兴传播产业生产链、供应链和价值链。

其四，新兴传播产业是灵感与创意的阐发洞天。新兴传播产业离不开技术创新、内容创造和形式创意，是人的灵感与智能化创意的智慧结晶。例如，在智能包装广告产业中，包装材料的智能选择组合、包装颜色和包装形状的智能创新以及包装设计与广告创作的智能创意，都体现着智能包装广告商与新兴传播媒体间的人机灵感与创意耦合发力的智慧结晶。新兴传播产业是人类灵感激发和智能技术独出心裁的智慧创造，是人类智慧迸发和智能技术创新的时代创作。

第三节　新兴传播产业的发展趋势

新兴传播产业可谓"小荷初露尖尖角"，在5G网络和人工智能技术肥沃土壤中茁壮成长，5G网络和人工智能技术加持的新兴传播创意场景和新兴传播创造应用，都蕴藏着几何量级的产业规模。5G赋能赋势和智能技术赋术赋艺的复合叠加，滋生出新兴传播强大的产业链和供应链，新兴传播产业发展空间无限生机。

一　顶层设计势在必行

人工智能发轫于20世纪60年代的美国达特茅斯学院，人工智能技术概念的形成，无论是理论探索，还是实践应用，都是一波三折，直到近十年来由于深度学习和神经网络技术的广泛应用，特别是信息通信技术、超级计算技术、微信导航技术的渗透融入，智能技术在产业应用领域展现出旺盛的生机活力。基于5G网络和人工智能技术的新兴传播产业需要大规模资本投入，需要各种高精尖技术体系支撑。

新兴传播产业的未来发展，更需要国家决策部署和顶层设计。从全球范围考察，中美两个国家差不多在同一时期构筑了人工智能的发展宏图。2016年10月，美国国家科学与技术委员会发布了《国家人工智能发展与研究战略计划》和《为人工智能的未来做好准备》两份报告。同年12月，美国总统办公室发表了《人工智能、自动化与经济》报告。上述三份文件构成美国人工智能国家战略的主要内容，标志着美国人工智能时代的真正到来。具体而言，三份文件与美国新兴传播产业发展的关系最为密切，主要内容包括：政府在引领人工智能发展、加大政策扶持力度方面拥有绝对主导权，尤其在为智能化企业输送高端人才上责无旁贷。政府、公众和社会应共同支持人工智能技术的发展，并强调发挥人工智能的发展潜力、管控可能性风险，重视解决人工智能所产生的法律、伦理道德和社会正义等方面的问题。上述文件为美国新兴传播产业绘制出未来智能化发展的美好蓝图。在中国，2017年，国务院印发了《新一代人工智能发展规划》，提出分三步走的战略目标，指出人工智能的重要战略地位，要求大力发展人工智能新兴产业。2019年，中国政府进一步提出要深化大数据、人工智能等研发应用，培育新一代信息技术产业集群。我国政府为新兴传播产业发展精准施策，为之提供专门性扶持政策、保障法律、长远规划和营商环境，为中国新兴传播产业发展营造良好的政治环境，为传统与新兴传播产业的深度融合提供了广阔的天地。

二　高端人才未来可期

在传统传播产业和新兴传播产业的潜进融合过程中，高端专业人才资源缺乏成为产业发展和产业融合的掣肘。新兴传播产业的"五高"（高技术、高投入、高产出、高风险与高人才）特性，决定了当下和未来高端人才资源争夺和竞争的激烈程度。关键人才和关键人才团队，直接操控和决定新兴传播产业的发展走向。例如，2017年，曾担任微软全球执行副总裁职位的陆奇加入百度集团，负责实施百度"All in AI"人工智能研发应用计划。陆奇在微软供职时期，曾经让微软公司在组织架构、通信、搜索和信息服务领域的运营重焕生机。

2018年，百度成立智能驾驶事业群组和智能生活事业群组两大智能技术应用团队，将人工智能技术的社会应用提到产业发展的新高度。陆奇掌舵的"All in AI"计划迎来一连串利好业绩，如百度对话式人工智能系统拥有130位全球合作伙伴，智能搜索引擎广告一度从谷歌"抢夺"来三分之一的市场份额，百度股价也大涨60%。但是，陆奇突然的"半去职"使百度股票剧烈震荡，因为失去了全球顶级人工智能人才的百度集团，使人们普遍担忧（尤其是股民）该公司能否继续坚持执行"All in AI"战略计划。"百度的人工智能战略会继续坚持，但地位可能将与陆奇时代不可同日而语。即将上市的小米、未来可能上市的蚂蚁金服、一度逼近百度的京东，以及不可预知的（其他）独角兽，都有让百度跌出'BAT'的可能。"① 可见，高端人才资源的匮乏直接影响新兴传播产业的营收增长和社会影响，更决定着新兴传播产业的生死存亡。

三 5G 与智能技术耦合驱动

在5G与智能技术的耦合驱动下，新兴传播产业无限扩容，产业链条日益延伸，新兴传播产业的边界不断伸展，形成国家财政收入的新增长点。皮埃罗·斯加鲁菲在《未来媒体趋势报告》中曾预示：媒体蓝图正发生巨变，63%用户在下载客户端后活跃期仅为30天，新兴媒体用户对即时、时尚和优质信息的阅读、分析和评论需求增高，但对于新兴传播产业产品的消费预算却有限。② 具体来说，5G与人工智能技术的耦合驱动，使得新兴传播产业发生以下新变化和新气象：

一是新兴传播媒体的终端产品更趋多样，带动新兴传播制造产业、内容产业、广告产业迈向新台阶。5G+4K电视令原本尘封的家庭电视、楼宇电视和广场电视重换新姿，激活了电视机制造商及上下游产业链，使电视制造业态发生颠覆性变革。折叠屏智能手机的出现，打

---

① 参见都保杰《回顾陆奇当百度总裁的486天，All in AI 不知路在何方》，见 https：//tech.sina.com.cn/i/2018-05-18/doc-ihaturfs2795297.shtml，2018年5月18日。
② 参见皮埃罗·斯加鲁菲《新浪联合硅谷布道师发布〈未来媒体趋势报告〉》，见 http：//www.360doc.com/content/18/0612/17/51316587_761773021.shtml，2018年6月12日。

开了窄屏、宽屏和全屏的连接链条，智能手机制造的巨大市场潜质未来可期。可穿戴设备、智能设备和智能汽车将成为新兴传播产业的发展突破口。

二是5G与智能技术赋能带给新兴传播产业全新的音频、视频、动漫和Flash传播新内容。5G和人工智能融合技术下的新兴媒体将成为用户全要素体验和全功能沉浸的新向标，传播者和受众均将被赋予创客身份。未来的优质传统媒体资源将作为新兴传播产业链上的重要环节而存在，新型主流媒体的公信力和权威性成为未来传播市场最有竞争力的推进器。新兴传播产业内容的生产传播方式将变为精英传播者、智能机器人和普通受众的共建性、共享性生产传播方式。在这种生产传播方式中，精英传播者、智能机器人和普通受众将融为一体，用户意愿、需求和信任将得以充分满足和实现。新兴传播产业将成为5G与智能技术耦合驱动的新生命体和新动能体。

三是新兴传播产业将获得更丰厚的5G与智能技术赋能收益。未来越来越多的智能创意广告装扮出虚拟社会一派新气象。新兴传播技术弱化了用户与广告内容的边界，智能原生内容营销成为广告消费新宠儿，区块链加持的智能合约广告从用户与广告内容两个层面将改变广告的商业逻辑，使广告模式功能优化空间大大扩展。智能媒介和智能场景的组合，将极大提升广告制作的合成率，降低广告运营成本，使广告应用终端更为丰富和广告市场更为广阔。如作为国内原生视频广告引领者，影谱科技通过智能算法技术、浮层架设技术和云视窗实时植入技术实现了品牌元素与视频要素的无缝结合，增加广告曝光机会，解决广告投放过程中的追踪、识别以及广告"真实"呈现问题，实现媒体资源价值的最大化，使广告主、视频平台与内容消费方等多方受益。

四 创新创意思维决定新兴传播产业经营成败

在新兴传播时代，创新创意思维决定着新兴传播产业的经营成败。计算机图形、数字影像、人机交互、传感设备、人工智能等技术及系统的进步和综合运用，创造出一种基于可计算信息的沉浸式交互环境，创造出视觉、听觉、味觉、嗅觉、触觉及第六感观的多重智能广告体验。在广告内容、广告场景的生产传播中，新兴传播媒介调动受众的感官越多，其感知、感觉和感受就越真切、越容易接受，广告的贴合、亲近、真实效果就大大提升。随着新兴传播技术潜质得以阐发，新兴传播产业的创意创作系统、制作合成系统、发布执行系统、远程控制协作系统和后期管理反馈系统的一体化建设将日益完善和发达，新兴传播产业品牌形象塑造也将达到一个新水平。例如，2018年，作为区块链技术重大创新应用领域之一，智能合约广告（iVeryOne）走进公众视野。智能合约广告是指用户用自己的VRY向其他用户投放自己个人主页的广告内容，他可以对自己的数据资产和服务资产进行自主定价，通过智能合约达成与其他人的交易成果或双向合作，每一个浏览到该广告的其他用户可以向发布者支付广告费，有效解决在新兴传播时代中陌生人之间的信任问题，使区块链品牌营销向前跨越一大步。

第十一章　新兴传播媒介素养

媒介素养是一个变化、开发的概念，经历了长达90年的理念转型演变时期。20世纪30年代，英国学者利维斯主张大众媒体生产传播的大众文化是一种危险力量，强调教育公众"甄辨与抵制"大众传播的错误影响。这段时期的媒介素养培育被称为"免疫接种"模式。随着媒介素养研究的逐步深入，学者发现媒介影响无所不在，通过媒介素养培育来抵制大众传播负面影响无济于事，于是学者们提出引导受众与媒体同存共处的新理念。美国媒体素养研究中心对媒介素养下的定义是：人们在面对互联网的庞杂信息时所表现出的信息选择能力、质疑能力、理解能力、评估能力、创造能力、生产能力和思辨反应能力。陈力丹认为媒介素养是公众如何认识媒介、如何使用媒介以及信息工作者如何认识自己和如何看待信息精神的两个层次概念。上述两种观点从主体能力考量媒介素养内涵，辩证地看待媒介技术带给人们的影响。李·雷恩尼和巴瑞·威曼在合著的《网络化：新的操作系统》中将媒介素养概括为图像处理能力、导航能力、信息组合能力、专注能力、多任务处理能力、怀疑精神和道德修养，该观点将媒介素养归结为传统技能和新兴技术的综合能力。联合国教科文组织在其《媒介素养宣言》中指出：我们生活在一个媒介无处不在的社会，与其单纯谴责媒介的强大势力，不如接受媒介对世界产生巨大影响这一事实，承认媒介作为文化要素的重要性。我们习惯性地将媒介素养简单地理解成信息的获取能力（媒介技术应用技能和信息查询收集能力）、分析能力（对于媒介信息的选择辨别能力）、评价能力（对信息内容的批判质疑能力)、生产传播能力（信息加工制作和传输反馈能力），而忽略了媒介素养的综合要素层面。一般而言，新兴传播媒介素养包括新兴传播技术素养、创意素养、文化素养、艺术素养和伦理素养等内容，新兴媒介素养培育是媒介综合素养的培育问题，是人类文化发展和人类文明进步的重要组成部分。

第一节　新兴传播技术素养

新兴传播技术素养是新兴传播媒介素养的核心要素，由新兴传播全息技术素养、新兴传播算法技术素养、新兴传播5G技术素养和新兴传播元宇宙技术素养构成，呈现迭代、多层、复杂、开放和专业等特点。

一　新兴传播全息技术素养

新兴传播全息技术素养包括是以下三个方面的基本技能。首先，充分了解新兴传播全息技术的发展历程。从传统全息技术到新兴传播全息技术经历了漫长的演变进程。自1947年Garbo提出全息技术概念以来，全息技术经过了传统光学全息、数字全息、计算全息和智能全息四个进化阶段。具体来说，全息技术概念引发传统光学全息研究与应用的普及与推广。之后，Goodman提出数字全息概念，基于传统化学底板的传统光学全息研发逐渐让位于基于CCD等电荷耦合设备的数字全息技术研发，数字全息技术实现了全息技术由光学到电子技术的质的跨越。但由于当时算力、算法和设备的局限性，数字全息技术发展曾遭遇过桎梏。到了21世纪初，随着数码相机盛行和计算机技术勃兴，基于计算机模拟建模的计算全息技术应运而生，实现对现实物体的光场建模和虚拟模型的全息显示"两大转型"，全息技术研究进入稳步上升阶段。到了21世纪20年代，新兴传播促成智能全息技术的逐渐盛行，智能全息技术使现代视频文化成为人们日常生活的"依存工具"和"依赖伙伴"。其次，掌握新兴传播全息技术的核心内涵。全息显示技术是通过2D全息显示技术和3D全息显示技术实现的。2D

全息显示技术的应用载体是投影膜、折射板和立体光栅。投影膜可以用作立体空间的承接屏幕，常见的有旋转扇叶屏、雾屏和投影仪等。用于空间成像的折射板通常由半反半透的板子组成，ASKA3D板就是典型的介质材料。立体光栅（狭缝光栅或柱透镜光栅）通过2D光栅显示器完成多视点运动视差的立体呈现。3D全息显示技术载体是点云和光场。与2D全息显示技术相比，3D全息显示技术真正采集并重现了物体的三维信息，比2D全息显示利用人眼视差及大脑认知偏差合成立体图像机制具有信息量更大、立体感更生动等特征。从技术原理和视觉效果来看，光场重构全息显示技术属于理想全息技术范畴，亦即真全息技术，是新兴传播全息技术的核心内容。新兴传播全息显示技术由全息投影仪、全息投影幕、全息投影膜、全息投影内容和算法技术等要素构成。从研究现状来看，新兴传播计算全息技术研究集中于5个重要领域：计算全息实时显示技术、彩色全息术、计算全息编码技术、计算全息光学加密技术和动态计算全息图制作技术。最后，把握新兴传播全息技术在教育、医学、科普推广、文化传承、信息存储、实物档案管理、影视、戏剧和艺术等领域的具体应用前景。①新兴传播全息技术可实现线上3D虚拟师生形象，让师生体验在家如同坐在教室面对面的超强沉浸感，还可以在虚拟实验环境中实现反复模拟操作，不用担心资源浪费和费用昂贵等问题。②3D全息技术应用于医学领域，帮助医生摆脱AR眼镜佩戴困境，通过手术处的内部结构裸眼再现全息技术实现便利化、简单化和动态化的精准治疗效果。③新兴传播全息技术可以帮助旅游景区设立风俗文化3D全息体验馆，帮助用户制作全息仿真短视频或智能全息游戏，利用城市独特优势将本土化饮食、舞蹈、杂技、非遗等内容用全息技术生动呈现出来，将文化传承宣传与科普推广教育结合起来。④利用全息技术保存档案有利于延长实物档案存放时长，提高可靠性、完整性和规范实物档案管理制度，进而通过全息技术智能化展示档案内容，提高实物档案利用率和曝光率，全息储存技术是未来档案管理的可行手段。⑤通过新兴传播全息显示技术在影视、戏剧和艺术领域的运用，不仅可以产生立体的空间幻象，更益于幻象内容、表演者与观众产生互动效果，共构场景式观赏、表演或展示，欣赏感和获得感强烈。

二　新兴传播算法技术素养

新兴传播算法技术素养要求传播者与受众拥有基于创新思维、计算思维和风险意识的算法技术技能。其一，算法将模糊的对象变成明晰、精确的数据，将主观的感受变成客观的信息，将抽象的原则变成具体的执行过程。在信息筛选、关系匹配与调节、判断、决策等方面，算法常常是强大、高效之化身，很多时候算法是人的智力难以企及的超强计算工具，所以人们应养成学习新知识、了解新算法、应用算法于实践的创新思维。其二，算法的准确有效性与数据收集的质量数量紧密相关，传播者和受众应练就正确使用和理性评价算法技术的计算思维本领，具备有效发现、评估和使用算法数据信息的主动意识和自觉能力。良好的计算思维就是直面海量数据信息、主动迎接算法技术所带来的思维挑战。算法写剧本、算法写诗、算法写小说、算法艺术仿真、算法音乐创作以及算法化短视频本质上都是数据化计算思维的外显成果，基于计算思维的新兴传播技术将全面影响日常生活、课堂学习和工作环境。其三，算法技术素养还要求帮助人们认识算法可能带来的安全风险，提高防范算法风险的自觉、自省和自警能力。用户个人数据的广泛采集，虽然表面上看给生活带来便利和实惠，但往往隐藏着巨大的法律或伦理风险。在法律伦理层面提高对用户个人信息的保护力度的同时，用户也需要洞察和防范数据泄露风险，增强自我保护意识。特别是，算法带来"过度限制性囚禁"风险，如信息茧房等。如果算法应用不当或使用过度，用户可能在决策、消费、社会地位、劳动报酬等方面成为算法技术捆绑的"囚徒"。算法过滤与推荐的有效性和即时性取决于用户大数据信息的准确性与先进性，这就使得媒介平台想方设法攫取用户的各种消费数据已建立理想的"用户算法模型"，长期局限于用户个人兴趣信息的"内循环"算法推荐往往会变得越来越窄化。可见，算法构建的拟态环境与现实世界的生活环境仍有很大的距离，即使未来算法的改进和迭代升级会使拟态环境更接近现实世界，但基于算法构建的"界面世界"肯定不真实，只会让人远离自然界，远离真实世界，所以基于风险意识的算法技术素养培育刻不容缓。

三 新兴传播5G技术素养

新兴传播5G技术素养是培养受众自为性阅读行为的自律意识和自觉技能。4G时代的媒介素养呈现受众自发性阅读行为，而5G时代的媒介素养显现出受众自为性阅读行为，这是因为5G技术是像电力技术、传统通信技术一样的通用技术，5G"微基站"模式产生强烈的"泛在"感，其永远"在线""在场"的无缝连接使受众迅速进入以自我为中心的私性传播或公共传播时代。在"人人都是麦克风"、"物物可作麦克风"的新兴传播时代，5G技术素养将是一种内化于心、外化于行的人文兼融技术的共建共享时代，用户通过参与媒介、体验媒介、沉浸媒介来实现理性公民的交际目标。换言之，5G时代是传统媒体、网络媒体和智能媒体有机融合的新兴媒体时代，它要求媒体人对媒体的把控能力能够全面覆盖受众的视、听、触等全感觉，具有乐于分享、个性鲜明、互动性强和技术全面等特质。5G技术传播的高速率、高容量、低时延和低能耗打破了传统与新兴传播的边界，消除了新旧媒介互相区隔的桎梏，使得资讯、关系、算法媒体互补互融、协同发展，如以报纸、广播、电视为代表的传统媒体促进了精英群体文化的繁荣，以三微一端为代表的网络媒体形成了网络意见领袖的话语体系，以智能机器人为代表的智能媒体构成了人机交互的算法化社会，三类媒体互联互通的5G传播时代更需要自为、自觉、自律的全素养受众。

特别是，我们应进一步丰富青少年5G技术素养内涵。新兴传播使普通受众变为生产传播者，受众媒介素养结构发生实质性变化，增添了创造、阐释、传播和反馈等新内涵。研究发现：青少年受众目前对新兴传播的性质、种类、结构、功能认识并不充足，对新兴传播信息的甄别和判断能力也不高，容易遭受不良网络舆论生态影响，难以应对信息过载、道德过载所引发的伦理、法律和社会问题。对青少年群体的新兴传播5G技术素养培育可以解决上述问题，改变青少年价值观混乱和行为方式随意的"离散"状态，全面提升青少年在新兴传播信息生产传播过程中的认知能力、感知能力、评价能力和技术能力，完善其应对新兴传播困境的知识体系、技术体系和能力体系，增强青少年应用新兴传播手段和把握新兴传播规律的水平。总之，新兴传播5G技术素养是传统媒体技术素养、网络媒体技术素养、智能媒体技术素养与5G技术素养的渐进渗透、有机组合和充分融合的产物，包括对各种资讯信息采、拍、录、发的全息素养，对传播关键节点全域效率提升的全效素养，由技术、伦理、语言和文化要素构成的全员素养，由传者素养、受者素养、互动素养和联动素养组成的全程素养。简言之，青少年5G技术素养培育就是培养青少年具备全息、全效、全员和全程素养。

首先，青少年需具备以公民记者意识与媒介操作经验为核心的全员素养与全程素养。全员素养顺应青少年受众参与新兴传播社交活动的需要，全程素养则是为了实现新兴传播有效传播而要求青少年具有全域触达能力。全员全程思维意识是形成新兴传播素养的关键因素，只有具备全员全程的强烈的使命感、责任心和道德意识，才能完成人的智能终端与物化智能终端的有效连接和再连接。全员素养与全程素养要求青少年形成传播大格局视野，全面把握传统媒体和新兴媒体融合的优势与不足，具备对新兴传播过程和传播效果的科学评价能力。

其次，青少年需具备由职场专业素养和技术伦理素养构成的全息素养。职场专业素养是指利用信息传播技术、媒介载体、智能终端与5G技术实现全幅式传播的职业能力和专业素质，要求青少年熟练掌握文字、图片、音频、视频等多元专业知识与技能技巧。技术伦理素养是青少年在新兴传播信息过载和道德过载语境下的道德底线、共识追求与技术伦理自律意识，是新兴传播技术素养培育的最终目的与现实价值。新兴传播实现的是经济效益和社会效益的双赢目标，追求的是满足多层用户的多样化利益诉求，而非脱离社会现实进行所谓的"艺术加工"或"审美传播"。青少年要致力于维护新兴传播主流价值传播的公信力、影响力和传播力，坚守新兴传播社会主义核心价值观阐扬的使命担当，营造良好的新兴传播舆情氛围，推动线上线下精神文明的健康发展。

最后，青少年应具备对新兴传播关键节点提效增速的全效素养。5G赋能下的新兴传播是关键节点传播。节点传播具有展示自身意义、打造重要身份、呈现个性表征、促进互动互化、触达用户现实需求等核心功能。[1] 传播者在新兴传播中的差异性身份与引导地位使信息扩散呈现不均衡、不对称、不平等的节点态势，流向集中性受众群的那些节点成为新兴传播的关键节点。青少年因思想活跃、认知自主和参与意识强，容易成为新兴传播的主体关键节点。全效素养要求青少年具有跨渠道、跨平台的整合运营能力，通过构建全效关键节点矩阵，打通内容生产、关系建构、渠道传播、用户交互、算法过滤推送、全效连接的闭环关系，体现新兴传播的全效整合功能。

四 新兴传播元宇宙技术素养

新兴传播元宇宙技术素养包括元宇宙核心要素素养、元宇宙综合技术素养、元宇宙核心技术素养和元宇宙应用场景素养等内容。首先，元宇宙核心要素素养涵盖身份、朋友、沉浸感、低延时、多元化、即时性、经济特色和文明传播等关键节点。新兴传播元宇宙的主体具有多重虚拟身份，拥有多样多层的虚拟朋友，能充分实现交互性沉浸感，所有交往活动或消费活动都是瞬秒完成的，主体、客体与媒介多元、直观且便捷，信息传播具有理想的过滤、规范的审查和即时的验证机制，新兴传播元宇宙的经济主体将实现更高效的市场运营表现，新兴传播元宇宙的核心要素培育，要求传播者、管理者和受众、对象应全面转变传统经济和社交活动的思维定式，形塑接受新事物、学习新技术、适应虚拟场景生活的灵便思维模式。其次，元宇宙综合技术素养培育，要求普通受众对工业互联网、人工智能、增强现实、虚拟现实、智能全息技术及区块链等多种高技术和系统具备融会贯通和有效应用的综合能力。普通用户虽不是专业技术人员，但元宇宙世界要求其成员必须具备即时交互性、社会空间性、科技赋能延伸性、人机共创性、

---

[1] 参见张佰明《人的整体性延伸的传播形态——节点传播》，《现代传播》（中国传媒大学学报）2014年第5期。

真实映射性、交易流通性和区块链型经济增值等综合技能。如果没有元宇宙综合技术素养，普通用户面对元宇宙消费和元宇宙社交将手足无措、无法生存，就像手机刚面世时，用户必须先学习手机如何操作那样，未来的元宇宙社会要求我们时刻准备着适应元宇宙社会生活和元宇宙市场交易，而不是元宇宙社会适应我们个体用户，所以普通用户应具有元宇宙世界所要求的综合技术素养。再者，元宇宙核心技术素养涵盖扩展现实技术、智能全息技术、数字孪生技术和区块链技术等专业技术素养。一是新兴传播元宇宙生产传播者和受众应洞悉扩展现实技术、智能全息技术的沉浸式路径，以便更好使用佩戴 VR 设备，更得心应手地融入沉浸式体验场景。同时也要把握 AR 技术的叠加、外拓路径，以便适应基于仿真机器人的经济消费场景。二是普通用户应通晓新兴传播元宇宙技术的激进路径和渐进路径，以实现其对自主型去中心化虚拟身份的打造，如自主性制作元宇宙剧本或元宇宙游戏等。三是普通用户应掌握新兴传播元宇宙技术的开放和封闭路径，以实现基于智能手机的元宇宙灵活交往活动，如用户可以通过苹果手机完成封闭式"我即宇宙"建构，或通过华为手机完成开放式"他即宇宙"形塑。四是元宇宙应用场景素养包括企业元宇宙场景素养、社交元宇宙场景素养和商业元宇宙场景素养。作为元宇宙世界成员，用户需充分掌握制造行业的智造元宇宙平台运行机制，通晓元宇宙商品展示大会的使用规则，会佩戴元宇宙定制的虚拟现实头盔（PS VR2），能娴熟操作元宇宙场景下的虚拟游戏，可使用高能效、轻量化的元宇宙 AR 眼镜，等等。此外，社交元宇宙的场景应用技巧更需要普通用户"轻车熟路"的熟练使用，以提高元宇宙生活品质和工作品味。简言之，普通用户应具有元宇宙场景下的游戏、展览、教育、设计规划、医疗、工业制造、政府公共服务、社交、娱乐和市场交易等场景应用素养。最后，普通用户还应具有元宇宙前瞻性素养。元宇宙前瞻性素养包括"厂、店、家"跨场景的元宇宙融合素养。在元宇宙时代，眼、耳、鼻、舌、身体、大脑六类需求（视觉、听觉、嗅觉、味觉、触觉、意识）都有相应的元宇宙技术支撑，普通用户需要深入了解这些技术的具体功能和主要特征。随着元宇宙跨界应用场景的到来，"厂、

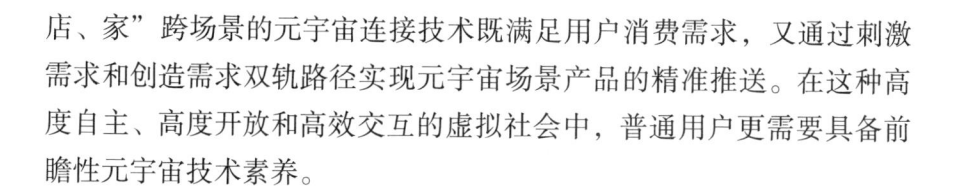

店、家"跨场景的元宇宙连接技术既满足用户消费需求,又通过刺激需求和创造需求双轨路径实现元宇宙场景产品的精准推送。在这种高度自主、高度开放和高效交互的虚拟社会中,普通用户更需要具备前瞻性元宇宙技术素养。

第二节 新兴传播创意素养

新兴传播技术的发展变迁,对现代传播形态的演进具有强大的推进作用。媒体技术的每一次进步,必然促进新型媒介形态的产生和勃兴,进而重塑媒介融合生态格局。随着5G与人工智能技术的盛行,传统媒体和新兴媒体都在思考5G智慧赋能下如何融入和转化丰富的内容资源,在视频化、媒体化、移动化、智能化的创意产品矩阵体系中,如何构建协同化、一体化、集约化的创意生产流程,如何制定创意信息的场景化、垂直化和社交化运营方案等问题,这些问题的解决将会为新兴传播创意素养培育营造良好的发展舞台。新兴传播创意素养指的是为了满足传统媒体创意和新兴媒体创意的融合性新需求,创意创作者、传播者、管理者和受众、用户所应具有的新兴传播创意思维、创意手段、创意方式和创意传播管理等技能。在现代社会,由于新兴传播创意素养是一个内容复杂而想象挑战性概念,其内涵与特征也是不断发展变化的,需要我们正确把握与对待。

一 新兴传播创意素养培育的时代特色

首先,5G、智能算法赋能深入人心。5G具有超快速度、超大容量、超低时延、超级保密等传输特点,实现了人与人、人与物、物与物之间的全链接,无时不在、无所不在、无所不能、无所不包的信息传递正成为现实。智能算法技术为创意视频内容、创意产品形态和用户理想体验带来更多希望。云计算、VR(虚拟现实)、AR(增强现实)、联网无人机、智能无人车、智慧家庭娱乐、社交网络、智能场景和智慧城市日益普及。在5G智能化时代,主流媒体可以从重构用户关系入手,借助新技术和新兴媒体,丰富精品化、社交化、融合化、移动化产品矩阵,增强用户体验,增加用户黏性,实现由"平面媒体"到"立体媒体",由集中式媒体到"沉浸式媒体"的转型升级。新兴传播创意素养新理念已成为当代人文素养提升的重要组成部分。

其次,新兴传播创意素养培育潮流势不可挡。2014年8月18日,习近平总书记主持召开中央深改组第四次会议,审议通过《关于推动传统媒体和新兴媒体融合发展的指导意见》,自此"媒体融合"和"新兴传播创意"上升为国家战略。2019年1月25日,中共中央政治局就媒体时代和媒体融合发展举行第十二次集体学习。习近平总书记指出:"党报党刊要加强传播手段建设和创新,发展网站、微博、微信、电子阅报栏、手机报、网络电视等各类新媒体,积极发展各种互动式、服务式、体验式新闻信息服务,实现新闻传播的全方位覆盖、全天候延伸、多领域拓展,推动党的声音直接进入各类用户终端,努力占领新的舆论场。"[①] 可见,主流媒体的智能化融合是我们党媒体事业发展的核心工作,新兴传播主流媒体的创意素养培育潮流势不可挡。

二 新兴传播创意素养内涵

5G智能时代赋予新兴传播更加强劲的技术驱动力,政府管理机构拥有更多的新兴传播发展模式和优化路径。以"全程媒体全员媒体全息媒体全效媒体"为国家传播战略的融媒传播,在5G、算法技术赋能下,为发出中国声音、传播中国主旋律正全速起锚远征。我们应该洞悉新兴传播创意素养的主要内涵,营造有效有序的新兴传播创意素养培育环境,洞悉新兴传播创意素养培育的市场需求和发展动态,坚决贯彻习近平总书记"构建媒体传播格局"之"移动为先""创意为要"的讲话精要,以实际、有效、可行的培育措施来提高全民新兴传播创意素养,以高水准的新兴传播创意素养培育标准来培养出新兴传播创意专业人才,促进中国新兴传播创意素养理论的积极探索。

新兴传播创意素养内涵种类繁多、丰富多彩。既有新兴传播创意

---

① 习近平:《推动媒体融合向纵深发展 巩固全党全国人民共同思想基础》,《人民日报》2019年1月26日第1版。

人才或普通民众运用新兴传播创意技术手段生产传播的新兴传播创意内容，又有消费新兴传播创意产品或场景的基本技能，同时，也包括社会个体对新兴传播创意主流价值的政治自觉意识以及过硬的经济创意才能、文化欣赏才能和社会创造技能。本章节侧重于探讨新兴传播创意产品或场景的设计、生产、推送、规范和协调等环节所涉及的新兴传播创意素养内涵培育问题，从产业、用户、媒介、协会和国家层面探究行业自律、主动监督、舆论营造、规制健全和政策引导的协同培育问题，探索政府主导下的新兴传播培育机构、创意产业、协会和媒介对青少年用户新兴传播创意素养的培育问题。新兴传播创意素养培育只有符合普通民众"信念—思想—情感—行为"消费认知规律，[①]契合创意反馈循环的并发过程、人际关系相互作用的持续过程、源头科学评估的实时过程和网络系统化的协作过程，才能实现提升新兴传播创意培育效率，促进新兴传播创意素养培育大众化和社会化等目标。

第三节　新兴传播文化素养

随着深度学习、图像识别、语音识别等一系列人工智能技术质的飞跃和5G、大数据、云计算、区块链、边缘计算等技术水平的进一步提升，新兴传播技术开始对各行各业产生深远影响。在文化产业领域，新兴传播文化大行其道，前景广阔。在当前智能移动革命、社交网络革命和互联网场景革命的大背景下，新兴传播文化素养将成为现代社会公民素养的重要组成部分，政府、公众、媒体与文化的关系变得异常复杂，而且媒体文化素养与政治素养、经济素养、社会素养之间的关系也在不断的发展变化中，新兴传播文化素养逐渐成为社会公众为了适应新的媒介环境和社会变化，应该掌握的新能力和新本领。

一　新兴传播文化素养的演变历程

新兴传播技术在语音识别、图像识别、自然语言理解以及受众画

[①] 参见方环非、方环海《论知识管理框架下知识创新与人的认知因素》，《南京林业大学学报》（人文社会科学版）2007年第2期。

像等方面已经有了长足进步。百度 CEO 李彦宏介绍："目前，语音识别的准确率在安静的环境下已经达到了 97%。97% 是什么概念？就是说它已经超出了正常人的听力水平。"①

从产业发展来看，中国新兴传播产业结构渐成体系、产业链、供应链和价值链日渐成型。在国家政策方面，我国从 2015 年以来便对人工智能技术及系统进行相关规划。根据国务院印发的《中国制造 2025》，"智能制造"被定位为中国制造的主攻方向。同年，国务院印发《"互联网＋"行动指导意见》，明确了大力发展智能制造的战略目标。2016 年，发改委、科技部、工信部和网信办联合印发《"互联网＋"人工智能技术三年行动实施方案》，文件明确到 2018 年，中国基本建立智能化技术与系统产业体系、创新服务体系和标准化体系，培育若干全球领先的智能化技术与系统骨干企业，形成千亿级的智能化技术与系统市场应用规模。2017 年，"智能制造"首次被写入全国人大政府工作报告。同年，文化部印发的《关于推动数字文化产业创新发展的指导意见》指出，深化"互联网＋"，深度应用大数据、云计算、智能技术与系统等科技创新成果，促进创新链和产业链有效对接。提高不同内容形式之间的融合程度和转换效率，适应互联网和各种智能终端传播特点，创作生产优质、多样、个性的数字文化内容产品。国务院印发的《新一代人工智能发展规划》前瞻性布局新一代人工智能技术重大科技项目，到 2030 年，中国人工智能产业竞争力达到国际领先水平，人工智能核心产业规模超过 1 万亿元，带动相关产业规模超过 10 万亿元。② 2021 年，文化部发布了《文化部"十四五"时期文化产业发展规划》，提出顺应数字产业化和产业数字化发展趋势，深度应用 5G、大数据、云计算、人工智能、超高清、物联网、虚拟现实、增强现实等技术，推动数字文化产业高质量发展，培育壮大线上演播、数字创意、数字艺术、数字娱乐、沉浸式体验等新型文化业态。充分运

---

① 金济：《李彦宏谈文化消费新机遇：是时候讲好我们的"中国故事"了》，见 https://tech.qq.com/a/20161220/025629.html，2016 年 12 月 20 日。

② 邓嘉纬：《人工智能如何影响文化产业？》，见 http://www.cssn.cn/zk/zk_rdgz/201806/t2018 0607_4351359.shtml，2018 年 6 月 7 日。

用数字文化产业形态推动中华优秀传统文化创造性转化、创新性发展，继承革命文化，发展社会主义先进文化，打造更多具有影响力的数字文化品牌。促进数字文化与社交电商、网络直播、短视频等在线新经济结合，支持基于知识传播、经验分享的创新平台发展。促进数字文化产业赋能实体经济。[①]可见，我国政府对于新兴传播文化产业发展相当重视。

总之，我们要结合新兴传播文化产业的发展趋势来研究新兴传播文化素养培育问题。新兴传播智能系统（智能机器人）尽管可以模拟人脑活动，甚至在某些方面胜过人脑思维功能，但新兴传播智能系统不能完全取代人类意识和作用，因为新兴传播智能系统做不到人类在人文、艺术、美学上面的感性表达，如文学、编剧、电影之类的文化创意产业还要依靠人脑创造性工作。可见，新兴传播文化素养培育主要针对的是新兴传播从业者或受众的现代媒介文化素养培育问题，新兴传播文化素养的理想培育模式是人机协同、人机互动和脑机融合的互补式、契合式共治新天地。

二 新兴传播文化素养内涵

新兴传播技术一般被认为是人类智慧在计算机、网络和算法上的展现与延伸。广义而言就是"人造智能"技术与系统，是仿制人脑功能的类人脑综合性传播技术与系统。作为一门综合学科，新兴传播技术是一项广泛性技术与应用，它跨越多学科和多领域，涵盖多方面和多维度。从本质上说，新兴传播技术应用就是发掘如何造出全程全员全息全效新兴媒体的机制与路径的实践化过程，掌握更好模拟人脑神经思维和肢体行动的新兴传播规律。随着新兴传播技术的日渐成熟，人们开始注意到新兴传播从业者和受众的文化素养问题，探寻新兴传播文化素养培育的具体内涵和主要特征。

首先，新兴传播文化素养包含媒体文化与智能科技的互通共融内

---

① 参见《文化部"十三五"时期文化产业发展规划》，见 http：//www.gov.cn/xinwen/2017-04/20/content_5187654.htm，2017年4月20日。

容。"新旧媒体文化+新兴传播技术"是新兴传播文化素养的主要内涵，是未来文化科技融合和文化科技素养聚合的本源滋养。新旧媒体文化与新兴传播科技的内容融合呈现动态性和迭代性特征。新兴传播作为新时代科技创新领域的后起之秀，在深度学习、图像语音识别、全息影像等关键技术引领下对新旧媒体文化演进嬗变产生深远影响。通过"新旧媒体文化+新兴传播技术"素养融合培育模式，将人工智能技术创新扩散内化到媒体从业者和广大受众的媒体文化传播和日常生活活动中去，新旧媒体文化与新兴传播科技的有机融合促进了大众媒体、网络社区和智能场景文化传播的平民化、圈群化和生活化，从而推动人的全面发展。①

其次，新兴传播文化素养是高效科技和社会文化生活交互的生动体验和形象实践。当下，受众高效的关系信息共享和精准的算法场景信息共创是互联网和智媒平台文化活动的核心内涵。"新旧媒体文化+新兴传播技术"素养融合培育模式，旨在通过新兴传播技术应用满足受众的线下线上物质文化和精神文化需求，从而创造一种全新的文化消费体验与文化阐释创意过程。新兴传播技术可以通过改变文化接受者的心理情感状态，全面提升文化产品"人文"与"技术"耦合性能并创造智能化、关系化文化互动场景以探索基于受众满意、自主意愿和实际需求的文化创新体制机制，从而让定制化、精准化、动态化、个性化的新兴传播文化产品触达目标受众。比如，日本的《金SMA》节目利用全息投影技术"复活"已经去世22年的邓丽君，再现她1986年在《日本作曲大赏》中演唱的名曲《我只在乎你》，让在座的观众叹为观止、感触颇深，创造了独一无二的文化感受盛宴。再如，苹果公司设计的Siri功能实现了电子设备对人类语言的智能识别，彻底改变了消费者看待机器人的僵化态度，也让文化交流和文化体验超越了人际界限，向人与机器的互动更进一步。新兴传播对受众消费文化资源与娱乐文化资源的优化整合，是新旧媒体文化与智能科技的耦合驱

---

① 参见蔡晓璐《文化与科技走向深度融合》，见 http://ex.cssn.cn/index/index_focus/201804/t20180420_4202113.shtml，2018年4月20日。

动归宿。用户良好的消费体验和满意的娱乐感受是新兴传播的终极目的，是人文、商业与技术价值循环链中必不可少的关键一环。新兴传播技术不是对消费者文化消费权利的剥夺，而是推动用户文化消费体验的催化剂。比如，AR 游戏 Pokemon Go 曾掀起一波全民手游热潮，新兴传播技术将虚拟空间与现实空间的成功对接为游戏玩家创造出全新、生动的娱乐体验，制造出更加优质的娱乐效果和游戏快感，充分迎合目标用户的特色消费需求，提升了新兴游戏文化的传播品质。

再次，新兴传播文化素养是受众个性文化的有效表达和集中体现。随着新兴传播技术的不断进步，新兴传播对于受众文化需求的影响越来越大。基于新兴传播技术的浏览跟踪、精准推送算法和智能过滤算法使得分众化的营销策略和细分市场的对口推广愈加成熟，为文化内容的个性化表达和精准私人定制提供了精准个性化技术支撑。因此，新兴传播技术催化受众消费偏好的筛选进程，倒逼用户新兴传播文化素养的快速生成或新兴传播产品体验模式的即时革新，实现新兴传播内容由 UGC、OGC 向 PGC 再到 MGC 的顺利转型，成就受众文化素养向智能化、综合化、内涵化、个性化等多向度转向。

复次，新兴传播文化素养是人工智能艺术语言与新旧媒体表意体系的完美融合。新兴传播技术将创造更多智能创意文化奇观，让智能文化艺术语言与新旧媒体表意体系更加契合，开拓线上线下文化创作创新的崭新领域。尽管目前新兴传播技术在文艺创作方面的应用仍停留于随机的排列组合和输入输出模式，但其对艺术文化内容的重塑和改造将会丰富人们特殊的回忆性经验和感性认知，让艺术作品的呈现方式更加多元、更加生动。例如，虚拟偶像"初音未来"和"洛天依"就是借助新兴传播技术制造出来的仿真形象，这些虚拟偶像吸引了众多粉丝，并通过新兴传播产业链开发，既丰富了受众的文化体验经验又创造了巨大的经济效益和社会效益。新兴传播技术独树一帜的内容表达形式，为受众文化素养注入新内涵，成为文化创意产业转型升级的有效路径。

最后，新兴传播文化素养通过智能算法加持创意文化营销得以实现。"新旧媒体文化 + 人工智能营销技术"能够为受众文化体验和产品消费增光添彩,全面提升新兴传播营销的整体效果,最大限度地发挥创意文化产品的溢出效应。2016年百度和传奇影业的合作很好地诠释了新兴传播技术对受众文化营销的正向作用。百度利用"百度大脑"的强大功能为电影《魔兽》进行运作营销以提高票房收入。通过受众图像识别技术将电影观众自动分析,划分出三类消费群:第一类是魔兽粉丝,即使不进行营销宣传,这类人也一定会观赏这部电影。第二类是中立受众,对电影的消费意愿具有可塑性和变通性。第三类则是无论怎么宣传都不会去看该影片的受众。其中,第二类客户群是这次智能营销针对的目标受众。[①]《魔兽》运营商根据"百度大脑"的分析报告精心设计出主要针对第二类客户群的推广方案,将宣传锁定在那些摇摆、可塑和变通性的中立受众群,加大目标受众新兴传播文化素养的"渐进培育"力度,最终使绝大部分的潜在消费需求转化为现实消费需求。[②]

总之,新兴传播文化素养是指媒体从业者或受众所具有或应养成的新旧媒体文化与新兴传播技术的融合素养、新兴传播文化产品自觉体验能力、个性化需求文化内容表达能力、智能艺术语言与新旧媒体表意体系的整合能力以及智能创意文化营销能力。

三 新兴传播文化素养特征

任何新文化形式的诞生,都会打上时代印记,都是社会进步、文明提升和科技创新的产物。互联网和人工智能从军事战场转向科研、经济和日常生活以来,社会文明得以提升,文化家园得以繁荣。随着智能化移动互联网技术的普及应用,各种新型文化形态相继产生。从早期的文本文化、BBS文化、图片漫画文化和博客文化、微博客文化,到后来的音视频在线文化、网络动漫文化、VR文化、CR文化、复制检索文化、移动文化、恶搞文化、人肉搜索文化、网恋网婚文化和虚

---

① 参见《人工智能已经掌握人类语言了吗?外表有时会骗人》,见 http://shuzix.com//12811.html,2018年10月25日。

② 参见尹世杰《智能营销带来了什么?》,见 http://www.xinhuanet.com/2018-10/29/c_1123630010.html,2018年10月29日。

拟性爱文化，总之，传统、新兴文化，均与新兴传播密切相关。新兴传播文化素养特征可归纳如下几个方面。

第一，新兴传播文化素养具有时间性和时代性。新兴传播文化素养是一个具有时间偏向、时代象征的概念。首先，新兴传播文化素养具有历史性和发展性。通过前述新兴传播文化素养的演变历程可以看出，对处于不同历史时期的人们而言，随着智能技术和网络技术发展，人类文化也随之不断进步，新兴传播文化素养总处于不断演变、提升和完善的过程。换言之，新兴传播文化素养总有一条不断进步与完善的时间轴线，大众媒介、分众自媒介与泛众智能媒介越来越具有信息共享、信息互通和信息定位等特征。但在不同的发展阶段，信息共享、互通和定位的程度和方式不尽相同。CNNIC调查数据显示，近年来我国社会公众在互联网上的信息沟通方式正在由电子邮件向即时通信过渡，反映了我国网民信息沟通方式的变迁。同样，社会公众的新兴传播文化素养也由最初人们必备的一种知识与技能发展成为信息社会自觉教育和终身教育的重要组成部分。正如戴维斯所总结的那样："媒介素养被认为是一种可以提高的技能，并且是一个连续统一体——我们在所有的情境中、所有时间里、对所有媒介来讲，并不具有同等的读写素养。"其次，新兴传播文化素养具有阶段性和相对性。不同阶段媒体文化素养的外延和内涵不尽相同。在20世纪30—60年代的媒体文化素养主要是电报、传真、普通电话的应用与传播能力，之后广播、电视、电影等媒介得到快速发展，但传统媒体文化基本相对独立、自成体系，该阶段的媒体文化素养培育主要是保护主义立场和选择辨别范式为主，媒体文化素养培育重点是大众媒介对社会公众，特别是，对青少年受众的舆论引导和文化共享，是如何引导受众对传统媒介内容进行明智选择，以提高免疫力和分辨力，辨别传播内容优劣、提升欣赏品质。到了20世纪80年代，大众文化发展迅猛，大众媒介对社会公众的日常生活影响越来越大，同时，人们对大众媒介的批判呼声也日益高涨。在此背景下，大众媒体文化素养的选择和批判范式逐渐形成。大众媒体文化素养培育重点是弄清大众媒介的生产、制作和流通规则，培养受众批判解读大众媒介内容的能力，破译大众媒介内容本质，建构"真实媒介"符号，对媒介内容能够自觉辨别，自主获取知识，使大众媒介为己所用、为己所赏。21世纪10年代以来，人工智能、网络媒体和融合媒体发展日盛，受众在信息生产传播中的地位发生根本性改变，媒体传播模式和传播机制得到重塑，受众由被动接收信息角色转变成为即时信息生产者、传播者和接受者三种角色。在此背景下，新一代参与式、体验式和沉浸式的新兴传播文化素养培育范式逐渐形成。最后，新兴传播文化素养具有即时性与连续性。新兴传播文化日益多元、复杂和迭代，特别是，大众媒介、微博、微信、微视频、QQ群、社交网站、短视频和直播的混合式传播形式使受众极其活跃，新兴传播将成为热点事件曝光发酵的新型传播形式。与西方传统媒体、自媒体、智媒体和融媒体受众多谈论日常起居和关系交往不同，中国传统媒体、自媒体、智媒体和融媒体受众更倾向关注时事和家事。如果一则热点信息在网络或智媒平台上被意见领袖"多级接力传播"，则有可能在很短时间内形成规模化舆论潮流，新兴媒体信息传播的速度、广度和深度史无前例。

第二，新兴传播文化素养具有多重性和多层性。在大众媒体文化时代，传播者与受众是分离的、分治的，信息生产者、传播者与管理者，信息生产资源、传播资源、技术资源、制度资源与产品资源的拥有者占据主导地位，但在新兴传播时代，文化信息生产者、传播者、接收者和管理者并没有明确的界限，个人信息与公共舆论信息互相交织。特别是，互联互动、互渗互置是新兴传播文化的基本特性，信息使用者（受众）不仅能主动控制信息的接收行为，还能以个性需要为中心选择信息，并与信息组织者、生产者及时沟通，将个人意见反馈给信源，甚至通过快速的聚集围观即时性参与到信息加工、信息传播中去，使信息产生多级传播或反向传播。在此情境下，新兴传播文化具有多重性、多层性、多向性等特征。一是传统意义的"把关人"缺失。在传统媒体时代，各种媒介信息在传送给受众之前需要经过各级审查机制与把关制度的规约，受众接触到的大众媒体信息实际上已过滤和精选过。因此，在面对大众媒介内容时，受众选择空间和选择标准相对较小。但新兴传播文化具有传播内容海量、超强链接和智能筛选等功能。特别是，微博、QQ、微信、短视频和网络直播的受众可以自由发布消息，相较于传统媒体缺乏第三方把关人，信息编辑发布简单方便，部分用户甚至为了获得更多关注、更高信息转发率或者更丰网络流量，往往降低信息真实性，随意性发布低俗、暴力信息。良莠不齐的新兴传播信息呈现在受众面前，让没有辨别力的公众，尤其是青少年受众显得异常迷失。二是信息权威快速消亡或被弱化。新兴传播文化的去中心化，在某种程度上消解了新兴传播文化的权威感，也会消解受众已形成或者正形成的固有认知和预期判断能力，同时新兴传播文化所提供的平面化、形象化、快餐式消费信息会让社会公众以自己的情感体验、习惯性思维或以直观性的表达形式来对信息做出选择判断，往往忽略了理性思辨能力。三是新兴传播文化主体草根化和扁平化。与传统媒体由上至下单向传播不同，Web 3.0 技术下的新兴传播文化方式多样，涵盖个人空间、微博、微信、短视频、直播等各种场景，特别是随着 5G 网络和人工智能技术赋能和智能手机、平板电脑等移动智能端普及，我们迎来一个移动新兴传播新时代，这样使公众话语权得以延伸，网民可以通过新兴传播为个人需求发声、为公共利益表达、为政府行为监督。

第三，新兴传播文化素养具有地域性和区域性。随着社会信息化、智能化发展，人们生活与电信媒介、网络媒介、智能媒介的融合不断加深，新兴传播文化素养培育也随之受到世界各国的广泛重视。但由于各国社会发展形态与经济发展程度差异、媒介技术水平与发展模式不同以及社会公众认知层次与媒介选择标准的异质，新兴传播文化素养在不同国家的培育路径具有地域差异性。当下，英国、澳大利亚、加拿大和美国等发达国家的媒体文化素养培育的起因、背景和模式各具特色，英国的保护主义媒体文化素养教育范式，旨在倡导社会公众对优秀文化与优秀传统的保护和继承。随后，英国强化了媒介与大众文化的融合紧密度，增强了媒介对大众文化的引导力度，媒介辨析范式和结构主义符号学的方法论逐渐形成，两者侧重对媒介文化文本的意识形态分析与个体价值的引导。1965 年，加拿大为了抵制美国文化的强势入侵，维护加拿大本国文化主权和国内多元文化状况，加拿大屏幕教育协会提出媒介发展的保护主义范式，重点关注本土文学分析和本土电视、电影研究。到了20世纪80年代，加拿大学者提出新媒介素养个人反应模式，强调个体在媒介素养培育中的主动地位。20世纪90年代，安大略省媒体素养协会（AML）为了应对电信产业化发展与媒介融合提出了网络媒体文化素养教育范式，强调学生自我认同能力的培养，明确不仅培养学生对媒介及其文本的赏析能力，还要通过帮助他们区分虚拟和现实、个人和世界的关系，认识媒体价值和自我价值，从而培养社会公众的公民意识。美国媒体文化素养教育相对比较晚，综合借鉴了英国、加拿大等国的做法与经验，逐步形成美国特色的媒体文化素养教育理念。20世纪六七十年代，美国面对本国媒介制度和媒介环境的发展需要，特别是面对电视对美国人社会生活的全面渗透和对青少年的巨大影响，美国学者提出本土文化研究和干涉主义取向研究思路，倡导保护与应用并重模式，其主要观点是：重点保护社会公众免受大众媒介消费文化的负面影响；培养社会公众独立解读媒介的能力以及传播技巧。20世纪80年代，美国开始逐步推行赋权模式，加强社会公众参与媒介实践与话语表达能力。在国内，一些学者基于英国、美国和台湾等国家或地区的媒介素养研究成果，提出我国媒体文化素养培育的四点价值观点：媒介特质、媒介信息特质、媒介生态与组织以及受众对自己接触行为的管理和分析能力。有的学者还总结了媒体文化素养培育的三种模式：知识模式、能力模式和理解模式。还有学者提出要对电信从业人员、青少年、党员干部、社会群体及网络自组织等主体或平台进行有针对性的教育与引导工作。总之，从20世纪90年代开始，随着互联网与广播、电视、电影等传统媒介的融合，"第二媒体"和"第三媒体"逐渐占据人们的信息生活，媒体文化素养培育逐步成熟，受众受制于传统媒介规训与"布道式"集中式说教的势头得以遏制，教育实践转向倡导社会公众对大众媒介理解力和参与力的自我构建。世界各国对媒体文化素养培育的共识在于为了应对媒介的社会影响，注重媒体传播内容和媒介发展的革新能力建设。

第四，新兴传播文化素养具有广域性和全球性。现代交通、通信、媒介、技术的巨大发展使得人类跨越时空，进入了地球村，而全球化进程及网络传播、智能传播的兴起，特别是，新兴传播技术创新、跨文化传播、媒介内容市场化和信息算法化，对新兴传播文化素养培育提出了重大的机遇与挑战。一方面，新兴传播文化广域化是媒介技术和科学技术的全球化。网络传播与智能传播的勃兴必然带来丰富的新兴传播文化内涵，这就需要提高受众接受和处理新兴传播文化信息的能力，要求新兴传播文化素养培育与时俱进，不断创新新兴传播文化素养培育模式。另一方面，新兴传播跨文化传播对文化素养培育结构和形态提出了严峻挑战。在全球化背景下，数字技术、卫星技术、多媒体、国际互联网、XR、智能全息等现代技术以惊人速度更新换代，新兴传播广泛进入人们的日常生活，引发全球范围内的媒介跨国传播革命。新兴传播技术的全球化发展，尤其是，集信息收集、处理与传播于一体的网络有线电视、图文电视、卫星直播电视、大型电脑数据库、多功能媒体、超级信息交互网络等新兴媒体正处于盛行之际，它们全面提升公众物质生活水平的同时，也促进公众新兴传播文化需求的全方位转变。随着媒体文化逐渐跨越国界、跨越地域、跨越民族和跨越文化差异，向世界不同地区不断延伸和扩展，各国民众的跨文化交流日益频繁，这都对新兴传播文化素养培育提出更高的要求。要了解各国不同的媒介特性和传播规则，要了解各民族不同的新兴传播文化类型与内容，就要求培育受众较强的新兴传播文化素养和良好跨文化交流能力。

　　人类发展进程中的技术革命、产业革命，把人的体力劳动解放出来，人脑智慧有了更广阔的"留白"空间，为新兴传播文化产业与新兴传播文化做好了物质准备、技术准备和思想准备。科学、媒体与文化在人类历史长河中相辅相成、互促共进，有时科学向文化学习，有时赋予文化新动力，而媒体是科学与文化结合的桥梁与纽带，促进科学与文化的互补融合。新兴传播文化素养培育需要结合心理学、哲学、科技等诸多学科来加以界定和推进，需要依靠复杂系统、精准智能的融媒系统和高度协同的多元主体来实现受教育者的资讯化、关系化和智能化人文科技素养升华。

第四节　新兴传播艺术素养

新兴传播艺术是人类以情感和想象为特性反映客观世界和现实生活、表达对世界和自身二元关系看法的一种特殊呈现形式。新兴传播艺术素养是新兴传播技术与人类创造性艺术表现手法相结合而产生的新兴传播艺术，是人脑智能与类人脑智能、新兴传播艺术和人类传统艺术相融合的科学素质。新兴传播艺术是以新兴传播技术为手段所创作的智能化、网络化艺术，具体来说，新兴传播艺术是指通过智能机械化和自动化功能将某种艺术作品以物理再现或图像仿真的形式所展示的一种人文化艺术。新兴传播艺术素养是指社会个体能够洞悉新兴传播艺术再造机理机制、赏识新兴传播艺术作品以及参与、应用新兴传播艺术场景的基本素养。

一　新兴传播艺术素养的演进过程

新兴传播艺术与传统艺术的关系，不是取代与被取代的关系，二者是相辅相成、互为耦动、互为协作、互为促进的关系。新兴传播艺术与传统艺术关系研究更应集中于社会现实与虚拟现实层面的文化影响。比如，新兴传播艺术创作如何有效应用媒体技术？人工智能技术的普及让新兴传播艺术品的复制更简单、更快捷，也意味着更廉价艺术作品的出现，而廉价艺术品的背后会不会对已经形成的传统艺术市场带来冲击，抑或是重大机遇呢？目前，新兴传播艺术还是处于模仿阶段，就连人类最简单的"学习水平"，新兴传播艺术尚难达到。新兴传播艺术品特别是绘画作品，可能更适合用来装点家居，离真正的新兴传播艺术欣赏作品还很遥远。新兴传播技术的高速发展和大量智能人战胜人类的事例，正对新兴传播艺术产业产生不可忽视的深远影响。

新兴传播艺术素养与新兴传播艺术存在主体与客体、载体和内涵的关系，既有人类创意的灵感偶发，具有人类智慧的激情创作特质，又有新兴传播特有的机器艺术本质、艺术重现和艺术再造等特征。如果说新兴传播艺术素养是艺术创作者和受众应具有的智能化、融合性、原创性人工艺术涵养,那么新兴传播艺术则是重现人类传统艺术、复写人类传统艺术、复制人类传统艺术和再造人类传统艺术的智能化融合性艺术,既包括智能技术艺术,又包括类人脑创意艺术。新兴传播艺术素养是将人类艺术家、算法设计者和受众培养成懂得新兴传播技术专业知识,把握新兴传播艺术生产传播或鉴别欣赏的专门技能,洞悉新兴传播艺术产品的智能化自主设计、生产、检测关键流程的艺术性精英群体或通识群体。

新兴传播艺术素养培育是通过个体或群体的审美创造活动获取现实或虚拟艺术品再现欣赏的美学体验活动,是通过用户审美识别力实现主体对客体的艺术赏识过程。新兴传播艺术素养的理想培育效果,取决于主体在审美自主和人机互动中的"感悟"能力。换言之,新兴传播艺术素养培育就是个体经过新兴传播艺术熏陶实现的知识、情感、理想、意念等综合性内化过程,是人们物质世界和精神世界、线下生活和线上生活的美学欣赏照应。新兴传播艺术素养培育离不开新兴传播艺术素养培育者(尤其是人类艺术家)的专业引导,因为为了表述人类生活经历或精神历程的内在强烈感情和思想,人类艺术家借助绘画、雕刻、建筑、文学、音乐、戏剧、舞蹈和电影等艺术手法,提升受众心理、情感及审美方面的实用性艺术需求,所以人类艺术家是新兴传播艺术素养培育的关键性主体。

二 新兴传播艺术素养内涵

新兴传播艺术是人类艺术思想表达方式的智能化外显形态。浪漫或豪迈,忧愁或愉悦,痛苦或欢快,愤怒或开怀……每一件新兴传播艺术作品都代表着艺术创作者独一无二的经历与心境。而透过这些艺术作品,受众就像在与作者对话。例如,在多伦多举办的设计与创新博览会上,建筑师基于新兴传播技术创作出一个庞大而复杂的玻璃制品,形状像放大了的"神经细胞",悬浮在空中,不时响应参观者的声音和动作。由于该新兴传播艺术品通过改变自身光线模式和环绕声输出等形式来响应不同受众的言行召唤,因此与会观众对这件玻璃艺术品很感兴趣。从参与制作到独立创作，新兴传播技术正在艺术创造和艺术体验的道路上越走越远。再如，智能机器人 Moriyama 在没有单指的情况下弹钢琴，并随琴声起舞，使现场观众惊讶不已。更令人惊奇的是，在新兴传播技术赋能下，智能化乐器能够自动预测、匹配步骤并播放适当的音符。总之，新兴传播艺术在人类艺术领域独当一面，虽然还处于初级阶段，但未来前景乐观。

新兴传播艺术素养是新兴传播艺术创作者与受众在5G网络、人工智能和媒介融合的多重赋能背景下所应具备的新兴传播艺术理论、新兴传播艺术技术和新兴传播艺术创造等审美涵养，涵盖新兴传播视频艺术、新兴传播场景艺术、新兴传播文图艺术、新兴传播播音主持艺术、新兴传播检索艺术等网络化、智能化、融媒化艺术修养。现代媒介技术推进新兴传播理论和技术不断完善与进步，不断拓展新兴传播艺术应用领域。随着人们生活水平的提高，新兴传播艺术产品越来越多地进入普通人的日常生活，可以被人们广泛而轻易地接触和欣赏。比如，由导演斯皮尔伯格拍摄制作的科幻影片《人工智能》将人工生命由一个遥远陌生的概念变为亲密熟悉的"活人"，让我们进一步领略新兴传播技术的奥秘。电影《HER》也让我们对生动鲜活、富有灵性的虚拟人物的"艺术表现"大为惊叹。因此，在人类艺术家和技术人员相互配合下，按照用户的个人偏好和审美情趣，从形式和理念上进行技术创新和艺术创造，充分发挥新兴传播艺术的最佳调和潜质，使更多技术含量高的智能艺术作品走进千家万户。

良好的新兴传播艺术素养在新兴传播艺术发展过程中究竟发挥何种作用呢？许多人类艺术家通过智能学习技术[①]不断创作出新兴传播艺术产品，如智能诗歌、智能小说、智能编剧、智能音乐、智能音视频节目、智能歌曲和智能艺术品等。良好的新兴传播艺术素养，可实现创作者降低成本、传播者与受众有机融合、可持续的新兴传播艺术舆论营造和新兴艺术传播广泛流行等效果。

首先，大幅降低新兴传播艺术创作成本，拉近传播者与受众的距

---

① 智能学习技术是指通过学习各种数据和识别模式来获得数据并创建自己的算法。

离。新兴传播技术在艺术行业具有加深艺术作品内涵，提高艺术品生产和营销质量，加快创作速度，降低艺术品创作成本等优势。比如，由 Google 开发的智能算法 AutoDraw 可以根据艺术家制作的草图创作出智能艺术作品，该算法的工作原理是：基于智能自主学习进行"艺术创造"，即根据艺术家的草图或轮廓信息提供智能艺术品创作的多个选项，帮助人类艺术家降低艺术创作成本，取得理想的预期效果。一般来说，创作一幅艺术作品需要花费艺术家大量的时间和精力，并且费用也相当高昂，这就使得很多优秀的艺术作品沦为小众爱好者收藏，普通人很难接触到高质量的艺术品。新兴传播艺术系统彻底改变了这一现状，实现传播者与受众的有机融合、充分互动，如画家可以依靠智能绘画技术实现艺术作品的再造，这种智能技术进一步提升和扩展了人类艺术品的价值维度和应用范围，将速度、效率和精致的传统艺术内涵与技艺带入新兴传播艺术领域，使受众不断滋养新兴传播艺术精神食粮。

其次，营造可持续性新兴传播艺术舆论氛围。倘若新兴传播艺术成为整个艺术行业创作的主流，那么就预示着单纯人类艺术创作的价值正在降低，因而人类艺术家需要进行观念创新，需要跟上新兴传播艺术技术的发展步伐。新兴传播艺术作品之所以能够在价值上有所体现，其原因在于人类情感与精神世界通过新兴传播艺术形式进行再现和再兴。其实这与互联网送祝福类同，以前我们拜年方式是登门当面祝福，而随着 QQ、微信盛行，人们选择信息转发与群发，再到后来人们收到群发信息时会产生厌恶和排斥心理，最后可能选择视频拜年形式。同样，新兴传播艺术作品，尤其是人类自主创作的绘画作品也面临着类似挑战。试想一下，我们去欣赏一幅作品，看得出它的画工精致，却猜不透它的真实内涵和表达意境，也许正是绘画中诡异谷理论的显现。新兴传播艺术促进我们转变观念、与科技内涵同步成长，共同营造可持续性新兴传播艺术舆论氛围，提升全社会艺术欣赏品质。

最后，促进新兴艺术传播广泛流行。2017 年，在伦敦的一个新兴传播艺术展览中，一组塑料球体吸引了与会观众。塑料球体在空中移动、倾斜和上升，并且向与会者做出"热烈"响应：对于观众的各种动作，如拍手、举起手臂或跳跃等动作，塑料球体也模仿人们上述动作做出互动呼应，令观众惊讶不已。这样，新兴传播技术语境下的艺术传播时尚逐渐广泛流行。再如，微软公司的智能机器人 Bot 允许用户输入对"预定"图片的书面描述或大概要求，随后 Bot 根据描述内容自动生成用户心仪的定制图像，如用户要求 Bot 绘制出一张"穿过森林的图像"，用户只需编写描述语言并让 Bot 获取相关信息，之后用户就能得到一份"私人定制"的"穿越森林"智能图像。

总之，新兴传播技术试图模仿人类大脑的各种功能，如想象视觉和艺术构图等功能，按照用户要求通过新兴传播艺术形式呈现在世人面前。但新兴传播系统仍然不能像人类大脑那样思考，这就是为什么它仍然是人类艺术家绘画的补充或辅助工具，而且通常不会独立创作出奇妙的艺术品。随着新兴传播技术的深入发展，新兴传播艺术通过智能算法的大数据投喂技术将来会发挥更大的艺术创造功效，通过智能化识别模式创作更多更优秀的仿真艺术产品。

三　新兴传播艺术素养特征

新兴传播艺术素养是一种融汇了传统大众传播、泛众自传播和智能传播的新兴传播艺术要素，是与科学技术的进步紧密相连的艺术基因。可以夸张地说，新兴传播艺术素养一定程度上可以追溯到 20 世纪 60 年代的多媒体艺术和科技发展浪潮。新兴传播艺术素养的初级阶段是录像和录音艺术的发展时期，随着计算机科学与网络技术不断发展，新兴传播艺术素养的内涵也越来越丰富、范围越来越广泛。新兴传播艺术素养主要包括新兴传播摄影、新兴传播录像、新兴传播文学、新兴传播综艺、新兴传播广告、新兴传播美术、新兴传播动画、新兴传播工艺品和新兴传播场景等方面，具有观念性、创意性、互动性、时效性、虚拟性、技术性、连接性等特征。

（一）新兴传播艺术素养的观念性和创意性

新兴传播艺术素养侧重于艺术主体对新兴传播艺术理想或创意观念的融会贯通能力，新兴传播艺术主体（新兴传播艺术管理者、策划者、传播者和受众）的思维、管理、策划和传播理念，直接或间接地影响到新兴传播艺术创作、新兴传播艺术表达、新兴传播艺术表现和新兴传播艺术检视水平,从而形成新兴传播艺术素养的观念性和创意性突出特征。观念性是指新兴传播艺术素养培育者要有前瞻性、创新性、实用性和灵活性等新观念,要意识到新兴传播艺术素养是一项从科技创新、新发展理念和数字经济发展宏观角度的"攻坚克难"工程,要从受众的实际需求和个性意愿出发来设计新兴传播艺术素养培育方案。创意性是指新兴传播艺术主体要具有创意意识,力求新兴传播艺术素养的实用创意效果。观念性和创意性概念源自未来主义理论,未来主义注重理论的倾向性表达和创新性展现,那些关乎未来主义的艺术作品都体现出浓厚的观念性和创意性,都带有明显的思想性和批判性特质,这些特质体现了新兴传播艺术素养的核心内涵。

(二) 新兴传播艺术素养的人机互动性和时效性

在新兴传播艺术素养体系中,人机互动性和时效性是新兴传播艺术素养的关键指标。新兴媒介既是新兴传播艺术呈现者,也是新兴传播艺术发展载体,这就决定了新兴传播与受众具有互动性及内容传播的时效性。新兴传播艺术素养的人机互动性并不单纯是艺术创作者与艺术作品的互动,还是艺术作品与受众、受众与新兴传播技术之间的互动。无论如何参与互动,都是通过形成一定的互动方式,或触摸、或移动、或感应,使人机互动空间变得活泛起来、灵动起来,实现艺术作品或艺术场景的内容与形式为受众所认同和接受,最终成为受众自身内在的艺术修养。新兴传播艺术内容传播的时效性,体现在受众在新兴传播艺术体验过程或沉浸过程中的主动性和自觉性,新兴传播艺术素养就是在受众自然习得、自愿消费和自省认知的潜移默化中实现艺术素养的实效、便捷和涵化养成目标。

(三) 新兴传播艺术素养的虚拟性、技术性和连接性

新兴传播艺术素养的空间扩展,能够带来许多未知的可能性,这是新兴传播艺术吸引人类艺术家和普通受众的独特魅力之一。"虚拟性"在借助5G网络、大数据、云计算和人工智能技术的今天让新兴传播艺术作品或场景超越时空,超越现实和超越国界。"技术性"是新兴传播艺术素养的"优势底色",具有技术性艺术素养的主体以新

兴传播技术与艺术内容的嫁接融合为根本使命，以新潮传播技术在艺术创作中的灵活应用为主要目标，实现高仿真新兴传播艺术产品在线下线上踊跃出现，不断展示主体纷繁生动、意蕴十足艺术的超凡魅力。"连接性"是指新兴传播艺术素养的内容可持续性。新兴传播艺术素养通过连接各种艺术元素和技术手段，有效融入新兴传播文化和美学内涵，进而使艺术作品与受众产生互动对话效应，最后激发受众内在的艺术对话潜质和新兴传播艺术产品的创新扩散效应，从而产生文化创新和艺术再现，真正创造用户创意文化和用户创意艺术，实现理想的新兴传播艺术素养培育目标。

第五节 新兴传播伦理素养

新兴传播在政治、经济、社会、文化和生态等领域将释放无限数据能量和信息能量，衍生出五彩斑斓的新生人物、事物、事件和现象。这些人物、事物、事件和现象的大量出现，不断模糊人机责任边界，混淆人脑与类人脑界限，打破人的思维功能与人工智能算法功能的分水岭，使物理世界、现实生活和虚拟世界等概念日益淡化，使个人与社群难以区分。新兴传播引发人们伦理认知上的迷茫困境，如使男人和女人、老年和青少年、亲朋与陌生人、城市人和乡村人、同族与异族之间的传统界限不断混杂，使人们的认知观念和思维概念、价值观和人生观发生彻底改变，甚至颠覆既有的生产方式、生活习惯、学习样式和消费模式，扰乱传统的职场关系、隶属关系和家庭关系，进而引发一系列复杂而棘手的社会伦理道德问题。同时，在与人类智慧、人类言语、人类行为的交互影响过程中，新兴传播系统（智能机器人）的智能、语言和行为既受到客观的技术条件、气候条件、地理环境和基础知识背景等外部因素约束和限制，又受到主观的政治决策、经济发展、文化演进和社会变革等人类内部因素干扰和区隔。这些内外条件的共同作用，使得新兴传播经历了抗干扰和超韧性的演变进化历程，即从非社会化到部分社会化再到完全社会化的嬗变潜进过程，这样就会出现难以想象、难以预测的新兴传播客观缺陷或主观过错，如人工智能算法因限制"反对性"信息曝光数量而引发社群极化问题，智能机器人因生产传播诽谤信息而陷入法律纠纷；智能情爱算法推送影响青少年身心健康，智能算法歧视带来信息诈骗，智能算法决策挑战主流价值标准，智能算法逻辑纵容性别歧视等新兴传播伦理法律问题。因此，新兴传播伦理素养培育要求社会个体在运用新兴传播终端生产传播或消费接受价值信息时具备自主选择能力、自觉认知能力和利他价值判断能力。

一　新兴传播伦理素养的演变历程

伦理与道德是容易混淆的两个概念，它们的区别是什么呢？伦理与道德之间是内容和表现者、内涵与呈现者的内外互显关系。伦理是个体为了现实社会和虚拟社会的和谐关系和公允秩序而须遵循一定价值观念和行为规范的自律能力和自控秉性。道德是通过行为规范和伦理教化来调整个人之间、个人与社会之间关系的意识形态，是以善恶评价方式调整人与社会关系的准则、标准和规范。道德属于上层建筑，体现主流价值取向，而伦理范围更广，体现于社会各个层次和所有活动领域。随着5G网络和人工智能技术发展，人们为了生活美好、社会和睦、生产井然和消费有序不断形塑新的伦理规范和伦理标准。当代的伦理概念既蕴含西方文化的个性、理性、科学、公共意志、公民意识等先进属性，又蕴含东方文化的利他、感性、人文、集体主义、大国小家等民族优质色彩，尤其以社会主义核心价值观为典型代表。自五四运动"西学东渐"理念践行以来，中西伦理、中西伦理概念的相互碰撞、彼此竞争和共融共合，使得伦理涵盖东西内涵和中西特质，具有开放性、包容性、迭代性和可持续性等表征。

新兴传播伦理素养又是如何形成的？2019年4月8日，欧盟委员会发布《数字化、智慧化、智能化伦理准则》，该准则规定了数字化、智慧化、智能化伦理的具体内容，指出人工智能伦理规则的遵守有利于全面提升人们对数字化、智慧化、智能化产业的信任和认同。笔者认为新兴传播伦理素养的内容不仅仅限于人工智能伦理准则所要求的基本伦理素养，具体来说，新兴传播伦理素养是指个体、人际、群际与新兴传播媒介之间以及政府、社会、企业与新兴传播媒介之间基于数字化、网络化、智能化技术从事各项生产生活活动习得且须遵循的社会伦理意识、伦理规范和行为准则。本章节着重探讨受众新兴传播伦理素养问题。当然，新兴传播平台和新兴传播者也应具有良好的新兴传播伦理素养。比如，欧盟《数字化、智慧化、智能化伦理准则》特别要求人工智能产业须具备人工智能专业化伦理素养，即可信赖的数字化、网络化、智能化企业应尊重基本人权、规章制度、核心原则及价值观，并在技术上做到安全可靠，避免因技术不足而造成无意的伤害。根据欧盟准则，当新兴传播技术在某一应用领域（如医学）中出现侵犯个人隐私情况（如将患者隐私性病症信息外泄）时，智能化企业要确保人工智能技术不会做出基于个体种族、宗教或性别差异的算法偏见做法，不能无视人类社会学家或人类伦理学家的反对意见，用户个体有权决定人工智能判断结果是否披露等重大事项。

二 新兴传播伦理素养内涵

传统伦理内容和新兴传播技术决定了新兴传播伦理素养的基本属性，新兴传播内容、传播过程、传播渠道和传播手段都深受现实社会和虚拟社会的伦理价值观念和伦理行为规范的制约和束缚。新兴传播引发一系列新的伦理问题和伦理风险，是以往社会伦理规范无从涉及和不可触及的未知技术伦理领域。如新兴传播产品版权和用户隐私权受侵害，身体伦理问题泛滥，智能算法诱发伦理过载、并放大社会歧视而导致用户"自我实现的歧视性反馈循环"，智能算法技术呈现嵌入算法逻辑、计算和结论的平台价值观的"歧视偏向"，算法黑箱为不公正、有偏见的算法决策提供"舒适"场所，用户盲目崇拜特定算法内容、过度依赖智能算法推荐或算法过滤技术而引发各种法律伦理问题等。由于民族历史、国家发展和社会文化心理的不同，人们对待虚拟社会问题和新兴传播技术问题的认识和理解存在偏差。新兴传播在带来高效、便利信息服务的同时，也带来文化霸权、文化认同危机、信息传播失衡、种族主义偏见等诸多伦理失范问题，激发强势文化群体和弱势文化群体之间更激烈、更突出的矛盾冲突。在新兴传播社会，智能媒介成为生产关系的连接者，智能算法成为核心生产力，新兴传播的影响不是简单的技术叠加和产业变革，而是生产力、生产关系和生产资料的社会化重大调整，是一场颠覆性技术变革，整个社会结构将随之焕然一新或彻底颠覆。在新兴传播时代，各种用于传播的服务机器人、辅助机器人、写稿机器人和战争机器人等社会机器人、专业机器人和智能应用场景层出不穷，各种伦理问题随之产生。人类社会将呈现与农业社会、工业社会、服务社会完全不同的运行法则、动力机制和行为规范，从而给上层建筑、经济基础、国际关系和人类命运都带来深远重大影响。另外，新兴传播赋予算法开发者和新兴传播者过大的权力，可能给社会伦理与道德规范带来巨大挑战，如智能算法功利和人工智能技术专制问题在极端情况下可能导致技术人员、传播机构和智能机器人联盟形成数据乌托邦等社会风险。

一定程度上来说，新兴传播伦理属于信息工程伦理范畴，主要涉及遵循什么技术伦理标准或准则来保证用户的政治、经济利益和隐私安全等内容。智能机器人技术伦理是新兴传播伦理的典型代表。智能机器人带来社会伦理问题，往往是技术设计者应用新兴传播技术或操作者使用新兴传播设备而发生输入数据结构性偏差和技术越位等问题引发的，属于人体工程学、生物学和人机交互等跨学科应用过程中的伦理规范问题。如果以智能机器人为中心设计智能算法系统，则不可避免使传播主导权落入智能机器人手中，普通用户却处于被动地位，这样就会造成社会伦理风险，甚至导致公共伦理危机，所以正确处理人机关系，合理界定人机责任是破解新兴传播伦理问题的关键所在。理想的新兴传播伦理素养旨在培育技术开发者、传播者和受众具有应对各种新兴传播伦理问题的辨识能力和判断能力，是个体、组织和企业养成并遵循新兴传播伦理规范的自觉意识，是社会主体对于新兴传播环境中信息的获取、解读、批判与使用所表现出的伦理自律能力和伦理自治能力。比如，算法开发者和新兴传播平台应具备如下新兴传播伦理素养：新兴传播技术研发和新兴传播产业发展都要以国家科技安全、国家传播安全为基础，提倡公平正义，讲求风清气正，坚守良心底线和社会伦理底线，遵循新兴传播生产传播规律和伦理行为准则，营造科学合理、健康有序的新兴传播社会伦理生态。

第六节　新兴传播媒介素养培育

　　5G时代媒体融合的智慧赋能，营造出海量的新兴传播终端，传统媒体和新兴媒体的内容传输有了更宽广、更博大的承载空间，新兴传播环境发生了翻天覆地的变化，新兴传播理念引领的新兴传播想象力、构造力和传播力得以无穷释放，新兴传播的应用场景、创意版块和数字再造空间给新兴传播媒介素养培育带来一片创新教育新天地。新兴传播媒介素养培育既是新兴传播人才发展壮大的必然选择，也酝酿着一个巨大的教育培训产业。当前，全球新兴传播产业面临由传统媒体向新兴媒体全面倾斜的时代变局，新兴传播产业全球化和媒介全程全员全息全效化不可逆转，兼备媒体技术、电信通信技术又通晓广告学、信息传播学、市场营销学知识的复合型人才，成为当下与未来世界新兴传播产业攻坚克难、发展壮大的重要力量。

一　新兴传播技术素养培育

　　新兴传播技术素养培育旨在培养社会个体具有理解、掌握和应用新兴传播全息技术、算法技术、5G技术和元宇宙技术的复合型能力和聚合性水平，培养受教育者（学生或普通受众）既能洞悉新兴传播各项技术的基本素养，又能创新开发应用新兴传播各项技术的专业素养。

（一）新兴传播全息技术素养培育

　　受教育者应具备以下新兴传播全息技术的基本素养。一是发现并分析新兴传播全息技术的应用功能和应用领域、收集新兴传播全息技术资料，建立相关技术信息数据库或资料库、同步进行文献分析、梳理新兴传播全息技术演变规律及发展脉络，进行理性评价，绘制技术习得路线图。二是开展全息技术市场调研、全息技术产品类型划分及应用领域田野调查工作，洞悉当下的新兴传播全息技术热点并预测未来新兴传播全息技术及其应用系统发展趋势。三是培育用户新兴传播全息技术场景挖掘能力。挖掘全息技术与相关新型交互技术的应用场景功能;① 研究市场需求状况，分析新兴传播全息场景的关键性影响因素，建立技术与需求、算法与意愿之间的良性映射关系，能熟练描述新兴传播全息应用场景的类型及主要特征。四是提高用户场景设计能力。针对不同的新兴传播全息场景，能够选取全息交互的典型数据、技术和设备，设计简洁型新兴传播全息场景个案。从技术推演功能和人机环拆分两个角度共同探索个案模型的建立与运行机制，设计全息显示及多模态交互剧本，完成业务仿真原型。五是分析技术指标、提出新兴传播全息场景的用户需求方案。以简洁型新兴传播全息场景应用模型为基础，梳理新兴传播全息场景的关键技术，提出全息技术和交互技术的核心技术指标，进而揭示新兴传播全息场景的网络社交性能需求。

（二）新兴传播算法技术素养培育

我国在算法治理上有一套完善的规制保障体系，如《互联网信息服务算法推荐管理规定》（以下简称《规定》）明确了透明性、可解释性算法规则，确立了基于公开的算法机制，强调用户对算法过滤信息辨别力和政府对算法热点排序功能人工干预的重要性。在应对"隐私危机"方面，《规定》要求树立个体信息保护意识，厘清个人普通信息与个人敏感信息的边界；在个人信息输入页面设置隐私泄露提醒，防止盲目泄露个人信息；加强隐私权相关案例的媒体报道，树立公众维权意识；加强理性消费、公平消费等知识宣传，开通差异化定价投诉渠道，明确奖惩机制，严格整治"大数据杀熟"等侵犯消费者权益行为，帮助大众避开"消费陷阱"。《规定》还构建了"主流价值观＋行业伦理＋公共监管"的协同治理体系，强化算法问责，营造合法规、有情怀、可追溯的算法开发环境。《规定》进一步明确了对违规应用算法技术的企业进行处罚、约谈、刚性约束等制度；在行业内广泛开展对算法伦理的宣传与讨论，加强主流价值观的行业平台内部宣传，将社会公德和职业道德引入行业平台价值评价体系，实现柔性制约；督促互联网行业建立实践层面的操作规范，着意防范"算法偏

---

① 参见郑迎红《论全息媒体人的素养》，《中国广播电视学刊》2019年第9期。

见""算法歧视"等现象，从开发设计环节追求算法公平、算法公正，实现技术创新与伦理规范之间的关系平衡；推进算法开发过程公开化、透明化，引入公众监督，营造依法、审慎、道德自律的行业环境。

除了国内政策法规的算法治理与算法教育的相关规定之外，国外学者对于算法治理和算法教育也进行了有益探究。莱恩·马斯特曼指出："在媒介教育中，最主要目的不在于评价好坏，不在于给学生们具体的评价标准，而在于增加学生对媒介的理解——媒介是如何运作的、如何组织的、它们如何生产意义、如何再现'现实'、谁又将接受这种对现实的再现。"从将媒介视为破坏者或敌对者到将媒介视为交际工具、存在伙伴，从将媒介素养教育视为"免疫接种"到将媒介素养教育视为"接受与媒介共存"的认知培育，[①] 算法技术素养培育就是通过算法知识培养帮助受众认识算法运作机制，提高应用算法技术的能力，最终懂得与算法技术共存、共伴，使算法技术成为自身的媒介伙伴，使受众成为积极的媒介使用者。从近期来看，算法素养培育应着眼于青少年算法引导、算法伦理素养培育和改进分众算法媒介素养培育机制。从长远来看，算法素养培育应加强算法思维意识培养和算法潜在风险教育。我们需要算法服务所带来的便利和快乐，同时又需要对算法控制和算法风险要有足够的把握与防范能力。

第一，加强青少年算法引导工作力度。首先，帮助年轻人培养良好的算法视频阅读习惯。在新兴传播时代，视频阅读方式发生实质性变化，算法化视频阅读成为新兴传播的主流消费倾向，发现资讯、关系信息不再是个人追求，而是社会关系创造的结果；人们不再完整地接触整合化、集中式的传统媒介信息，而是在社交媒介中接受碎片化、微粒化、去中心化的资讯、关系和场景信息，无法比较不同信源之间的风格、结构、来源、目的等特征，没有机会核查各种资讯、关系与场景信息的真假虚实。因此，新兴传播媒介素养教育者需根据青少年用户的算法视频阅读习惯和算法视频传播规律找到引导并推动青少年

[①] 参见彭兰《如何实现"与算法共存"——算法社会中的算法素养及其两大面向》，《探索与争鸣》2021年第3期。

培养健康算法视频阅读习惯的有效方法。第二，帮助年轻人了解新兴传播媒体架构，识别算法技术的本质属性。具体来说，算法教育者应帮助年轻人了解算法技术各种功能及其呈现内容的优先顺序、影响效果和主要动机，要让年轻人认识算法技术及其平台不是中性、客观、公平的信息传播者，识别算法应用背后所隐藏的本质属性、价值观点和意识形态。帮助年轻人在算法信息传播接受过程中学会对信息文本科学审查的技能，促进青少年善于识别算法生产传播所隐含的炒作、攻讦和商业目的。只有这样，才能提升青少年识别算法虚假信息的认知能力，参与抵制虚假算法信息的自觉行动。第三，帮助青少年发掘自身在算法传播中的正向潜能。我们需要引导青少年用户根据新兴传播功能设置来建构自主性信息消费与主动性理智评价机制。例如，新兴传播能加快虚假信息的生产传播速度和传播范围，同样也能正向作用于真实信息的生产传播与空域拓展。要用真实算法信息对抗虚假算法信息，就是帮助青少年通过关注高质量算法信息（权威媒体账号信息）、传播高质量算法信息和分享"打假性"算法信息等方式来提高青少年对算法信息的识别能力，一定程度"清洁"数据流。第四，帮助青少年认清新兴传播平台的算法操纵本质。新兴传播算法平台是影响和形塑青少年用户世界观、价值观和人生观的重要信源场域，对于新兴传播算法操纵本质的教育，有利于青少年洞悉当下新兴传播运营模式、生产机理和传播机制，使青少年用户对新兴传播算法平台的货币化和流量化保持警惕和自省意识。最后，增强青少年算法科普习得意识。培养青少年对新兴传播算法知识及其功能主动学习的良好习惯，提高青少年对新兴传播算法化信息的分析和理解能力，强化青少年算法科普的自觉习得意识。只有完全了解新兴传播算法技术的功能与属性，才能更好地规避算法风险，实现算法更好地服务于青少年的学习、生活和娱乐活动。

第二，提高算法法律伦理素养。新兴传播算法时代要求用户具有强烈的算法隐私保护法律意识以及较高的个人道德自律意识和社会责任他律意识。算法法律意识是指在数据信息隐私权受到平台算法侵害时，用户应具有的数据隐私法律维权意识。用户在进行算法信息消费时要有充分的隐私保护意识，将个人信息公开多少、如何回避不该公开的隐私信息都要心中有数、自主抉择。例如，在使用社交媒体时，用户应理性恰当地选择哪些信息仅限于"自己可见"、哪些信息局限于"好友可见"、哪些信息允许"所有人可见"和如何禁止智能化APP获取自己定位信息等。另外，培养公民良好的算法伦理责任素养。公民算法伦理责任素养包括个人算法道德自律素养和社会算法责任他律素养。个人算法道德自律素养要求用户具有选择、生产和传播算法化信息的自律自治意识，从"我"出发，杜绝对低俗、暴力算法信息的浏览、生产和传播行为，自觉提升道德自我修养。用户算法社会责任他律素养是个体对媒体平台或他人生产传播算法信息的监督能力，如在算法推送涉及低俗或其他负面信息时，用户能积极向主管部门举报、揭发，以杜绝这些问题的发生。算法社会责任他律素养要求公民拥有高尚的社会责任心和强烈的社会奉献意识。

第三，改进用户算法技术素养培育机制。"算法"是一种自动化、智能化的计算工具，帮助用户提升工作效率和生活水准，让我们更好地认识世界、了解世界，但是如果一味地依赖算法，我们就会被算法"算计"和掌控，所以需要提升用户对各类算法信息的识别力和判断力，允分发掘新兴传播对用户算法技术素养提升的各种潜能，发挥教育机构在用户算法素养提升中的主导作用，强化主流媒体对用户算法素养提升的引导价值，加大政府对用户算法素养提升的指导、协调和监管作用。具体来说，通过以下四种路径建立并完善用户算法素养培育机制。首先，提升用户对算法媒介信息的理解力和洞察力。如果用户缺乏对算法信息的识别力，就会受到不确定信息、虚假信息误导，甚至可能成为不确定信息、虚假信息的二次传播者。用户需要理性选择性地接受算法推荐信息，用质疑、批判思维培养自己对算法信息的客观实证能力。比如，可以通过旁证、他证、亲身实证入手，而不是根据自己的情绪、直觉来判断算法推荐信息的可信性和可靠性。对重大算法媒介信息的求证，要求用户养成求证权威媒体发布平台或对比探究多种信源可靠性问题的习惯，提高对算法信息判断的准确率和识辨力。其次，将算法技术素养教育列入国民教育体系，在国家教育平台引入算法素养培育内容。发挥各级教育机构的主体责任优势,在学校教育中为学生置入算法技术素养新理念新思路。通过案例课堂或体验场景向学生传授算法技术科普知识,提供在海量算法信息中正确判断、深入分析、精准筛选和自主求证信息的科学思路,不断矫正用户算法技术使用行为。同时,指导学生参与内容积极向上、又具有社会影响力的算法融媒体验活动,引导学生在提升个人兴趣的同时,有效提升算法技术素养。再次,强化主流媒体对用户算法技术素养提升的引导作用。各级各类主流媒体及其门户网站应当担负起提高公众算法技术素养的社会责任与政治使命,促进社会公众适应现代新兴传播新生态、提升判断算法信息能力、有效使用算法内容生产话语权、正确认识算法推荐现象和规避算法偏见误导陷阱的全民教育运动。最后,加强政府对用户算法素养提升的管理能力。作为公众媒介使用行为的监管者和维护者,政府可以运用法律制度手段,监督、限制、惩治违背公序良俗的新兴传播平台组织、企业或个人传播者,政府主管部门应进一步规范用户的算法信息传播行为,加大算法推荐内容规范化的监督力度,通过制度完善和政策激励"双驱行动"努力提高新兴传播者的算法自律、他律和自主自治能力。同时,关注用户算法技术素养教育的社会效应,在政策引导、资金扶持、规制完善等方面给予国民算法教育领域特别的扶持政策倾向,将算法技术素养教育推广到学校、社会、家庭、企业和媒体等各个层面,让社会公众对算法技术素养提升的重要性和必要性都深有体会,并形成广泛的自觉行动。

第四,加强公民算法思维意识的培养。公民算法思维意识是指公民能够自觉辨别和评估算法信息优劣,有意识浏览算法价值信息,对于不良算法信息能够能做到自觉批判、自主摒弃和主动举报,对隐私信息具有自主删除能力。公民算法思维素养培育就是培养公民对于新兴传播算法过载信息的智慧识别能力,具有科学的算法技术选择、评估、使用和批判的理性思维素养。具体来说,公民算法思维意识培养包括以下几方面的能力培养。一是培养敏感性、批判性、自律性的算法自觉意识。首先,公民需要具备基本的自我批判、自我审视能力。在面对推荐算法主导下的信息生态时,公民应主动习得基本的算法知识和算法运行原理，了解算法功能的利与弊，明确算法营造的"拟态环境"与真实世界的真正差异。其次，公民应培养自身的内容好坏、信源真伪的识别能力。对于新兴传播信源内容的真实性、可信度要有高度的甄别能力。最后，公民应加强时间管理，培养自律性算法消费素养。节制性使用新兴传播产品、服务或场景，防止碎片化推荐信息侵占大部分工作、学习和休息时间，牢牢掌控算法信息的使用权和话语权。二是培养统筹兼顾、开放包容的算法视频阅读习惯。公民应培养统筹兼顾的算法视频阅读素养，摆脱算法推荐下的技术依赖影响，有意识地接触不同平台的算法视频信息，积极关注并参与算法视频公共话题的讨论，避免思想局限于个人狭窄的认知范围。公民应提前了解各类新兴传播产品、服务与场景的功能和特性，尤其是对推荐算法的介入程度有所考察。目前，按照推荐算法功能，我国新兴传播平台大致可分为以下三种类型：基于推荐算法技术的智媒平台应用（如今日头条、抖音短视频等）、包含主流价值算法的资讯类客户端或视频应用以及大众门户网站或民有社交平台（不筛选任何信息、信息选择具有自主性）。公民良好的算法识别阅读习惯体现在通过多种领域和多个渠道主动检索不同类别的信息，自觉打造多元、良性、高品质的信息消费环境。三是培养有效干扰推荐算法的睿智型消费模式。首先，采用"反向"操作干扰推荐算法的运行路径。用户对于算法信息消费应具备一定的"逆反心理"和"逆反行动"，采取有意识地"反向"操作手法让自身消费行为特征和娱乐活动轨迹变得让算法推荐技术"捉摸不透"和"无法干预"，从而干扰推荐算法的信息搜集路径。如对于抖音短视频，搜索、浏览、点赞、评论、关注等用户反馈信息往往被用于算法"算计"，聪明用户往往采用屏蔽、差评与取关等逆向操作手段让原本聚焦用户画像的算法变得"失焦"和"无效"。四是坚持算法信息安全原则，谨慎使用个人隐私信息。用户"以隐私换便利"的心理某种程度上成为新兴传播使用推荐算法挖掘用户信息进而造成信息安全隐患的主因之一。用户信息被算法技术获取并应用后，可能又在一些在线测评、网络投票、在线砍价等第三方平台上流转，隐私泄露风险更大，一旦被不法者利用将造成用户生命财产上的巨大损失。因此，用户要注重自身隐私信息安全，具备维护隐私安全的法律意识和伦理意识，警惕某些恶意获取隐私信息的新兴传播平台，适当发掘"隐身"潜能。例如，在使用微信朋友圈信息发送功能时，用户应手动设置专项权限；关掉移动智能终端获取位置定位的应用程序功能；审慎处理新兴传播平台关于获取通讯录、短信权限的请求等。用户重视个人隐私保护和算法信息安全的同时，也要秉持开放包容的心态进行社会交往、经济消费和公共话题讨论等活动。五是培养自律与他律相结合的算法责任素养。算法责任素养包括个人的伦理道德自律素养和共担净化新兴传播生态的社会他律责任。用户个人应具有选择和传播算法正向信息的自律意识，坚决不浏览、不生产、不传播猎奇性或低俗化的消极信息或煽动性的反动内容。同时，用户与用户之间还需要建立相互监督的他律机制来共同维护和推动向上向善的舆情发展态势。总之，用户要注意防范、积极举报和主动拉黑算法化虚假、恶俗、黄色、暴力信息，凝聚起社会净化算法信息的强大群众力量。

第五，有效识别算法风险，提高防范算法风险能力。从"大数据杀熟"和"信息茧房"的算法瑕疵来看，普通用户面对算法技术的强势应用，不得不选择以妥协方式"接受"算法的存在事实。调查显示：70%的受访者表示如果不对平台或商家的个人信息收集项勾选"用户知情同意"选项的话，就无法使用相关软件的便利服务功能。这种以用户隐私信息换取平台或商家便利服务的所谓"平等交易"做法，随着时间推移似乎成为普通用户与算法共存的"自然"形态。显然，这种平台、商家与算法的"共同算计"现象对于普通用户来说是不公平的，甚至违反了法律基本准则，需要政府通过立法、政策和制度加以规范。值得欣慰的是，一些用户主动与算法"斗智斗勇"，"积极作为"以规避算法的消极影响。首先，他们善用"反追踪"策略实现"数字隐身"。在和算法推荐日复一日的相处中，有的用户练就一身"躲避"算法的过硬本领。每当在首页刷到不想看的内容时，他们就"以迅雷不及掩耳之势"划过去，或者在社交平台分别注册一个"小号"和一个"大号"，后者用来追逐热点资讯，前者用来发布日常次要信息，这样，算法过滤时就会发生"偏差"，用户可以"躲过"算法过多的"骚扰"，即针对性推送。其次，一些用户在各类默认设置协议中发展出多元的"算法回避"策略，如他们或更换手机号码、建立多个账号，以此迷惑算法追踪；或采取不点赞、不发表、不评论等方式，减少信息消费的数字痕迹；或对不喜欢的算法推荐选择关闭或停用功能，或使用算法友好型的替代产品；从硬件设备端对可能的算法监听予以阻隔等。这些"睿智"方式呈现出"断连"、"隐形"的算法化生存之道。但是，研究发现：75%的用户表示虽然可以远离算法"干扰"，但无法躲避算法技术的实质性影响，如违法抓取痕迹、强行跟踪、盗用隐私信息等问题依然难以解决。再者，一些用户采取适度投喂算法的"反向规训"做法来规避算法"算计"。他们依据算法情境和算法规律制定"适度利用"策略，主动探究算法的运作规则与思维方式，通过点赞、收藏或点击"不感兴趣"或"大数据请记住我，多向我推送这样的（帖子）"等按键选择方式设置感兴趣的算法投喂功能，以主动"喂养"寻求与算法和谐相处。例如，"饭圈"中的"数据粉"就是依靠与算法的"你来我往"交互作用以实现影响算法排序的聪明用户群，"数据粉"用户通常通过网络社群信息点击和发布、对偶像作品点赞或带话题转发等形式提高相关内容的关注度，从而影响算法排序，实现偶像相关的热门信息往往置顶位置，高调抢占分众注意力。第四，一些用户利用算法平台谋取流量经济的心态与算法"栖身共存"。MCN（多频道网络）及自媒体创作者正全身心地投入算法主导的内容世界"怀抱"，迎合代码规则、抓住流量密码、实现网红暴富之梦，建立算法化营商新业态。调查显示：在"是否主动迎合算法推荐发布商业信息"的问答中，选择"是"的用户比重超过73%，45%的内容生产者不惜使用"三俗内容""打擦边球"等方式迎合算法推荐功能。最后，通过社会、学校、媒体和企业等多元渠道推动算法知识普及推广，形成算法社会共识、算法知识共享和算法体验泛化生态。算法思维不仅应用于算法教育机构，也应用于算法科普推广社会实践。增强算法思维意识，需要深入理解算法逻辑，提高运用计算思维、数据思维分析和解决问题的能力，同时需要防止走入

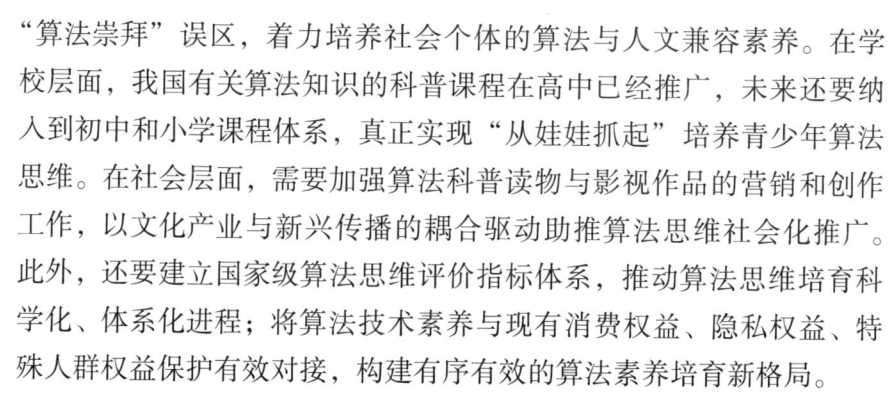

"算法崇拜"误区，着力培养社会个体的算法与人文兼容素养。在学校层面，我国有关算法知识的科普课程在高中已经推广，未来还要纳入到初中和小学课程体系，真正实现"从娃娃抓起"培养青少年算法思维。在社会层面，需要加强算法科普读物与影视作品的营销和创作工作，以文化产业与新兴传播的耦合驱动助推算法思维社会化推广。此外，还要建立国家级算法思维评价指标体系，推动算法思维培育科学化、体系化进程；将算法技术素养与现有消费权益、隐私权益、特殊人群权益保护有效对接，构建有序有效的算法素养培育新格局。

（三）新兴传播5G技术素养培育

目前，我国传统媒介与5G网络媒介、5G智能媒介正朝着新思维、新范式、新技术、新介质、新传播和新内容的多重融合范式转向。具体来说，新思维要求传统媒体从"大一统"传统思维定式向资讯创新、关系创造、场景创意的5G技术引领思维转型。新范式要求传统媒体与新兴媒体逐渐完成"集中式传播+分布式传播"复合型范式转变，以适应资讯社会、关系社会和智能社会的新变化。新技术意味着5G技术与新旧媒体技术的零切换和高融创。新介质要求传统媒体以电子介质、关系介质和算法介质的综合体和整合体为新型主流媒体建设目标，实现传统广电媒介、行业网站、移动自媒（如广电公众号等）和网络媒介、移动终端媒介、智能媒介相融合的发展态势。新传播要求传统媒介从业者协同新兴媒介从业者（包括写作机器人、社交机器人和虚拟主播等）担当专业化、泛众化、智能化传播的多元主体角色，既是专业信息提供者又是关系促成者和智能场景创构者。新内容要求融合媒体用户的价值偏向性、行为意向性、娱乐消费性信息与5G资讯、关系、场景传播内容高度契合、互恰适配。面对5G技术与新旧媒介的融合趋势，我们先回顾一下从1G到4G技术的素养培育路径，以此为基础加大对5G技术素养培育特征与路径的理解深度和拓展力度。

1. 从1G到4G的技术素养培育

首先，1G、2G时代的技术素养培育是引导用户认识媒体特征，了解媒体工作原理，抵制媒体负面影响，初步实现对媒体传播内容的免疫力和识别力。1G、2G 时代的技术素养培育重点是加强学前儿童媒介素养教育，多元主体共构科学、有效、针对、大众化媒介素养教育体系，培养普通受众，尤其是青少年用户对传统媒体技术的理性认知态度。其次，3G 时代的技术素养培育是培育普通受众对线上线下媒体技术的认知能力和应用能力，尤其是提升基于泛在媒体和移动媒体的习得水平和适应能力。[1] 由于学校缺乏针对性、系统性技术素养培育课程，3G 时代的青少年用户在媒介行为管理能力和媒介创新素养上缺乏系统性培育措施，随着一体化教育（O2O）、慕课（MOOCs）、教育云（Education cloud）等实践课程开设，青少年 3G 技术素养能力不断提高。最后，4G 技术素养培育旨在教育用户学会客观分析 4G 传统媒体和网络媒体传播技术，对泛在媒体内容理性批评，更加从容地应对 4G 网络媒体技术。随着媒介传播从广播、电视窄播向关系化传播、智能场景精准传播和新旧媒体融合传播的用户多元定制型传播转向，对用户新兴传播媒介素养的要求越来越高，用户既要生产 4G 内容，又要甄别 4G 内容；既要适应 4G 媒体，又要批评 4G 媒体。简言之，4G 技术素养培育时代是一个汲取 1G 到 3G 时代的技术素养培育经验、为 5G 时代技术素养培育做好技术铺垫的承上启下阶段。

2. 5G 技术素养培育

在物联网时代和大数据时代，大到人际关系链，小到生活习惯，数据化传播将支撑起社会个体的精神需求世界，使用数据的社会个体在 5G 时代的主体性地位尤为突出。随着 5G 新兴传播的数据化、可视化和智能化发展，个体、社会和媒介之间的界限进一步模糊，提升 5G 技术素养实质上就是社会个体的自我提升，个体在社会和媒介中的"美人之美"、个体、社会与媒介的"美美与共"之和谐场景指日可待。在大数据、云计算、人工智能和 5G 等技术的叠加效应下，传统媒体和网络媒体、智能媒体相互融合，逐渐向新兴传播纵深方向演进。新兴传播领域的人机协同、脑机融合智能化前景，预示着数字化传播

---

[1] 参见李炜炜、袁军《融合视角下媒介素养演进研究：从 1G 到 5G》，《现代传播》（中国传媒大学学报）2019 年第 9 期。

的强大生命力。青少年作为思想活跃、朝气蓬勃的未来职场生力军，其5G技术素养水平直接影响着下一代社会劳动者的整体素质，青少年5G技术素养培育有利于科学家精神培育的全社会普及，为今后国家终身素养教育改革开启一个新的里程碑。青少年5G技术素养培育范式与路径的研究，旨在厘清青少年5G技术素养培育的具体内涵，论证青少年5G技术素养培育创新范式的重要特征，分析青少年5G技术素养培育的影响因素，发掘建构青少年5G技术素养培育体系的优化路径。

其一，应确立青少年5G技术素养培育的创新范式。媒介素养概念经历了受众保护、内容辨析、内容批判和行动参与等内涵丰富化、多样化的演变历程。媒介素养内涵的可持续性拓展揭示了媒介传播技术的嬗变历程、多元社会文化的潜进轨迹及受众在媒介消费上的复杂状态。5G超低时延性、多终端互联和超高速下载等先进功能促推新兴传播智能化进程，新兴传播的信息生产、文本创作与受众素养提升之间的关系发生根本性变化，普通受众参与以资讯生产、关系建构和场景再造为主要内容的新兴传播的意愿越来越强烈，用户借助去专业、去精英、去中心的关系传播与精准化、个性化、仿真化的算法传播进行生产传播UGC产品的频次越来越高。当前，我国新兴传播平台快速发展，数字杂志、数字报纸、数字广播、手机短信、智能社交平台、数字电影、数字电视等交织化或融合化传播不断涌现。5G网络的全时空、全现实和全连接特性，有助于青少年受众实现VR、AR和MR沉浸式场景交互体验。现代数字化的即时性与交互性、共享性与海量性、超文本与多媒体、个体化与圈群化等关系建构，正在引发一场深刻的媒体融合革命，现代数字化传播处于资讯传播、关系传播与算法传播相融合的新兴传播阶段。[①] 青少年5G技术素养培育的范式创新，有利于厘清5G技术素养培育模式的理论价值，深层分析影响5G技术素养培育效果的主要因素，发掘出建构5G技术素养培育体系的优化路径。

国外媒介素养培育有自上而下、中心放射和网状扩散3种范式。

---

① 参见胡正荣《技术、传播、价值，从5G等技术到来看社会重构与价值重塑》，《人民论坛》2019年第11期。

自上而下范式是以政府和教育机构为主体的培育模式，如美国通过立法促进媒介素养培育；中心放射范式是以民间组织为主体的培育模式，如加拿大政府通过媒体素养协会来推动媒介素养培育工作；网状扩散范式是倡导者自发性培育的散状模式。青少年5G技术素养培育是媒介技术、5G技术与青少年人文素养的耦合培育形式，在聚焦青少年完美人文素养的同时也应完善、强化和淬炼其新兴传播专业技术素养，突出"完人"（well-rounded person）培育理念。在我国，首先需要对青少年5G技术素养进行初步调查摸底，掌握青少年5G技术素养的实际情况，为学校针对性培育工作提供基础性数据参考，避免培育形式、内容与效果脱节。其次，青少年5G技术素养培育应基于青少年受众的个性、专长和需求，构建"政府＋培育主体＋培育体系"多元共建范式。充分发挥政府的指导作用，正确处理指导主体与培育主体、政府主导与市场机制、政府自主性与社会自觉性的关系问题。5G技术开发者、新兴传播者与教育机构要积极探索新兴传播技术与5G网络技术契合的创新模式，将5G新兴传播的内容、手段、渠道和技术综合应用于青少年技术素养培育实践中。例如，可以将微信、微博、直播和短视频等自传播形式纳入新兴传播技术素养培育体系，建立突发舆情观测与评判、网络传播体验与典型案例评析等实验课程，开设短视频制作与网络直播等实践课程，使5G技术与新兴传播技术素养培育具备操作性、引领性、创新性与贴近性等现实价值。最后，青少年5G技术素养培育还需要与大、中、小学媒介技术素养培育课程相协调、共发展，发挥好学校培育与社会培育的互补互促作用。学校5G技术素养培育基地应与政府、社会组织、媒体产业密切联动，整合各方资源优势，打通课堂内外、线上线下界限，形成人文素养、5G技术素养与新兴传播技术素养高度契合的综合培育模式，尤其是，社会培育可以为青少年5G技术素养培育提供良好的社会舆情，通过社会、媒介、教育机构和家庭资源的优配和社会人文化教育加以推动，实现全国性新兴传播5G技术素养培育的社会浪潮，以破解新兴传播和学校媒介人才培养之间的深层矛盾问题。青少年5G技术素养培育还应与新兴传播发展趋势互为关联，将媒介、内容、产业、运营与技术上的智能化要素引入新兴传播技术素养培育体系，使新兴传播技术素养培育与新兴传播发展潮流相契合。

其二，应探索青少年5G技术素养培育的优化路径。提升青少年群体的思政素养、5G专业技术能力、5G应用职场技能和批判性思维能力，强化线上线下协调培育和协同教育，以优化培育路径和培育策略，建构科学、统一的技术素养培育体系。

第一，加强青少年的思政素养教育。习近平总书记在中共中央政治局第十二次集体学习时强调："推动媒体融合发展、建设全媒体成为我们面临的一项紧迫课题。要运用信息革命成果，推动媒体融合向纵深发展，做大做强主流舆论，巩固全党全国人民团结奋斗的共同思想基础，为实现'两个一百年'奋斗目标、实现中华民族伟大复兴的中国梦提供强大精神力量和舆论支持。"[1] 2020年4月，《教育部等八部门关于加快构建学校思想政治工作体系的意见》下发各地学校。各级学校遵照《意见》要求积极开展思政教育改革，提升青少年思政素养成为学校强化人才培育的重要内容。学校教育者应与新兴媒体传播者密切合作，贯彻落实习近平总书记"做大做强主流舆论，巩固全党全国人民团结奋斗的共同思想基础"的讲话精神，通过媒体宣传与学校教育强化青少年健康向上的思政观念意识，帮助青少年树立主流价值意识，从舆论引导、受众服务、社会效应出发加强社会主义核心价值观、中华优秀文化和法治伦理规范的教育工作，既要培养青少年的社会责任感，又要强化青少年服务大众和社会的正向传播意识。

第二，培养青少年的5G专业技术能力。青少年应具备5G技术和新兴传播专业知识，把握新兴传播全域信息发送和全链式强互动的病毒式传播机制。5G网络切片是互联网特色性技术系统，其端到端的安全保障是5G技术的优势功能，这种"云管端"协同的网络切片功能促进新兴传播技术迭代升级，5G技术的终端到终端的可信化应用适配充分满足新兴传播的技术需求。培育者应将上述5G专业技术知识与

---

[1] 习近平：《推动媒体融合向纵深发展 巩固全党全国人民共同思想基础》，《人民日报》2019年1月26日第1版。

青少年受众认知世界的积极性、参与社交活动的主动性和表达感受的自由性等特长结合起来、有机配置、充分融合。同时，积极拓展新兴传播理论知识的传授范围，把学生感兴趣、特关注的新兴传播交互功能和互动场景纳入技术素养教育范畴，鼓励青少年围绕热点选题和热门技术开展深入讨论，在思想碰撞中解决技术上的关键难题，在互动交流中厘清5G新兴传播功能。例如，在培养青少年短视频制作技巧或讲授5G直播机理机制时，要激励青少年掌握移动自传播和智能传播的分布式技术原理，发挥生动技术案例的现场教育价值，集聚社会优势教育资源，用正面素材、生活养分、文化积淀提升青少年5G技术素养，使新兴传播技术素养培育内容更加丰富多彩，更富有感召力、说服力与影响力。

第三，培养青少年的5G应用职场技能。5G赋能赋权体现在智能云、智能平台、智能终端和智能渠道的高效融合，体现在新旧媒介产业、资源、内容、管理、技术和运营的共享以及平板电脑、智能手机和可穿戴智能设备的跨屏通用等方面。培养青少年5G应用职场技能，需要加强政府引导、强化校企协作和新旧媒介协同。政府应进行宏观规划，制定相应法规、政策与制度安排，积极协调学校与媒介平台加强青少年5G职场技术素养培育的整合性工作，培养青少年练就过硬的全息、全效、全员、全程职场技能。同时，要求青少年敢于突破传播时空边界，始终关注技术支撑、传播信息与受众需求的契合度，洞察新兴传播内容关键节点的可持续功能。在新兴传播背景下，5G智能技术使机器人主播、虚拟现实、增强现实、无人机摄录与机器人撰稿不断融入新兴传播视界。在此背景下，青少年需要不断更新知识结构，赶上5G应用技术发展步伐，主动探寻智能化信息采集、生产、加工、传播、交互与反馈的属性与功能，有效把握智能人、泛化关系主体、新兴传播全域空间、虚拟生活、扩展现实娱乐、云企业管理、智慧政务运行与智能城市治理等新兴传播集成化形态，积极获取功能异质、服务定制、领域细分和内容多样的新兴传播动态信息。青少年还需要密切关注气象、交通、金融和环境等大数据平台企业和机构的"脱媒化"融合传播动态，厘清脱媒组织的具体类型和特色表征，基于脱媒企业或机构的发展经验强化自身的5G全程职场技能。①

第四，着力培育青少年批判性思维。西方国家建立了成熟的媒介素养批判性思维培育体制机制，我们也应积极引导青少年树立全球视野，提高媒介批判性思辨能力。西方媒介素养教育重视"赋权"理念，通过赋予学习者评价权力，促进其对媒介知识和传播技术的评判意识，建构有利于思维认知的影响机制，提高学习者对媒介内容的批判性思维水平。同样，我们也可以为青少年5G技术素养习得赋权赋能，采用参与式、体验式、沉浸式和互动式的素养培育模式，将素养培育安排为一种探索过程，正视青少年的生活经验和文化实践，尊重青少年的个性、需求和观点差异，鼓励青少年质疑、反思和实证新兴传播信息，使青少年掌握新兴传播的机理、机制、进路和策略。西方教育者还帮助学生解构媒介文本，抵御媒介传播的负面影响，关注外来文化的潜在威胁，强化主流文化身份的认同意识。这给予我们的启示是：不应只采取抵御媒介负向传播的应急措施，而应结合中国传统文化、社会主义先进文化和经济社会新常态化规律，让青少年理性参与新兴传播实践，正确处理传统文化与时尚文化、中国文化与西方文化的辩证关系，用全球化兼本土化的全域视角洞悉新兴传播的技术文化和社会文化意义。总之，青少年要努力培养批判性思维，体现自身作为新兴传播关键节点的真正价值，充分发挥自身主体性和能动性，广泛参与新兴传播5G技术探索活动，营造正面、积极的社会形象。

第五，建立线下线上新兴传播5G技术素养培育平台，实现协同创新。一方面，要充分发挥学校、社会公益机构（如图书馆和博物馆等）的资源优势，构建新兴传播5G技术应用沙龙、新兴传播专业技能讲堂、新兴传播爱好者俱乐部、新兴传播视频创作工作室和新兴传播场景体验基地等培育平台。同时，积极创构以新兴传播产业为主体的5G技术研发推广中心，制作新兴传播素养专题节目，开设新兴传播5G技术讲座，开发新兴传播技术素养培育网络软件等，做好基于

---

① 参见向安玲、沈阳《全息、全知、全能——未来媒体发展趋势探析》，《中国出版》2016年第2期。

碎片化培育信息大数据收集的算法推荐精准化服务工作,将新兴传播5G技术素养培育寓于青少年丰富的校园文化生活之中。另一方面,新兴传播5G技术素养培育需要政府、教育机构、媒介产业和社会组织共同协作,创新性开展新兴传播5G技术素养培育工作。把青少年技术素养培育纳入社会主义精神文明建设和创新驱动发展战略,在政府顶层设计中综合考虑学校、社会、媒介和青少年的技术技能定位,集聚各相关主体的优势资源、科学配置,发掘各相关主体的要素潜质,全方位评价新兴传播技术素养培育成效,反思各相关主体间协同创新的不足,检视相关主体对接机制与协作模式,不断改革和创新青少年5G技术素养培育体制机制。

综上所述,立体化、实时化、互动化和碎片化的新兴传播改变了传统的人际交流方式和大众传播模式,以创新内容、建构关系和再造场景等手段吸引受众的注意力。青少年群体不能被动地接受新兴传播信息,而要主动选择和接收其价值信息,能动性生产传播UGC产品。为此,青少年5G技术素养培育需要把5G新兴传播的社会价值、文化态度、科技技能和专业知识内化为青少年的日常习惯、行为准则、工作要素和学习工具,而管理者、教育者、媒体从业者需要通过内涵深化、进路优化和策略创新提升青少年5G技术素养培育的总体水平。

(四) 新兴传播元宇宙技术素养培育

5G和人工智能等现代技术赋予中国媒体纵深发展的强劲驱动力,媒体产业因此有了更多的融合发展路径和融合发展模式。以"全程媒体、全员媒体、全息媒体、全效媒体"为国家传播战略的新兴融媒传播,在5G时刻为发出中国声音、传播中国文化全速起锚远征。全智能化的新兴融媒技术及其虚拟化智能空间,往往被称为新兴传播元宇宙技术和新兴传播元宇宙空间,我国新兴传播元宇宙技术必然具有中国特色的新兴传播理论内涵与实践应用价值。洞悉融媒纵深发展的受众媒介素养水平,明确新兴传播元宇宙发展方向的全素养要求,是贯彻习近平总书记"构建融合媒体传播格局"之"移动为先""创新为要"重要论述的具体体现,是促进数字中国建设的基础性工作,是提高新兴传播元宇宙产业综合实力的基本要求。以高水准、严要求之新

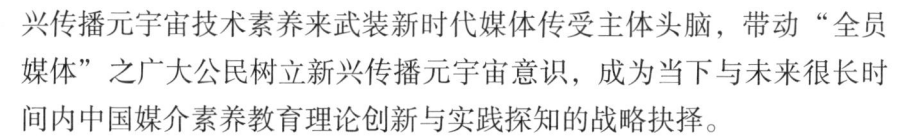

兴传播元宇宙技术素养来武装新时代媒体传受主体头脑，带动"全员媒体"之广大公民树立新兴传播元宇宙意识，成为当下与未来很长时间内中国媒介素养教育理论创新与实践探知的战略抉择。

"媒介素养"是一个长时间不断发酵的热搜词，与之相关的"纸媒素养""广播电视素养""网络媒体素养"和"智能媒体素养"等概念层出不穷。随着5G赋能新兴传播元宇宙时代的到来，智能算法语境下的新兴传播元宇宙技术素养培育被提到议事日程上来。新兴传播元宇宙技术素养既承载着既往种种媒介技术素养的基本内核，又集中荟萃智能化全程媒体素养、全员媒体素养、全息媒体素养和全效媒体素养的全部精髓要义，是传统媒体技术素养和新兴媒体技术素养的大集成，并重新植入崭新的新时代元素。

1. 全员全程媒体技术素养的创新培育

第一，平衡新兴传播元宇宙全员全程舆论生态意识和技术服务意识之间的辩证关系。新兴传播元宇宙全员全程的舆论生态意识和技术服务意识，是指新兴传播元宇宙全员全程传播者须树立思想政治宣传与新兴传播元宇宙技术服务的双轨驱动意识，基于传统媒体再定位和新兴媒体应用拓展的新兴融媒传播，在社会舆论引导和受众技术服务方面应积极营造主流价值主导的社会共识和智能化、即时化的技术消费共识。权衡新兴传播元宇宙全员全程舆论生态意识和技术服务意识之间的平衡关系，就是按照"加快推动媒体融合发展，构建媒体融合传播格局"的要求，培养社会个体基于传统媒体优势的传播能力、移动互联网技术驱动的传播能力和智能场景引领的传播能力，引导受众接触、体验和感悟新兴传播元宇宙技术的沉浸能力，积极打造新兴传播元宇宙技术传播的健康有序舆论向心力，满足受众新兴传播元宇宙技术需求的务实能力，实现新兴传播元宇宙社会效益和经济效益双赢格局的前瞻性魄力。

第二，深入挖掘新兴传播元宇宙全员全程技术素养的培育潜质。新兴传播元宇宙创造者应时刻关注最前沿的现代技术属性和智能终端功能，树立"传统媒体+互联网+算法场景"的跨界思维意识，充分掌握传统媒体、网络媒体和智能媒体相融合的技术应用渠道。传统媒体、网络媒体和智能媒体应协调合作，共同建构政府指导下的新兴传播元宇宙全员全程技术素养培育新格局。利用 5G 网络和人工智能技术进行智慧政府、智慧城市、智慧购物场景和智慧社交场景建设，以多层次 5G 智能场景为主要载体服务受众，打造特色化"共享场景+用户技术服务"的新兴传播元宇宙全员全程运营平台，采取免费为主、专业项目收费的"公益+商业"双向传播模式，以大数据和智能算法公益性服务来反哺经济社会。新兴传播元宇宙创造者还应通过自身过硬的技术、良好的社会声誉和忠实的目标用户群，帮助政府部门或公益组织服务好社会民众，实现社会治理体系现代化，同时尽力争取政府的信任和支持，赢得社会知名度，筹得适量的风投资金或政府投资，实现自我发展和自我壮大。

第三，丰富全员全程技术增值服务项目，满足受众技术务实需求。习近平总书记指出："要坚持移动优先策略，让主流媒体借助移动传播，牢牢占据舆论引导、思想引领、文化传承、服务人民的传播制高点。"[①] 根据 5G 技术和人工智能技术的发展现状和未来趋势，我国新兴传播元宇宙行业应明确以优质的全员全程技术增值服务项目构建中国特色的互联互通、正能量的新兴传播元宇宙世界，建构全方位满足受众技术务实需求的新兴传播元宇宙体系，在国家政务治理体系和社会生产生活中发挥人本化、智能化平台优势，为服务中央、地方政府和人民群众做出应有的贡献。

第四，具有形塑社会效益和经济效益双赢格局的前瞻性魄力。目前，我国新兴媒体生产传播的信息除自身平台发布之外，主要通过商业新媒体或社交媒体平台对外传播。传统媒体已建或在建的门户网站、移动客户端和微信公众号，有助于自身走向"社交+商业"网络平台的道路。新兴媒体以关系化交互、算法化场景吸引着分众的注意力，成为时尚、新潮的传播平台。新兴传播兼具新旧媒体的综合特点，有望成为集聚化、规模化和区域化的传播"巨人"。为了实现社会效益和经济效益双赢格局，新兴传播元宇宙创造者需坚持"做大做强主流

---

① 习近平：《加快推动媒体融合发展　构建全媒体传播格局》，《求是》2019 年第 6 期。

舆论，巩固全党全国人民团结奋斗的共同思想基础"底线原则，同时提升自身的技术服务意识，做大做强社会化、算法化新兴传播平台。具体来说，传统媒体应掌握主流舆论场的主动权和主导权，与主流新媒体积极合作、取长补短、相依共生。我国新兴传播元宇宙产业肩负政治使命，是政府治理国家的代言人，同时也肩负新时代关系社会和商业场景社会的情感贴合者和市场细分需求满足者，在5G元宇宙时代这种双重职责将不断加强。

新兴传播元宇宙主体的全员全程技术素养培育是一以贯之的宏伟工程，是全员技术增值服务在新兴传播大格局中的全程思想传播意识和"全程"服务操守，即看待和实施新兴传播元宇宙技术及其服务角色的全员全程守正态度和行动魄力。基于5G与人工智能技术的新兴传播元宇宙全员全程技术素养，首先要有全员参与、全程服务的自主自觉意识。5G与人工智能技术带来移动互联网和物联网的高效联结，万物互联引发万物皆媒、人人皆媒，媒体得以无限延伸，既包括报纸、广播、电视等传统媒体和信息网、社交平台等网络媒体，又包括万物互联的所有节点、人、物都是生产传播信息的个性媒介。只有树立全员全程的参与与服务意识，才能把握新兴传播元宇宙的全人本、全技术、全细节和全过程等特质。新兴传播提供信息安全的端到端服务时，需要全员全程整个体系、整个流程的安全保障，这就意味着全员全程高度的政治使命感、社会责任心、道德自律意识和法律他律意识。全员全程的参与与服务意识，还包含全局视野，全面把握传统媒体、网络媒体和智能媒体相融合的优势与不足，树立对传统媒体、网络媒体和智能媒体进行全成员、全过程的动态评估意识，既要对传统媒体大众化传播效果进行考量，也要对专业新媒体、社会新媒体、智能新媒体传播效果进行科学评价，形成新兴传播元宇宙特色的传播新矩阵。

2. 全息媒体素养的创新培育

首先，积极培植新兴传播元宇宙技术基因。新兴传播元宇宙技术基因是智能全息核心技术，是新兴传播元宇宙在浩瀚无垠的虚拟世界中飞翔的"翅膀"。新兴传播元宇宙之"全员"需全面提升5G智能全息领域的专业技术水平，从根本上弄清楚5G技术、超级计算、云技术、物联网、人工智能与信息传播的内在逻辑关系。5G 技术使数据传输速率提升 100 倍，网络超级连接功能得到显著加强，万物互联的智能世界日益成型，超高速的下载接入速率令"全员"体验产生实质性变化，超低时延性可以创造更便利的生产与生活场景，无限容量、无限畅想的体验时代、创意时代正在到来。智能全息技术通过"虚拟场景+真人体验"兼容方式将受众带进虚拟与现实相融合、文化与技术相嫁接的形象交互空间，受众在亦真亦假的"梦幻空间"自由穿梭、浮想联翩，带来全新视听感受和消费体验。

其次，有效掌握新兴传播元宇宙专业技能。新兴传播元宇宙使得信息由定量、适度传播演变为海量过载、全域发送模式，由一点对多点的单向传播转变为一点对一点或多点对多点的链式双向传播或强互动病毒式传播，由精英传播、大众传播变为分众传播、场景传播和全虚拟传播。用户的规模、类型和层次变得庞大、多样和分化，用户获取系统精准推送的高质量信息。新兴传播元宇宙技术使用户更积极认知世界、主动参与社交活动和自由表达个性感受，人机协调和机脑融合的智能技术将实现人脑功能和类人脑技术的互通互融。新兴传播元宇宙创造者应洞察现代科技的新动态，掌握新兴传播元宇宙新属性和 5G、人工智能技术应用实践的新特征，积极探索新兴传播元宇宙技术泛化应用的新模式。新兴传播元宇宙要求全时空、全现实、全连接和全媒介等元素优配，实现 VR、AR、MR 技术与智能全息技术相耦合的沉浸式交互体验效果，超高清 4K 和超超高清 8K 视频等元宇宙技术使用户观赏更清晰，实现人与虚拟世界更迅速的衔接，因而现实世界与虚拟世界之间的界线逐渐模糊，普通用户把握新兴传播元宇宙技术，就是掌握了未来全虚拟消费和全虚拟社交的关键抓手。

最后，洞察 5G、人工智能、大数据、云计算和区块链技术的融合发展动态。5G 网络使信息传播的成本大大降低，人们社交范围得以拓展，虚拟化现代技术加快了新兴传播元宇宙进程，5G 技术提供更通畅的宽带、更迅捷的网速、更直接的体验，大大拓展了信息传播的广度、深度和效度。区块链技术与智能孪生技术的融合将根本性颠覆现代传播理念，彻底改变信息传播的生成机制、传达机制和激励机制，用户

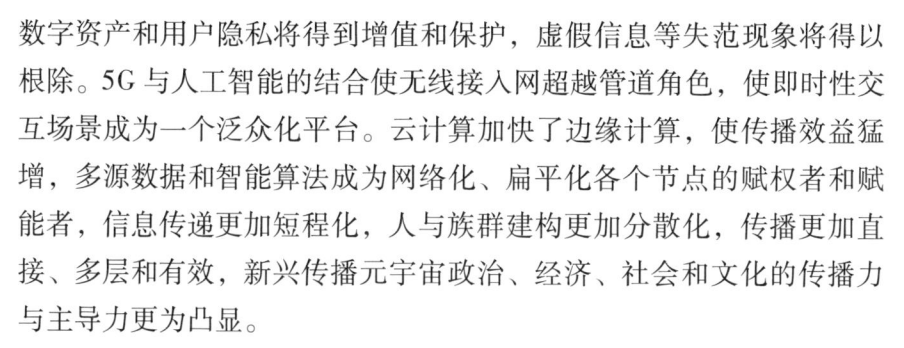

数字资产和用户隐私将得到增值和保护，虚假信息等失范现象将得以根除。5G与人工智能的结合使无线接入网超越管道角色，使即时性交互场景成为一个泛众化平台。云计算加快了边缘计算，使传播效益猛增，多源数据和智能算法成为网络化、扁平化各个节点的赋权者和赋能者，信息传递更加短程化，人与族群建构更加分散化，传播更加直接、多层和有效，新兴传播元宇宙政治、经济、社会和文化的传播力与主导力更为凸显。

3. 全效媒体素养的创新培育

其一，具备全效前提下的全员全程全息综合服务能力。为"全员参与"而实现"全效聚合"的综合素质，需要掌握通信领域里在线状态的终端设备的技术知识，了解互联网浏览、内容转发、自主评价、有效互动的传统交际模式，通晓每个用户既是节点实体，又是节点内容，既创造性激活节点，又与其他节点互动生产传播信息的智能交际模式。新兴传播元宇宙节点要实现更高效率，其"全员参与"需要基于5G、大数据和人工智能等技术，加快生产信息的速度、全流程提升传播内容的效果、全方位改进新兴传播元宇宙的传播功能，充分发挥新兴传播元宇宙内容、信息、社交、服务等全套功能，既要有基于传统媒体的传播能力，又要有基于移动互联网的现代传播意识，既要有引导社会舆论的责任心，又要有为用户服务的公仆态度。

新兴传播元宇宙"全员参与"还应有实现各种场景效果的"全效聚合"素养，实现新兴传播元宇宙理想的社会功能和消费功能。随着5G网络技术的发展，"全员参与"成为新兴传播元宇宙的决定因素，关键节点传播呈现简洁、口语强、网群术语多、情感和感受突出等特点。关键节点聚合力主要源自用户偏好性选择行为，关键节点间的密度越高，受众关注度就越高，影响力也就越大。因此，"全员参与"不能仅仅担当群体传播的一般节点，而应成为关键节点，要有强大的聚合力，产生广泛的影响力。只有成为受众密切关注和主动连接的关键节点，传播者才能成为新兴传播元宇宙的主要渠道，形成"病毒式"扩散的源发地，从而在新兴传播元宇宙生态中起到主导作用和引导作用。作为新兴传播元宇宙生态关键节点的"全员"，应充分发挥自身的能动性与主动性，广泛参与新兴传播元宇宙的全方位传播活动，呈现自身正面的社会形象和主人翁责任意识。

其二，提升新兴传播元宇宙专业技能。对于传播者来说，积极培植技术基因，为新兴传播元宇宙插上技术之翼。首先，传播者需提升5G和人工智能方面的专业技术水平。从长远来看，5G和人工智能是现代媒体传播发展的关键因素。5G具有高速率、高可靠、低时延、低功耗等特点，具有超级连接能力，是支持多个逻辑切片的原生平台，为新兴传播元宇宙行业提供相互隔离的不同5G网络切片。这种端到端的网络切片将是实现元宇宙行业数字化、虚拟化的支柱型技术。基于端到端网络切片技术，运营商就可以按需生成逻辑切片，实现更快的网络定制和适时的调优改进。5G技术使数据传输速率提升100倍，网络超级连接功能得到显著加强，万物互联的智能元宇宙世界必将成型。5G超高的接入速率令用户体验产生实质性变化，意味着无限容量体验时代的到来，5G的超低时延性可以创造更便利的生产、生活场景。5G技术超低能耗使网络接入容量大大增强、保障元宇宙平台强大的续航能力。因此，传播者需紧跟5G技术进步的步伐，使新兴传播元宇宙技术完成"人—人、人—物、物—物"传播的宏大使命。传播者还应把握5G智能传播的安全技术。5G网络切片是相对独立的自治系统，端到端的网络切片的安全保障是5G独特的技术创新，5G技术可以针对元宇宙特定需求进行端到端应用的可信安全适配。这种经过"云管端"协同的顶层设计及智能生态构筑而成的网络切片既满足元宇宙行业的具体需求，又客观促进元宇宙传播的迭代升级。

新兴传播元宇宙的应用机制，要求"全员"必须具有元宇宙传播专业技能。新兴传播元宇宙的出现，使得信息由定量、适度传播演变为海量过载、广域发送，由一点对多点的单向传播，转变为多点对多点的链式传播和强互动病毒式传播，由精英传播变为分众传播。用户的规模、类型和层次变得庞大而多样，用户获取系统精准推送的高质量信息，新兴传播元宇宙技术使用户更积极认知世界、主动参与社交活动和自由表达感受体验，人机协调和机脑融合的元宇宙技术将实现人脑功能和类人脑技术的互通互融。"全员"应洞察现代科技的新动态，掌握新兴传播元宇宙技术应用的新特征，积极探索新兴传播元宇宙技术应用新模式。

其三，练就全能型职场技能。新兴传播元宇宙从智能终端融合、智能渠道融合、智能平台融合到智能云融合，传统媒体、网络媒体和智能媒体在资源、内容、技术、运营、产业和管理等方面走向高度共享融合，智能手机、平板电脑和可穿戴设备等也走向多屏共存、跨屏融合之路。传播者必须重视新兴传播元宇宙跨领域的无缝对接新情况，通过终端融合打造多态化智能传播新模式。

随着5G技术商用和5G智能终端的陆续面市，智能全息媒体将进一步促进信息来源、传播对象和应用技术的聚合化发展，塑造多向传播的新格局，改写媒介舆论生态和传播话语权的结构版图。要练就全能型职场技能，传播者应认清传统全息技术和新兴全息技术的迭代升级状态，淬炼新兴传播元宇宙职场的过硬技艺。为了练就新兴传播元宇宙"全程全息全效全员"之过硬本领，传播者需强化新兴传播元宇宙全过程、全时效、全员参与的新型传播功效，敢于突破媒体传播的时空界限，充分发掘全过程、全时效、全员参与的融合功效。

全能型媒体素养者还应关注传播内容与受众需求的吻合性，保持信息的断点持续接收。在Web 3.0时代，人们通过微博、微信、抖音等社交平台自由发布信息，可以全天候、全空域、分散式获得经过智能过滤的精准信息。在传统媒体转型和新媒体扩张的背景下，5G技术和人工智能等新兴技术使无人机摄录、机器人撰稿、机器人主播、虚拟现实和增强现实等不断向全程媒体行业渗透，使得智能化信息采集、智能化信息加工、智能化传播与智能化交互主体逐渐泛化，大大拓展全程媒体传播空间，生活、娱乐、企业和政务等全程媒体增长迅速，呈现内容多样、功能异质、服务定制、领域细分等表征。

新兴传播元宇宙之"全员"要顺应全程媒介技术的发展要求，更新自身知识结构，加强全程职场涵养的培育。全程媒体可激活垂直细分领域的传播活力，引导服务化、商业化平台健康发展，充分发挥内容、关系、服务、场景等要素的内在潜力，通过社群化、服务化、电商化转型实现"脱媒化"的发展新要求。金融、环境、气象、交通等数据密集型的企业和机构正承担"脱媒化"传播角色，新兴传播元宇宙之"全员"应密切关注这一新情况，厘清脱媒组织的类型和传播特质，从自身转型或全程媒介技术提升出发，汲取脱媒企业或机构的发展经验，不断壮大元宇宙组织的整体实力。全效媒体的发展重心在于跨渠道、跨平台的整合运营，通过全效媒体矩阵构建，打通内容生产、渠道传播、用户交互、全效连接的闭环体系，这就要求新兴传播元宇宙之"全员"要精通5G智能技术和全效媒体技术的综合整合功能。

综上，新兴传播元宇宙是中外信息传播史上的革命性颠覆事件，也是新兴传播元宇宙之"全员"既不忘初心，又洗心革面继续前行的时代新篇。新兴传播元宇宙是传统媒体、网络媒体和智能媒体之集大成者，新兴传播元宇宙技术素养是传统媒体素养、网络媒体素养和智能媒体素养之综合品质。新兴传播元宇宙呼唤技术全素养，惟有新兴传播元宇宙之"全员"在"全程""全息"实践中不断提升技术全素养，才能够最大程度发挥出新兴传播元宇宙之"全效"成果，以技术全素养谱写新兴传播元宇宙新华章，成为中国特色新兴传播元宇宙理论体系创建、创新与实践前行征程中的重要里程碑。

二　新兴传播创意素养培育

面对创意人才培育与新兴传播创意、智能算法治理分域而治困境，我们应该正确处理创意人才培养与新兴传播创意、算法治理的耦合关系，通过国家扶持、政府引导、文化融合和多元主体协同等特色培育路径大力提升创意人才培育与新兴传播创意、算法治理的耦合价值，推动新兴传播创意人才培育的传统分立意识向新兴传播创意治理培育耦合的现代意识转型。

（一）正确处理创意人才培育与新兴传播创意、智能算法治理的耦合关系

创意人才培育与新兴传播创意、智能算法治理的关系具有聚合共进、互补互渗、即时即效、互置共享等特征。聚合共进体现培育、传播与治理相互协作与融合发展关系，互补互渗体现培育、传播与治理的共性内容与受众或对象消费需求的贴合互适和相互转化，即时即效

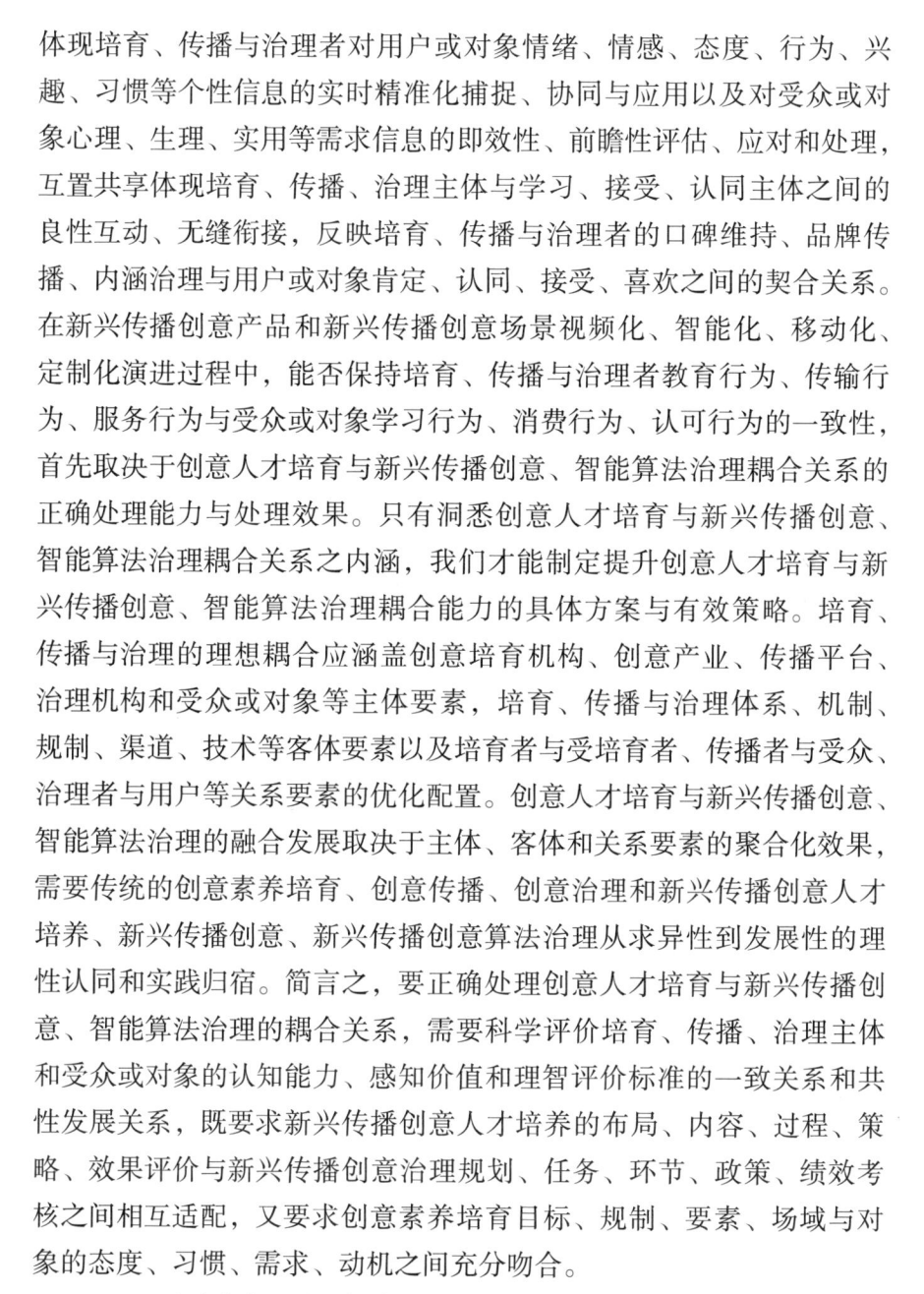

体现培育、传播与治理者对用户或对象情绪、情感、态度、行为、兴趣、习惯等个性信息的实时精准化捕捉、协同与应用以及对受众或对象心理、生理、实用等需求信息的即效性、前瞻性评估、应对和处理，互置共享体现培育、传播、治理主体与学习、接受、认同主体之间的良性互动、无缝衔接，反映培育、传播与治理者的口碑维持、品牌传播、内涵治理与用户或对象肯定、认同、接受、喜欢之间的契合关系。在新兴传播创意产品和新兴传播创意场景视频化、智能化、移动化、定制化演进过程中，能否保持培育、传播与治理者教育行为、传输行为、服务行为与受众或对象学习行为、消费行为、认可行为的一致性，首先取决于创意人才培育与新兴传播创意、智能算法治理耦合关系的正确处理能力与处理效果。只有洞悉创意人才培育与新兴传播创意、智能算法治理耦合关系之内涵，我们才能制定提升创意人才培育与新兴传播创意、智能算法治理耦合能力的具体方案与有效策略。培育、传播与治理的理想耦合应涵盖创意培育机构、创意产业、传播平台、治理机构和受众或对象等主体要素，培育、传播与治理体系、机制、规制、渠道、技术等客体要素以及培育者与受培育者、传播者与受众、治理者与用户等关系要素的优化配置。创意人才培育与新兴传播创意、智能算法治理的融合发展取决于主体、客体和关系要素的聚合化效果，需要传统的创意素养培育、创意传播、创意治理和新兴传播创意人才培养、新兴传播创意、新兴传播创意算法治理从求异性到发展性的理性认同和实践归宿。简言之，要正确处理创意人才培育与新兴传播创意、智能算法治理的耦合关系，需要科学评价培育、传播、治理主体和受众或对象的认知能力、感知价值和理智评价标准的一致关系和共性发展关系，既要求新兴传播创意人才培养的布局、内容、过程、策略、效果评价与新兴传播创意治理规划、任务、环节、政策、绩效考核之间相互适配，又要求创意素养培育目标、规制、要素、场域与对象的态度、习惯、需求、动机之间充分吻合。

（二）通过政府引导、社会融合和市场协同提升培育、传播与治理的耦合价值

加强国家政策扶持和创意产业国际竞争力、推进社会文化融合、

增强新兴传播创意多元主体的市场协同与社会培育能力，是提升创意人才培育与新兴传播创意、智能算法治理耦合价值的重要保障，创意算法的主流价值导向以及培育国际竞争性、民族特色性有利于强化创意人才培育与新兴传播创意、智能算法治理的耦合质量。

创意人才培育与新兴传播创意、智能算法治理的耦合聚化，需要政府在创意人才培育政策指导、创意产业国际竞争和智能算法规制健全方面积极引导、大力支持和落于实处。从国家战略布局看，需建立公正和谐、公平竞争和公开有序的人才培养、创意传播与算法治理融合性体制机制，推动多元主体市场化培育规制的建立健全，为培育、传播与治理耦合组织的有效运营创造正向舆论氛围。在政府有效引导和培育传播治理耦合组织的积极协调下，新兴传播创意产业通过品牌国际化策略加强对外竞争优势，新兴传播创意人才培育通过口碑社会化拓展加强自身影响。

在供给侧方面，促进创意人才培育与新兴传播创意、智能算法治理耦合要素的"整合供给"，加强民众新兴传播创意消费供给的市场培育力度，鼓励培育、传播与治理技术联合研发、应用推广，开放培育、传播与治理平台建设的资本渠道和市场渠道，提升培育、传播与治理供给侧改革的创新水平。目前，国内新兴传播创意培育、传播与治理耦合组织尚未形成，新兴传播创意人才培育、新兴传播创意产业与新兴传播创意治理在国际品牌、国际营销和技术协同创新等高精尖要素生产方面还比较薄弱，这就需要政府进行科学引导和重点扶持，鼓励创意培育组织、创意企业、媒介平台和行业协会积极参与、有效合作、积极管控和协调组织。

从需求侧来看，做好培育、传播与治理对象或用户的需求市场细分化工作，推动对象或用户需求大数据信息与人工智能算法技术应用的融合进程。随着短视频、中长视频、网络直播、虚拟信息播报、智能编辑出版、智慧商品展示、新兴传播创意广告、5G赛事电视直播、智慧家居、智慧旅游、智能综艺娱乐等新兴传播创意应用场景的开发应用，各种新兴传播创意元素渗入到个体、培育组织、传播平台和管理部门的头脑中来，这就要求从个体和组织的技术要素和需求要素优化配置上发挥政府在用户需求测改革方面的引导、协调和激励优势。对象或用户对新兴传播创意素养培养市场或创意产品需求的可塑性和易变性倾向，彻底颠覆了培育、传播与治理的传统观念，赋予新兴传播创意需求侧更丰富的技术、传播与管理内涵。算法场景下的对象或用户需求正成为新兴传播创意人才培育、新兴传播创意与智能算法治理耦合化和集成化的价值追求和内源动力。但是，我国拥有国际一流的新兴传播创意人才培育机构、新兴传播创意产业和新兴传播创意治理组织数量不多，高收入的国内用户多关注和青睐西方新兴传播创意品牌产品，我国新兴传播创意市场缺少顶级创意人才，新兴传播创意产业缺乏国际核心竞争力。这就要求我们加大对象或用户智慧场景要素的综合配置力度，提升新兴传播创意素养培育，增强创意品牌传播和消费导向治理的向心力和引导力，积极引进国外培育、传播与治理的先进教育资源、管理经验与技术设备，制定并实施国内创意产业国际品牌塑造及全球化智能场景打造的优先扶持政策。

在产业发展与市场培育方面，促进新兴传播创意人才培育、新兴传播创意与智能算法治理耦合舆情氛围的积极创构。通过科技馆、博物馆、图书馆等公益场所的新兴传播创意产品展示和智能营销体验活动，加大新兴传播创意培育、传播与治理的社会宣传和市场形塑力度，尤其是以青少年用户有效运用新兴传播创意产品从事课程学习或娱乐活动为突破口，充分发掘新兴传播创意算法技术在中华美德传播、思想政治教育和良好社会风气引导上的研发应用潜质。特别是，我国对新兴传播创意人才培育、新兴传播创意与智能算法治理的族群化、集群化、区域化发展缺乏引领性政策、制度和法律支持。因此，我们需要完善新兴传播创意培育、传播与治理组织的配套优化及规制建设工作，努力探索强化培育、传播与治理耦合组织国际竞争力的体制机制和路径策略。

（三）建立新兴传播创意人才培育体系，聚焦用户文化的市场细分需求

培育者、传播者与治理者应提升对象或受众新兴传播创意需求水平，推进新兴传播产业健康发展。创新新兴传播创意培育、传播和治理聚合性内容与形式，创构新兴传播创意培育者与对象、新兴传播创意产业与用户之间的共建共享关系。贴合培育对象心理特质、情感期待与需求偏向，实现新兴传播创意培育者与对象之间的互信、协调、共进、相长关系。打造新兴传播创意培育文化与对象需求文化的互动关系，形塑新兴传播创意产业文化与用户品牌文化的默契关系。

1. 提升对象或受众创意需求水平，推进新兴传播创意产业健康发展

提升对象或受众新兴传播创意需求水平，是将算法技术应用、产业社会责任和创意人才长远培养等要素科学配置，在满足对象或受众具体需求上聚合性发力。智能算法技术、创意内容和创意模式是新兴传播用户文化发展的重要驱动力，保持技术创新、内容可持续、模式贴合和对象或受众参与、体验、沉浸的平衡关系，是满足用户情感、心理和实用需求的根本前提。比如，信息流广告通过智能算法、大数据信息和独特展示模式精准锁定目标客户，自动为用户推荐价值信息。这种技术、内容和模式的聚合化有利于拉近企业、广告与用户的距离，提升用户对广告投放的印象感和接受度，增强智能广告创意素养培育的可见性和时效性。另外，为了新兴传播创意产业的健康发展，需要提升新兴传播创意培育者、从业者、管理者和受众或对象的社会责任感。针对新兴传播的流量欺诈和数据虚假等问题，需要政府、教育机构、创意产业、行业协会和技术开发者的协同防控，进一步加强新兴传播创意培育、传播与治理主体的道德自律和他律建设，依靠政府管控、平台把关、协会督促和受众监督的共建共享治理体系提升新兴传播创意产品和服务的投放、监测和反馈水平，完善学校为主、企业促进与政府引导的融合人才培育机制，实现新兴传播创意培育、传播与治理耦合的"人文+技术+经济"多赢效益，建立创意人才培育、创意产业发展和创意品牌打造的理想格局。同时，需加强新兴传播创意产业的内部员工创意素养培育与外部生产、投送、反馈效率提高的互化功能，以满足用户最优化消费需求。例如，智能展示广告平台需强化内外创意水平的双增效应，朝着目标用户"算法定制化"方向积极转变；智能搜索引擎广告应为普通客户提供搜索引擎算法优化和智能识别付费置入等便利化、即时化服务，有效屏蔽无关信息或骚扰信息；智能垂直式搜索广告应自动投放用户所需的主题内容，剔除不相关或捆绑式的搜索结果信息；智能视频广告应提供自主选择关闭、暂停或

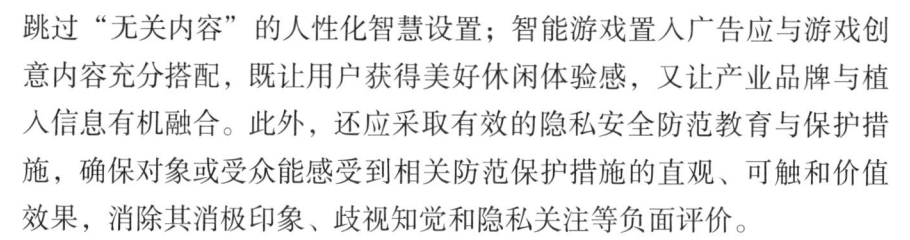

跳过"无关内容"的人性化智慧设置；智能游戏置入广告应与游戏创意内容充分搭配，既让用户获得美好休闲体验感，又让产业品牌与植入信息有机融合。此外，还应采取有效的隐私安全防范教育与保护措施，确保对象或受众能感受到相关防范保护措施的直观、可触和价值效果，消除其消极印象、歧视知觉和隐私关注等负面评价。

2. 创新新兴传播创意培育、传播和治理的融合内容与形式

创新新兴传播创意培育、传播和治理的融合内容与形式，就是强化基于主流价值导向的智能算法创新思想，突出人性化设计和智能化投放的双效策略。培育、传播与治理者应充分挖掘原创性创意技术潜质，如投放定制性、时效性的智能动画产品，强化用户内容体验的生动性和沉浸性。为了促进新兴传播创意培育者与对象、新兴传播创意产业与用户之间的互动互化关系，应更加突出内涵创意性的富媒体创意产品和彰显消费者主体意识的娱乐性智能创意服务。在移动端创意领域，建立智能化、全息化、全效化 App 创意植入与投放模式，提高普通用户的需求黏合性和内容契合度。培育、传播与治理者还应保持新兴传播创意内容的新鲜度和正向度，促进培育、传播与治理统一协进的可持续性，形成多级意见领袖接力传播的创意新感受。比如，通过网红贴合生活的"美好事件"培育、传播与治理来隐性化展现创意产品的文化魅力，让受众因移情于该网红或某类熟悉话题而对新兴传播创意培育产生良好印象或美好回忆。另外，智能营销也是促进新兴传播创意培育者与对象、新兴传播创意产业与用户间共建共享关系的有效手段，它通过虚拟品牌社区建设和对象或受众品牌身份培育促推用户对新兴传播创意场景的积极参与和有效体验。

3. 在心理、情感和需求上贴合培育对象，建立培育者与对象之间的互信、协调、共进、相长关系

贴合培育对象心理特质、情感期待与需求偏向，意味着与新兴传播创意培育相关的算法功能、创意信息、便利服务、视频娱乐、社会心理和品牌形象须契合对象阅读沉浸动机与消费期许。新兴传播创意培育、传播与治理的融合机制旨在激发对象或受众主动参与、生动感受，实现创意培育与创意学习的互动效应。这就要求新兴传播创意培

育者充分吸收对象或受众关注力稀缺资源，契合用户心理特质、情感期待和需求偏向，避免对象或受众出现逆反评价、消极情感、抵制行为等负面反应。在 Facebook、Twitter、微博、微信、抖音短视频等社交媒体盛行时代，算法加持的 UGC 用户兼具信息生产者和传播者双重身份，其需求基于新兴传播平台和智能合约得到最大限度的满足。新兴传播创意培育、传播与治理的耦合，有利于激发对象或受众的正向心理和积极情绪，产生情感共鸣、及时反馈和正面回应，从而提升创意产业品牌形象和创意培育机构的社会口碑。新兴传播创意的私人定制特质，要求培育者加强与培养对象的线下线上互动，注重对象个体关切和特定嗜好，鼓励受培育者参与新兴传播创意产品创作的全过程，降低对象获取新兴传播创意服务成本，提高对象感知价值与消费行为偏向。另外，对象或受众作为感知价值主体往往将自身心理、情感、需求与新兴传播创意产品的效用、成本相联系，在衡量实际效用和真实成本关系过程中，总希望购买到拥有最大效用和最小成本的"心仪"产品。新兴传播创意产业和培育者应密切关注这种情感倾向和认知错觉，使培育内容深度贴合对象特色需求。只有这样，新兴传播创意培育、传播与治理才能促发一种让对象或受众感知到受到关注、得到尊重的特殊心态，使其内心产生一种自己被重视、被尊重的直观印象，这种交互效果会催化对象或受众的习得自愿或购买意愿，进而产生学习兴趣或消费行为。总之，新兴传播创意培育、传播与治理应顺应新兴传播创意发展规律，以碎片化、微粒化、去中心化和叙事小型化等培育或传播方式吸引、引导和打动对象或受众，不断强化用户对新兴传播创意培育内容、新兴传播创意产品和新兴传播创意品牌的心理认同感和身份获得感。

4. 打造新兴传播创意培育文化与对象需求文化、新兴传播创意产业文化与用户品牌身份文化的统一默契关系

随着新时代经济、科技和创意文化的快速发展，对象或受众精神需求呈现多样化、分层化趋势，品牌不再是用户认可产品的唯一标准，新兴传播创意培育口碑、新兴传播创意效果、产品质量提升、服务水平强化和市场定位精准成为用户价值判断的主要来源。同时，"经验

经济"和"注意力经济"也成为新兴传播创意培育、传播和治理耦合的主要影响因素。新兴传播创意培育、智能创意营销与智能创意管理之间呈现距离感和不确定性特征，用户主要依靠新兴传播创意产业形象、品牌、承诺或口碑进行产品接触和消费抉择，其媒介体验经验和实际消费效果对新兴传播创意培育、传播与治理的耦合机制和融合策略实施至关重要。可见，赢得对象或受众的忠诚度、认可度和欢喜度是新兴传播创意培育、传播与治理的终极目标，是实现新兴传播创意培育公益目标或商业目标的关键所在。新兴传播创意培育、传播与治理者在不断丰富培育内涵、提升产品质量和改进治理规制基础之上，积极传授、有效传播正向性价值观、消费观和社会观，通过提升新兴传播创意培育与传播的视频表达效果和正向创意内涵来吸引对象或受众注意力稀缺资源，促进对象或受众的多样化、形象化体验，使其产生"经验经济"回报的美好印象。依靠智能算法技术和智能机器人创构对象需求文化和创意培育口碑文化、创意产业品牌文化的交互融通平台，加强对象或受众对培育机构或创意产业的信任度、依赖度和满意度，提高培育机构社会声誉和创意产业品牌传播效果，以赢得对象或受众长期的可持续青睐。简言之，打造新兴传播创意培育文化与对象需求文化的统一关系，形塑新兴传播创意产业文化与用户品牌身份文化的默契关系，有利于新兴传播创意培育与对象需求、新兴传播创意产品与用户品牌认同的内容关系建构，有利于对象或受众、培育机构与传播产业的主体关系聚合。

三　新兴传播文化素养培育

智能技术创新发展对人主体性的挑战，使人们开始思考与之共存还是区隔这一重大问题。智能技术属于技术文化范畴，技术文化作为人类思维的外显产品和巨大精神力量，能够在人们认识世界、改造世界的过程中转化为物质力量、制度力量和精神力量，对社会发展产生深远影响。技术文化影响不仅表现在个人的成长历程中，而且表现在民族和国家的历史发展进程中。作为现代技术文化的典型代表，新兴传播文化对社会发展同样产生重要作用，在新兴传播媒介素养培育领域新兴传播文化的影响力甚至更大。

（一）新兴传播文化素养培育的知识渗入路径

在智能化小说创作方面，新兴传播文化几乎无处不在，新兴传播文化素养培育的知识渗入或知识融入也无处不在。例如，新兴传播文化素养培育者可以设立如下理想的培育场景：让《权力的游戏》粉丝借助《权力的游戏》大数据，通过智能化系统的预测和推断功能完成对小说情节、内容和人物布局的智能化写作任务。虽然通过新兴传播技术创造出的作品与原作文采略有逊色，但人工智能系统所撰写的语句易于理解、便于阐发，部分情节的构思甚至与原创版本框架基本一致。再如，百度 CEO 李彦宏出版的《智能革命》一书，不但封面和正文中的多个插图使用了 AR 效果（用手机扫描可出现视频、图片、声音），而且这本书的序言也是由智能机器人代写而成。显然，这种通过人机协同的创作过程和创作作品大大提升了"亲历者"的新兴传播文化素养。

在诗歌创作方面，新兴传播文化也独领风骚。2013 年，手机百度 App 推出了"为你写诗"功能，受众拍摄或上传一张图片，智能系统就根据图片内容自动生成一首四句格律的古诗。2016 年，百度公司在手机百度 App 和度秘 App 上先后推出新版"为你写诗"功能，可以让用户任意输入题目并智能化生成古诗。[①] 尽管目前新兴传播技术在文艺创作方面的应用仍停留于随机的排列组合和输入输出模式，但其对文化内容的重塑和改造将会让文化作品的呈现方式更加多元和更加生动，基于新兴传播技术的文学创作对于用户文学修养养成和艺术兴趣培养起到巨大的促进作用。随着新兴传播技术的深入应用，文学产品的生产能力及文学内容的表达效果将进一步提升，"传统文化 + 新兴传播"是文化与科技融合的新亮点，也将是未来文化科技融合发展的主要趋势。

（二）新兴传播文化素养培育的产品体验或场景沉浸路径

在发挥新兴传播文化的"自主性"时，应努力避免人类主体的异

[①] 参见百度 NLP《自动写诗 PK 古代诗人：百度「为你写诗」技术深度揭秘》，见 https：//www.jiqizhixin.com/articles/2017 - 03 - 14 - 3，2017 年 3 月 14 日。

化或"非自主性"问题，我们应充分发挥新兴传播用户文化的主体性、积极性和主动性，有效有序协调与新兴传播之间的关系。感知与认知的交互功能是新兴传播文化素养培育的创新源头，用户对新兴传播文化产品或场景的贴合体验或充分沉浸是媒体文化素养培育的有效渠道。要让新兴传播文化拥有真正的人机融合功能，必须让新兴传播系统具备人文化技术功能，学会与人类共生存、同进步。例如，由谷歌旗下 DeepMind 公司戴密斯·哈萨比斯领衔的团队所开发的智能系统"阿尔法围棋"就是通过视觉感知获得"棋感"，通过算法运算获得"棋知"，亦即具备深度学习的智能算法功能。通过新兴传播系统的感知功能和算法特质，AlphaGo 实现了符号主义、连接主义、行为主义和统计学习"四剑合璧"，最终能娴熟地与人类棋手"切磋棋艺"，甚至超越人类。通过新兴传播工作原理的学习和实践案例的切身体验沉浸，用户可以自然养成新兴传播文化品格。比如，布丁豆豆儿童机器人为儿童用户提供理想的智能文化素养习得场景：采用符合儿童心理特征的亮丽色彩设计和精湛涂层艺术，5°倾斜角的屏幕设计使儿童用户获得最佳视听体验效果。儿童消费者可以直接跟它进行日常对话或智能交互式学习，布丁豆豆具有读书、聊天、学英文、做游戏、唱歌互动等程序化智慧功能。家长可以了解孩子学习的课程进度，也能自主设定问答课程。该智能机器人还有视频通话功能，帮助家长和孩子进行视频聊天，适时智能追踪和评价儿童用户学习动态效果。在与这种智能系统交往过程中，青少年用户潜移默化地获取技术文化信息和直观性智能媒介感受，其科学素养在自然无形中渐次形成。再如，智能机器人"小艾"知识渊博，熟悉唐诗宋词、英语翻译、生活常识和问诊信息等海量信息，具有 16 个自由度的仿人形迷你结构设计，从头到脚都可以灵活动起来，以"最灵活"的肢体言语和自然语言与人互动交流，"小艾"可唱可跳，身随音动，灵活变换各种动作。"小艾"还具备动作回读功能，肢体动作通过电脑编程操作，能够记忆用户为它摆出的任何姿势并反馈连贯的肢体动作，与这种智能人相处，用户逐渐形成与智慧人朝夕相伴、共娱共活的存在感、意识感、满意感和获得感，其新兴传播文化素养是在充分交互的生动体验和专注沉浸中有效实现的。

四　新兴传播艺术素养培育

新兴传播艺术素养的培育目标在于全面提升创作者、传播者和受众的新兴传播艺术创造创意创作能力。新兴传播艺术创造创意创作能力培养是新兴传播艺术素养的内涵所在，贯穿于新兴传播艺术素养培育的整个过程。只有具备精湛的新兴传播艺术素养，具有新兴传播艺术超高智慧和超强艺术灵感，才能创作或赏识精湛绝伦的新兴传播艺术作品，才能够实现新兴传播艺术素养培育的高效高能。

（一）新兴传播艺术创造能力培养

新兴传播艺术创造能力培养涵盖新兴传播艺术事件、新兴传播艺术人物和新兴传播艺术作品的创造能力培养，艺术事件、艺术人物和艺术作品在新兴传播艺术创造能力培育中发挥事件"感"人、人物"诱"人和作品"动"人的人文审美启蒙教育作用。

其一，努力培育受众对新兴传播艺术事件的创造能力。有人认为近几年被科技浸透的艺术里，出现这样一种趋势：人们把人性中爆发的最急迫的问题都归结于移情的缺失，亦即同理心的渐失。19世纪的理论学家将移情描述为人的身体反映外部世界活动的一种方式。当美学哲学家西奥多·利普斯（Theodor Lipps）观看一场舞蹈演出时，他说他感觉到自己的身体在随着舞者一起"做着斗争和表演"。德国哲学家罗伯特·费肖尔（Robert Vischer）曾写道，即使是在观看静止的智能化艺术作品时，观众也是通过被触发的"肌肉移情"把自己带入作品意境之中，随作品而动。研究表明：暗含各种示意意味的智能化艺术作品，如卢西奥·丰塔纳（Lucio Fontana）被切开的油画等都让参观者的大脑运动皮质和前运动皮质的活动有所增加。"这种基于智能技术的艺术家对我们的大脑和身体所投射的那种感受力触发了观看者的一种同理心反应。"同样，智能化艺术作品对于人们也产生移情感知效果。例如，2016年，谷歌在旧金山举办了一场义卖活动，29幅智能化艺术作品总共筹得9.8万美元，这些艺术作品是通过巴黎3名25岁青少年联手设计研发的DeepDream智能绘画创作系统创造出来的，其中,《埃德蒙·贝拉米像》就是精品之作。该团队收集了 15000 幅横跨 14 世纪到 19 世纪的肖像画,将它们输入到一个名为 GAN 智能算法中,然后 DeepDream 智能绘画创作系统学习这些画像的"规则",并根据这些规则创作新的艺术作品。生成的艺术画作必须骗过专业鉴定器,并让其判断为人类创作,而非智能作品。通过一次又一次挑战失败,逐步"成长",最终骗过专业鉴定器以及人类组成的鉴定团。5 天后,《埃德蒙·贝拉米像》艺术画以 43.25 万美元价格成交,与同场拍卖的一副毕加索画作的价格相当。上述例证中由人类艺术家创作的名画正品和由新兴传播系统再造的仿真品之间的真假难辨现象,说明智能艺术事件的创造能力培养在线下线上艺术教育实践中明显不足和客观缺失。如果创作者或受众具有良好的新兴传播艺术创造修养,他们可以洞察人机本质上的区别,看到人机间的长处,明晰人机间的实质性差异,在真品和仿品之间懂得哪些是应该肯定的,哪些是不应该厘清的,这样创作者或受众就能正确看待智能化艺术品,并精准鉴别哪些是人类艺术珍品而哪些是新兴传播再造作品。

其二,有效培育受众对新兴传播艺术人物的创造能力。当谷歌将 DeepDream 开源后,很多人都在嘲笑 DeepDream 所绘画的用狗眼替代人眼的媒体图片,即智能人物画作。其原因是:给 DeepDream 喂食了大量的狗眼和狗脸信息,让"再造人物"作品充满了狗脸、狗眼等诡异的螺旋图案,给人以异样魔性印象。实质上来说,这是智能算法"悟道"的一种结果,对内在信息规则的绝对服从,以及自主学习中吸收的养分所带来的知识堆积可能导致智能算法创意变得诡异起来。因此,通过新兴传播系统创造出的"艺术人物"仍属于商品属性而非纯人文化的精品艺术作品属性,这种"艺术人物"虽与人的情感、阅历、经验、思维等密切相关,但不具备人格特征。尽管如此,智能化艺术人物创作对于艺术品市场,特别是工艺品市场的冲击开始显露。例如,在北京某大型设计展上,一个企业展示他们运用 3D 打印技术制作的艺术人物工艺品,这些作品材料各异,有金属、树脂等材质,尺寸大小也不同,而且参展商向用户提供私人定制服务,能够为需要的消费者制作想要的产品。最让人叹为观止的是,其雕琢的细致和精美程度几乎是人们手工操作难以达到的程度，对于普通用户来说，看不出与那些有几十年功底的技艺大师的作品有什么区别。尽管私人定制一件 3D 打印工艺品价格不菲，不过伴随技术普及，产品设备价格也会随之下降。可见，智能化艺术人物产品的市场潜质在全面提升，新兴传播艺术人物创造的优质人才将来可能是艺术人物工艺品市场的香饽饽，所以新兴传播艺术人物的创造能力培养在迫在眉睫。人类艺术大师的真品永远走不进寻常百姓家，但是与其质量和艺术价值不分伯仲的智能人仿真"正品"可以让普通百姓触手可得，可以预见，新兴传播艺术人物作品进入广大受众之门的时刻，也是新兴传播艺术人物创造大有用武之时，所以新兴传播艺术人物的创造能力培养应抓住时机，乘势而上、顺势而为。随着强人工智能时代的到来，智能化私人定制的新兴传播艺术人物产品将供不应求，审美更为挑剔的未来消费者更需要拥有较强的创造能力来欣赏更为精湛的新兴传播艺术人物作品，也需要拥有过硬的新兴传播艺术人物创造能力的营销人才来推广相关艺术作品，所以新兴传播艺术人物的创造能力培养是未来新兴传播艺术发展的必然趋势。

其三，着力培育受众对新兴传播艺术作品的创造能力。人类自诞生以来，就一直在通过创造工具来帮助甚至替代自己所从事的工作。从铁器到风车，从指南针到纺纱机，从电话到互联网，新的工具伴随着人类演进一起进化。而这一次，轮到了新兴传播艺术作品。在探索新兴传播艺术作品创作过程中，各科技巨头扮演重要角色。早在 2015 年，谷歌就推出人工智能系统 DeepDream，可以识别图像，重新仿真作画。2016 年，IBM 的人工智能系统 Watson 完成电影《摩根》的预告片的剪辑。同年，索尼的人工智能系统 FlowMachines 创作一首具有披头士乐队风格的流行歌曲。日本团队研发的人工智能系统所创作的科幻小说《电脑写小说的那一天》，骗过所有人类评审，成功入围日本微小说文学奖。2017 年，MIT 打造出能够创作恐怖小说的人工智能系统 Shelley，亚马逊语音助手 Alexa 推出的 DeepMusic 为目标用户提供智能化创作的定制歌曲。

随着新兴传播技术的飞速发展，许多科技公司、研究机构和个人都在探索利用新兴传播技术进行智能化艺术创作。在音乐、诗歌、绘画、舞蹈、电影、小说等领域,我们都已经看到新兴传播技术的身影。例如,英国佳士得拍卖行,首次将一幅由新兴传播系统创作的画作拍卖,这是全球大型艺术品拍卖行首次拍卖出的智能艺术作品。再如,法国新兴传播艺术组织 Obvious 为 GAN 提供 15000 张人物画像进行训练,GAN 通过算法模型可以分析出 14 世纪到 20 世纪之间所创作的肖像画的特征,然后进行画像创作,直到算法无法区分画像与人类作品之间的差异为止。这些例子说明新兴传播艺术作品,无论是出自人类画家还是新兴传播系统,只要作品质量优、技术精,人类画家与智能系统又有何"另当别论"呢?当然,就画作质量而言,人类画作与智能画作都应一视同仁,这样我们又回到新兴传播艺术作品的创造能力培养话题上来。如果缺失相关艺术知识和技能,受众内心就像失去一根"主心骨",在是与非、明与暗、好与坏、美与丑之间的新兴传播艺术审美方面就陷入迷茫、迷惑和失神的数字化鸿沟之中。因此,新兴传播艺术作品的创造能力培养应被纳入受众科技与艺术素质全面提升的议事日程上来。

以下三个例证说明了新兴传播艺术作品可以达到巧夺天工、"以假乱真""以假超真"的传播功效。

案例1:在英国举办的第三届 RobotArt 新兴传播艺术比赛中,全球 19 个人工智能团队共提交 100 多幅作品。该竞赛旨在关注新兴传播研究领域的工程师如何开发会作画的艺术智能人。比赛规则明确要求"上颜料或作画的动作必须由智能人使用一支或多支真实的画笔进行。"创作团队使用各种智能算法指导智能人完成画作,甚至使用智能人系统独立完成原创绘画,完全没有任何源图片或源图像做参考。专业性艺术评委基于原创性、美观度、绘画能力和技术贡献等多项指标,对智能艺术作品进行了评价。最终,智能机器人 CloudParnter 凭借智能学习算法技术再造的塞尚印象派画作获得冠军。

案例2:数字创作工作室 OUCHHH 在法国巴黎人工智能艺术中心推出了一场名为"Poetic 人工智能技术"的展览。这一展览通过智能学习算法,对 2000 多万行的文本进行学习,内容覆盖那些改变人类历史的科学家的书籍、文章和理论等内容。经由新兴传播技术转码后的文字和图像被136台投影仪投射在3300平方米的空间中,光线和运动的效果通过预设的智能算法自动生成,为观众提供一场丰富精彩的沉浸式艺术体验活动。

案例3:2017年5月,微软和湛庐文化合作推出微软"小冰"原创诗集《阳光失了玻璃窗》,这是人类历史上第一部完全由新兴传播系统创作的诗集。通过对1920年以来519位中国现代诗人的作品进行分析,经过100个小时,10000次的迭代学习,小冰获得了现代诗的创造能力,形成了自己的创作风格、偏好和技巧。除了诗歌外,在新兴传播艺术领域,微软"小冰"还具备歌曲创作与现场演唱能力。

上述三个案例进一步说明新兴传播艺术作品素养培育不仅仅是新兴传播艺术专业人才培养的事情,而是关乎整个民族、整个国家普通民众的新兴传播科技素质培育问题,关乎国家科技艺术软实力全面提升和中华民族复兴中国梦实现的重大事项。真正优秀的新兴传播艺术作品可以代表一个民族、一个国家的正面形象,真正理解或诠释新兴传播艺术作品内涵的不是政府、管理者或传播者,而是这个国家或民族的普通民众,因此让普通民众沉浸式体验杰出的新兴传播艺术作品,不在于是艺术家还是智能绘画系统所创作的艺术产品,而在于培养全民族都有一双"火眼金睛"和入木三分的科技艺术审美洞察力,帮助普通民众把握新兴传播发展的本质内涵,促进普通民众掌握去糙留精、去伪存真的新兴传播艺术作品鉴赏真本领。

(二) 新兴传播艺术创意能力培养

在新兴传播技术来袭时,我们将面对下列问题:新兴传播艺术是否还是我们曾经认为的人类艺术?我们是否需要重新定义新兴传播艺术?基于新兴传播技术的作品是否能带来人类艺术家给我们的同样的美学共鸣?我们该如何评判新兴传播创作的作品的艺术价值?当我们无法区分新兴传播系统与人类的作品时,该如何处理?新兴传播技术的发展,会不会使人类艺术家"失业"?深度学习技术产生的"画作",究竟算不算是真正的艺术作品?

在新兴传播技术融入人类艺术的情况下,新兴传播系统和人类艺术家之间是一种互补互促互化的关系，人类艺术家在新兴传播艺术创作时也进行创新性思考、不断发挥新兴传播技术所不具有的特殊作用。即使在新兴传播系统创作的艺术作品大行其道之时，我们也用不着去担心人类艺术家的职业出路，真正的人类艺术家只会显得更为宝贵，他们的经历、个性、思想、情感，是新兴传播技术永远无法替代的，所以目前新兴传播艺术作品充其量只是人类艺术的再现形式。

至今，很难认定"智能化艺术作品"具有真正的人类艺术作品之属性。我们以"梵·高式画风编辑器"智能绘画系统为例来说明智能化艺术作品与人类艺术作品的关系。首先，基于深度学习算法的艺术创作机制本身并不界定智能化艺术作品的真实价值。毋宁说，新兴传播技术能够做的唯一的事情，便是利用一个多层的卷积网络，抽象出既有的人类艺术画作中的一些高阶特征，以便将这些特征应用到其所获得的新画面上，由此生成具有人类艺术画风和画式的仿真作品。因此，从数学角度看，新兴传播技术所能成就的，只是将一簇特征或要素映射到另外一簇特征或要素上去——而人类意义上的"艺术理解"肯定是比"艺术映射"复杂得多的精神活动。

其次，深度学习机制并不真正面向"人类艺术世界"。一般来说，深度学习会将任何图景（无论是否具有新兴传播艺术价值）转化为具有人类艺术画风或画式的"输出物"，而不关心潜在的受众是否会欣赏这种再造作品。

最后，即使有专业水平的艺术家使用"梵·高式画风编辑器"来为其作品进行"润色"，从事特定的新兴传播艺术产品的生产、传播和消费活动，真正的管理者和参与者依然还会是人类，而非智能人。真正让人类艺术圈感兴趣的，是新兴传播或许能够实现艺术大师的"量产"作品，辅助人类艺术家达成更多不可能的高效仿真任务。

可见，新兴传播艺术创作的道路还很漫长，其前景广阔、潜力巨大。如果新兴传播艺术创作实现自动化、大规模的量产，新兴传播系统能够帮助人类艺术家完成人类所无法完成的技术迭代和智能化艺术全面提升的任务，新兴传播艺术创意能力培养必将是实现这一艺术跨越式发展和跨界跨层式变革的重要保障。

除了艺术绘画之外，新兴传播艺术创意能力培养还体现在新兴传播艺术建筑、新兴传播艺术雕刻、新兴传播导游、新兴传播艺术鉴赏等方面。例如，荷兰建筑师 Rein 在 2016 年设计的细胞大厦建筑形态效果图，通过智能编程的方式进行参数化设计，通过随机数据完成一个独一的建筑设计方案。再如，麻省理工、伯克利和谷歌开始尝试让新兴传播进入雕塑领域，创造超现实主义 3D 运动雕塑。通过一个名为 MoSculp 的智能创作系统，还原高技能运动中人物的每一帧动感，将动作转换为具有客观运动可视化的真实雕塑。

值得一提的是，中国艺术家将新兴传播技术应用于中华传统艺术创作方面。比如，使智能化系统"道子"跟中国传统的铜雕工艺进行结合创造出铜雕作品。让"朱府铜艺"这个中华老字号，能够在保持人类大师级的独一艺术品创作水平的同时，让智能创作系统对其熔铜艺术流派进行深度学习，从而实现新兴传播艺术衍生品的量产化和市场化。这种参与创作并再现价格不菲的新兴传播艺术衍生品，能够通过降价不降质的方式进入寻常百姓家。从某种意义上来说，新兴传播艺术创意为人类艺术做出了"突出"贡献。

此外，谷歌人工智能艺术与文化项目将关注点放在"距离"上：从艺术作品的小处出发，十亿像素（Gigapixel）照片和智能人相机（Art Camera），以高清分辨率完美重现人类艺术精品的每一处细节。宏观而言，360 度虚拟实景观赏以及相关的移动技术应用，可以让参观者不论身处何地，都能尽情欣赏博物馆里的精湛艺术品并探访各处难以前往的宝贵文化遗产，这种智能化系统以自带解说与智能标签形式发挥智慧导游和艺术动态复原等角色。

一些科技艺术探索者走得更远，如将新兴传播技术应用于鉴赏艺术创意产品领域。较为简单的是 Adobe 推出的智能艺术应用系统，即利用智能算法系统将照片转化为具有某个著名艺术家风格的画作，引发许多用户的好奇心。智能算法系统还被用于复杂性的艺术品鉴赏过程。如罗格斯大学人工智能艺术实验室 2015 年推出的智能算法，通过分析近六个世纪以来超过 60000 幅画作的程序，可以分析其艺术影响力，甚至给印象派画作打出不同的品鉴分值。

上述例证说明新兴传播艺术创意能力培养有利于缩短普通受众与新兴传播艺术之间的距离，通过更全面的介绍、更有兴趣的引导以及更"见多识广"的鉴赏分析，让普通用户知晓新兴传播系统工作原理和艺术创作特征，也让人类艺术创作者借助新兴传播技术更有效传播智能化艺术作品，更便捷实现全效全息新兴传播艺术生产和营销活动，形成一种"量产"和"质优"的高度融合体制机制。新兴传播艺术创意素养的真正价值是缩短新兴传播艺术与日常生活之间的距离，将普通受众不可能理解的画作变成可理解的生动画作。

研究表明，观看新兴传播艺术的人相较于人类艺术作品而言，更注重的是新兴传播系统创作的意图。在智能化艺术作品的各种特质中，最被人看重的应该是它的独特性以及是否包含有知名艺术家的实际参与。因而基于新兴传播技术创作出来的智能化艺术作品，其美学价值低于人类创作的现实作品。当新兴传播系统创作的智能艺术作品是由令人印象深刻的智能人来完成时，尤其还是由拟人化、虚拟现实技术完成时，受众对该智能化艺术作品的美学评价也就随之上升。这或许是在暗示一个智能机器人可能拥有人类思想或人类艺术思维能力的光明前景。

研究者利用艺术家 Patrick Tresset 的智能人装置"5个名叫保罗的智能人"（5 Robots Named Paul）进行了艺术创意研究。这台装置由一台网络摄像机和一支圆珠笔组成，在摄像机拍摄参观者照片的同时，一条支臂就开始画画。桌上堆起来越来越多的人像，看上去有着真人般的工作动态。尽管这看起来像是智能人看着对面的人，然后用手臂扫描画下他们的面容，但事实上他们仅仅是装饰性装置：这些人像实际上是在程序一开始就已被拍下的照片。

接着，研究者们将参与者分成三组，用三种场景去测试：第一组参与者是在智能人作画时，也待在同一房间里；第二组人则只看到最后的画，并被告知这是智能人画的；第三组参与者则只看到了画，没有任何其他信息。接着，参与者们被要求填写有关这些绘画的调查问卷。

结果表明：那些看着智能人"艺术家"作画的参与者对于这些画

有更高的评价，他们对画作的欣赏程度比起另外两组参与者评价都要高，该案例表明拟人化智能人可以积极影响人们的审美价值评判，所以提高新兴传播艺术作品的拟人化质量，将会全面提升其社会参与度与社会评价值，也更有可能降低人们对未来新兴传播艺术表现形式的敌意与抗拒。换言之，把智能机器人外观做得更像人类的模样，会让人们更容易接受智能化艺术产品。

传统意义上的人类艺术家能面对新兴传播深度学习的入侵而"稳坐钓鱼台"吗？未来新兴传播系统能像眼下的智能人一样永远成为真正的"智能化艺术家"吗？既然模仿梵·高、莫奈画风或画式的新兴传播技术能够得到研发，模仿董其昌与齐白石画风的新兴传播系统也迟早会得到研发。此类智能化艺术产品的出现，会极大地挫伤绘画领域各个流派的绘画学习者和人类艺术家的士气，就像"AlphaGo"的出现已经极大地挫伤围棋爱好者和围棋大师的士气一样。这一切对维持美术界现有队伍的规模与质量来说，都不能算是好消息。主要原因在于新兴传播技术的普及可以让任何一个门外汉通过一部强大的智能手机与强大的算法技术就可以生成一幅他所喜欢的任何画风的艺术作品。

丹青与调色盘的历史似乎也将随之而被扫进历史的坟场，就像我们早就已经放弃竹简与雕版一样。尽管一些哲学家可能认为制图软件本身并非真正进行"创作"，但这些绘图软件本身的强大功效似乎就足以颠覆世界美术界现有生态。

面对这样的挑战，人类艺术家该如何应对？

要做的第一件事是对新兴传播技术特性进行更为深入的了解，要把握哪些画风或画式是新兴传播技术所能模仿的，又有哪些画风或画式是新兴传播技术不容易模仿的。就此，人类与新兴传播技术将展开一场"反模仿与模仿"的艺术竞争。在这场艺术竞争中，人类获胜的诀窍是在艺术创作中混合使用不同的人工和技术技法以提高新兴传播技术的应用价值，或使新兴传播系统依赖典型艺术样本进行有效的艺术再造。

第二件要做的事情，就是在题材问题上给予新兴传播技术以关键性的还击。新兴传播技术无法选择所用艺术题材，必须由人类用户去选定所需处理的原始画面。因此，就像高档照相机的发明不可能消除"取景"环节中的人类因素一样，新兴传播技术的出现不可能消除人类因素在素材选择环节所发挥的关键性作用。

第三件要做的事情，是要将新兴传播技术当成一种新的绘图软件或设备来加以积极应用，即以新兴传播技术为工具，灵活调整智能技术参数以完成富有独创性的新兴传播艺术创作。因此，人类艺术发展中是否会出现一个或多个新的新兴传播艺术流派，也未为可知。

新兴传播技术的艺术应用固然是对人类艺术生态构成了重大的冲击，但只要人类艺术家和广大受众具备过硬的新兴传播艺术创意能力，便能看清楚新兴传播艺术创作系统运作的本质，找到以长克短或科学应用之良策，人类艺术之花依然有很大的机会能在新兴传播时代继续绽放。

（三）新兴传播艺术再造能力培养

著名建筑师扎哈·哈迪德被世人公认为再造天才，她的作品遍布全世界，包括中国的广州大剧院、南京青奥中心、北京银河 SOHO 建筑群等。人们不会想到那些梦幻的建筑造型是由计算机数据自动生成的，她本人只是提出了概念，勾画出大致的轮廓，后面的工作移交给大型计算机，建筑的内部结构、空间布局、线条造型等都是由数学模型来完成的。在这里，我们看到的是人类和人工智能技术的合作，建筑师起了主导作用，可以提出创作思路和建筑设计方向。按照这个路数推演，未来大多数设计师会遭遇生存困境，假如设计师们拿不出更高明的概念、观念和意向，智能算法的作用会比设计师设计的效果更合理、更富有美感。这种通过智能算法系统实现的人类预想的新兴传播艺术创造能力，我们称之为新兴传播再造能力。

我们熟知的伦勃朗绘画技能，美术专业学生即便经过多年的训练也远不能及，而新兴传播系统仅用几天的学习便可掌握，尽管目前人工智能技术的仿作还不能和原艺术作品水平相提并论，但足以让人们意外、吃惊、赞叹。智能化模仿伦勃朗的绘画，并不是简单地临摹，而是再创作，这意味着创新不再是人类独有的本领，智能人也具有艺术创新能力。科学家们让新兴传播的学习能力远超过人类智力水平，人类艺术家并不是和一个简单的数字再造系统在比输赢，而是在和数百年来无数个科学家所积累出的研究成果比拼。一些艺术家在创作过程中努力地消除手工感，试图让观众看不见人工的痕迹，但与数字再造系统的制作手法相比，人类艺术家的手工感显得古老而奢侈。可见，新兴传播艺术再造能力包含新兴传播艺术专业技能的创作模仿和已知创作作品的再生产等能力，这种技能获取和产品再造水平都可与顶级人类艺术家技术素质和作品水准相比美，智能人能做到，当然懂得算法程序和相关艺术专业的专家也不难掌握。那么，对于普通受众，如何全面提升自身新兴传播艺术再造素养，是当今教育者必须考虑的重大课题。只有全面提升广大受众新兴传播艺术再造素养，新兴传播艺术产品再造过程就不再神秘化和暗箱化了。

对一位人类艺术家的艺术创作来说，人文底蕴一直被认为至关重要，但今天人类所能掌握的知识量已远不及一个智能再造系统的零头，新兴传播通过对各种知识的智能化学习和消化，人文底蕴自然不会输给人类。人类虽富有情感，而算法可以通过基因技术来模拟人类的情感，普通人的喜怒哀乐通过智能软件的设计和处理，新兴传播系统是可以拥有的。在后现代新兴传播艺术作品中，克制情感已成为普遍倾向，看来在新兴传播面前，人类智慧艺术中的情感元素并无优势。另外，新兴传播艺术再造能力还包括态度、行为、情感、关注、习惯和兴趣等感情共振因素。

进入信息技术时代之后，那些需要以前学徒吃苦耐劳的艺术复制环节逐渐被相对轻松的智能化再造加工所取代，那些需要真人演员通过涉险展示勇气与才华的角色逐渐被智能再造特效所取代，那些本来仰仗天才、灵感、直觉、顿悟的领域渐渐为新兴传播所蚕食。这恰好说明了新兴传播艺术再造能力培养就是培育出更多的通晓智能化再造技术的低、中、高等级新兴传播艺术专业人才或通识人才。

从20世纪50年代以来，人们就不断尝试用计算机创作美术、音乐、文学等作品，谈论"智能思维""电脑创造性"等问题。如今，相关算法程序不断完善，智能人作者已经在新闻写作、动漫生成中获得开发应用,新兴传播图像软件已经逐渐在建筑设计等领域获得推广。网络时代承诺"人人都可以成为网络艺术家",信息技术时代宣称"信息化个体都可以成为计算机化艺术家",新兴传播时代预示"数据化共享者都可以成为新兴传播艺术再造者"。时代不同,要求新兴传播艺术再造素养培育的内容也不同。亚里士多德认为艺术家分享神的创造力,同样,新兴传播系统的艺术价值也是"分享神的创造力",用户可以分享新兴传播所提供的再造艺术作品,可以消费新兴传播系统的再造艺术大作。

在未来人机共存、机脑融合的智能传播世界里,新兴传播再造艺术必然拥有自身的特殊价值。正如人类所推动的近代科技给人类自身提供了物质文明,高度媒体化的智能人也会给人类提供新兴传播艺术再造性精神食粮。新兴传播艺术再造首先是对人类艺术成果的高真模仿,它对未知空间的开拓可以让人类借鉴和学习。在未来,部分人类艺术家依然会独自完成创作,但更多的人类艺术家只会提出想法,借助新兴传播再造系统完成艺术创作,这是一种有效的人机协调、机脑融合。尽管未来的新兴传播艺术再造不再是人类的专利,但真正富有创造力的人类艺术家仍能证明人类的价值和尊严。新兴传播再造技术成熟并普及后,单一的人类艺术历史便告一段落,在人机协作的时代里,那些有价值的新兴传播艺术再造产品一定是对未来艺术世界的真实反映,所以我们在培养新兴传播艺术再造能力时需要制定前瞻性目标和科学性规划,将未来新兴传播艺术再造的功能和属性充分考虑进去,为未来合格新兴传播艺术再造素养者的形塑作出有价值的探索。

目前,新兴传播还处于在感知、记忆、应对、决策等方面显示出某种与人类智慧相似的阶段,在艺术领域充当人类的得力助手。各种新兴传播场景艺术和新兴传播艺术产品随时可应用于电视节目制作现场和电影电视剧拍摄合成厂棚,"环境拟态"变得轻而易举,"议程设置"唾手可得。例如,智能系统"道子"的创造者给道子"喂食"大量的画作数据,包括写意风格颇难琢磨的国画信息,使之创作出"国画巨著"。早前引爆智能传播风口浪尖的ALpha.Go,也是先从学习人类既有棋谱大数据,然后不断自我竞赛中成长,并最终击败人类棋手的。所不同的是，象棋、围棋以及其他被新兴传播系统所攻陷的领域，大多是新兴传播能够通过学习，最终以穷举法的方式，对人脑的计算能力和实践经验进行碾压，其功臣当属更快更准预测结果的智能算法系统。而在新兴传播艺术领域，创意无法被穷举，这是艺术行业独特特征。针对新兴传播艺术创意的学习，可以从"欺骗"人类的大脑模糊网络功能得到启发。这样，新兴传播艺术再造素养培育应添加神经科学和社会心理学方面的内容，帮助受众充分了解网络神经反应的工作机理，走出新兴传播艺术神秘感迷思，走向新兴传播艺术释然感境界。

新兴传播艺术再造技术需要在人类构成的艺术社会圈里，按照人类艺术共同体的规则，构建艺术生存空间、获得艺术认同价值。人类艺术家的艺术创意可以用智能化算法表示吗？我们用"黄金分割"这一被公认为最能引起美感的比例的最简单方式来说明艺术创意规则也是可以计算的道理。例如，在学习数百张徐悲鸿画的马和真实马的照片后，智能人"道子"对比照片画出来的马的艺术水准和艺术价值就变得颇为可观了。"如原画中的马蹄为全黑，而现画作生成的绘画上马蹄却用了留白和墨线勾轮廓的技法。"这种原作与智能画作之间的差异让人类艺术家颇感惊讶，反映了新兴传播艺术再造的独特"天赋"。该案例说明在培养受众新兴传播艺术再造能力时要不拘一格、充分发掘受众新兴传播艺术天赋，发散其艺术创意思维潜质。

"道子"项目起步于2013年，经过5年时间的数据喂养和算法训练，"道子"除了作画外，角色颇为多元，如做北京大学新兴传播艺术长廊项目的绘画讲解员、为中国美术家协会举办的全国性比赛进行查重及版权保护工作等。道子还从事版画、工艺品文创，后期还会做一些新兴传播艺术创作，成为多元化"人类艺术家"，这正是新兴传播艺术再造技能的一大优势。

大数据、智能技术和VR技术介入新兴传播艺术再造领域后，人类艺术家或普通受众的特质或角色是什么呢？第一是意念，就是自由意志。不管创作过程中自由意志在作品上留下多少痕迹，但是开始的自由意志一定要有，而且很重要。第二是审美。人类艺术家或普通受众在看到有审美价值的新兴传播艺术再造作品时，能即刻唤起自身的直感效应，这与社会、经济或政治效应无关。新兴媒体除非超越现有图灵机，智能化技术尽管可以创造有审美效应的产品，但不能产生自由意志和直感效应。审美是艺术创作者或普通受众对艺术作品的直观意图，一旦成为作品或受欣赏对象，就与人类艺术家或受众的直感分离了，可谓见仁见智，阐释各异。

人类艺术家或普通受众的新兴传播艺术再造活动，不一定要生产或专业性赏识新兴传播艺术作品，不一定导致最后的新兴传播艺术欣赏，他们可以把自己的内在感受、各种价值、复杂情感和道德判断以直感的方式外化出艺术作品或言语表达，这就是人类艺术家或普通受众最重要的"艺术再造"本质。完成这种直感外化的过程，拍了多少钱、被谁所收藏，这些都和人类艺术家或普通受众没有本质上的关系。但是新兴传播艺术再造作品从头到尾完成才叫新兴传播艺术作品，而新兴传播艺术创造只属于有特质的人类艺术家。这样，新兴传播艺术再造就没有办法和人类相比，因为人类艺术家只要找到渗透的机会，"作品"就存在了；普通受众只是偶尔见到作品，审美直感就来了。人类艺术家或普通受众都能参与新兴传播艺术再造活动，这就是新兴传播艺术再造能力培养的最终方向和终极目标。新兴传播艺术再造传播效果取决于社会个体的参与程度，完全由社会个体的自由意志的参与度决定的。

实际上，当今社会发展，任何学科，包括艺术领域都已经被数据化科技拉得越来越近，抛开科技发展的背景谈艺术既不现实，更是倒退，科技与艺术是人类发展的两个重要命题。如何协调二者的关系，考验的正是我们的智慧，考查的是我们如何有效培养社会成员的新兴传播艺术再造能力。新兴传播艺术再造产品要想得到认可、获得价值，就必须付诸人类的真实情感，而当下纯新兴传播创作的产品更多意义上符合商品的范畴。新兴传播绘画系统的初始模型需要人类与智能系统的共同创作、协同创作，所以人机协作、机脑融合的内容和机制是新兴传播艺术再造素养培育的重要内容。

新兴传播技术与艺术创作有着更多结合、更多转化的可能性。中国国画和西方油画无论是技术层面,还是艺术造诣,都已经达到一定的高度,照相机的出现曾经对中西写实油画产生冲击,但丝毫没有影响中西写实油画的发展,反而产生照相写实的绘画风格和绘画作品,当代国画家也利用照相显影技术进行艺术创作。因此,科学技术的发展给艺术创作带来的不确定性也包括良好的、积极的"发展不确定性"一面。例如,雕塑家李苑琛根据自己的体型设计完成的作品《英雄在内》,是通过3D扫描、打印技术创作出的艺术品,他抛弃传统学院派"雕"与"塑"的技术手段而进行新的创作尝试,根据"减肥后"的扫描图像制作技术完成的作品生动直观、惟妙惟肖。

新兴传播艺术再造系统因为是智能机器人而具有理性特质,而人类艺术作品除了理性属性以外还有表达情感的渲染色彩,所以新兴传播艺术再造作品最显著的特点是基于人的感性想象力而产生的理性作品。人们可以通过新兴传播艺术再造系统来展示自己的创意意向、表达自己的感情偏向,把新兴传播艺术再造系统作为一种智能化媒介和人机沟通平台,或者把新兴传播艺术再造系统作为实现艺术创作的技术手段,这是新兴传播艺术工作者必须掌握的艺术创作基本原则。

很多人对于新兴传播艺术再造,尤其是智能化绘画作品,并没有先天性的基因以及后天的培养,更多的人只是希望通过自己的想法与工具来实现自己对于新兴传播艺术创作的追求。换句话说,目前对于新兴传播艺术来说,创作的门槛和要求是非常高的,这使得新兴传播艺术对于普通民众似乎都很遥远,其实不然。新兴传播艺术再造素养培育就是要把普通受众与智能艺术再造作品、普通受众心理与智能艺术再造技术之间的距离拉近,使新兴传播技术隔阂和人类情感障碍消除,其中一个关键因素在于新兴传播艺术再造系统能有效达到新兴传播系统、艺术创作者和普通受众之间的无缝衔接目的,更容易创作出普通受众所需、艺术家预期和较高技术水准的新兴传播艺术再造作品。

新兴传播艺术再造的发展有两种分叉思路。一是未来的智能人将融入更多自己生成的情感与记忆,将对如何定义"人类再造艺术"这个概念产生巨大的冲击。新兴传播艺术再造系统通过自我的衍化产生类似精神世界与情感记忆的系统化代码,这种新兴传播艺术再现手法究竟能不能成为真正的人类艺术，还有待于科学论证和历史验证。二是未来新兴传播艺术再造系统将会在情感和记忆方面进一步延展，通过自主学习和自主绘画回忆让新兴传播艺术再造系统找到更多的自我意识和自主创作资源，从而通过精品样本的不断累积，创作出更多精彩艺术作品。

对于是否干涉新兴传播艺术再造的未来发展，目前有两种可行性规范进行尝试，即实验组与对照组检验方法。我们对照这两种不同的检验思路来进行深入细致探讨。从不干涉新兴传播艺术再造技术来说，在2017年6月Facebook Artificial Intelligence Research测试当中，两个完整的智能人进行对话，但最终的发展并没有人类设想的那么完美，通过一点点的对话偏移，新兴传播智能系统生成一种全新的智能交流语言，而并非人类所能理解的语言，而且智能人Bob和Alice是基于无人为干涉的条件下自主产生的对话行为。今后，智慧媒体系统将成为人们热议的话题，高级智能人甚至可以替代人类完成很多"令人意外"的艺术创作，将人类艺术创作最大化地解放出来。

然而，总有一些人类艺术形式和内容是新兴传播艺术再造系统无法复制、无法完成和无法超越的，这部分人类艺术形式和内容代表着人脑的特有创造力和创意意识，代表人类的独特性与价值取向，而其他艺术形式和内容是可以通过新兴传播艺术再造系统创造出来的，使人类的艺术天赋通过人机协作机制得以最大限度地发挥和释放。一方面，新兴传播艺术再造系统承载着科技创新的巨大能量，不断刷新人类对艺术世界和极限领域的认知，改变人类的生活习惯和生产方式。另一方面，新兴传播艺术再造系统进入艺术创作领域，可以让经典艺术家的作品复活，依据一定的逻辑继续创造新的艺术作品、升华原创作品审美价值。在这种情况下，人类艺术创作与新兴传播艺术再造的关系，人类艺术家与新兴传播艺术再造系统的价值认定问题，就需要进行重新考量和干预性界定。可以说，新兴传播艺术再造的存在意义和艺术价值就是对人类艺术意识的自由表达以及对人类生命和现实世界的独特体验。这种人的智慧与新兴传播的类人脑智能的艺术共享也是新兴传播艺术再造能力培育的初衷和归宿。

五 新兴传播伦理素养培育

目前数字化、智慧化、智能化媒体科技的出现正逐步挑战传统伦理观念。可以说，无论是新兴传播写作还是新兴传播场景或是新兴传播推送，都已经带给我们一些撼动社会基础的根本性问题，即人和智能机器边界的模糊问题。比如，新兴传播推送带来了新的社会权力结构问题，媒体平台借助新兴传播推送赋予每个用户大量的数据标签，基于这些标签了解甚至利用用户的偏好和行为大数据信息，甚至超过用户对自己消费行为的了解程度，这是巨大的技术伦理权利不对称矛盾。如果新兴传播企业还利用大数据分析，向用户推送有违隐私权的个性化信息，则更是对消费者自主阅读权的侵犯。随着智能机器人在新闻写稿应用日盛，这种打破常规的信息创作方法，使算法应用与人类伦理观之间发生冲突，由此引发出"智能机器人上岗导致传统信息传播记者下岗""智能机器人彻底打败了新闻人""智能机器人会统治信息传播"等一系列问题。用什么样的新兴传播伦理机制揭开相关谜团，化解人类智慧与新兴传播的矛盾，需要新兴传播管理者和决策者认真思考并找到解决办法。

（一）培育原则与培养目标

随着人工智能技术的巨大成功并开始在军事领域广泛应用，人们担心它会导致"机器杀人"的惨剧出现。著名天体物理学家斯蒂芬·霍金对人工智能充满期待，同时也对它的开发应用满怀担忧："有益的人工智能可以扩大人类的能力和可能性，但失控的人工智能很难被阻止。所以，在开发人工智能时必须保证符合道德伦理与安全措施的要求。"[1] 我国首先提出人工智能伦理原则的，是一位互联网企业家。他认为所有的人工智能产品、智能技术都要有大家共同遵循的四项理念和规则。具体来说，一是人工智能技术需要做到安全可控，人工智能技术应用的最高原则是安全可控。二是人工智能技术创新愿景是促进人类更加平等地获得技术实际应用能力。三是人工智能技术的存在

---

[1] ［英］斯蒂芬·霍金：《这是我们星球最危险的时刻》，《卫报》2016年12月1日第1版。

价值是教人学习，让人成长，使人生活更加美好，而不是取代人类、超越人类，或者伤害人类。四是人工智能应为人类带来更多的自由、便利、富足和放松。一般而言，新兴传播伦理素养培育，应秉承"自觉意识、尊重观念、底线原则"三大核心理念，体现以下主要特征：一是作为信息传播者，应当对自己的传播行为负有伦理责任，在表达权利的同时，不得逾越伦理底线，伤害他人权利，要负责任地传播，避免虚假信息误导；二是建立即时纠错机制，对已经产生不良影响的算法推送应及时地更正错误、公开道歉；三是正当地采集信息、拒绝欺瞒；四是尊重个体多样性、禁止歧视；五是需经当事人知情同意、做到保护隐私，关怀悲剧相关者、减少伤害；六是谨慎对待未成年人保护权益，不违背公序良俗、避免破窗效应；七是维护司法的权威、无罪推定，树立知识产权意识、抵制剽窃；八是注意文明用语、表达得体，援引公共利益时、理由充分。作为一种倡议性的伦理自律规范，虽没有强制性，但是上述规范的提出可以为传播主体的伦理失范行为提供可行方案，建构用户传播行为的伦理约束体系。

　　新兴传播伦理素养培育目标在于强化对普通受众的正确价值引领。2019年1月25日，习近平总书记在中央政治局第十二次集体学习时，第一次提出"用主流价值导向驾驭'算法'，全面提高舆论引导能力"。[①] 面对复杂严峻的新兴传播舆论难题，这是最为有效的破题之策。坚定正确的政治方向、舆论导向和价值取向是新兴传播的基本准绳和坚强保证。要善于"把'主流价值导向'贯穿信息生产领域全链条，借助移动传播和先进技术，牢牢占据舆论引导、思想引领、文化传承、服务人民的传播至高点，即用'主流价值算法'驾驭'多维舆论场'"。为了保障主流价值算法能够驾驭多维舆论场，需正确看待和处理好母爱算法、父爱算法与关爱算法的关系；把握主流价值"算法"的四个逻辑维度（政治维度、产品维度、动力逻辑维度、市场维度）；切实增强驾驭"多维舆论场"的主动权，实现新兴传播伦理素养的有效培育。

　　此外，新兴传播伦理素养培育目标还需依靠技术升级让传统媒介

[①] 习近平：《加快推动媒体融合发展 构建全媒体传播格局》，《求是》2019年第6期。

更好地融进网络人际传播和智能传播，强化受众的真善美认知和主流文化熏陶，更好地发挥社会主义主流文化的导向作用。"文化融合"要坚持新兴媒体观念、新兴媒体思维和新兴媒体精神，引导主流价值观的形成；"技术融合"要注重新兴技术的运用，同时要高度重视高素质人才队伍的伦理素养培育，为主流价值观的传播提供强大支撑；"内容融合"要创新内容生产传播，全面提升内容黏性，积极引导受众在自由轻松的环境下参与议题讨论，并形成契合社会主义核心价值观的舆论氛围。事实证明，社会主义核心价值观的阐扬，始终是新兴传播防范各种伦理风险的安全屏障。

（二）影响因素

新兴传播改变了人类既往的"两级传播""拟态环境""议程设置"等范畴界定，重塑人类劳动、机器劳动以及人类劳动与机器劳动联合行动的工作关系，信息传播生产链条、传输链条、价值链条和反馈链条的整个体系发生了巨大变化，新兴传播传播者和管理者的思维意识左右着新兴传播内容的风格定位与规范发展，新兴传播受众的价值取向与实际需求也时时反转和颠覆着新兴传播模式和样态。新兴传播考验着信息传播生产线和产业链的每一位用户，不断挑战社会、生活、隐私、责任、伦理、法律、心理等概念内涵。

1. 新闻写作机器人伦理素养培育的影响因素

新闻写作机器人的人权争议性话题属于新兴传播伦理范畴，主要涉及两个问题：当智能化媒体技术具备类似于人脑功能时，人类是否应当赋予该技术及设备一定的"人权"？新兴传播在某些社会生产、生活领域逐渐替代人类时，它所造成的过错应当如何解决？美国学者雷·库兹韦尔在《如何创造思维》一书中提出，到了21世纪30年代前后，人类将有能力制造出强人工智能机器人，能够与人类产生一定程度的情感联系，并具备自我意识。对此，人类应加快研判可能出现的伦理问题，一旦"高智商"智能机器人诞生，出现自我意识，人类是应当遏制其进一步成长，还是给予其"人权"？部分学者认为给新闻写作机器人以"人权"是对融媒发展的放纵，将对人的生命与安全造成威胁。还有学者主张人类能够开发出符合自身伦理规范的新兴传播智能设备，可以给予新闻写作机器人部分"人权"或一定社会地位。

人的内在价值并不在于谋取生存的基本劳作，无论是体力劳动还是脑力劳动，都是为了解决问题而完成所设定的任务，这种设定源于人的自我意识和意义系统。有了这种任务设定，我们才能知道什么是该干的"活"和什么是有效劳动。阿尔法狗围棋人机大赛之所以引起哗然，根源在于人们意识到基于工具效能的自我身份认同受到了威胁，这种自我身份认同是佣工思维，是价值性自我贬损意识。研究表明，目前新闻写作机器人带来的应用伦理问题，是一系列原有问题的叠加，是挑战我们过往经验、改变社会原有结构的未来社会化规范性问题，如对新闻写作机器人的过度期待或深度忧虑，大多是基于缺乏学理根据的科幻想象或对身份认同前景的恐慌。弱人工智能阶段的新闻写作机器人伦理问题属于常规性、渐进呈现的社会问题，无论新兴传播介质怎么"自动学习"和"自我改善"，都不会有"征服"的意志，也不会有"利益"诉求或"权利"意识。而未来基于虚拟技术的"扩展现实"场景伦理问题将会带来颠覆性影响，"强人工智能"的新闻写作机器人具有自主意识和主体资格，甚至拥有人类所拥有的权利地位、伦理地位和社会尊严。

针对新闻写作机器人应用伦理问题，我们应加强有关新兴传播智能系统的伦理素养培育工作，深入研究新闻写作机器人的情感共鸣、价值失落和隐私问题等影响因素。

一是情感共鸣。智能机器人写稿过程中，无疑会涉及信息传播者与智能系统之间的交流，它们之间可能亲密到什么程度？能不能和机器人谈恋爱？随着新兴传播的不断进步，机器人与人的界限变得模糊起来。如果机器人能够与人类互通心意，也许会出现机器人深入个人生活，威胁人类隐私的事态。因人与机器人的差距缩小，我们正面临新兴传播智能系统应用伦理问题。美国波士顿动力（Boston Dynamics）机器人研发公司在 YouTube 上发布下列一段视频：一台机器人抱着箱子正在双足直立行走，旁边一名男子用木棍击打机器人，打落其手中的箱子，被打倒后的机器人依然能够独立站起来。对于视频中机器人的强大功能，人们纷纷称赞"了不起"，但也有不少人谴责男子的行为，惊呼"太可怜了！""简直就是虐待。"这段机器人视频下面出现众多网友表示同情的留言。事实上，波士顿动力公司只是为了测试机器人受阻后恢复动作的性能，但没想到引发如此大的社会反响。这种情感共鸣是出于某些受众把机器人当成"真人"的感觉，因与实际人相近，机器人在受到伤害时，他们自然会给予同情，所以智能机器人影响着人们的社会观、伦理观和价值观。

二是价值失落。对于智能机器人的超凡功能，人的身份认同危机与技术焦虑症便顺势而生。霍金表达了对智能技术的忧虑："可以想象，智能化媒介会以其'聪明'在金融市场胜出，在发明方面胜过人类研究者，在操纵民意方面将胜过人类领导人，研发出人类甚至理解不了的武器。智能化媒介的长期影响取决于它到底能否受到任何控制。"新兴传播智能系统的应用伦理及价值植入限度是最值得关切的问题。一般来说，人的价值系统分为外在价值和内在价值，亦即有用价值与无用价值。内在价值涵盖自由、快乐、尊严、情爱、创造、自我超越等基本要素，生活缺乏内在价值，就意味着失去值得追求的最低生存条件。基于内在价值，人和其他动物才得以区别，人才有了独有本质。内在价值集中在人的特有要素，是人们为了诉求内在向往理想而存在的真实价值，因而康德认为追求自由、尊严是所有理性存在主体的内在规定。相对于智能机器人的超级价值，人类内心自然会生出价值失落的主观认知，正如 AI 专家科尔奈和博尔林特将智能机器人对人的侵蚀和威胁问题归结为丧失"人类关切"（human-centric）或缺乏内在价值的那样。

三是隐私问题。由于新兴传播的纵深发展需要人类生活的大数据作为"助推剂"，人类隐私可能暴露在新兴传播的"侵蚀"之下。2018 年，李彦宏在中国高层发展论坛上谈及用户隐私问题时说："我想中国人可以更加开放，对隐私问题没有那么敏感。如果他们愿意用隐私交换便捷性，很多情况下他们是愿意的，那我们就可以用数据做一些事情。"言论一经曝光，霎时众声哗然一片，众人的声讨甚至上升到了对百度企业的质疑与谩骂。无独有偶，扎克伯格因为 Facebook

用户隐私数据泄露事件而成为众矢之的。诚然，隐私换便捷的情况，已成为一种事实或现象，但是用户不愿意自己隐私被非告知性违法或违规性利用。实际上，用户隐私问题背后存在伦理准则的底线要求。简言之，现已存在的新兴传播隐私伦理问题，可归结为相关法律保障不足、相关技术不成熟、人类片面认知和算法隐性偏见等因素。首先，相关法律保障不足。新兴传播的智慧增长速度日益加快，已然走进生产、生活的各个层面，使人们感受到了其带来的便利和即时。当前针对新兴传播的相关立法工作还较为缓慢，虽然新兴传播的智慧程度还不足以撼动人类的主导地位，但新兴传播的立法工作已然迫在眉睫。其次，相关技术不成熟。以"阿尔法狗"与李世石的对战为例，虽然"阿尔法狗"在运算能力上远胜于人类，通过计算每一步的最大胜率来进行下一步操作，但其在第四局比赛中却败给了运算能力明显更弱的李世石。由此可知，新兴传播极有可能在实际运作过程中出现问题，需要进行技术完善与准则优化。再者，人类片面认知。Facebook 研究团队曾在试验中听到两个智能机器人之间的对话内容，但随着对话深入，研究者发现智能机器人竟然发明出人类难以理解的特殊语言，这使得研究者大惊失色，及时进行干预，避免智能机器人通过对话实施超出人类预期的"破坏"行动。该事件可能加剧人们对新兴传播负面影响的担忧情绪，事实上人类花费大量资源研发智能化媒介，是希望智能机器人在某些方面优于人类，以便更好地服务于人类，因此，新兴传播伦理问题的诱因主要在于人类对新兴传播的片面认知。

四是算法隐性偏见。克莱因伯格发现 Northpointe 和 ProPublica（针对智能机器人的两份研究报告）对"公平"的定义互不相容，这两种定义展示了预测性评价（黑人被告和白人被告是否有相同的风险评分总体准确率）和错误率平衡（两种人群是否以相同方式获得错误的风险评分）之间是相互排斥的。以此得出如下结论：当任何两种人群之间的测量结果（基于智能算法系统 COMPAS 统计的再次被捕概率）具有不同的基础比率时，如果应用相同标准，就会对较高基础比率的人群产生偏见误差。"校准"正是导致偏见误差的根本原因，无论是使用哪些因素来生成，任何使用风险评分的系统（机器算法）都是如此。

2. 智慧推送场景伦理素养培育的影响因素

传统意义上的场景是指戏剧、电影中的场面或者泛指情景，是信息传播的重要元件。智慧推送场景是指新兴传播平台将算法推送技术运用于创意场景的设计和创构领域。这些领域主要集中在教育、医疗、无人驾驶、电商零售、金融、个人助理、园区、家居、展厅、视频娱乐等多个垂直场合。智慧推送场景伦理素养培育是指普通受众对于算法推送场景伦理道德规范的认知、习得与自控能力。

一些新兴媒体正在应用各种各样的数字化、智慧化、智能化处理方式，将智能算法系统用于各种各样的生产场景和生活场景，从无人商店到智慧金融，从智慧物流到智能安防，数以万计的应用场景在新兴传播技术支撑下得到升级应用，整个传播产业市场被赋予更多的可能性和更大的发展机遇。新兴传播将带来知识生产和生活方式的深刻变革，新兴传播不仅意味着前沿科技和高端产业的空前发展，也可以广泛用于解决人类社会面临的生存挑战，比如帮助信息推送向个性化、即时性和深度社会化方向发展，给用户带来更便捷的消费信息渠道，甚至还可以服务于残障人士对实用信息的了解。例如，微软最近在 ios 应用程序商店推出了一款名为"seeing AI"的产品，帮助失明和弱视人群应对日常生活的琐碎问题，如读取菜单、清点货币等，从而帮助残障人士提高生活能力等。智慧推送场景伦理素养培育的影响因素体现在以下四个方面：

一是偏见强化。智能算法中不确定性的信息或证据会导致不正确的行动，无法解读的信息或证据会导致不透明性，误导性信息或证据会导致主观偏见，这些偏见使我们无法回避的。例如，Facebook 的一位前任编辑曾透露他自己在工作过程中更偏向抑制保守派信息，发扬自由派信息，于是他的计算方式能使受众得到更多关于自由派的信息，甚至形成政治偏见。

在新兴传播时代，用户主导价值观，用户喜欢什么，生产者就发送什么。原来我们的价值观是专业人员把关的，现在价值观变成用户主导，可是一些用户喜欢非理性的，喜欢低俗的，那是人类的道德洼地，如果信息生产者一味降低维度到伦理底线，那么社会价值体系就会崩塌。

在社交媒体领域，平台将观点相近者所生产的信息进行相互推荐，算法推送常常因路径依赖的引导而迷失方向或推送偏差。尽管智能算法系统推动专业化进一步分工，但普通用户难以消除技术性和社会性壁垒。尤瓦尔·赫拉利在《今日简史》中警告，社会可能会出现"无用阶级"，这种担心并非全无道理。美国科学杂志《鹦鹉螺》作者Aaron M. Bornstein认为，尽管数字化、智慧化、智能化媒体设计者和数据工程师可能没有类似种族歧视的偏见，但大数据从业者都明白，用于提供定制服务的大数据平台不可避免地包含丰富详细的个人信息，包括具有受法律保护属性的肤色、性别、性取向和政治取向等敏感性信息。算法在这些数据的基础上做出的决定可能隐蔽性侵害用户隐私权益，既令人难以察觉，又是不道德的，甚至是违法的。例如，亚马逊在选择当日送达区域时考虑的是成本和收益因素，如家庭收入和送达的可及性。这些因素通过邮政编码汇总起来，这样会受到文化地理学因素的影响，查看当日送达的服务地图，很难让人不注意到其送达服务与肤色的对应关系，所以有人对亚马逊的当日送达服务提出歧视有色人种的指控，这种指控实质上是新兴传播场景伦理问题。

无独有偶，城市规划大师罗伯特·摩斯（Robert Moses）建造了现代纽约城及周边郊区大部分的基础设施。然而，他备受争议的一点是不希望穷人，尤其是穷苦的有色人群，使用他在长岛建造的新公园和海滩设施。摩斯还促成禁止公共汽车在高速公路上行驶的法律制定工作，但他知道，这条法律迟早有一天会被废除。因此，他建造了更加持久的东西：几十个高度很低，公共汽车无法通行的天桥，将歧视真正地具体化和社会化。几十年后，关于公共汽车高速公路禁行的法律规定已经废除，但沿着高速公路排列的城镇依然像从前一样隔离着。"法律总是可以修改的，"摩斯说，"但一座桥建好以后，就很难拆掉了。"可见，技术场景偏见性伦理问题也有隐性的一面，是更需要关注的偏见强化问题。

若纠正这些隐性歧视的决心和努力不足，可能会让事情变得更糟。

具体的例证是：终端用户会"不加批判地接受供应商的声明"，即算法中已经消除了的"偏见"。在那些普遍存在算法偏见的智能应用场合，比如美国司法系统中，情况尤其如此。清除算法偏见还要求认可某个关于公平的普适定义，而不理会其他定义，但被选择的普适定义往往是最容易被量化的，而不是最公平的界定，这是人类面临的真正技术伦理挑战。

二是算法歧视。算法歧视的生动例证是谷歌翻译所存在的隐性性别歧视问题。例如，你可以尝试将短语"o bir doktor"和"o bir hemşire"从土耳其语翻译成英语。这两个土耳其短语用的都是性别中性的代词"o"，而谷歌翻译强制性地选择偏向性性别代词。结果是，"o bir doktor"被翻译成"He is a doctor"（他是一名医生），"o bir hemşire"则被翻译成"She is a nurse"（她是一名护士）。专家 Tolga Bolukbasi 对上述现象进行了专题研究，提出单词嵌入的语言模型。这种模型通过对自然语言的采集主体（比如谷歌信息的文章读者）进行训练，在避免人类语言学家的太多介入情况下为日常翻译、搜索算法和自动完成功能等提供服务。在单词嵌入语言模型中，每个单词被映射为高维空间中的点，给定的一对单词间的距离和方向可以表明它们在意思上的类似程度以及具有什么样的语义关系。比如，"Man"（男人）和"Woman"（女人）之间的距离与"King"（国王）和"Queen"（王后）之间的距离大致相同，方向也一样。最终研究发现：该模型可以精准揭示算法歧视的具体特征和影响差异，虽主观过滤使算法歧视有所减轻但算法歧视在日常生活中是客观存在和普遍性的。

三是算法黑箱操作。算法黑箱是指普通用户不能判断或掌握算法信息的来源真伪或生产传播过程的技术壁垒。算法黑箱操作是新兴传播场景伦理规范制定的最大障碍，人们不知道智能算法系统的运作原理是什么，不知道新闻写作机器人如何撰写出一篇新闻稿件，等等。过去人们知道采访新闻是一个记者拿话筒提问，记录下来之后回去整理出来，而现在智能算法技术能够全部搞定。同样，一个集成化的智能传感系统就能让人们得知某个地方的污染指数、水文情况、空气质量，但是人们完全不知道智能传感器的运作原理，甚至搞不清智能传感器的具体地理位置和外部表征。

算法黑箱产生的原因是多方面的。很多智能化技术都是深度学习和大数据学习，需要大量的数据来训练学习算法，这就可能带来用户隐私大数据信息被侵占的隐患。一方面，如果在深度学习算法中使用大量的用户敏感数据，这些数据可能会在后续市场推广中被披露出去，对用户隐私安全产生消极影响，所以有的学者提出在深度学习算法中有效保护个人隐私的问题。另一方面，考虑到各种商业服务之间存在大量交易数据，数据流动不间断且异常频繁，从而数据成为新的流通物，可能削弱用户对自身隐私数据的控制和管理能力。

算法黑箱还涉及技术透明化问题。比如，今日头条的机器人"张小明"撰写新闻速度之快几乎与电视新闻直播同步，机器人"张小明"通过智能算法的加加减减就可以完成新闻报道的情绪改变过程，可以把快乐情绪通过智能算法的加减乘除变成悲伤情绪。智能算法的表达情绪和呈现价值观的自动化功能，表明其具有伦理属性，但因其内容和过程不透明性，往往引起技术黑箱问题。为什么一些用户可以收到带有政治偏见的算法信息呢？这可能是因为智能算法通过分析得到这类用户的隐私信息，而且该类用户也不知道智能算法如何运作而且被利用的，这就是一个典型算法黑箱所引发的技术透明性安全问题。为了保护个人隐私，我们采取的相应有效措施是：经科学规划的隐私、用户默认的隐私、个人数据管理工具、匿名化、假名化、差别化隐私、决策矩阵等针对算法黑箱的标准化工具。

四是隐私自主问题。在人工智能时代，算法技术赋能赋权开始挑战传统伦理，新兴传播场景伦理实际上变成社会公共伦理，有时人们愿意拿自己的隐私去换取消费便利，一定程度上隐私变成明私，即公开隐私。以前人们保护隐私，现在人们为了得到很多便捷服务而有意公开隐私，所以新兴传播面临从保护隐私到公开隐私的伦理转向问题，换言之，新兴传播面临隐私自主问题。智能算法服务对用户隐私信息自主权带来重大挑战，从而带来价值偏向问题。哈佛法学院网络法教授乔纳森·齐特林（Jonathan Zittalin）认为，随着计算机、网络系统日趋复杂，人们或许将难以对新兴媒体系统进行密切监视。"随着我们的计算机系统越来越复杂、联系越来越紧密，人类的自主控制权也不断减少。"如果我们放手不管，忘到脑后，不考虑伦理道德问题，计算机、网络系统的演化或许会引发更多伦理危机。美国杜克大学人类与自主实验室主管米西·康明斯（Missy Cummings）指出新兴媒体需要受到监视，在缺乏系统测试行业标准的情况下，这些技术很难得到大规模应用。当今监管机构往往落后于新兴媒体的发展步伐。在刑事司法系统和医疗保健等重要领域，许多公司已经开始探索新兴媒体在假释和诊断等问题上的决策能力。但如果将决策权交予新兴传播系统（智能机器人），我们就面临着社会秩序失控或伦理失范等风险。微软研发部门的主要研究员丹娜·博伊德（Danah Boyd）认为，必须严肃考虑新兴传播系统附含的负面价值，确定最终担责方。"监管机构、公民社会和社会理论学家都强烈要求人工智能景技术公平公正、符合道义，但这些理念、政策和制度仍然含糊不清。"可见，减少隐私自主权在新兴传播时代虽为用户带来便捷，但是潜在隐患巨大，相关专家与决策者必须加以认真研究和科学规划。

（三）培育路径

新兴技术不断为媒体发展创造新机遇，也会因使用不当而导致新兴传播伦理失范现象，如对用户数据的收集与使用屡屡出现侵犯个人隐私权，转载和"洗稿"引发版权问题等，这就需要把安全、伦理以及广泛的社会关怀融入到新兴传播伦理素养培育之中。只有强化主流价值引领，新兴传播伦理素养培育才能站得直、走得正、行得稳。德国哲学家康德提出的伦理责任五准则，对新兴传播伦理素养培育仍有启发意义和借鉴价值，通过伦理责任五准则的"滋养"，新兴传播在伦理道德规则形塑上可以获得新思想和新内涵。

一是新兴传播伦理道德内涵的"中庸之道"。亚里士多德提出"精神美德就是在两个极端之间的正确位置"，这点与儒家的中庸学说不谋而合。所谓"中庸之道"，就是在两个极端之间寻求一种合理的、尽量不偏不倚的选择，讲求把握事物的临界点、做出正确的选择和表现出诚实正直态度等观念。新兴传播伦理道德内涵也应包括务求、诚实、正直和开放。无论传播者还是管理者，无论技术专家还是设备使用者，都必须遵循这一新兴传播的基本伦理准则。

二是新兴传播伦理道德内涵的"良心之道"。康德提出，世间存在绝对、永恒不变的真理，它对所有人都正确和适用，比如仁慈、讲真话，人们靠良心承担各自伦理责任和集体社会责任。信息传播机构追求"两肩担道义双手著文章"，延展到新兴传播同样也要求新兴传播系统、智能机器人和智能虚拟主播把社会责任的良知道义放在首要位置，敢于担当公共责任，尽量传播思想正能量、积极营造正向社会伦理道德舆论氛围。

三是新兴传播伦理道德内涵的"功利之道"。"功利之道"准则认为，"君子爱财取之有道"，直面新兴传播自有的传播属性和商品属性，具有将新兴传播资源信息最大化和信息利益最大化的职能和本能，但这并不等于功利至上主义。"功利之道"不是宣传阳春白雪的"视金钱如粪土"，而是毫不避讳功名利禄的辩证关系，是一个非常重要的维护社会伦理道德的核心准则。穆勒认为，世界上没有绝对的正确与善良，无原则的善就是一种恶。人们出于伦理道德考虑选择能带来最大益处的双向双赢做法，而不是带来绝对害处或绝对益处的单向偏激做法。无原则的善反而会助长恶，趋利避害、为大多数人寻求最大的幸福才是正确的伦理道德选择，这就是新兴传播伦理道德内涵的"功利之道"。

四是新兴传播伦理道德内涵的"公平之道"。新自由主义者罗尔斯提出无知之幕概念，指的是各方从生活中的真实情况退回到一个消除所有角色和社会差异的隔离物后面的"原始位置"，把自己当成整个社会的平等成员。就像我们考试时试卷上的密封线，会把每个人的个人信息蒙住，尽可能回避相关者，每个人都是平等者，以此实现公平。"公平之道"的第一大原则是自由共享，第二大原则是最广大的利益共享，这就叫公平。罗尔斯认为，只有在每个人都受到无社会差异对待时，正义才会出现，新兴传播伦理道德内涵的"公平之道"就是让受众感到均衡、交互和自然的"无社会差异对待"体验。

五是新兴传播伦理道德内涵的"仁爱之道"。用犹太教和基督教的"爱邻犹己"观点就是像爱自己一样去爱别人，爱一个人就意味着完全接受他的存在，爱他就爱他本来的样子。不管他是黑人还是白人，不管他是左派还是右派，都要一样的爱。新兴传播中的信息至善原则，应该是新兴传播伦理道德的逻辑起点和正当依据。韩国沉船事故里无数人丧生，但是现场播报的记者却面带笑容，结果引起非常严重的世界性舆论。该记者的不当行为就是违背了伦理规范中爱他人的基本准则。作为新兴传播者，除了要有专业知识和科技素养之外，最重要的是要有悲天悯人的情怀，这样才能做到感同身受，胜任本职工作，这就是新兴传播伦理道德的内涵真谛。

结　　语

　　新兴传播的嬗变历程与网络社会化、技术智能化相伴随行，网络社会化以微信、微博、QQ、直播和短视频等新兴传播分众化为标志，技术智能化以算法可见性、用户画像精准性和内容去中心性为特征，新兴传播的便捷、即时和泛众化，助推新兴媒介经历起步期、反思期、应用期、低速期、稳步期和蓬勃期六个嬗变阶段。新兴传播以超级大数据、智能算法为依托，以计算机技术、网络技术为主轴，交叉融入数学、生理学、仿生学、哲学、心理学、社会学、生物学、语言学、逻辑学等多类学科精髓，应用于现代传播产品、服务和场景的组合拼装配送、内容智能识别和产业优化整合等方面。新兴传播除了具有传统大众传播的基本共性之外，还具有新兴技术主导牵引、新兴创意源头活水、新兴融合主流方向和新兴产业链无限发达、无限延伸等特点。新兴传播是中国特色"新大众传播"理论体系和实践求真的重要组成部分。未来强人工智能阶段的美好愿景是5G与人工智能"联袂"聚合发力的"万物互联""万物皆媒"智慧物联网时代。不依赖程序命令的智慧人学习技术将取得突飞猛进发展。例如，在金融领域，人工智能可以使金融服务更标准化和自动化，将取代传统预测分析方法，能自动评估金融市场变化趋势，预防金融欺诈、改善贷款机构风险管理。在医疗方面，人工智能通过医疗大数据平台可准确、即时识别患者疾病信息，提供全域跨界性科学诊断方案。在工业应用上，人工智能算法将涵盖产品设计、生产计划、生产优化、物流分配、现场服务

◆ 结　语

和售后反馈等所有工业应用程序，实现自动化、智能化设计、生产、运输和营销活动。在日常生活方面，新兴传播更是无处不在、无时不有，深深嵌入我们生活的方方面面、角角落落，对我们的生活习惯和思维方式产生深远影响。

参考文献

一 中文文献
（一）著作类
常昌富、李依倩编选：《大众传播学：影响研究范式》，中国社会科学出版社2000年版。

崔林：《媒介史》，中国传媒大学出版社2017年版。

郭庆光：《传播学概论》，中国人民大学出版社2011年版。

李砚祖：《艺术与科学》，清华大学出版社2010年版。

刘小枫、贺方婴主编：《赫尔德与历史主义》，华东师范大学出版社2020年版。

罗钢、刘象愚：《文化研究读本》，中国社会科学出版社2000年版。

王秉钦：《文化翻译学》，南开大学出版社2007年版。

邢福义：《文化语言学》，湖北教育出版社2000年版。

郑金洲：《教育文化学》，人民教育出版社2000年版。

朱大奇、史惠：《人工神经网络原理及应用》，科学出版社2006年版。

［澳］埃德蒙德·胡塞尔：《生活世界现象学》，倪梁康等译，上海译文出版社2001年版。

［美］保罗·拉扎斯菲尔德、伯纳德·贝雷尔森、黑兹尔·高德特：《人民的选择：选民如何在总统选战中做决定》，唐茜译，中国人民大学出版社2012年版。

[英] 丹尼斯·麦奎尔、[瑞典] 斯文·温德尔：《大众传播模式论》，祝建华、武伟译，上海译文出版社1987年版。

[美] E. M. 罗杰斯：《传播学史——一种传记式的方法》，殷晓蓉译，上海译文出版社2005年版。

[德] 盖奥尔格·齐美尔：《社会是如何可能的：齐美尔社会学文选》，林荣远编译，广西师范大学出版社2002年版。

[加] 哈罗德·伊尼斯：《传播的偏向》，何道宽译，中国人民大学出版社2003年版。

[美] 吉米·索尼、罗伯·古德曼：《香农传》，中信出版社2019年版。

[美] 库尔特·勒温：《拓扑心理学原理》，高觉敏译，商务印书馆2003年版。

[法] 列维-布留尔：《原始思维》，丁由译，商务印书馆1981年版。

[德] 马丁·海德格尔：《存在与时间》，陈嘉映、王庆节合译，生活·读书·新知三联书店1987年版。

[德] 马克思：《1844年经济学—哲学手稿》，中共中央马克思恩格斯列宁斯大林著作编译局，人民出版社2002年版。

[美] 梅尔文·德弗勒、埃弗雷特·丹尼斯：《大众传播通论》，颜建军等译，华夏出版社1989年版。

[美] 尼古拉斯·米尔佐夫：《视觉文化导论》，倪伟译，江苏人民出版社2006年版。

[美] 威尔伯·施拉姆、威廉·波特：《传播学概论》，何道宽译，中国人民大学出版社2010年版。

[美] 沃尔特·翁：《口语文化与书面文化：词语的技术化》，何道宽译，北京大学出版社2008年版。

[美] 伊莱休·卡茨、保罗·拉扎斯菲尔德：《人际影响：个人在大众传播中的作用》，张宁译，中国人民大学出版社2016年版。

[德] 尤尔根·哈贝马斯：《交往行为理论》，曹卫东译，上海人民出版社2004年版。

[加] 查尔斯·泰勒：《现代性之隐忧》，程炼译，中央编译出版社2001年版。

（二）期刊类

鲍远福：《意指断裂与表征错位：论新媒体时代的图像表意问题》，《内蒙古社会科学》（汉文版）2015年第5期。

车玉玲：《空间变迁的文化表达与生存焦虑》，《苏州大学学报》（哲学社会科学版）2013年第4期。

陈昌凤、仇筠茜：《"信息茧房"在西方：似是而非的概念与算法的"破茧"求解》，《新闻大学》2020年第1期。

陈昌凤、吕婷：《"去蔽"的警示：算法推荐时代的媒介偏向与信息素养》，《中国编辑》2022年第5期。

陈端端：《艺术传播的人工智能应用需求研究》，《艺术百家》2014年第2期。

陈力丹、陈慧茹：《微博多级传播路径下传统广播的新突破——以微电台为例》，《中国广播》2013年第6期。

陈强、方付建、曾润喜：《虚拟社会生态系统的构成与互动机制》，《情报科学》2016年第1期。

陈思：《算法治理：智能社会技术异化的风险及应对》，《湖北大学学报》（哲学社会科学版）2020年第1期。

陈旭管：《姜进章：人工智能在传媒组织的应用》，《中国传媒科技》2017年第4期。

方环非、方环海：《论知识管理框架下知识创新与人的认知因素》，《南京林业大学学报》（人文社会科学版）2007年第2期。

方兴东、严峰、钟祥铭：《大众传播的终结与数字传播的崛起——从大教堂到大集市的传播范式转变历程考察》，《现代传播》（中国传媒大学学报）2020年第71期。

郭建伟、王文卓：《如何规避人工智能带来的伦理问题》，《人民论坛》2018年第11期。

郭小平、张小芸：《计算传播学视角下短视频的类型化推荐及优化策略》，《电视研究》2018年第12期。

韩金轲：《5G时代新闻编辑的媒介素养》，《青年记者》2020年第14期。

何日辉：《短视频的应用类型与盈利模式》，《新闻战线》2019年第9期。

何新华：《5G时代大学生媒介素养教育路径探析》，《传媒》2022年第5期。

胡潇：《论口语媒介的主体性理致》，《广州大学学报》（社会科学版）2013年第1期。

胡正荣：《技术、传播、价值，从5G等技术到来看社会重构与价值重塑》，《人民论坛》2019年第11期。

黄琪：《算法时代的新闻传播：应用、问题与对策》，《甘肃理论学刊》2020年第3期。

黄朔：《媒介融合视域中微博多级传播模式探究》，《东南传播》2010年第6期。

黄微、徐烨、朱镇远：《多媒体网络舆情信息传播要素细分及属性分析》，《图书情报工作》2019年第20期。

黄文森、廖圣清：《同质的连接、异质的流动：社交网络新闻生产与扩散机制》，《新闻与传播研究》2021年第2期。

贾开：《人工智能与算法治理研究》，《中国行政管理》2019年第1期。

简圣宇：《娱乐数字化：元宇宙创构的动力、风险及前景》，《深圳大学学报》（人文社会科学版）2022年第3期。

蓝江：《元宇宙的幽灵和平台—用户的社会实在性——从社会关系角度来审视元宇宙》，《华中科技大学学报》（社会科学版）2022年第3期。

李秦梓、张春飞、姜涵等：《新技术新监管背景下的算法治理研究》，《信息通信技术与政策》2019年第4期。

李舒、陈菁瑶：《5G时代长视频的价值与机遇》，《中国记者》2020年第6期。

李炜炜、袁军：《融合视角下媒介素养演进研究：从1G到5G》，《现代传播》（中国传媒大学学报）2019年第9期。

李一：《网络社会化：网络社会治理的"前置要素"》，《浙江社会科学》2019年第9期。

李宗亚、张明新:《新冠肺炎疫情危机中的微信使用与利他行为:风险感知与公共信任的中介效应》,《国际新闻界》2021年第5期。

罗昕:《算法媒体的生产逻辑与治理机制》,《人民论坛·学术前沿》2018年第12期。

庞井君、薛迎辉:《人工智能的发展与审美艺术的未来》,《艺术评论》2018年第9期。

彭兰:《网络社会的层级化:现实阶层与虚拟层级的交织》,《现代传播》(中国传媒大学学报)2020年第3期。

秦雪冰:《智能的概念及实现——人工智能技术在广告产业中的应用》,《广告大观》(理论版)2018年第2期。

曲伸:《长视频节目和短视频内容的逻辑差异探析》,《传媒论坛》2020年第7期。

师文、陈昌凤:《社交机器人在新闻扩散中角色和行为模式研究——基于〈纽约时报〉"修例"风波报道在Twitter上扩散的分析》,《新闻与传播研究》2020年第5期。

史安斌等:《2017年全球新闻传播新趋势》,《国际传播》2017年第3期。

孙江等:《智能传播秩序建构——价值取向与伦理主体》,《湖南工业大学学报》(社会科学版)2020年第1期。

唐林垚:《算法应用的公共妨害及其治理路径》,《北方法学》2020年第8期。

田龙过、郭瑜佳:《5G时代催生短视频与长视频"双引擎"发展新思路》,《中国广播》2020年第2期。

田树学、王占仁:《网络舆论生态治理要在"四力"上下足功夫》,《人民论坛》2019年第8期。

汪怀君:《人工智能算法歧视及其治理》,《科学技术哲学研究》2020年第6期。

王冬冬、王璐璘:《话题在媒介融合环境下的病毒式N级传播模型建构》,《当代传播》2013年第6期。

王健:《伦理性的"主体"——论伊格尔顿对拉康思想汲取与转换》,

《中国图书评论》2015年第9期。

王仕勇、樊文波:《向善向上:基于良性互动算法新闻治理伦理研究》,《重庆大学学报》(社会科学版)2020年第1期。

王学辉、赵昕:《隐私权之公私法整合保护探索——以"大数据时代"个人信息隐私为分析视点》,《河北法学》2015年第5期。

吴卫华:《算法推荐在公共传播中的理性问题》,《当代传播》2017年第3期。

向安玲、沈阳:《全息、全知、全能——未来媒体发展趋势探析》,《中国出版》2016年第2期。

谢程远、马彩慧:《"技术正义—权力正义"视域下元宇宙的价值意涵和实践向度》,《理论导刊》2022年第5期。

徐双双、丁伟、贝典徽:《人工智能在艺术设计中的应用与突破》,《设计》2018年第6期。

徐占品、樊帆:《原始传播时代的灾害信息传播》,《新闻爱好者》2012年第2期。

杨爱华:《元宇宙构建之基——基于哲学、技术、社会三维视角的分析》,《求索》2022年第3期。

杨丹辉:《元宇宙热潮:缘起、影响与展望》,《人民论坛》2022年第7期。

殷晓蓉:《传播学何去何从?——基于时代变革的追问与思考》,《新闻记者》2015年第2期。

喻国明:《人工智能与算法推荐下的网络治理之道》,《新闻与写作》2019年第1期。

喻国明、曲慧:《网络新媒体视域下的"用户"再定义(上)》,《媒体融合新观察》2021年第2期。

袁帆、严三九:《信息传播领域算法伦理建构》,《湖北社会科学》2018年第12期。

袁光锋:《迈向"实践"的理论路径:理解公共舆论中的情感表达》,《国际新闻界》2021年第6期。

曾静平:《智能传播的实践发展与理论体系初构》,《人民论坛·学术前沿》2018 年 12 月下。

曾静平、刘爽:《论 QQ 传播的层级性受众和层级性产业》,《现代传播》(中国传媒大学学报) 2018 年第 2 期。

曾静平、王友良:《5G 赋能时刻:全媒体,全素养》,《未来传播》2020 年第 2 期。

翟振明、彭晓芸:《"强人工智能"将如何改变世界——人工智能的技术飞跃与应用伦理前瞻》,《人民论坛》2016 年第 4 期。

张佰明:《人的整体性延伸的传播形态——节点传播》,《现代传播》(中国传媒大学学报) 2014 年第 5 期。

张珂嘉:《我国少儿短视频的现状与问题探究》,《电视研究》2019 年第 5 期。

张力:《Instagram 为何青睐长视频》,《中国报业》2018 年第 9 期。

张伟、杨斌、张新民:《聚焦未来素养,建构全息育人课堂》,《人民教育》2019 年第 1 期。

张欣:《从算法危机到算法信任:算法治理的多元方案和本土化路径》,《华东政法大学学报》2019 年第 6 期。

张欣:《算法解释权与算法治理路径研究》,《中外法学》2019 年第 6 期。

张意轩、雷崔捷:《"人工智能 + 媒体"落点何处?》,《青年记者》2018 年 10 月上。

郑达威、施宇:《从"人禽之辨"到"人机之辨":元宇宙的传播伦理学研究》,《中州学刊》2022 年第 5 期。

郑迎红:《论全息媒体人的素养》,《中国广播电视学刊》2019 年第 9 期。

二 外文文献

Kotliar, D. M., "The Return of the Social: Algorithmic Identity in an Age of Symbolic Demis", *New Media and Society*, 2020, 22 (7): 1152 – 1167.

Nicholas, L. C., Craig, A. A. & Bruce, D., "Media Violence and Social

Neuroscience", *Current Directions in Psychological Science*, 2007, 16 (4): 178 – 182.

Shmargad, Y. & Klar, S., "Sorting the News: How Ranking by Popularity Polarizes Our Politics", *Political Communication*, 2020, 37 (3): 423 – 446.